Ein Symbol zeigt den Schwerpunkt der Seite.

1918 bis 1933 | Die Weimarer Republik

6 Die Wirtschaft in der Krise

Nachdem es Ende 1923 gelungen war, die Inflation zu stoppen, blühte die deutsche Wirtschaft in den Folgejahren auf. Allerdings war der Wohlstand mit geliehenem Geld finanziert.

D1 Warteschlange an einer Berliner Bank 1931. Zeichnung

Weltwirtschaftskrise große Wirtschaftskrise, die ab 1929 alle Industrieländer erfasste. Sie begann am Donnerstag, 24. Oktober 1929, in New York. An der dortigen Börse brachen die Kurse ein, weil Aktien zuvor weit über Wert gehandelt worden waren. Banken wurden zahlungsunfähig, Betriebe mussten ihre Produktion einstellen. In Amerika ging der Tag als „Schwarzer Donnerstag" in die Geschichte ein, in Europa wegen der Zeitverschiebung als „Schwarzer Freitag".

Berlin im Juli 1931

Als Buchhalter kennt sich Herr Kaufmann aus mit der Wirtschaft. Zusammen mit seinem Sohn Emil wartet er in einer langen Schlange vor einer Bank.
Emil (E): „Wie lange müssen wir hier denn noch anstehen?"
Vater (V): „Bis ich unsere Ersparnisse in der Hand halte. Ich habe schon einmal erlebt, dass mein Geld von heute auf morgen weg war. Das passiert mir kein zweites Mal!"
E: „Wollen denn die vielen anderen Leute auch ihr ganzes Geld abheben?"
V: „Ja, bestimmt. Seit dem Schwarzen Freitag in New York haben unsere Banken und unsere Wirtschaft große Schwierigkeiten. Das Geld geht ihnen aus."
E: „Aber was geht uns denn der Börsenkrach in New York an?"
V: „Leider eine ganze Menge. Nach dem Krisenjahr 1923 mit der Währungsreform brauchte Deutschland viel Geld, um die eigene Wirtschaft wieder in Schwung zu bringen. Dieses Geld haben wir uns vor allem aus den USA geliehen. Tja, und jetzt, wo die amerikanische Wirtschaft selber in der Krise steckt und dringend Geld braucht, fordern die US-Banken die Milliardenkredite wieder zurück. Einige deutsche Banken sind deshalb schon zahlungsunfähig."
E: „Also hat der Börsenkrach eine Krise ausgelöst, die auch uns betrifft."
V: „Ja. Und es kommt noch schlimmer, denn die deutsche Wirtschaft ist darauf angewiesen, möglichst viele Waren ins Ausland zu verkaufen. Die amerikanischen Kunden sind aber nicht mehr in der Lage, die bestellten Waren zu bezahlen. In den Überseehäfen stauen sich deshalb schon deutsche Schiffe, die ihre Güter nicht entladen können."
E: „Oh je. Und wenn nun auch deine Bank nicht mehr zahlen kann?"
V: „Dann sind unsere ganzen Ersparnisse weg. Und Hunderte von Betrieben, die auf die Kredite der Bank angewiesen sind, gehen pleite. Viele Firmen haben schon jetzt kaum noch Aufträge. Denen bleibt nichts anderes übrig, als ihre Produktion herunterzufahren und ihre Arbeiter zu entlassen."
E: „Und Arbeitslose haben kein Geld, um neue Waren zu kaufen."
V: „… was wiederum dazu führt, dass der Staat weniger Steuern einnimmt. Dann muss er sparen und kann weniger Aufträge an die Wirtschaft vergeben."
E: „Was für ein Teufelskreis!"

Hörbuch 3, Track 3

Q1 Der 24-jährige Günther Prien war damals immer wieder vergeblich auf Arbeitssuche:

Ich ging auf die Straße hinaus. Nun war ich also wieder unten, ganz unten. (…) Warum? jeder, den man fragte, zuckte die Achseln: „Ja es gibt eben keine Arbeit, das sind die Verhältnisse, mein Lieber!" Ja, verflucht nochmal, waren denn die da oben, die Minister, die Parteibonzen, (…) nicht dazu da, die Verhältnisse zu ändern? Wie konnten sie ruhig schlafen, solange es noch Menschen gab, kräftig und gesund, willig zur Arbeit (…) und nun verrottend wie faules Stroh? Die paar elenden Pimperlinge, die sie uns hinwarfen, schützten gerade vor dem Hungertode. Sie gaben sie widerwillig her, wie sie Angst hatten vor unserer Verzweiflung, und sie wickelten uns das Lumpengeld in das Papier ihrer Zeitungen, die von schönen Kedensarten (…) trieften. Ein wütender Zorn (…) packte mich. In diesen Tagen wurde ich Mitglied der nationalsozialistischen Bewegung.

Zahlungsunfähigkeit der …
… von Betrieben
Entlassungen von …
weniger Staatsaufträge für die …
weniger … werden verkauft
sinkende Steuereinnahmen des …

Q2 Hinterhofwohnungen in der Köpenicker Straße in Berlin. Aus den Fenstern hängen Fahnen der KPD und der NSDAP. Foto, 1932

D2 Im „Teufelskreis" der Wirtschaftskrise

Aufgaben

1 Arbeite heraus, was der „Schwarze Freitag" war und was damals geschah (Lexikon, VT).

2 Der Dialog enthält zwei Gründe, warum die amerikanische Wirtschaftskrise negative Folgen für Deutschland hatte. Nenne sie.

3 Vervollständige den „Teufelskreis" (D2) in deinem Heft. Lies dazu zunächst den Dialog.

4 Arbeite heraus, wem Günther Prien die Schuld an seiner Arbeitslosigkeit gibt. Welche Konsequenzen zieht er daraus (Q1)?

5 Die beiden Männer im Vordergrund von Q2 sprechen über die Lage in ihrem Wohnblock und über die Fahnen, die sie aufgehängt haben. Schreibe das Gespräch auf.

6 Erkläre mithilfe von Q1 und Q2, welcher Zusammenhang sich zwischen Wirtschaftskrise und politischen Veränderungen erkennen lässt.

7 Beurteile, ob Günther Prien mit seinen Schuldzuweisungen Recht hat (Q1).

Weltwirtschaftskrise 2008
454053-0173

○ 1–4 ○ 5, 6 ● 7

Die Verfassertexte stehen immer auf der linken Seite.

Quellentexte stehen immer auf der rechten Seite.

Die Materialien der Seite werden mit den Aufgaben bearbeitet. Die Aufgaben beginnen leicht und werden dann schwieriger (Aufgabenkonzept siehe S.1).

extra ⟨extra 7 Bürge⟩
Zusatzseiten, die über die Mindestanforderungen der Kerncurricula hinausgehen, sind mit „extra" gekennzeichnet.

Unter dem Online-Link findest du im Internet zu dieser Seite passendes Material zum Üben und 3D-Modelle.

Zusatzangebot im Internet:

Weitere Lernangebote zu den Themen dieses Buches findest du mithilfe von speziellen Online-Links im Internet. Diese, z. B. 454053-0019 🌐, stehen meist unten rechts im Buch neben den Aufgaben.

Portfolio und Üben
454053-0019

Öffne die Internetseite www.klett.de und gib den Online-Link im Suchfenster ein …

… und du gelangst zum passenden Material für das jeweilige Thema.

Folgende Abkürzungen und Symbole solltest du dir merken:

Q1 „Q" steht für Quellen: Texte und Gegenstände, die aus vergangenen Zeiten übrig geblieben sind.

D1 „D" bezeichnet Darstellungen von Geschichte: Berichte heutiger Forscher, Schaubilder oder Karten.

VT steht für Verfassertext. Er wurde von einem Autor dieses Schulbuches geschrieben und ist in Abschnitte gegliedert (VT1, VT2, …)

Bei diesem Text handelt es sich um eine Geschichtserzählung, die sich der Autor ausgedacht hat. Die Geschichte könnte aber so ähnlich passiert sein.

Diesen Text findest du auch als Hörtext auf den Zeitreise-Hörbüchern.

Schwerpunktseiten
Seiten mit einem besonderen Schwerpunkt sind durch ein Symbol gekennzeichnet.

Geschichte

Leben – Arbeiten – Wirtschaften: Wie sah das Alltagsleben von Menschen in früheren Zeiten aus? Wovon lebten sie? Was stellten sie her? Wie tauschten und handelten sie untereinander?

Herrschaft und politische Teilhabe: Wie war das Zusammenleben der Menschen organisiert? Wer übte Macht aus? In welcher Form konnten die Menschen politisch mitbestimmen?

Gewaltsame Konflikte, Verfolgung und Krieg: Welche gewaltsamen Auseinandersetzungen gab es? Was waren die Ursachen? Wie können Konflikte verhindert werden?

Politik

Werte und Prinzipien: Welche Inhalte des Grundgesetzes/welche Grundrechte werden von dem Problem berührt? Welche gesellschaftlichen Werte und Normen sind wichtig?

Interessengruppen: Welche Personen/Gruppen sind an der Auseinandersetzung beteiligt? Welche Interessen verfolgen sie jeweils?

Gesetze und Regeln: Welche Gesetze und anderen rechtlichen Verordnungen müssen beachtet werden? Welche Institutionen müssen einbezogen werden?

Beteiligung: Welche Möglichkeiten haben Bürgerinnen und Bürger, sich an der Auseinandersetzung zu beteiligen?

Medien: Wie wird das Problem in den Medien dargestellt? Wie nutzen die Interessengruppen die Medien für ihre Ziele?

Lösungsvorschläge: Welche Lösungsmöglichkeiten des Problems werden diskutiert? Welche Kompromisse sind möglich?

Wie du mit den Aufgaben arbeitest:

○ Die Aufgaben beginnen meist einfach:
Du gibst z.B. wieder, was auf einem Bild zu sehen ist, oder fasst einen Text mit eigenen Worten zusammen.
(Anforderungsbereich I)

1 Arbeite heraus, wie und warum sich der Kolonialerwerb von ca. 1880 an veränderte (VT1*).

2 Zähle auf, aus welchen Gründen die Industriemächte Kolonien erwarben (VT2, VT3, D1).

◐ Dann kann es schon mal kniffliger werden:
Du erklärst ein Problem, erläuterst einen Sachverhalt oder suchst nach Gründen für etwas.
(Anforderungsbereich II)

3 Erläutere, warum Kolonien für die meisten Industriestaaten ein Verlustgeschäft waren (VT2).

4 Erkläre anhand der Karikatur Q1 den Begriff „Imperialismus".

● Am Ende beurteilst oder überprüfst du einen Sachverhalt. Dazu musst du dich gut auskennen und deine Meinung gut begründen.
(Anforderungsbereich III)

6 Bewerte die Folgen des in Q1 dargestellten Verhaltens für die Bevölkerung in Afrika.

Wenn du schon fertig bist, kannst du Zusatzaufgaben lösen. Sie sind durch einen Unterstrich gekennzeichnet.

5 Recherchiere, was man unter direkter und indirekter Kolonialherrschaft versteht.

Es werden nur Anweisungen („Beschreibe", „Erläutere", „Beurteile"…) benutzt, die auf Seite 272/273 erklärt werden. Du kannst die Bedeutung dort jederzeit nachschlagen.

Aufgaben

1 Arbeite heraus, wie und warum sich der Kolonialerwerb von ca. 1880 an veränderte (VT1*).

2 Zähle auf, aus welchen Gründen die Industriemächte Kolonien erwarben (VT2, VT3, D1).

3 Erläutere, warum Kolonien für die meisten Industriestaaten ein Verlustgeschäft waren (VT2).

4 Erkläre anhand der Karikatur Q1 den Begriff „Imperialismus".

5 Recherchiere, was man unter direkter und indirekter Kolonialherrschaft versteht.

6 Bewerte die Folgen des in Q1 dargestellten Verhaltens für die Bevölkerung in Afrika.

7 D1 zeigt eine Diskussionsrunde im Jahr 1880 zum Thema „Braucht unser Land Kolonien?": Vertreter aus vier Ländern, darunter Frankreich und Großbritannien, begründen ihre Positionen. Spielt die Szene nach.

* VT1 bedeutet: Die Aufgabe bezieht sich auf den ersten Abschnitt des Verfassertextes (VT). Die Abschnitte ergeben sich durch die blauen Zwischenüberschriften.

○ 1, 2   ◐ 3–5   ● 6, 7

Die Aufgaben beziehen sich auf einzelne Abschnitte. So erschließt du den Text schrittweise.

Hier siehst du, welche Aufgaben zu welchem Anforderungsbereich gehören.

Begleitmaterial:
Zeitreise Hörbuch 2 „Frühe Neuzeit bis 19. Jahrhundert", 978-3-12-451024-2
Zeitreise Hörbuch 3 „20. Jahrhundert", 978-3-12-451034-1

1. Auflage 1 6 5 4 3 2 | 20 19 18 17 16

Alle Drucke dieser Auflage sind unverändert und können im Unterricht nebeneinander verwendet werden.
Die letzte Zahl bezeichnet das Jahr des Druckes.
Das Werk und seine Teile sind urheberrechtlich geschützt. Jede Nutzung in anderen als den gesetzlich zugelassenen Fällen bedarf der vorherigen schriftlichen Einwilligung des Verlages. Hinweis § 52 a UrhG: Weder das Werk noch seine Teile dürfen ohne eine solche Einwilligung eingescannt und in ein Netzwerk eingestellt werden. Dies gilt auch für Intranets von Schulen und sonstigen Bildungseinrichtungen. Fotomechanische oder andere Wiedergabeverfahren sind nur mit Genehmigung des Verlages möglich.

© Ernst Klett Verlag GmbH, Stuttgart 2015. Alle Rechte vorbehalten. www.klett.de

Autorinnen und Autoren: Silke Bakenhus, Sven Christoffer, Gabriele Kayser, Klaus Leinen, Heinrich Lübbert, Jörg Peter Müller, Dr. Peter Offergeld, Cordia Oude Hengel, Thomas Specht
Aufgabenautor: Dirk Zorbach
mit Beiträgen von: Wilfried Dähling, Monika Ebertowski, Dr. Michael Großmann, Arno Höfer, Annette Homann, Hiltrud Karthaus, Dirk Kinzius, Hans-Ullrich Kötteritzsch, Christian Kraus, Antje Krawietz-Hüll, Anna Kreutz-Engelbert, Peter Lambertz, Harald-Matthias Neumann, Jörg Schelle, Dr. Mathias Wiards, Andreas Wüste
Beraterin (Geschichte): Silke Bakenhus

Redaktion: Elke Fleiter, Kathrin Goedecke
Herstellung: Karena Klepel-Wilschky

Umschlag nach Entwürfen von: normaldesign, Jens-Peter Becker, Schwäbisch Gmünd und Gourdin & Müller, Katy Müller, Leipzig
Gesamtgestaltung nach Entwürfen von: normaldesign, Jens-Peter Becker, Schwäbisch Gmünd
Illustrationen und Piktogramme: Krause Büro, Leipzig; Lutz-Erich Müller, Leipzig
Icons: Pieter Dompeling und Stefanie Kaufhold, Berlin
Schaubilder und Illustrationen: Sandy Lohß, Chemnitz; Eike Marcus, Berlin
Karten: Kartografisches Büro Borleis & Weis, Leipzig; Ingenieurbüro für Kartografie Dipl.-Ing. Joachim Zwick, Gießen
Satz und Layout: Krause Büro, Leipzig; Marion Rackwitz, Paulinenaue
Reproduktion: Meyle & Müller, Medien-Management, Pforzheim
Druck: Firmengruppe APPL, aprinta druck, Wemding

Printed in Germany
978-3-12-454053-9

zeitreise 2

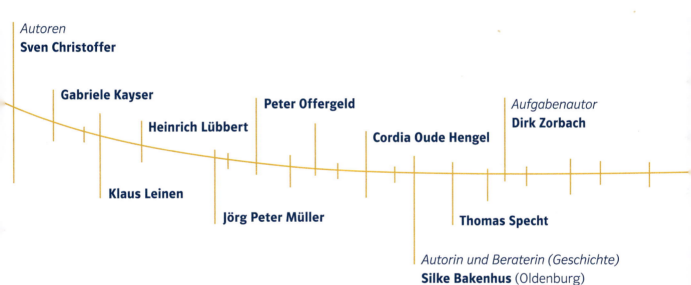

Autoren
Sven Christoffer

Gabriele Kayser

Heinrich Lübbert

Peter Offergeld

Cordia Oude Hengel

Aufgabenautor
Dirk Zorbach

Klaus Leinen

Jörg Peter Müller

Thomas Specht

Autorin und Beraterin (Geschichte)
Silke Bakenhus (Oldenburg)

Ernst Klett Verlag
Stuttgart · Leipzig

Inhalt

| 1 | Kolonialhandel und Welthandel – das Beispiel Kakao | 8 |

	extra
Wie die Schokolade nach Europa kam	10
Die Europäer lassen für sich arbeiten	12
Kakao-Kolonien in Afrika	14
Rundblick: Kakaohandel weltweit	16
Training: Kolonialhandel und Welthandel – das Beispiel Kakao	18

| 2 | Europa im Glauben gespalten | 20 |

	extra
Ist die Kirche noch zu retten?	22
Die Reformation breitet sich aus	24
Die Bauern wollen frei sein	26
Der Bauernkrieg	28
Krieg um Glauben und Macht	30
nah dran: Die Folgen des Krieges	32
Training: Europa im Glauben gespalten	34

| 3 | Absolutismus und Französische Revolution | 36 |

		extra
Der König regiert allein	38	
nah dran: Die Welt von Versailles		40
Methode: Ein Herrscherbild entschlüsseln		42
Die Säulen der absolutistischen Macht	44	
Der König braucht mehr Geld	46	
Das Zeitalter der Aufklärung	48	
Neue politische Ideen	50	
Frankreich in der Krise	52	
Die Revolution beginnt	54	
nah dran: Der Ballhausschwur		56
Methode: Karikaturen deuten	58	
Die Erklärung der Menschenrechte	60	
Frankreich wird Republik	62	
Methode: Ein Verfassungsschema interpretieren	64	
Die Revolution wird radikaler	66	
Rettet Terror die Revolution?	68	
Napoleon wird Kaiser der Franzosen	70	
Training: Absolutismus und Französische Revolution	72	

4 Industrielle Revolution — 74

		extra
Aufbruch ins Industriezeitalter	76	
Mit Volldampf voraus	78	
Deutschland wird Industrieland	80	
Methode: Statistiken und Diagramme auswerten	82	
Die Industrialisierung bringt Probleme	84	
Arbeiter kämpfen für ihre Rechte	86	
nah dran: Der Streik	88	
Frauen auf dem Weg zur Emanzipation	90	
Kirche, Staat und Fabrikanten reagieren	92	
Projekt: Besuch im Fabrikmuseum „Nordwolle"		94
Training: Industrielle Revolution	96	

5 Deutsche streben nach Einheit und Freiheit — 98

		extra
Europa unter Napoleons Herrschaft	100	
Wien 1815 – die Fürsten ordnen Europa	102	
Protest gegen die Fürstenherrschaft	104	
Methode: Politische Lieder interpretieren		106
Revolution in Deutschland	108	
Das erste deutsche Parlament	110	
nah dran: Von der Nationalversammlung zum Deutschen Bundestag		112
Reichsgründung durch „Eisen und Blut"	114	
Nationalismus als neue Gefahr	116	
Wie das Kaiserreich regiert wurde	118	
Zwischen Tradition und Moderne	120	
Die Gesellschaft im Kaiserreich	122	
Minderheiten unter Anpassungsdruck		124
Training: Deutsche streben nach Einheit und Freiheit	126	

6 Imperialismus und Erster Weltkrieg — 128

		extra
Die Erde wird aufgeteilt	130	
Die Welt im Jahr 1914	132	
Sendungsbewusstsein und Rassismus	134	
Das Deutsche Reich wird Kolonialmacht	136	
Bündnisse und Konflikte	138	
nah dran: „Der Lotse geht von Bord"		140
„Pulverfass" Balkan	142	
Ist der Frieden noch zu retten?	144	
Julikrise und Kriegsausbruch	146	
Europa wird zum Schlachtfeld	148	
Methode: Fotografien analysieren	150	
Der Ausgang des Krieges	152	
Die Folgen des Krieges	154	
Die Pariser Friedensverträge	156	
Training: Imperialismus und Erster Weltkrieg	158	

7 Die Weimarer Republik — 160

		extra
Deutschlands Weg in die Republik	162	
Parlament oder Räte?	164	
Die junge Republik unter Druck	166	
Das Krisenjahr 1923	168	
Goldene Zwanziger?		170
Die Wirtschaft in der Krise	172	
Arbeitslosigkeit und Hunger	174	
Die Demokratie wird zerstört	176	
Methode: Politische Plakate analysieren	178	
Wer wählte die NSDAP?	180	
Warum scheiterte Weimar?	182	
Training: Die Weimarer Republik	184	

8 Was ist Politik? 186

		extra
Welche Rolle spiele ich?	188	
Familie – was ist das?	190	
Arbeiten in Familie und Haushalt	192	
Verschiedene Interessen in der Schule	194	
Gemeinsame Werte?	196	
Demokratie heißt mitbestimmen	198	
Mitbestimmen vor Ort	200	
Projekt: Wir erkunden unser Rathaus		202
Politik braucht Medien	204	
Wie sage ich meine Meinung?	206	
Methode: Mit dem Politikzyklus arbeiten	208	
Training: Was ist Politik?	210	

10 Machen Medien Meinungen? 230

		extra
Medien und wie wir sie nutzen	232	
Information und Meinungsbildung	234	
Pressefreiheit – ein hohes Gut	236	
Auf dem Weg zur Mediendemokratie?	238	
Risiken in den Medien	240	
nah dran: Die Macht der Bilder		242
Training: Machen Medien Meinungen?	244	

9 Gerechtigkeit für alle? Leben im Rechtsstaat 212

		extra
Rechtsstaat und Menschenrechte	214	
Elemente des Rechtsstaates	216	
Rechte und Pflichten	218	
Streich oder Straftat?	220	
Projekt: Ein Strafverfahren kommt in Gang	222	
Justiz und Medien – ein schwieriges Verhältnis	224	
Methode: Experten befragen		226
Training: Gerechtigkeit für alle? Leben im Rechtsstaat	228	

11 Leben, um zu arbeiten? Arbeiten, um zu leben? 246

		extra
Warum arbeiten Menschen?	248	
In einem Beruf für Geld arbeiten	250	
Methode: Einen Tages- oder Wochenbericht erstellen	252	
Sich für andere einsetzen	254	
Das Prinzip Solidarität		256
Auf der Suche nach Arbeit	258	
Die Rente – eine Sicherheit im Alter?	260	
Arm und Reich in Deutschland	262	
Die Tafeln – Teilhabe für Arme?		264
Training: Leben, um zu arbeiten? Arbeiten, um zu leben?	266	

Geschichtskartenteil	268

Europa im Glauben gespalten	268
Absolutismus und Französische Revolution	268
Industrielle Revolution	269
Deutsche streben nach Einheit und Freiheit	269
Imperialismus und Erster Weltkrieg	270
Die Weimarer Republik	271

Anhang	272

Hinweise für das Lösen der Aufgaben	272
Methodenglossar	274
Begriffsglossar	282
Register	287
Textquellenverzeichnis	292
Bildquellenverzeichnis	296

1

Kolonialhandel und Welthandel – das Beispiel Kakao

Für uns gehört Schokolade zum Alltag. Doch nach Europa kam die Kakaobohne erst vor 500 Jahren. Die spanischen und portugiesischen Entdecker brachten sie von den Azteken und Maya mit. Zunächst tranken nur wenige Adlige in Europa den Kakao. Doch das änderte sich: Im 19. Jahrhundert gründeten die Europäer überall in der Welt Kolonien und bauten Kakao auf riesigen Flächen an. Zur Kakaoernte setzten sie Sklaven ein. Verarbeitet wurde der Kakao in großen Manufakturen in Europa.

Für uns ist Schokolade zu einem billigen Genussmittel geworden. Doch haben auch die Menschen in den Anbauländern von der Verbreitung des Kakaos profitiert?

Q1 Kakao roh und verarbeitet (oben)

Q2 Sklavereidenkmal in Sansibar (unten links)

Q3 Massenprodukt Kakao (unten rechts) Foto, Frankreich 2006

ab 1500 v. Chr.
Schon das Volk der Olmeken nutzt die Kakaopflanze.

ab 1502
Die Spanier lernen den Kakao von den Maya und den Azteken kennen.

Material im Internet
454053-1000

ab 16. Jahrhundert
Europäer lassen Sklaven auf Kakao-Plantagen in Amerika arbeiten.

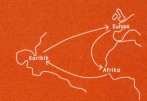
ab 17. Jahrhundert
Der Dreieckshandel entsteht.

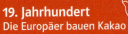
19. Jahrhundert
Die Europäer bauen Kakao in den afrikanischen Kolonien an.

20. Jahrhundert
Schokolade wird vom Luxusgut zur Massenware.

extra 1 # Wie die Schokolade nach Europa kam

Wusstest du, dass Kolumbus nicht nur Amerika, sondern auch die Schokolade entdeckt hat? Als seine Mannschaft 1502 ein Handelsschiff der Maya überfiel, begegnete sie zum ersten Mal der Kakaobohne. Die Spanier waren zunächst enttäuscht – sie hatten auf Gold gehofft.

Kakaobaum
(Theobroma cacao) Der Name setzt sich aus den griechischen Wörtern „theos" (Gott), „broma" (Speise) und dem aztekischen Begriff „cacao" zusammen.

Eine Pflanze mit Geschichte

Als die Spanier zum ersten Mal mit Kakao in Berührung kamen, hatte dieser bereits eine zweitausend Jahre lange Geschichte hinter sich. Schon das Volk der Olmeken, das an der Golfküste von Mexiko lebte, nutzte 1500 bis 500 v. Chr. den Kakaobaum. Die Maya (Blütezeit von 250–950 n. Chr.) übernahmen sowohl das Wort „Kakao" als auch die Anbautechnik von den Olmeken. Sie bauten die Kakaopflanze in großen Gebieten an.

Kakao – mehr als ein Getränk

Die Maya tranken Kakao auf religiösen Festen, bei Hochzeiten oder als Heilmittel. Für sie hatte Kakao eine religiöse Bedeutung: Die Trinkschokolade sollte sie mit dem „heiligen Kosmos" verbinden. Zubereitet wurde der Kakao mit Wasser als heißes, warmes oder kaltes Getränk. Die Maya tranken ihn als bittere, fruchtige oder süße, schaumig gerührte Trinkschokolade. Sie rösteten die Kakaobohnen und mahlten sie auf einem Reibstein zusammen mit verschiedenen Gewürzen, z. B. mit Vanille oder Chilipfeffer. Die Kakaobutter schöpften die Maya ab und verarbeiteten sie zu Salbe oder Kosmetik. Die unverdünnte Trinkschokolade war den Adligen oder Priestern vorbehalten. Die einfachen Kakaobauern verdünnten das Getränk mit Mais. Kakao wurde aber nicht nur getrunken, sondern auch als Brei gegessen.

Die Spanier entdecken den Kakao

Die Maya gaben ihre Kakaokultur an die Azteken weiter. Die europäischen Entdecker, die mit Cortés in Mexiko einfielen, wussten nichts von der religiösen Bedeutung des Kakaos. Doch dann erfuhren sie, dass die Kakaobohne auch als Zahlungsmittel diente. Da erwachte ihr Interesse am Kakao: Sie plünderten aus dem Palast des Moctezuma 43 200 000 Bohnen – das war damals ein unermesslich wertvoller Schatz.

Der Weg der Schokolade nach Europa

Wann genau die Schokolade nach Europa kam, ist nicht bekannt. Schon Cortés soll dem spanischen König neben den geplünderten Schätzen der Azteken auch Kakaobohnen überreicht haben. Das erste Gefäß mit Schokolade brachten Mönche und Vertreter der Indios 1544 nach Spanien, um es dem Prinzen Philipp als Geschenk zu übergeben. Wahrscheinlich verbreiteten indianische Ehefrauen spanischer Siedler oder Hausdienerinnen die Schokoladenrezepte. So kamen auch in Spanien die Menschen langsam auf den Geschmack. Sie süßten die Trinkschokolade mit Rohrzucker. Der Absatz stieg. Im 17. Jahrhundert setzte sich die Schokolade als beliebtes Getränk beim spanischen Adel durch. Nach und nach wurde die Schokolade auch an anderen Höfen in Europa bekannt.

Q1 Azteken bei der Herstellung des „Xocoatle". Kakaobohnen werden geröstet, gemahlen und dann mit Wasser und Gewürzen schaumig gerührt. Niederländische Darstellung aus dem 17. Jahrhundert

Kolonialhandel und Welthandel – das Beispiel Kakao

Q2 Kakaoernte
① der Kakaobaum,
② die Kakaoernte,
③ Öffnen der Kakaofrüchte,
④ geöffnete Kakaofrucht,
⑤ die Fermentation,
⑥ Trocknen der Kakaobohnen

D1 Der Kakaobaum und seine Frucht:

Als Kulturpflanze erreicht der Kakaobaum eine Höhe von fünf bis acht Metern. Er ist ein immergrüner Baum mit einer dicht belaubten Krone. Aus den in großen Büscheln am Stamm wachsenden Blüten entwickeln sich das ganze Jahr über die großen Früchte. In jeder Frucht befinden sich ca. 20–60 Kakaobohnen, die in süßem Fruchtmus eingebettet sind. Als Regenwaldpflanze wächst der Kakaobaum am besten im Schatten, bei einer durchschnittlichen Temperatur von 21 Grad Celsius sowie bei einer hohen Luftfeuchtigkeit.

Nach der Ernte werden Fruchtmus und Bohnen aus der Schale entfernt, in Holzkisten gefüllt und mit großen Blättern abgedeckt. In 5–6 Tagen vollzieht sich die „Fermentierung". Durch diesen Gärungsprozess werden die Bohnen dunkler und milder im Geschmack. Nach dem Trocknen in der Sonne ist der Rohkakao transportfähig.

Q3 Vertreter der Maya überreichen dem spanischen König Kakao. Gemälde, undatiert

Aufgaben

1 Beschreibe die einzelnen Schritte der Kakaoernte (Q2, D1).

2 Finde auf der Karte auf Seite 16/17 heraus, in welchen Regionen der Erde Kakao angebaut wird. Achte dabei auf die klimatischen Bedingungen.

3 Erkläre, weshalb man der Kakaopflanze den Namen „Theobroma cacao" gegeben hat (VT2*, Lexikon).

4 Was werden die Maya dem König über die Bedeutung von Schokolade erzählt haben? Schreibe eine Rede (VT, Q3).

* VT2 bedeutet: Die Aufgabe bezieht sich auf den zweiten Abschnitt des Verfassertextes (VT). Die Abschnitte ergeben sich durch die blauen Zwischenüberschriften.

extra 2 | Die Europäer lassen für sich arbeiten

Kolumbus hatte den Wert des Kakaos noch unterschätzt. Die Europäer, die nach ihm nach Amerika kamen, legten große Plantagen an, auf denen Sklaven den Kakao pflanzen und ernten mussten. Mit Kakao ließ sich viel Geld verdienen.

Monokulturen
sind Flächen, auf denen nur eine einzige Pflanze angebaut wird.

Manufaktur
von lat. manufacere = mit der Hand herstellen. In den Manufakturen wurden Waren erstmals arbeitsteilig und von spezialisierten Handwerkern hergestellt. Die Manufakturen waren ein wesentlicher Schritt zu den späteren Fabriken.

Die „Europäisierung" der Erde

Für die spanischen und portugiesischen Eroberer war es selbstverständlich, dass ihnen die Länder auch gehörten, die sie entdeckt hatten. Auf ihre Bitte teilte der Papst 1494 die Erdkugel in einen spanischen und einen portugiesischen Teil auf. Dazu zog er eine Linie von Pol zu Pol. Alle Teile, die westlich dieser Linie lagen, sollten Spanien gehören. Alle östlichen Gebiete sollte Portugal erhalten (siehe Karte im Online-Link). Die Portugiesen eroberten daraufhin ab 1500 das heutige Brasilien. Dem spanischen und portugiesischen Beispiel folgten bald andere Länder. Niederländer, Engländer und Franzosen drangen auf fast alle Kontinente vor. In Nordamerika ließen sich englische und französische Siedler nieder. In Afrika und Asien errichteten private Handelsgesellschaften ihre Stützpunkte. So bestimmten bald die Europäer, was wirtschaftlich und politisch in der Welt geschah. Die weißen „Herren" zwangen die Bevölkerung in den Kolonien, sich zu unterwerfen und anzupassen.

Die Europäer errichten Plantagen

Die Spanier verdrängten den Kakao aus Mexiko. Dort pflanzten sie Kaffee, Bananen und Baumwolle an. Der Kakao wurde jetzt weiter im Süden Amerikas angebaut. Zum größten Exporteur von Kakao wurde das Land Venezuela. Spanische Siedler holzten die Wälder ab und legten auf den gerodeten Flächen Plantagen an. So entstanden riesige Felder mit Monokulturen, auf denen ausschließlich Kakao angebaut wurde. Die Indios mussten auf den Plantagen als Sklaven arbeiten. Viele wurden krank oder starben durch die harte Arbeit. Die spanischen Plantagenbesitzer standen bald vor einem Problem: Es gab nicht genügend einheimische Arbeitskräfte.

Der Dreieckshandel

Die Europäer hatten eine Idee: Sie schafften Arbeiter aus Afrika heran. Es entstand der „Dreieckshandel": Europäische Sklavenhändler in Afrika nahmen einheimische Afrikaner gefangen und fuhren sie mit dem Schiff Richtung Amerika. Dort angekommen, wurden die Menschen als Arbeitskräfte in die Kolonien in Mittelamerika und Südamerika verkauft. Jetzt nahmen die Schiffe Rohstoffe an Bord, die auf den Plantagen angebaut wurden. Mit Rohrzucker, Kaffeebohnen, Kakaobohnen und Baumwolle beladen fuhren die Schiffe nach Europa weiter. In Europa wurden die Rohstoffe in Manufakturen zu Produkten verarbeitet. Erneut wurden die Schiffe beladen: Jetzt transportierten sie fertige Waren wie Gewehre, Rum oder Stoffe nach Afrika. Damit wurden die Sklavenhändler bezahlt.

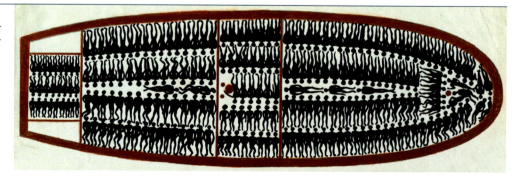

Q1 Plan eines Sklavenschiffes, 1825. Der Liegeplan zeigt die größtmögliche Ausnutzung des Schiffsraumes.

Kolonialhandel und Welthandel – das Beispiel Kakao

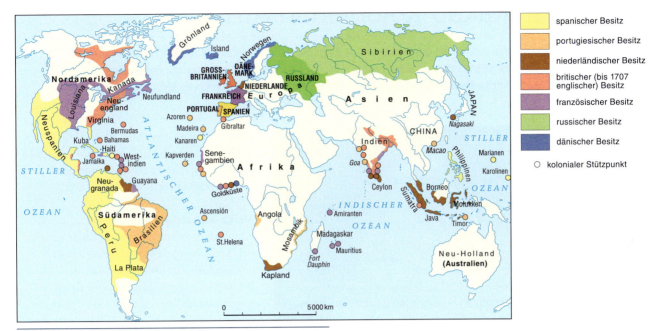

D1 Die europäischen Kolonien um die Mitte des 18. Jahrhunderts

Q2 Der brasilianische Dichter Amado schilderte Mitte des 20. Jahrhunderts die Arbeit auf einer Kakaoplantage in Brasilien:

(Die Frauen) helfen den Männern bei der Arbeit, brechen die Schale der Früchte auf, die von den Kindern – auch die ganz kleinen sind schon dabei – aufgelesen und vor den
5 Frauen aufgehäuft werden. Die Kleinen verdienen einen halben Milreis (brasilianische Währung) pro Tag, sie laufen nackt herum und haben dicke Bäuche, wie schwangere Frauen, so unförmig sehen sie aus. Schuld daran ist
10 die Erde, die sie essen, und die ihnen oft die kärglichen Mahlzeiten ersetzen muss. Ob Schwarze, Mulatten (Menschen mit weißen und schwarzen Vorfahren) oder Weiße, alle Kinder bekommen das gelbliche Aussehen,
15 das an das Laub der Kakaobäume erinnert.

(…) Die Früchte fallen zur Erde, die Kinder tragen sie im Laufschritt fort und die Frauen brechen sie mit ihren Messern auf. Manchmal verletzt sich eine von ihnen durch einen un-
20 achtsamen Schnitt in die Hand; dann legt sie Erde auf die Wunde und träufelt etwas Pulpa (Brei aus Pflanzenteilen oder Fruchtfleisch) darüber.

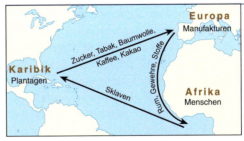

D2 Der sogenannte Dreieckshandel: Etwa zehn Millionen Menschen wurden bis ins 19. Jahrhundert als Sklaven aus Afrika nach Amerika verschleppt.

Aufgaben

1 Fasse zusammen, was man unter der „Europäisierung der Erde" versteht (VT1, D1).

2 Was erfährst du über die Arbeit auf den Kakaoplantagen? Schreibe einen Protestbrief an den Plantagenbesitzer (VT, Q2).

3 Stell dir vor, du bist als Kapitän eines Handelsschiffs im Dreieckshandel tätig. Deine Fahrt beginnt in Afrika und führt über Südamerika und Europa, bis du schließlich wieder in Afrika ankommst. Beschreibe deine Fahrt genau und berichte, was du wo an Bord nimmst (VT3, D2, Q1).

Karte zu VT1
454053-0013

extra 3 | Kakao-Kolonien in Afrika

Vor 400 Jahren brachten die Europäer die Kakaopflanze mit nach Afrika. Als sie im 19. Jahrhundert den afrikanischen Kontinent eroberten, legten sie dort riesige Kakao-Plantagen an. Heute wird etwa die Hälfte des Kakaos in Afrika geerntet.

Q1 Auf den Spuren der Kolonialzeit in Kamerun. Ein Bergführer zeigt Touristen die Spuren der deutschen Kolonialzeit am Kamerunberg. Die deutsche Kolonie gab es nur 30 Jahre, bis zum Beginn des Ersten Weltkrieges. Hinterlassen haben die Deutschen z. B. Wanderhütten des Alpenvereins, auf Stelzen gebaute Häuser und eine alte Lok, die früher durch die Bananen-, Kakao- und Kautschukplantagen fuhr. Foto, 2005

Das „alte Afrika"
In Afrika lebten verschiedene Völker. Einige führten ein Leben als Jäger und Sammler, andere als Bauern, Handwerker oder Hirten. Manche zogen als Nomaden umher. Die Menschen lebten in Großfamilien zusammen, die allen Angehörigen Schutz boten. Alle Völker hatten ihre eigene Sprache, Kultur und Religion. Politisch war der Kontinent in mehrere Reiche aufgeteilt, in denen Könige, Fürsten oder Priester herrschten. Jahrhundertealte Städte lagen meist an alten Handelswegen.

Reisen in Afrikas Mitte
Lange Zeit waren nur wenige kleine Gebiete in der Hand der Europäer: 1806 hatten die Briten die Spitze Südafrikas und 1830 die Franzosen das nördliche Algerien besetzt. Im heutigen Angola und Mosambik lebten etwa 3000 Portugiesen, an der Westküste gab es europäische Handelsniederlassungen. 1856 durchquerte der britische Forscher und Missionar David Livingstone als erster Europäer den afrikanischen Kontinent. Mit seinen Reisen bereitete er das weitere Vordringen der Europäer in Afrika vor.

Afrika wird aufgeteilt
Nun entschieden die europäischen Staaten, den afrikanischen Kontinent unter sich aufzuteilen. Auf ungenauen Karten wurden neue Grenzen gezogen. Dass sie damit in vielen Landesteilen traditionelle Stammesgebiete der afrikanischen Völker zerteilten oder Handelsstraßen zerschnitten, war den europäischen Politikern egal. 1884 begann auch Deutschland, Kolonien zu erwerben.

Kamerun – die deutsche Kakao-Kolonie
Wie die deutsche Kolonialmacht in Afrika vorging, zeigt das Beispiel von Kamerun: Deutsche Kaufleute trieben dort bereits seit 1868 Handel und gründeten erste Plantagen. 1884 übernahm Deutschland die „Schutzherrschaft" über die Siedlungen am Kamerunfluss und richtete eine Kolonialverwaltung ein. Deutsche Pflanzungsgesellschaften fingen an, rund um den Kamerunberg große Kakaoplantagen anzulegen. Das Land wurde zwangsenteignet. Kamerun war bald diejenige deutsche Kolonie, die am meisten Rohstoffe lieferte. 1909 waren bereits 99 Prozent der Plantagenflächen mit Kakao bepflanzt.

Die Arbeit auf den Plantagen war hart, die Strafe mit der Peitsche üblich. Bald herrschte ein Mangel an Arbeitskräften. Daher wurden deutsche Soldaten ins Landesinnere geschickt, wo sie die Gebiete „befrieden" sollten. Das bedeutete: Die Soldaten verschleppten die Einwohner und siedelten sie an der Küste an, wo die Plantagen lagen. Dort wurden sie als Zwangsarbeiter eingesetzt.

Kolonialhandel und Welthandel – das Beispiel Kakao

Q2 Die Deutsche Marie Pauline Thorbecke bewertet 1914 die Umsiedlungsmaßnahmen:

Aber jetzt sehe ich, dass diese Maßnahme doch auch erzieherischen Nutzen für die Neger selber hat. Früher, als sie „im Busch" saßen (…), bauten sie gerade so viel Boden-
5 früchte, wie sie für sich selber nötig hatten, ganz sicher nicht drei Körbe Hirse mehr. Hier an der Straße lernen sie, über ihren eigenen Bedarf hinaus für Nahrungsmittel zu sorgen, denn sie sind verpflichtet, den wandernden
10 Karawanen das für ihren Lebensunterhalt Nötige zu verkaufen. (…) Die faulen Neger werden dadurch fleißiger, sie verdienen und kommen, wenn auch langsam, wirtschaftlich vorwärts.

Q3 Hendrik Witbooi, Häuptling der Nama in Südwestafrika, sprach 1892 zu anderen Häuptlingen:

Dieses Afrika ist das Land der roten Kapitäne (Häuptlinge); wir sind von derselben Farbe und Lebensart, haben gemeinschaftliche Gesetze, die für uns und unsere Leute
5 genügen. Wir sind nicht hart gegeneinander, sondern ordnen Dinge in Frieden und Brüderschaft. (…) Die weißen Menschen aber handeln ganz anders. Ihre Gesetze sind unpassend für uns rote Menschen und undurch-
10 führbar. Diese unbarmherzigen Gesetze bedrücken den Menschen von allen Seiten; sie kennen kein Gefühl oder Rücksicht darauf, ob ein Mensch reich ist oder arm.

Ich bin sehr ungehalten über euch (…), die
15 ihr deutschen Schutz angenommen habt und dadurch den weißen Menschen Rechte und Einfluss in unserem Land gebt. (…) Die Deutschen lassen sich (…) nieder, ohne erst um Erlaubnis zu bitten, drängen den Menschen,
20 denen die Gebiete gehören, ihre Gesetze auf, verbieten das freie Herumstreifen auf den Wegen, verbieten ihnen freie Verfügung über ihr eigenes Wasser und über die Weide; sie verbieten den Landeseingeborenen die Jagd
25 auf ihr eigenes Wild, verbieten den Menschen mit Gewehr auf irgendeinem Platz zu erscheinen, geben den Menschen bestimmte Uhrzeiten und Tage als Termine an und halten die Menschen außerhalb der Wohnplätze an.

D1 So funktionierte das Kolonialsystem. Schaubild zur deutschen Kolonialzeit

Aufgaben

1 Fasse zusammen, worin die Unterschiede zwischen dem „alten" (VT1) und dem „neuen" (VT3, VT4) Afrika bestanden.

2 Erkläre anhand des Schaubildes, wie das Kolonialsystem funktionierte (D1).

3 Teilt die Klasse in zwei Gruppen. Die Gruppen listen jeweils die Sichtweise der Deutschen bzw. der Afrikaner zur Kolonialisierung auf. Diskutiert in einem Streitgespräch darüber, wer von der Kolonialisierung profitierte und auf welche Weise dies geschah (VT, Q2, Q3).

4 Du bist mit dem Führer (Q1) auf dem Kamerunberg unterwegs. Schreibe einen kurzen Eintrag in dein Reisetagebuch, was du dort erlebt hast.

Rundblick

extra 4 | Kakaohandel weltweit

In Europa wurde im Laufe von zwei Jahrhunderten aus dem Luxusartikel Schokolade ein Massenprodukt. Jeder Deutsche verzehrt heute acht Kilogramm Schokolade pro Jahr. Doch die Kinder, die die Kakaobohnen pflücken, können sich kaum eine Tafel Schokolade leisten.

Industriestaaten dominieren den Weltmarkt

Wo Kakao angebaut wird, siehst du auf der Karte. Doch weiterverarbeitet wird der Kakao anderswo: Die großen Konzerne in den Industrieländern kaufen rund 80 Prozent der Kakaobohnen und machen daraus Produkte wie Schokolade oder andere Süßigkeiten. Der Rohkakao wird an den Börsen in London und New York gehandelt. Die Preise schwanken stark, manchmal innerhalb eines Tages. Die Bauern können darauf jedoch kaum Einfluss nehmen, weil sie von Zwischenhändlern abhängig sind. Um die Bauern unabhängiger von der Preisentwicklung zu machen, müsste der Kakao direkt in den Anbauländern weiterverarbeitet werden. Doch das wollen die Industrieländer nicht: Sie schotten ihre Märkte ab, indem sie hohe Zölle auf Fertigwaren aus den Anbauländern erheben.

D1 Wie sich der Preis eines Schokoriegels zusammensetzt. Schaubild

Kolonialhandel und Welthandel –
das Beispiel Kakao

Q1 Die Umweltorganisation Greenpeace schrieb 2009 über Kinderarbeit auf Kakao-Plantagen:

Nach Schätzungen der britischen Menschenrechtsorganisation Anti-Slavery International arbeiten in der Elfenbeinküste bis zu 200 000 Kinder am süßen Kick der Industrienationen. Bis zu 14 Stunden täglich. Rund eine Million ivorische Kleinbauern, die (…) auf Flächen bis zu drei Hektar Kakao anpflanzen, verhelfen der multinationalen Schokoladenindustrie jährlich zu Umsätzen von fast zwei Milliarden Dollar. Doch sie selbst sind bettelarm. (…) Nur rund ein Drittel des Exportwerts des Rohkakaos bleibt bei den Bauern. Den Mammutanteil schöpfen Zwischenhändler, korrupte Beamte und die Wegelagerer an Checkpoints entlang der Pisten ab. Der einzige Faktor, den der Bauer in seiner Notlage beeinflussen kann, sind die Kosten für Arbeitskraft. Deshalb schickt er Kinder in die Pflanzung.

D2 Fairer Handel.
Die Konsumenten können helfen, die ungerechten Handelsstrukturen zu verbessern. Der Verein „TransFair" vergibt z. B. seit 1992 ein Siegel für Produkte, die „fair gehandelt" wurden. Den Bauern wird durch das „Fairtrade"-Siegel ein stabiles Einkommen garantiert. Sie erhalten beispielsweise den gesetzlichen Mindestlohn oder mehr, Schutzkleidung bei der Arbeit und Urlaub. Die Bauern erhalten ferner eine Prämie für Gemeinschaftsprojekte, von der sie sich Brunnen oder Schulen bauen können.

Strukturskizze
fairer Handel
454053-0017

Training

extra | 5 | Kolonialhandel und Welthandel – das Beispiel Kakao

1 Diese Begriffe kann ich erklären!

a) Olmeken (S. 10)

b) Kakaobaum (S. 10)

c) Monokulturen (S. 12)

d) Manufaktur (S. 12)

e) Dreieckshandel (S. 12)

i) Unter welchen Bedingungen wurde bzw. wird Kakao produziert?

j) Wie funktioniert der „faire Handel"?

4 Zu diesen Aussagen habe ich eine Meinung und kann sie begründen!

a) Dient Werbung der Information der Kunden?

b) Kann ich als Verbraucher etwas gegen die Armut in den Entwicklungsländern tun?

2 Diese Fragen kann ich beantworten!

a) Welche Schritte sind bei der Kakaoernte nötig?

b) Wer baute zum ersten Mal Kakao an?

c) Welche Bedeutung hatte der Kakao bei den Maya?

d) Wie kam der Kakao nach Europa?

e) Was versteht man unter der „Europäisierung" der Erde?

f) Wie funktionierte die Plantagenwirtschaft der Europäer?

g) In welcher Weise wurde Afrika im 19. Jahrhundert aufgeteilt?

h) Wie funktionierte das Kolonialsystem?

3 Die Daten auf dem Zeitstrahl kann ich erklären!

1500 v. Chr.

1502

19. Jahrhundert

20. Jahrhundert

Kolonialhandel und Welthandel – das Beispiel Kakao

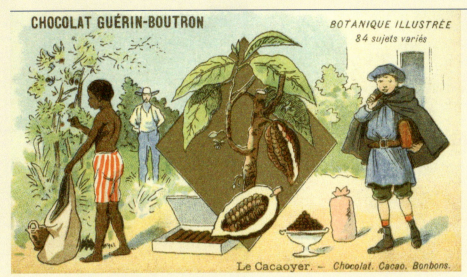

Q1 „Der Kakaobaum". Sammelbildchen eines französischen Kakaoherstellers, um 1890

Q2 Werbung für Schokolade in der Zeitschrift „Elegante Welt", 1912

Aufgaben

1 Untersucht in Gruppen arbeitsteilig Q1 und Q2. Arbeitet dabei heraus,
a) an welche Zielgruppe sich die Werbung vermutlich richtet,
b) was die Werbung über die Ansichten der jeweiligen Zeit verrät.
Tragt eure Ergebnisse im Plenum zusammen.

2 Suche in Zeitschriften oder dem Internet nach heutiger Schokoladenwerbung.
a) Untersuche sie wie in Aufgabe 1.
b) Vergleiche die Werbung mit den Informationen aus dieser Themeneinheit. Schreibe einen Kommentar, in dem du den Werbeaussagen die Situation der Kakaoproduzenten in den Anbauländern entgegenstellst.

Portfolio und Üben
454053-0019

2

Europa im Glauben gespalten

Die christlichen Mitschüler unter euch gehen entweder bald zur Konfirmation oder haben schon die Kommunion empfangen. Wer evangelisch ist, wird konfirmiert – wer katholisch ist, empfängt die Kommunion. Obwohl beide Glaubensgemeinschaften Christen sind, gibt es doch eine katholische und eine evangelische Kirche. Um das zu erklären, muss man ins 16. Jahrhundert zurückschauen: Vor 500 Jahren gab es nur eine Kirche in Mitteleuropa. An ihrer Spitze stand der Papst, der Kaiser verstand sich als Beschützer aller Christen. Doch ein Mönch namens Martin Luther veränderte dies alles.

D1 **Luthers Thesenanschlag** in einem Film von 2003. Doch hat sich diese Szene in Wirklichkeit auch so abgespielt (siehe S. 22)?

1517
Der Mönch Martin Luther löst in Deutschland die Reformation aus.

1524–1525
Bauern in vielen Teilen Deutschland führen Krieg gegen Grundherren und Fürsten.

Material im Internet
454053-2000

1555
Der Augsburger Religionsfrieden wird geschlossen.

1618
In Europa beginnt der Dreißigjährige Krieg um Glaube und Macht.

1648
Die Krieg führenden Staaten schließen den Westfälischen Frieden.

1 | Ist die Kirche noch zu retten?

Am Ende des Mittelalters war das ganze Leben durch den christlichen Glauben geprägt. Die Kirche achtete darauf, dass die Gläubigen gottesfürchtig lebten. Aber gerade die Vertreter der Kirche führten oftmals ein unchristliches Leben.

Ablass
Ab dem 12. Jahrhundert bot die Kirche Schriftstücke an, in denen stand, welche Sündenstrafen man durch eine bestimmte gute Tat erlassen bekommen konnte. Diese Schriftstücke wurden Ablassbriefe genannt.

Sünden
Handlungen eines Menschen, mit denen er gegen göttliche Gebote verstößt

Die Kirche in der Krise

Am Ende des Mittelalters besaß die Kirche großen Einfluss auf die Menschen. Die Gläubigen hatten Angst vor dem Teufel und der Hölle. Sie fürchteten sich auch davor, nach dem Tod von Gott für ihre Fehler bestraft zu werden. Damit die Menschen ein gutes Leben führten, verhängten die Priester harte Strafen für begangene Sünden. Dabei verhielten sich viele Geistliche selbst nicht sehr vorbildlich: Die Päpste in Rom führten Kriege und lebten verschwenderisch. So gab Papst Leo X. riesige Geldsummen für Musiker und Dichter, für Jagden und Karneval und für seine Elefantenwärter aus. Einige Bischöfe, Priester und Mönche lebten nicht gerade christlich: Sie tranken übermäßig viel Alkohol, hatten Geliebte und vernachlässigten ihre Aufgaben. Die Priester waren zum Teil so ungebildet, dass sie im Gottesdienst nicht einmal aus der Bibel vorlesen konnten. Hohe kirchliche Ämter wie das Bischofsamt wurden einfach an denjenigen verkauft, der am meisten bot – unabhängig davon, ob er geeignet war oder nicht. Die Menschen wurden deshalb immer unzufriedener mit ihrer Kirche.

Geld befreit von allen Sünden

Für gute Taten, beispielsweise für Wallfahrten, stellte die Kirche den Gläubigen so genannte Ablassbriefe aus. Damit sollten den Menschen ihre Sündenstrafen erlassen sein. Nach und nach ging die Kirche allerdings dazu über, Ablassbriefe auch ohne Nachweise für ein gutes Werk einfach zu verkaufen. Schließlich brauchten die Päpste für ihr luxuriöses Leben viel Geld. Auch Prachtbauten wie der Petersdom in Rom wurden mit dem Geld aus dem Ablasshandel finanziert. Prediger zogen durch das Land, um den Gläubigen Ablassbriefe zu verkaufen. Ihr Werbespruch lautete: „Sobald das Geld im Kasten klingt, die Seele in den Himmel springt."

Ein Mönch namens Luther

Am 31. Oktober 1517 schrieb der Mönch Martin Luther an den Erzbischof von Mainz einen Brief mit 95 Thesen (Behauptungen) gegen diesen Ablasshandel. So wollte Luther auf die Missstände in der Kirche aufmerksam machen. Aber er erhielt auf seinen Brief keine Antwort. Daraufhin ließ Luther seine Thesen drucken und veröffentlichen. Sie wurden in vielen Städten nachgedruckt und verbreiteten sich in kurzer Zeit in ganz Deutschland. Viele Menschen waren begeistert: Endlich wagte es jemand, die Missstände öffentlich anzuprangern.

Q1 Flugblatt gegen Geldbetrüger. Zu sehen sind Geistliche, Geldverleiher und Münzer. Vorne verkündet ein Mann einen Ablass, dahinter hängt ein Ablassbrief an einem Kreuz. Links ist ein Geldverleiher zu sehen. In der Mitte prägt ein Münzer minderwertige Geldstücke. Holzschnitt von Jörg Breu d. Ä. (dem Älteren), 1530. Flugblätter wurden zur Zeit der Reformation häufig dazu genutzt, um politische oder religiöse Botschaften zu verbreiten. Die Bilder wurden auch von Menschen verstanden, die nicht lesen konnten.

1517 bis 1648 | Europa im Glauben gespalten

D1 Kirche in der Krise. Das Schaubild zeigt, wie die mittelalterliche Kirche in die Krise geraten ist und welche Folgen das für die Gläubigen hatte. Das Schaubild ist noch unvollständig (siehe Aufgabe 3).

Q2 Der Ablassprediger Johann Tetzel spricht 1517 vor vielen Menschen bei Magdeburg:

Du Adliger, du Kaufmann, du Frau, du Jungfrau, du Braut, du Jüngling, du Greis! (…) Wisse, dass ein jeder, der gebeichtet, bereut und Geld in den Schrein getan hat, so viel ihm
5 der Beichtvater geraten hat, eine volle Vergebung aller seiner Sünden haben wird. Habt ihr nicht die Stimmen eurer Verstorbenen gehört, die rufen: Erbarmt euch, denn wir leiden unter harten Strafen und Foltern, von denen
10 ihr uns durch eine geringe Gabe loskaufen könnt.

Hörbuch 2, Track 5

Q3 Aus Luthers 95 Thesen vom Oktober 1517:

32. Wer glaubt, durch Ablassbriefe das ewige Heil erlangen zu können, wird auf ewig verdammt werden samt seinen Lehrmeistern.

36. Jeder Christ, der wahrhaft Reue emp-
5 findet, hat einen Anspruch auf vollkommenen Erlass der Schuld auch ohne Ablassbrief.

43. Man soll die Christen lehren, dass, wer den Armen gibt und dem Bedürftigen leiht, besser tut, als wer Ablassbriefe kauft.

Hörbuch 2, Track 6

Aufgaben

1 Liste die kirchlichen Zustände auf, mit denen viele Gläubige unzufrieden waren (VT1*).

2 Arbeite heraus, wie sich der Einsatz von Ablassbriefen wandelte (VT2).

3 Übertrage das Schaubild D1 in dein Heft und setze folgende Begriffe richtig ein: Ungerechtigkeit – kriegerisches – Kritik – Ablassbriefen – unchristlich – Thesen – ausgebildet – Zustand

4 Beschreibe die einzelnen Figuren auf dem Flugblatt (Q1) möglichst genau. Woran kann man erkennen, dass sich dieses Flugblatt unter anderem gegen das Geschäft mit den Ablassbriefen richtet?

5 Vergleiche, was Johann Tetzel und Martin Luther über den Ablasshandel sagen (Q2, Q3).

6 Diskutiert, warum Luther auf seine Thesen keine Antwort vom Erzbischof bekam.

7 Erkläre mit Hilfe eines Lexikons oder des Internets den Begriff „Wallfahrt" (VT2).

8 Suche im Internet nach niedersächsischen Wallfahrtsorten. Stelle einen Ort näher vor.

* VT1 bedeutet: Die Aufgabe bezieht sich auf den ersten Abschnitt des Verfassertextes (VT). Die Abschnitte ergeben sich durch die blauen Zwischenüberschriften.

○ 1–4 ◐ 5, 7, 8 ● 6

2 | Die Reformation breitet sich aus

Papst und Kaiser verlangten, dass Luther seine Lehre widerrufen solle. Hatte er den Mut, seiner Überzeugung trotzdem treu zu bleiben?

D1 Luther wird in Worms 1521 auf dem Reichstag von Kaiser Karl V. verhört. Der Reichstag war eine Versammlung von Reichsfürsten und Vertretern der Städte. Szene aus dem Film „Luther", 2003

Reformation
Bewegung zur Erneuerung der Kirche. Sie wurde von Martin Luther ausgelöst und führte schließlich zur Spaltung der Kirche.

evangelisch
Von Luther vorgeschlagene Bezeichnung für seine Lehre, die sich hauptsächlich auf die Evangelien in der Bibel stützte. Später bezeichnete man alle Kirchen, die aus der Reformation hervorgegangen sind, als evangelisch.

Luther und Gott
Der Mönch Martin Luther arbeitete an der Wittenberger Universität in Sachsen als Professor für Bibelkunde. Über seine 95 Thesen hatte er viele Jahre lang nachgedacht. Immer wieder hatte er sich gefragt, wie die Menschen leben sollten, um nach ihrem Tod in Gottes Himmelreich zu kommen. Dabei kam er zu folgender Auffassung: Wer fest an Gott glaubt, dem werden seine Sünden vergeben. Wer in das Himmelreich aufgenommen werde, darüber dürfe nur Gott selbst urteilen – und nicht etwa der Papst. Und keinesfalls könne man sich mit Ablassbriefen einfach den Weg in den Himmel erkaufen. Deshalb verurteilte Luther in seinen 95 Thesen den Ablasshandel scharf.

Der Kaiser verhört den Mönch
Der Papst verlangte, dass Luther seine Thesen zurücknehmen solle. Dieser weigerte sich aber. Deshalb schloss der Papst ihn aus der Kirche aus. Drei Monate später lud der Kaiser Luther zum Reichstag nach Worms. Dort wurde er verhört und sollte seine Lehre widerrufen. Doch auch vor den Mächtigen des Reiches nahm Luther kein Wort zurück. Daraufhin verhängte der Kaiser die Reichsacht über ihn: Luther hatte ab sofort keine Rechte mehr, jedermann durfte ihn ausrauben oder töten. Nun war es verboten, Luthers Bücher zu drucken oder zu lesen.

Auf der Wartburg
Kurz nach seiner Abreise aus Worms hieß es, Luther sei auf dem Rückweg überfallen, verschleppt und vielleicht sogar ermordet worden. In Wirklichkeit hatte Kurfürst Friedrich von Sachsen Luther heimlich auf die Wartburg bei Eisenach bringen lassen. Hier war er erst einmal sicher. Mehrere Monate lebte er unerkannt auf der Burg. Hier übersetzte er das Neue Testament ins Deutsche, damit die Gläubigen „Gottes Wort" selbst lesen konnten. Die Bibel war nämlich auf Hebräisch und Griechisch verfasst.

Luthers Lehre verbreitet sich
Obwohl seine Bücher verboten waren, breitete sich Luthers Lehre weiter aus. Immer mehr Menschen lasen seine Schriften. Wanderprediger erzählten den einfachen Leuten von Luthers Worten. Drei Viertel aller deutschen Städte und zahlreiche Fürsten gingen zur Reformation über. Die Bürger in den Städten entschieden nun selbstständig in kirchlichen Fragen: Sie setzten evangelische Pfarrer ein, schafften die Beichte und die katholische Messe ab. Auch wurde der Gottesdienst nicht mehr in lateinischer Sprache, sondern auf Deutsch abgehalten. Die Reformation verlief aber nicht reibungslos. In manchen Städten kam es zu Kämpfen zwischen evangelischen und katholischen Bürgern. Oft wurde ein Priester einfach aus seiner Kirche gejagt.

1517 bis 1648 | Europa im Glauben gespalten

Q1 Über Martin Luther schwebt die Taube des Heiligen Geistes. Holzschnitt, 1521

Q3 Luther und der Teufel reichen sich die Hand. Holzschnitt, 1535

Q2 Der Geistliche Johannes Cochläus schrieb 1582 über die Folgen von Luthers Bibelübersetzung:

Luthers Neues Testament wurde durch die Buchdruckerei dermaßen vermehrt, dass auch Schneider und Schuster, ja Weiber und andere einfältige Idioten dies neue lutherische Evangelium angenommen haben. Wenn sie auch nur ein wenig Deutsch lesen gelernt hatten, lasen sie es wie einen Brunnen der Weisheit mit größter Begierde. Etliche lernten es auswendig und erwarben innerhalb weniger Monate so viel Geschicklichkeit und Erfahrung, dass sie keine Scheu hatten mit Priestern und Mönchen, ja selbst mit Doktoren der Heiligen Schrift zu disputieren (streiten). Ja, es fanden sich auch armselige Weiber, die so vermessen waren, mit Doktoren und ganzen Universitäten zu disputieren.

Aufgaben

1 Arbeite heraus: Was war für Luther der einzig richtige Weg, in den Himmel zu kommen (VT1)?

2 Fasse zusammen, wie Papst und Kaiser auf Luthers Verhalten reagierten (VT2).

3 Lies Q2 und finde heraus, ob Cochläus ein Anhänger oder ein Gegner Luthers war.

4 „Dass Luther die Bibel übersetzte, war vielleicht der wichtigste Schritt zur Umsetzung seiner Lehre." Wie beurteilst du diese Aussage (VT3, Q2)?

5 In Q1 und Q3 wird Luther von zwei Künstlern unterschiedlich dargestellt. Beurteile jeweils, ob der Künstler auf der Seite Luthers oder auf der Seite des Papstes gestanden hat. Begründe deine Entscheidung.

3 Die Bauern wollen frei sein

Die Bauern hörten von Luthers Lehre, wonach alle Christen frei seien. War das nicht eine Aufforderung, sich endlich aus der Unterdrückung durch die Grundherren zu befreien?

Zehnt/Kirchenzehnt
Der Zehnt war eine Steuer an die Kirche, die den zehnten Teil der Getreideernte betrug. Oft wurde der Zehnt auch in Geld bezahlt.

Schwaben im März 1525:
Mit lauten Unmutsäußerungen bewegt sich eine Schar von Bauern im frühen Morgengrauen auf einen Herrenhof in der Nähe von Memmingen zu. Die Bauern sind ausgerüstet mit Sensen und Dreschflegeln, Heu- und Mistgabeln. Der Grundherr versperrt mit einigen bewaffneten Gefolgsleuten den Hofeingang.
Grundherr (mit fester Stimme): „Was geht hier vor, Bauern?"
Ein Bauer tritt aus der Menge hervor: „Herr, uns treibt die Not. Eine Not, die ihr und euresgleichen heraufbeschworen haben. Zug um Zug habt ihr uns unseres guten, alten Rechts beraubt. Wir fordern deshalb, dass Ihr die Zwölf Artikel der Schwäbischen Bauern anerkennt. Der Memminger Kürschnergeselle Sebastian Lotzer hat sie in unserem Namen verfasst."
Grundherr (misstrauisch): „Mann und Schrift sind mir unbekannt. Was fordert der Bursche?"
Bauernführer (zieht eine Flugschrift hervor): „Zum Ersten ist unsere demütige Bitte, dass die ganze Gemeinde ihren Pfarrer selbst wählen soll. Auch steht der Kornzehnt der Kirche seit alters her zu und wir wollen ihn gern geben, auf dass davon der Pfarrer seinen Unterhalt erhalte. Der Viehzehnt aber ist neu und wir wollen ihn gar nicht geben, denn Gott hat das Vieh dem Menschen abgabenfrei erschaffen."
Grundherr (triumphierend): „Was geht mich der Viehzehnt an? Klagt euer Leid dem Bischof!"
Bauernführer (grimmig): „Ich bin noch lange nicht fertig! Martin Luther lehrt, dass Christus alle Menschen durch seinen Tod am Kreuz erlöst hat. Daraus ergibt sich, dass wir frei sind und deshalb wollen wir's sein. Herr, als wahrer Christ, entlasse uns aus der Leibeigenschaft."

Eine junge Stimme aus dem Hintergrund: „Ich will endlich selbst bestimmen, wo ich wohne und wen ich heirate!"
Grundherr (zornig): „Ihr wollt völlig frei sein und keine Obrigkeit haben? Das widerspricht dem göttlichen Recht!"
Bauernführer (aufgebracht): „Wir wollen der Obrigkeit gehorsam sein, wie es die Bibel lehrt, aber die Fürsten und Herren müssen auch dem Wort Gottes gemäß handeln. Es erscheint uns nicht brüderlich, dass kein Untertan mehr die Erlaubnis hat zu jagen oder Fische zu fangen. Auch sollen alle Wälder, die geistliche und weltliche Herren nicht durch Kauf erworben haben, wieder an die Gemeinde fallen. Daraus soll jeder seinen Bedarf an Brennholz und Bauholz umsonst haben. Zudem fordern wir, dass unsere immer wieder erhöhten Dienste wieder nach dem Maß der Vorfahren verlangt und geleistet werden sollen. Überhaupt wollen wir uns künftig von der Herrschaft keine weiteren Lasten und Abgaben auferlegen lassen."
Grundherr (entschlossen): „Ihr tretet vor mich und beruft euch auf Luther und die Heilige Schrift. So geht denn heim und kehrt unbewaffnet zurück. Erst dann will ich über die Rechtmäßigkeit eurer Forderungen entscheiden."
Gemurmel. Die Bauern blicken verunsichert umher, bis ihr Anführer noch einmal das Wort ergreift: „So soll es sein. Aber noch bevor die Abenddämmerung anbricht, stehen wir erneut vor eurem Tor. Und dann gewähren wir euch keinen Aufschub mehr."
Unter lautem Murren ziehen die Bauern in Richtung Dorfgemeinde ab.

Hörbuch 2, Track 7

1517 bis 1648 | Europa im Glauben gespalten

Q1 Die Truppen der Fürsten und der Bauern stehen sich Ostern 1525 bei Weingarten gegenüber. Federzeichnung aus der Bauernkriegschronik eines Abtes von 1525

Q2 Über das Leben der Bauern auf dem Land schreibt ein Zeitgenosse 1520:

Ihre Lage ist bedauernswert und hart. (…) Die Hütten bestehen aus Lehm und Holz, (…) sind mit Stroh gedeckt: Das sind ihre Häuser. Geringes Brot, Haferbrei oder gekochtes Ge-
5 müse ist ihre Speise, Wasser und Molke ihr Getränk. Ein leinener Rock, ein paar Stiefel, ein brauner Hut ist ihre Kleidung. (…) Den Herren fronen sie oftmals im Jahr, bauen das Feld, besäen es, ernten Früchte, bringen sie in
10 die Scheunen, hauen Holz. (…) Am härtesten ist es für die Leute, dass der größte Teil der Güter, die sie bebauen, nicht ihnen, sondern den Herren gehört und dass sie sich durch einen bestimmten Teil der Ernte jedes Jahr
15 von ihnen loskaufen müssen.

Q3 Eine „Ermahnung zum Frieden" schrieb Martin Luther im April 1525 an die Fürsten:

Erstlich verdanken wir diesen Aufruhr euch Fürsten und Herren, besonders euch blinden Bischöfen und tollen Pfaffen und Mönchen, die ihr immer noch gegen das Evangelium tobt
5 und wütet. (…) Um euer prächtiges Leben führen zu können, schindet und besteuert ihr den gemeinen Mann, bis er es nicht mehr ertragen mag. Das Schwert sitzt euch bereits im Genick. (…) Denn das sollt ihr wissen, liebe
10 Herren: Es ist Gottes Wille, dass eure Wüterei auf die Länge nicht geduldet werden kann. Ihr müsst anders werden und auf Gottes Wort hören. (…) Es sind nicht Bauern, liebe Herren, die sich euch widersetzen, sondern es ist Gott
15 selbst.

Aufgaben

1 Arbeite heraus, was Q2 über Unterkunft, Nahrung, Kleidung und Arbeit der Bauern aussagt.

2 Nenne Gründe für den Bauernaufstand (VT).

3 Gestaltet Demonstrationsplakate mit den Forderungen der Bauern (VT).

4 Schreibe eine Fortsetzung des Dialogs (VT):
– Die Bauern diskutieren im Dorf darüber, was sie tun sollen, wenn der Grundherr ihre Artikel ablehnt.
– Der Grundherr berät sich mit seinen Gefolgsleuten, ob er nachgeben soll.
– Anschließend treffen beide Gruppen wieder aufeinander.

5 Erläutere, welche Haltung Luther gegenüber den Forderungen der Bauern einnahm (Q3).

6 Beschreibe die Vorgänge in Q1 genau.

7 Beurteile: Hältst du den Einsatz von Gewalt durch die Bauern für gerechtfertigt?

○ 1, 2, 6   ◐ 3, 4, 5   ● 7

4 | Der Bauernkrieg

Die Bauern setzten ihre Forderungen mit Gewalt um. Daraufhin griffen auch die Herren zu den Waffen. Auf welche Seite stellte sich Martin Luther?

Bauernheere auf dem Vormarsch

Der Aufstand der Bauern weitete sich bald bis nach Thüringen im Norden und Tirol im Süden aus. Die Bauern wollten ihre Forderungen mit Gewalt durchsetzen: In Franken zerstörten die Bauernheere angeblich über tausend Herrensitze, plünderten Hunderte von Klöstern, vernichteten die Zinsbücher und Steuerlisten und brachten sogar einige gefangene Adlige um.

Fürstenheere gegen die Bauern

Die Fürsten stellten ein gewaltiges Heer zusammen: 9000 Fußsoldaten und 3000 Reiter standen den schlecht bewaffneten und unvorbereiteten Bauerntruppen gegenüber. In mehreren Schlachten wurden erst die schwäbischen und dann die fränkischen Bauern besiegt. Tausende Bauern flohen, wurden aber noch auf der Flucht von den fürstlichen Truppen getötet.

Dieser Niederlage folgte ein grausames Strafgericht: Die Anführer der Bauern wurden hingerichtet, andere erhielten harte körperliche Strafen. Alle Bauern mussten ihre Waffen abgeben und Entschädigungen für die zerstörten Burgen und Klöster zahlen.

Auswirkungen des Bauernkriegs

Der Kampf der Bauern war jedoch nicht umsonst gewesen. Um weitere Aufstände zu verhindern, verbesserten einige Herren die Lebensbedingungen der Bauern. Der Abt des Klosters Kempten schloss 1526 mit seinen Untertanen sogar einen Vertrag. Darin erkannten die Bauern den Abt als ihren Landesherrn an, dem sie gehorchen und Steuern zahlen wollten. Im Gegenzug verzichtete der Abt aber auf die Vermögensabgabe, welche die Erben eines Leibeigenen bei dessen Tod an das Kloster zahlen mussten. Außerdem brauchten die Bauern nicht mehr um Erlaubnis zu bitten, wenn sie heiraten wollten. Ebenso wurde allen Untertanen zugestanden, dass sie „ihren freien Zug (Weg) haben und in Stett, Märkt, Dörfer oder auf daz Land ziehen (…) mögen, wie und wohin sie wöllen".

Doch solche Zugeständnisse der Grundherren blieben die Ausnahme. Die meisten Bauern waren weiterhin von ihren Grundherren abhängig und erhielten weder persönliche Rechte noch ihre Freiheit.

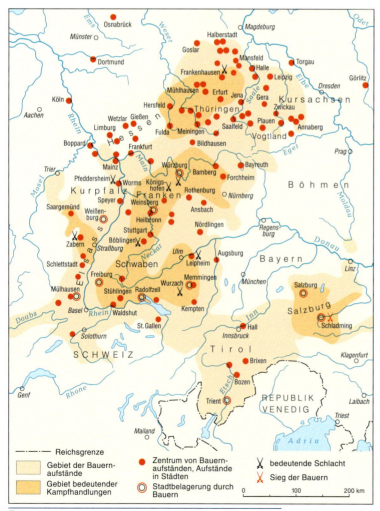

D1 Die Ausbreitung der Bauernaufstände von 1524–1526

Q1 Aus Luthers Schrift „Wider die räuberischen und mörderischen Rotten der Bauern", Mai 1525:

Dreierlei gräuliche Sünden gegen Gott und Menschen laden diese Bauern auf sich, weshalb sie den Tod verdient haben.

Erstens: Obwohl sie ihrer Obrigkeit (…) geschworen haben, untertänig und gehorsam zu sein, wie es Gott befiehlt, (…) brechen sie mutwillig diesen Gehorsam.

Zweitens: richten sie Aufruhr an, berauben und plündern Klöster und Schlösser (…) wie Straßenräuber und Mörder.

Drittens: begründen sie diese schreckliche Sünde mit dem Evangelium. (…) Dadurch sind sie die größten Gotteslästerer (…) geworden und dienen so dem Teufel unter dem Schein des Evangeliums, weshalb sie wohl zehnmal den Tod verdienen.

Q2 Über die Eroberung der Festung Weinsberg durch den Bauernführer Jacob Rohrbach und seine Anhänger (Ostern 1525) berichtet der Pfarrer Johann Herolt:

Ein Fuhrknecht (…) hatte [den Bauern] berichtet, dass Edelleute und Reiter in das Städtlein gegangen seien und niemand im Schloss sei. (…) Da kamen die Bauern unverhofft so schnell, dass der Graf mit seinen Helfern nicht mehr auf das Schloss kommen konnte, sondern in der Stadt bei den Bürgern bleiben musste. Die Bauern erstiegen das Schloss, nahmen Gräfin und Kinder gefangen, plünderten das Schloss und kamen danach in die Stadt. Die Bürger waren auf der Seite der Bauern, öffneten den Bauern die Tore und ließen sie hinein. (…) Sie nahmen den Grafen, die Edelleute mit den Reitern gefangen; etliche wurden bei der Gegenwehr erstochen. (…) Danach führten sie den Grafen von Helfenstein und dreizehn Adlige (…) auf einen Acker Richtung Heilbronn. (…) Nachdem sie alle getötet hatten und nackt liegen gelassen haben, haben sie das Schloss angezündet und sind danach nach Würzburg gezogen.

Q3 Die Hinrichtung des Bauernführers Jacob Rohrbach am 21. Mai 1525 in Neckargartach bei Heilbronn, Zeichnung eines unbekannten Künstlers. Der Text im Bild lautet:

„Jacob Rohrbach hatt auffruhr gerahten
des muß er werden gebratten
bey Neckargartach an einr weyden
must er des feurs flam leyden
Bis er sein leben Endt
Sein leib zu pulver ward verbrendt
Jacob Rohrbachs von
Böckingen, des
auffrührers todt."

Die Odenwälder Bauern hatten unter der Führung von Jacob Rohrbach Ostern 1525 die Festung Weinsberg erobert.

Aufgaben

1 Beschreibe die Ausbreitung des Bauernkriegs (D1).

2 Schreibe einen Lexikonartikel über den Verlauf des Bauernkriegs (VT1, VT2, D1, Q2, Q3).

3 Vergleiche Luthers Haltung zu den Bauern zu Beginn und im Verlauf der Aufstände (Kap. 3: Q3 sowie Kap. 4: Q1).

4 Verfasse einen Zeitungskommentar, in dem du Luthers Haltung im Bauernkrieg bewertest.

5 Nimm Stellung zu der Frage, ob die Bauern am Ende etwas erreicht haben (VT3).

5 Krieg um Glauben und Macht

Von 1618 bis 1648 kämpften in Europa Christen gegen Christen. Im so genannten Dreißigjährigen Krieg ging es jedoch nicht nur um die richtige Religion.

Q1 Der Prager Fenstersturz, farbiger Kupferstich, 1635. Böhmische Adlige stürzten die kaiserlichen Beamten aus dem Fenster der Prager Burg. Die Beamten überlebten den 15 Meter tiefen Sturz, da sie auf einem Misthaufen landeten. Der „Prager Fenstersturz" löste den Dreißigjährigen Krieg aus.

Protestanten
Auf dem Reichstag in Speyer 1529 protestierte die evangelische Minderheit gegen den Beschluss, Luthers Lehre zu verbieten. Seitdem werden die Anhänger der Reformation auch Protestanten genannt.

Westfälischer Friede
Die 1648 abgeschlossenen Friedensverträge des Kaisers mit Frankreich und Schweden beendeten den Dreißigjährigen Krieg. Die Bezeichnung „Westfälischer Friede" hängt mit den Verhandlungsorten Münster und Osnabrück zusammen, die beide dem Westfälischen Reichskreis angehörten.

Der Kaiser und die Fürsten

Karl V. wollte seine Macht sowie die Einheit der Kirche erhalten. Daher bekämpfte er Luthers Lehre. Die Fürsten hingegen wollten mehr Selbstständigkeit – auch in Glaubensfragen. Auf dem Reichstag in Speyer 1526 gelang es ihnen, Glaubensfreiheit für ihre jeweiligen Gebiete durchzusetzen. Drei Jahre später versuchten die katholischen Fürsten jedoch, diesen Beschluss rückgängig zu machen. Die lutherischen Fürsten protestierten dagegen. Nachdem alle Einigungsversuche gescheitert waren, ging Karl V. 1546/47 militärisch gegen die protestantischen Fürsten vor. Dem Kaiser gelang es zwar, die Protestanten zu besiegen. Diese verbündeten sich jedoch daraufhin mit dem französischen König. Karl musste nach Italien flüchten und dankte enttäuscht ab. Sein Bruder und Nachfolger Ferdinand erreichte 1555 auf dem Augsburger Reichstag immerhin einen Kompromiss: Protestanten und Katholiken waren jetzt gleichberechtigt.

Vom Glaubenskrieg zum Machtkampf

Die Reformation hatte die Christen Mitteleuropas in zwei große Lager gespalten: Katholiken und Protestanten. Im Laufe der Jahre spitzten sich die Konflikte immer mehr zu. So widersetzten sich im Jahr 1618 protestantische Adlige in Böhmen dem Kaiser. Dieser hatte versucht, in seinen Landen Rechte, die den Protestanten zugestanden worden waren, wieder zurückzunehmen. Ein Krieg brach aus, der 30 Jahre dauerte und Millionen Opfer forderte. Zuerst bekämpften die katholischen Fürsten gemeinsam mit dem Kaiser die protestantischen Fürsten. Dann traten Dänemark (1625) und Schweden (1630) auf der Seite ihrer protestantischen Glaubensgenossen in den Krieg ein. 1635 schlug sich sogar das katholische Frankreich auf die Seite der Protestanten. Aus dem Glaubenskrieg war ein Kampf um die Vormacht in Europa geworden.

Der Westfälische Frieden

Als die Gegner erkannten, dass es in diesem Krieg keinen Sieger geben konnte, begannen sie in Münster und Osnabrück zu verhandeln. Im Westfälischen Frieden von 1648 wurde der Augsburger Religionsfrieden bestätigt. Die Untertanen mussten jetzt aber nicht mehr die Konfession ihrer Fürsten annehmen. Dies war ein wichtiger Schritt in Richtung Glaubensfreiheit. Die deutschen Fürsten erweiterten ihre Selbstständigkeit (eigene Gesetzgebung, Rechtsprechung, Steuerhoheit). Sie durften mit fremden Staaten Verträge schließen, solange diese nicht gegen Kaiser und Reich gerichtet waren. Die Stellung des Kaisers war geschwächt: Er war bei seinen Entscheidungen daran gebunden, dass der Reichstag zustimmte. Das Reich war nun in ca. 370 Kleinstaaten zersplittert.

1517 bis 1648 | Europa im Glauben gespalten

D1 Der Journalist Michael Schaper in einem Geschichtsmagazin, 2008:

Während meiner Schulzeit habe ich im Geschichtsunterricht gelernt, dass der Dreißigjährige Krieg von 1618 bis 1648 ein Konflikt der Konfessionen war. (…) Tatsächlich aber (…) war dieser (…) Konflikt vor allem ein Krieg um Macht und Einfluss. Ein Krieg, in dem es anfangs zwar auch um die Frage des rechten Glaubens ging, der sich dann aber zu einem Hegemonialstreit (Streit um die Vormachtstellung) zwischen den europäischen Großmächten Spanien, Frankreich, Schweden sowie dem deutschen Kaiser ausweitete.

Auf der einen Seite standen: der spanische König sowie der Kaiser, beide aus dem Hause Habsburg. Auf der anderen Seite: die Herrscher Schwedens und Frankreichs.

Q2 Berittene Friedensboten aus Münster und Osnabrück zogen 1648 durch das Land, um das Ende des Krieges zu verkünden. Holzschnitt, 1648

D2 Zerstörungen von Städten und Dörfern im Dreißigjährigen Krieg

Es wurden zerstört u. a.	Städte	Dörfer
in Pommern, Mecklenburg, Holstein	307	2041
in der Mark Brandenburg	60	5000
in Mähren, Böhmen, Österreich	125	1459
in Sachsen und Thüringen	196	1795
in Niedersachsen	445	2538
in Westfalen und im Rheinland	302	3052
in der Pfalz	106	807
in Franken	26	318
Summe	**1567**	**17 010**

Konfession bedeutet Bekenntnis. Unter den Christen gibt es unterschiedliche Bekenntnisse (z. B. römisch-katholisch, evangelisch-lutherisch oder evangelisch-reformiert).

Aufgaben

1 Erstelle zu VT1 einen Zeitstrahl.

2 Erkläre, warum Karl V. die Einheit seines Reiches gefährdet sah.

3 Verfasse einen Zeitungsbericht zu Q1.

4 Liste die Ergebnisse des Dreißigjährigen Krieges auf (VT2).

5 Erläutere, was Q2 über die Stimmung nach dem Friedensschluss aussagt.

6 Arbeite die Meinung des Journalisten heraus, worum es im Dreißigjährigen Krieg ging (D1).

7 Nimm Stellung zu D1.

8 Vergleiche die Begründungen für den Bauernkrieg (S. 26–29), den Dreißigjährigen Krieg (VT2, D1) und heutige Kriege.

9 Finde heraus, was das Osnabrücker Steckenpferdreiten mit dem Westfälischen Frieden zu tun hat (siehe Online-Link).

Material zu Aufgabe 9
454053-0031

○ 1, 3, 4, 6   ◐ 2, 5, 9   ● 7, 8

6 | Die Folgen des Krieges

Söldner verwüsten das Land

Beide Kriegsparteien warben Soldaten an, die für Geld und Beute ihr „Kriegshandwerk" verrichteten. Da die Kriegskassen leer waren, kam ein Feldherr namens Wallenstein auf die Idee, „dass der Krieg sich künftig selbst ernähren werde": Die Söldner durften als Lohn das eroberte Land ausplündern und sich nehmen, was sie wollten. Die Einwohner wurden misshandelt oder ermordet, wenn sie nicht rechtzeitig geflohen waren. Hatten 1618 noch ca. 17 Millionen Menschen in Deutschland gelebt, so waren es um 1650 nur noch ca. zehn Millionen. Unter den Folgen des Krieges litten die Menschen noch lange: Viele starben an Hunger oder an der Pest. Der Viehbestand war fast völlig vernichtet, ganze Siedlungen existierten nicht mehr. Bis die Dörfer wieder aufgebaut waren, dauerte es etwa 50 Jahre.

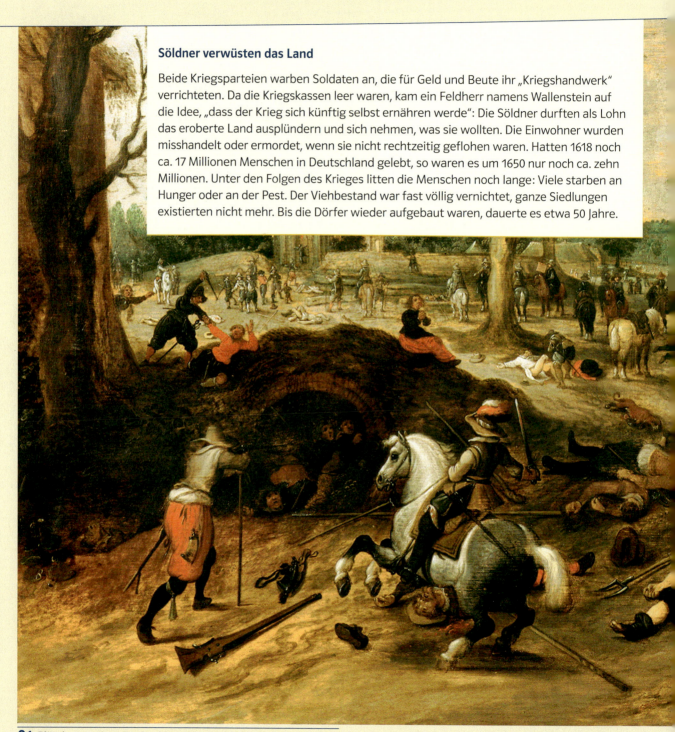

Q1 Plünderung eines Dorfes (Gemälde von Sebastian Vrancx, 1640)

1517 bis 1648 | Europa im Glauben gespalten

1 Liste auf, welche Folgen der Dreißigjährige Krieg für die Menschen hatte (Q1, S. 31: D2).

2 Erkläre mithilfe des VT:
a) Warum wurden die Söldner „Handwerker des Todes" genannt?
b) Was bedeutet der Satz „Der Krieg ernährt den Krieg"?

3 Ein Dorf wird geplündert. Szenen wie diese haben sich im Dreißigjährigen Krieg unzählige Male abgespielt. Beschreibe die Vorgänge, die auf dem Gemälde zu erkennen sind, möglichst genau.

4 Bewerte Wallensteins Vorgehensweise (VT).

7 | Europa im Glauben gespalten

1 Diese Fragen kann ich beantworten!

a) Warum gibt es eine katholische und eine evangelische Kirche?

b) Wogegen richtete sich Luthers Kritik in seinen 95 Thesen?

c) Weshalb konnte sich Luthers Lehre so rasch verbreiten?

d) Warum erhoben sich viele Bauern 1524/1525 gegen ihre Grundherren?

e) Wie endete der Bauernkrieg?

f) Warum sorgte sich Kaiser Karl V. um die Einheit seines Reichs?

g) Welches Ereignis war unmittelbarer Anlass für den Ausbruch des Dreißigjährigen Krieges? Was aber war die eigentliche Kriegsursache?

h) Wer profitierte vom Kriegsausgang, wer hatte besonders unter den Kriegsfolgen zu leiden?

2 Die Daten auf dem Zeitstrahl kann ich erklären!

3 Diese Begriffe kann ich erklären!

a) Ablass (S. 22)

b) Sünden (S. 22)

c) Reformation (S. 24)

d) evangelisch (S. 24)

e) Zehnt (S. 26)

f) Protestanten (S. 30)

g) Westfälischer Friede (S. 30)

h) Konfession (S. 31)

4 Zu diesen Fragen habe ich eine Meinung und kann sie begründen!

a) War Luthers Kritik an der Kirche berechtigt?

b) War die Reaktion der Fürsten (u. a. Massenhinrichtungen) auf den Bauernaufstand angemessen?

c) Ging es im Dreißigjährigen Krieg ausschließlich um die richtige Religion?

d) Ging der Kaiser gestärkt oder geschwächt aus dem Dreißigjährigen Krieg hervor?

| 1517 | 1524–1525 | 1555 | 1618–1648 |

1517 bis 1648 | Europa im Glauben gespalten

Martin Luther

Leo X.

Jacob Rohrbach

Karl V.

Aufgaben

1 Stelle zusammen, wer diese Menschen waren und was sie taten. Wenn du Hilfe brauchst, schlag auf den entsprechenden Seiten dieser Themeneinheit nach.

2 Wähle eine Person aus und fertige mithilfe von Fachbüchern oder des Internets einen Lebenslauf an. Er sollte die wichtigsten Daten und Stationen der Person enthalten und auch Auskunft über ihre Lebensleistung geben.

Portfolio und Üben
454053-0035

35

3

Absolutismus und Französische Revolution

Der 14. Juli ist der Nationalfeiertag Frankreichs. An diesem Tag feiern die Franzosen mit Tanz, Feuerwerk und einem Meer von blau-weiß-roten Fahnen ein Ereignis, das mehr als 220 Jahre zurückliegt. Damals hat das einfache Volk in einer Revolution die unbeschränkte Herrschaft ihrer Könige beendet. Die Forderung der neuen Zeit lautete: „Freiheit – Gleichheit – Brüderlichkeit". Es war der Anstoß zu einer Demokratisierung der Welt, die bis heute anhält.

Q1 Frankreich am Nationalfeiertag: Studierende der Ecole Polytechnique während der Parade am 14. Juli 2009 in Paris. Die Ingenieurschule wurde während der Französischen Revolution gegründet. Sie bildet bis heute den Nachwuchs für die Spitzenpositionen in Armee, Verwaltung und Wirtschaft aus.

1661–1715 König Ludwig XIV. regiert Frankreich als absolutistischer Herrscher.

18. Jahrhundert Die Aufklärer kritisieren das absolutistische Königtum.

Material im Internet
454053-3000

14. Juli 1789
In Paris stürmen Bürger eine Festung des Königs.

1792
Frankreich wird eine Republik.

1793
Der König wird hingerichtet, und in Frankreich beginnt eine Zeit des Terrors.

1799
Napoleon Bonaparte macht sich zum Ersten Konsul und erklärt die Revolution für beendet.

1 Der König regiert allein

„Der Staat – das bin ich!", soll Ludwig XIV. über sich selbst gesagt haben. Was bedeutete das für die übrigen 20 Millionen Franzosen?

Q1 Ludwig XIV. empfängt niederländische Gesandte bei den Friedensverhandlungen zu Nimwegen 1678 (Gemälde von Charles Lebrun, 1619–1690). Ludwig XIV. führte viele Kriege, weil er seinen Staat auf Kosten der Nachbarn vergrößern wollte, aber auch, um seinen eigenen Ruhm zu mehren.

absoluter Herrscher
Im 17. und 18. Jahrhundert beanspruchten die Fürsten fast überall in Europa die uneingeschränkte Macht im Staat. Ihr Vorbild war Ludwig XIV., der König von Frankreich.

Gottesgnadentum
Wie Ludwig XIV. glaubten viele Könige von sich, sie seien Herrscher „von Gottes Gnaden". Auch die Kirche lehrte, alle Gewalt auf Erden komme nur von Gott.

Der absolute Herrscher
Ludwig XIV. war fünf Jahre alt, als er 1643 König wurde. Natürlich konnte er in diesem Alter nicht selbst regieren. Das besorgte der Erste Minister des Königreichs. Als dieser 1661 starb, wurde Ludwig gefragt, an wen man sich nun in Angelegenheiten des Staates wenden solle. „Von jetzt an nur an mich", antwortete der 22-jährige König. Seine Minister empfing Ludwig meistens einzeln. Sie durften ihm berichten und Ratschläge erteilen, dann ordnete der König an, was sie zu tun hatten. Ludwig nahm sich auch das Recht, Steuern zu erhöhen, Gesetze zu erlassen, die Entscheidungen der Gerichte zu beeinflussen sowie über Krieg und Frieden zu entscheiden. Er sah sich als Herrscher von Gottes Gnaden, der seine Entscheidungen nur vor Gott – und sonst vor niemandem – rechtfertigen musste. Die übrigen 20 Millionen Franzosen hatten als Untertanen zu gehorchen.

Das Schloss von Versailles
Seit 1662 ließ Ludwig XIV. westlich von Paris ein Schloss bauen, wie es noch keines gegeben hatte. Mehr als 20 Jahre arbeiteten bis zu 36 000 Menschen daran. 6000 Pferde schleppten das Baumaterial heran, Arbeiter legten Sümpfe trocken, leiteten Flüsse um, gruben Kanäle und schütteten riesige Hügel auf. Eine ganze Landschaft wurde nach dem Willen des Königs vollständig umgestaltet. In ganz Europa bewunderte man das Schloss und den Park von Versailles.

Der Adel verliert seine Macht
Ludwig XIV. wollte die Macht des Adels endgültig brechen, indem er die vornehmen Herren von ihren Familiensitzen in der Provinz an den Hof von Versailles zog. Dazu brauchte er keinen Zwang anzuwenden, denn überall im Königreich verbreitete sich die Nachricht von der Pracht des Hofes. Dort gab es kostspielige Feste, Theater und Musik; fast pausenlos fanden große Jagden, Gondelfahrten oder Feuerwerke statt. Tausende von Adligen strömten nach Versailles. Sie kleideten sich modisch, nahmen Tanzunterricht und beachteten die Etikette genau. Wer sich den ganzen Aufwand nicht leisten konnte, machte eben Schulden. Das war dem König nur recht. So mussten ihm die Adligen noch mehr schmeicheln, damit er sie mit einem Amt, einem Titel oder einer Pension belohnte oder einfach ihre Schulden übernahm. Von solchen Herzögen, Grafen und Baronen brauchte der König keinen Widerstand zu befürchten. Anders als ihre Vorfahren, die noch als stolze Herren auf ihren Burgen gelebt hatten, waren sie nun Höflinge geworden. Sie fühlten sich hoch geehrt, wenn sie als Kammerherrn, Mantelträger oder Perückenhalter in der Nähe des Monarchen leben durften.

1661 bis 1799 | Absolutismus und Französische Revolution

Q2 Über das tägliche Aufstehen des Königs berichtet der Herzog von Saint-Simon in seinen „Erinnerungen", die er zwischen 1740 und 1745 aufschrieb:

Um acht Uhr früh (…) weckte der erste Kammerdiener den König (…). Der König nahm Weihwasser und sprach ein Gebet. Inzwischen waren die Prinzen und danach
5 einige Vertreter des höchsten Adels eingetreten. (…) Es kamen die vier Minister, die Vorleser, Apotheker, Ärzte, die Silberbewahrer, einige Offiziere und Kammerdiener. Nachdem der König eine kleine Perücke aufgesetzt
10 hatte (…), erschienen die Kammerherren, die ihrem Herrn die Namen der bedeutenderen Persönlichkeiten ins Ohr flüsterten, und sofort traten die anwesenden Kirchenfürsten und Kardinäle, Gesandten, Marschälle und andere
15 Großwürdenträger ein, denen (…) der breite Schwarm der Höflinge folgte. Der König zog sein Nachthemd aus, übergab die Reliquien, die er während der Nacht auf bloßem Leibe trug, dem ersten Kammerdiener und ver-
20 langte sein Taghemd. Das war der Höhepunkt der ganzen Zeremonie: Das Recht, dem König das Hemd zu reichen, stand dem Bruder des Königs zu, wenn dieser abwesend war, den Söhnen und Enkeln des Königs. (…) Wenn
25 der König angezogen war, betrat er das anliegende Gemach. Dort hielt er mit den Ministern Rat. Dabei verkündete er das Programm des Tages, das auf die Minute eingehalten wurde. Hörbuch 2, Track 9

Q3 Warum Ludwig XIV. als Symbol seiner Herrschaft die Sonne wählte, hat er einmal so erklärt:

Durch ihre Einzigartigkeit, durch den Glanz, der sie umgibt, durch das Licht, das sie den anderen Sternen verleiht, die sie wie ein Hofstaat umgeben, durch die gleiche und gerechte
5 Verteilung des Lichts auf alle Zonen der Erde, durch das Gute, das sie überall bewirkt, indem sie Leben, Freude und Tätigkeit hervorruft, (…) und durch ihren unveränderlichen Lauf, bei dem es keine Veränderung und keine Abwei-
10 chung gibt, ist sie sicher das lebendigste und schönste Sinnbild eines großen Herrschers.

Q4 Diese Schaumünze ließ Ludwig XIV. nach seiner Regierungsübernahme prägen. Die freie Übersetzung der Umschrift lautet: „Alles andere überragend". Überall in Versailles ließ er das Symbol der Sonne als Zeichen seiner Herrschaft anbringen. Daher nennt man Ludwig XIV. auch den Sonnenkönig.

Etikette
So nannte man die komplizierten Regeln, die genau festlegten, wie man sich bei Hofe verhalten musste. Wer sich nicht „höflich" benahm, machte sich lächerlich.

Aufgaben

1 Zähle auf, welche Rechte der König hatte oder für sich beanspruchte (VT1*).

2 Finde aus Q3 und Q4 heraus, warum Ludwig XIV. die Sonne als sein Symbol gewählt hat.

3 „Der Staat – das bin ich!" Erkläre den Satz.

4 Beschreibe aus Q1, wie ausländische Gesandte Ludwig XIV. begegneten.

5 Schreibe mithilfe von VT3 einen Lexikonartikel zum Begriff „Hofgesellschaft".

6 Macht aus Q2 ein Rollenspiel: Der König zieht sich symbolisch an, die Würdenträger und Höflinge äußern mit gesenktem Haupt Bitten, der König erscheint unnahbar und gibt nur kurze Befehle.

7 Diskutiert darüber, ob ihr euch einen Herrscher wie Ludwig XIV. heute als Staatschef vorstellen könntet. Schreibt eure Argumente auf.

8 Zwei Adlige unterhalten sich: Lohnt es sich für uns, am Hof von Versailles zu leben? Spielt die Szene nach.

* VT1 bedeutet: Die Aufgabe bezieht sich auf den ersten Abschnitt des Verfassertextes (VT). Die Abschnitte ergeben sich durch die blauen Zwischenüberschriften. ○ 1, 4   ◐ 2, 3, 5, 6, 8   ● 7

nah dran

extra 2 | Die Welt von Versailles

1661 bis 1799 | Absolutismus und Französische Revolution

Q1 **Park und Schloss von Versailles heute** (Luftaufnahme). Das Schloss besaß mehr als 2000 Räume. Die Prachträume waren mit Marmor, Seidentapeten, Wandteppichen, vergoldeten Möbeln und Gemälden ausgestattet. Auf der Rückseite des Schlosses hatte Ludwig einen riesigen Park nach einem genauen Plan anlegen lassen: mit Alleen, Labyrinthen und immer neuen Blumenbeeten. In mehr als 1000 Springbrunnen plätscherte Wasser. Bäume und Büsche waren zu Pyramiden, Kugeln und Säulen geformt. Andere beschnitt man so, dass sie wie Menschen oder Tiere aussahen.
① Hofstadt (für Perückenmacher, Friseure, Schneider …), ② Pferdeställe, Kutschen, ③ Flügel der Minister, ④ königlicher Hof, ⑤ Marmorhof/Ehrenhof, ⑥ Schlafzimmer des Königs, ⑦ Kabinett des Königs, ⑧ Spiegelgalerie, ⑨ Nordflügel, ⑩ Südflügel, ⑪ Wasserbassin

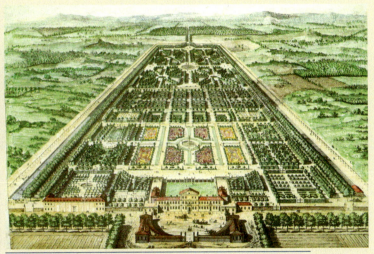

Q2 **Schloss Herrenhausen mit dem Großen Garten in Hannover.** Kuperstich, 1714 (später koloriert)

1 Beschreibe die Luftaufnahme Q1.
  a) Erkläre aus der Bildlegende, welche Seite des Schlosses das Foto zeigt. Benenne die drei Flügel des Schlosses, auf die du direkt schaust. Nenne den Namen der beiden Höfe, durch die ein Besucher das Schloss betrat.
  b) Beschreibe nun den Park.
  c) Lege durch die Mitte von Park und Schloss einen Bleistift. Was fällt dir auf?

2 Zeichne einen Grundriss der Schlossanlage und trage in deinen Plan die Begriffe aus Q1 ein.

3 Ordne das Schlafzimmer des Königs in die Gesamtanlage des Schlosses ein. Begründe, mit welcher Absicht der König gerade diesen Platz ausgewählt haben könnte.

4 Suche im Internet weitere Bilder von Versailles und bereite daraus eine kleine Schlossführung in deiner Klasse vor.

5 Im 18. Jahrhundert war der Lebensstil Ludwigs XIV. ein Vorbild für die Adligen in ganz Europa. Belege diese Aussage, indem du Q2 mit Q1 vergleichst.

Methode

extra 3 Ein Herrscherbild entschlüsseln

Ein König will Eindruck machen
Als Ludwig XIV. 63 Jahre alt war, ließ er seinen Hofmaler Rigaud zu sich kommen. Ludwig beauftragte ihn mit einem Porträtbild, das ihn selbst in voller Größe zeigen sollte. Der König wollte mit dem Gemälde Eindruck machen, denn es war als Geschenk für den spanischen Königshof bestimmt.

Dort lebte seit einiger Zeit Ludwigs 17-jähriger Enkel Philipp, der zum König von Spanien gekrönt werden sollte. Als Rigaud das fertige Bild ablieferte, gefiel es Ludwig so gut, dass er es für sich behielt und im Schloss von Versailles aufhängen ließ. Für den spanischen Hof in Madrid ließ er eine Kopie des Porträts anfertigen.

Q1 Porträt König Ludwigs XIV. aus der Werkstatt des Hofmalers Hyacinthe Rigaud, 1701. Das Bild ist 2,77 Meter hoch und 1,94 Meter breit. Der größte Teil des Bildes wurde von den Assistenten des Hofmalers ausgemalt. Rigaud hat aber den Kopf des Königs selbst gemalt. Er wurde nachträglich auf der Leinwand befestigt.

1661 bis 1799 | Absolutismus und Französische Revolution

D1 Was der Maler Rigaud wusste:
- Frankreichs Könige trugen bei ihrer Krönung als Herrschaftszeichen einen Mantel: innen aus Hermelinpelz, außen aus Brokatstoff.
- Weiß und Blau waren die Farben der Bourbonen (Herrschergeschlecht Ludwigs XIV.).
- Die Lilie war das Symbol der Bourbonen.
- Der Orden des Heiligen Geistes war der höchste Orden Frankreichs.

Arbeitsschritte: Ein Herrscherbild entschlüsseln

Beschreiben

1 Betrachte das Bild und notiere dir Stichworte zu deinem ersten Eindruck.

2 Finde aus der Bildlegende oder dem Text wichtige Angaben heraus: zur abgebildeten Person, zum Auftraggeber des Bildes, zum Maler, zur Zeit.

3 Beschreibe Haltung, Blickrichtung, Haartracht und Kleidung.

4 Beschreibe den Raum um die Person herum.

Untersuchen

5 Liste Symbole auf, die der Person zugeordnet werden.

6 Finde heraus, mit welchen Mitteln der Maler arbeitet, z. B. durch den Einsatz von Licht und Schatten, die Richtung des Lichteinfalls, die Anordnung von Personen und Dingen.

Deuten

7 Überlege, zu welchem Zweck das Bild gemalt wurde und welche Wirkung der Auftraggeber damit erzielen wollte.

8 Ordne das Bild in die Zeit ein und beurteile, wie das Bild wohl auf den Betrachter damals gewirkt hat.

D2 Der König und sein Maler haben sich genau überlegt, was alles auf dem Bild zu sehen sein sollte.

Aufgaben

1 Bearbeite das Bild nach den methodischen Arbeitsschritten 1 bis 8.

2 Beurteile zusammen mit deinem Tischnachbarn, ob der Maler Rigaud den Auftrag des Königs gut ausgeführt hat.

3 Verfasse einen Merkzettel für den Maler, auf dem er festhält, was ihm wichtig erscheint. Das kannst du auch in Form einer Mindmap machen: Herrschaftszeichen, majestätische Haltung, Farben ... (Q1, D1, D2).

4 Kopiert Teile des Gemäldes möglichst groß und klebt sie zu einem Plakat zusammen. Hängt es in der Klasse so auf, dass ihr wie in einer Bildergalerie zum König hochschauen müsst. Geht einzeln an dem Bild vorbei und betrachtet es. Notiert euren Eindruck.

5 Die Bundeskanzlerin oder der Bundeskanzler lassen sich porträtieren. Beschreibe, in welcher Haltung sie sich wohl darstellen lassen, welche Dinge mit auf das Bild kommen sollen. Begründe deine Entscheidung.

Arbeitsblatt
454053-0043

○ 1, 4   ◐ 1, 3–5   ● 1, 2

43

4 | Die Säulen der absolutistischen Macht

In der Antike trugen Säulen das Dach eines Tempels. Daher war die Stabilität des gesamten Gebäudes von seinen Säulen abhängig. Was könnten „Säulen der Macht" sein, und womit wäre dann das „Dach" oder das „Gebäude" vergleichbar?

Etat
Das Wort bedeutet im Französischen Staat, aber auch Staatshaushalt. Im Haushaltsbuch des Staates werden die Einnahmen (z. B. Steuern und Zölle) den Ausgaben gegenübergestellt. Zu den Ausgaben gehören auch die Zinsen und Tilgungen für die Schulden des Staates.

Der König und seine Minister
Ludwig XIV. führte ein luxuriöses Leben. Aber er kümmerte sich auch gewissenhaft um die Regierung des Landes. An allen Werktagen beriet er sich mit seinen engsten Mitarbeitern. Das waren seine Minister. Jeder von ihnen trug die Verantwortung für einen wichtigen Bereich des Staates. Der eine war für die Außenpolitik zuständig, der andere für die Justiz, der nächste für den Krieg. Am wichtigsten war der Finanzminister. Er musste dafür sorgen, dass nicht mehr Geld ausgegeben als eingenommen wurde. Dazu stellte er einen Haushaltsplan auf, einen „Etat".

Der König bevorzugte Minister aus dem Bürgertum, denn er hielt Bürgerliche für fleißiger und fähiger als die meisten Adligen. Außerdem waren sie gehorsamer.

Intendanten verwalten die Provinzen
Ludwig XIV. wollte, dass seine Anordnungen und Gesetze überall in Frankreich genau befolgt würden. Dazu setzte er in den Provinzen Intendanten ein. Das waren hohe königliche Beamte. Sie hatten für Ordnung zu sorgen, die Rechtsprechung und die Verwaltung zu kontrollieren und der Armee Soldaten zu stellen. Vor allem aber mussten sie dem König über alles berichten.

Eine Bürokratie entsteht
Die Intendanten beschäftigten ein Heer von einfachen Beamten: Diese trieben Steuern ein, erhoben Zölle oder überwachten als Polizisten das Land bis ins kleinste Dorf hinein. Der König gab ihnen eine lebenslange Anstellung, ein festes Gehalt und entschied über Beförderungen. Dafür erwartete er Leistung und Treue. Die Vorstellung vom Beamten als „Staatsdiener" stammt aus dieser Zeit. Auch der Begriff „Bürokratie" für die staatliche Verwaltung hat sich bis heute erhalten. Alle Staaten haben heute eine Bürokratie. So gesehen war das Frankreich Ludwigs XIV. der erste moderne Staat.

Das „stehende Heer"
Den Krieg hielt Ludwig für ein normales Mittel der Politik. Daher brauchte er ein gut ausgebildetes Heer, das er jederzeit einsetzen konnte. Das war etwas Neues, denn bisher warb man Soldaten erst dann an, wenn man sie für einen Krieg brauchte. Der Kriegsminister ließ Kasernen bauen, sorgte für Vorräte an Waffen und Munition und gab den Soldaten einheitliche Uniformen. Als Offiziere kamen vor allem die Söhne des Adels in Frage, aber sie mussten eine der neuartigen Militärschulen besuchen und Prüfungen ablegen. Ludwig XIV. führte 30 Jahre lang Krieg – um Frankreichs Größe und Macht, aber auch zum eigenen Ruhm.

Q1 Soldaten eines französischen Wachregiments während der Regierungszeit Ludwigs XIV.

1661 bis 1799 | Absolutismus und Französische Revolution

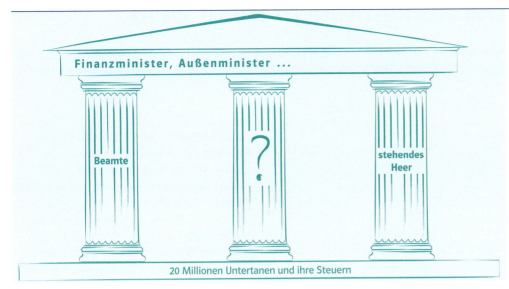

D1 Säulen des absolutistischen Staates

Q2 Der katholische Bischof Bossuet 1682 über die Leitung des Staates:

Wir haben schon gesehen, dass jede Gewalt von Gott kommt (…). Die Fürsten handeln also als Gottes Diener und Statthalter auf Erden. Durch sie übt er seine Herrschaft aus (…). Man muss dem Staat so dienen, wie der Fürst es verlangt, denn wir haben gesehen, dass in ihm die Vernunft, die den Staat lenkt, ihren Sitz hat. Die dem Staat auf andere Weise zu dienen meinen, als durch gehorsamen Dienst für den Herrscher, maßen sich selbst einen Teil der königlichen Autorität an: Sie stören die öffentliche Ordnung.

	Soldaten
1664	45 000
1672	120 000
1688	290 000
1703	400 000
	Kriegsschiffe
1661	ca. 30
1672	ca. 200

D2 **Die Stärke des französischen Heeres und der Kriegsflotte** während der Regierungszeit Ludwigs XIV.

Aufgaben

1 Ordne die folgenden Begriffe in einer sinnvollen Reihenfolge: Intendant, König, einfacher Beamter, Minister (VT1–VT3).

2 Erkläre, warum der König Bürgerliche und nicht Adlige zu seinen Ministern machte (VT1).

3 Begründe, warum ein „stehendes Heer" Vorteile für den König brachte (VT4).

4 Schreibe einen Lexikonartikel zum Begriff „Bürokratie". Vergleiche deine Fassung mit der des Tischnachbarn/der Tischnachbarin. Fertigt nun einen gemeinsamen Artikel an (VT2, VT3).

5 Zeichnet das Schaubild D1 in euer Heft und tragt in Partnerarbeit die fehlenden Begriffe ein. Bei der mittleren Säule handelt es sich um eine Glaubensgemeinschaft (siehe Q2). In den Balken unter dem Dach tragt ihr die fehlenden Minister ein. Überlegt euch, wo und wie ihr den König einzeichnen wollt. Erklärt euer Schaubild durch einen kurzen Text.

6 Der König hält eine Rede vor seinen Intendanten, in der er ihnen ihre neue Aufgabe erklärt. Verfasse eine kurze Ansprache und halte sie vor der Klasse (VT2).

7 Beurteile das neue Regierungssystem. Wo liegen die Vorteile für den König/für das Volk?

5 Der König braucht mehr Geld

Kein König war so reich wie Ludwig XIV. – und doch plagten ihn ständig Geldsorgen. Seine Ausgaben wuchsen schneller als die Einnahmen. Da hatte der Finanzminister eine glänzende Idee …

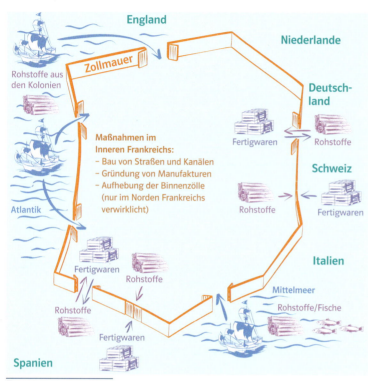

D1 Wirtschaftspolitik unter Ludwig XIV.

Export/Import
Export ist die Ausfuhr von Waren in ein anderes Land. Das Gegenteil ist der Import, also die Einfuhr von Waren.

Merkantilismus
So heißt die Wirtschaftsform des Absolutismus. Nach französischem Vorbild förderten die Herrscher vor allem die Produktion von Luxusgütern und die Ausfuhr von Fertigwaren, um möglichst viel Geld in die Staatskasse zu bekommen.

Der Merkantilismus entsteht

Zur Zeit Ludwigs XIV. war Frankreich das reichste Land Europas. Doch die große Armee, die prächtigen Schlösser und der glanzvolle Hof kosteten Jahr für Jahr Unsummen. Obwohl Frankreichs Bauern und Bürger immer höhere Steuern zahlten, vergrößerte sich die Schuldenlast des Staates. Noch mehr Steuern konnte der König kaum verlangen. Dann hätte er viele seiner Untertanen ins Elend gestürzt und vielleicht einen Aufstand riskiert. Es musste einen anderen Weg geben, die Staatskasse zu füllen. Finanzminister Colbert (sprich: Kolbeer) riet dem König, Frankreichs Bürger erst reich zu machen, dann würden sie automatisch mehr Steuern zahlen. Wie das funktionierte, zeigt ein Gespräch, das zwei Kaufleute 1675 so geführt haben könnten:

Monsieur Robert (sprich: Müsjö Robeer): „Für uns Kaufleute waren die Zeiten noch nie so gut wie heute. Colbert fördert den Handel, wo er nur kann. Seit der Ausfuhrzoll auf Fertigwaren abgeschafft ist, verdiene ich prächtig mit dem Export von Stoffen nach England."

Monsieur Philippe (sprich: Müsjö Filiip): „Wenn ich früher Holz aus Schweden eingeführt habe, musste ich an der Grenze Zoll bezahlen. Den hat Colbert für die meisten Rohstoffe gestrichen. Am liebsten ist ihm natürlich, dass die Rohstoffe auf französischen Schiffen aus unseren Kolonien in Amerika kommen. Dann bleibt das Gold in Frankreich."

Monsieur Robert: „Seit dieser Colbert überall Werkstätten für Luxusgüter bauen lässt, können wir riesige Spiegel herstellen. So etwas schafften bisher nur die Glaser in Venedig. Colberts Agenten konnten dort zwei Meister abwerben. Soll einige Beutel Gold gekostet haben!"

Monsieur Philippe: „Übrigens, mit Spielkarten ließe sich auch gutes Geld verdienen. Vor allem, wenn Colbert uns ein Monopol darauf gibt. Dann dürfen nur unsere Kartenspiele in Frankreich verkauft werden."

Monsieur Robert: „Wenn wir sie auch im Ausland verkaufen, zahlt uns Colbert vielleicht eine Prämie. Den Ausländern das Geld aus der Tasche ziehen und Franzosen Arbeit geben, das ist ja sein Ziel. Wir müssen alles genau planen: Wenn jeder Arbeiter immer die gleichen Handgriffe macht, brauchen wir nur wenige Fachleute. Das drückt die Lohnkosten!"

Monsieur Philippe: „Aber die Qualität muss stimmen. Sonst nimmt uns Colbert das Monopol wieder weg. Seine Kontrolleure wachen darüber, dass französische Waren ihren guten Ruf behalten!"

Hörbuch 2, Track 10

1661 bis 1799 | Absolutismus und Französische Revolution

Q1 Eine Manufaktur für Spielkarten in Paris um 1680. Der Maler hat sieben verschiedene Arbeitsgänge dargestellt:
① Zeichnen, ② Färben, ③ Drucken, ④ Trocknen, ⑤ Schneiden, ⑥ Glätten und ⑦ Sortieren.

→ Manufaktur S. 12

Q2 Die Grundsätze seiner Wirtschaftspolitik legte Colbert 1664 dem König so dar:

Ich glaube, (…) dass es einzig und allein der Reichtum an Geld ist, der die Unterschiede an Größe und Macht zwischen den Staaten begründet. Was dies betrifft, so ist es sicher,
5 dass jährlich aus dem Königreich einheimische Erzeugnisse (…) für den Verbrauch im Ausland im Wert von 12 bis 18 Millionen Livres hinausgehen. Das sind die Goldminen unseres Königreiches (…).
10 Außer den Vorteilen, die die Einfuhr einer größeren Menge Bargeld in das Königreich mit sich bringt, wird sicherlich durch die Manufakturen eine Million zur Zeit arbeitsloser Menschen ihren Lebensunterhalt ge-
15 winnen.

Q3 Der Botschafter von Venedig berichtete seiner Regierung aus Frankreich über die Maßnahmen Colberts:

Herr Colbert (…) versäumt nichts, um Gewerbe anderer Länder in Frankreich heimisch zu machen. (…) Aus Holland hat man Techniken der Tuchproduktion übernommen,
5 ebenso auch die Herstellung von Käse, Butter und anderer Spezialitäten. (…) Aus Deutschland hat man die Produktion von Hüten, Weißblech und vieler anderer Erzeugnisse geholt, aus unserem Land die Spitzenklöppelei
10 und die Spiegelherstellung. Was es an besten Waren in aller Welt gibt, das wird zur Zeit in Frankreich hergestellt, und so groß ist das Ansehen dieser Waren, dass von überall her Bestellungen kommen.

Aufgaben

1 Nenne Gründe, warum Ludwig XIV. ständig Geldsorgen hatte (VT1).

2 Liste aus dem Gespräch der beiden Kaufleute auf, mit welchen Maßnahmen Colbert die Wirtschaft in Frankreich fördern wollte (VT2).

3 Beschreibe die Organisation der Arbeit in einer Spielkartenmanufaktur (Q1).

4 Zeichne mit deinem Tischnachbarn ein Schaubild zur Wirtschaftspolitik Colberts. Stellt Frankreich in die Mitte und zeichnet ein, welche Güter Frankreich einführen wollte und welche nicht. Zeichnet nun mit einer anderen Farbe die Ausfuhren ein (VT2, D1).

5 Stellt euch vor, 1670 hätte es schon Fernsehen und eine freie Presse gegeben. Colbert erklärt in einer Talkshow seine Wirtschaftspolitik (Q2, VT2), ein Journalist fragt kritisch nach. Dabei argumentiert er vor allem aus der Sicht des Auslandes (Q3, VT2). Bereitet die Diskussion in Partnerarbeit vor.

6 Begründe, warum auch heute viele Staaten den Export von Waren fördern, den Import aber durch Einfuhrzölle behindern.

47

6 Das Zeitalter der Aufklärung

Weit über das Mittelalter hinaus gaben sich die meisten Menschen damit zufrieden, wenn die Kirche ihnen die Welt erklärte und ihnen sagte, was richtig oder falsch sei. Das änderte sich um 1700: Statt zu glauben, wollte man jetzt Beweise sehen.

Q1 Ein Wissenschaftler erklärt die Bewegung der Planeten. Die Sonne ist durch eine Lampe ersetzt. Das von Joseph Wright um 1765 fertiggestellte Ölgemälde fasziniert durch seine Lichtwirkung. Das Licht war ein Symbol der Aufklärung.

Vernunft ersetzt den Glauben

Immer mehr Menschen erkannten, dass alle Vorgänge in der Natur nach bestimmten Gesetzen ablaufen. Durch Beobachtung und Experiment wollte man sie erforschen. Einige Gelehrte übertrugen das neue Denken auf andere Lebensbereiche. Sie bezweifelten alles, was sich nicht durch die Vernunft erklären ließ. Ihre Kritik richtete sich zunächst gegen die Bevormundung durch die Kirche, dann aber auch gegen eine angeblich von Gott gewollte Herrschaft der Könige und Fürsten.

Die Aufklärer – so nennen wir die kritischen Gelehrten des 18. Jahrhunderts – sahen in der Erziehung und Bildung aller Volksschichten eine wichtige Aufgabe. Selbst einfache Menschen sollten ermutigt und befähigt werden, ihren eigenen Verstand zu gebrauchen. Sie müssten sich dann nicht mehr wie unmündige Kinder durch die Vorschriften anderer leiten lassen. Die Aufklärer glaubten, dass eine höhere Bildung sie auch gleichzeitig zu besseren und glücklicheren Menschen mache.

Eine neue Vorstellung von der Welt

Im Jahr 1610 beobachtete der italienische Wissenschaftler Galileo Galilei durch das gerade erfundene Fernrohr vier Monde, die den Planeten Jupiter umkreisen. So müssten auch die Planeten die Sonne umkreisen, war sein Gedanke. Nikolaus Kopernikus hatte also recht gehabt! Der hatte fast 100 Jahre zuvor behauptet: Die Erde dreht sich im Laufe eines Tages um sich selbst und umkreist in einem Jahr die Sonne. Der Papst verbot Galilei, seine Erkenntnisse zu verbreiten. Die Lehre widerspreche den Aussagen der Bibel.

Aber mit Verboten ließ sich der Fortschritt in den Naturwissenschaften nicht mehr aufhalten. Johannes Kepler erkannte, dass sich die Planeten nach festen Gesetzen bewegen. Isaac Newton leitete daraus das Prinzip der Schwerkraft ab. Und Otto von Guericke fand durch Experimente heraus, dass sich Gase beim Erwärmen ausdehnen und beim Abkühlen wieder zusammenziehen.

Die Aufklärung verbreitet sich

Die Ideen der Aufklärer wurden bald in allen Ländern Europas diskutiert. Dazu trug auch bei, dass nun Zeitungen und Zeitschriften gedruckt wurden, die Neuigkeiten schnell verbreiteten. In den neumodischen Kaffeehäusern kamen Menschen aus den verschiedensten Schichten zusammen – auch um Gedanken auszutauschen. Ein Treffpunkt besonderer Art waren die Salons vornehmer Damen. Hier verkehrten Bürger, Adlige und Geistliche miteinander. In diesem geschlossenen Kreis las man die Schriften der Aufklärer gemeinsam und sprach darüber. Jeder konnte seine Meinung frei sagen.

Aufklärung
Der Begriff bezeichnet eine neue Denkweise im 18. Jahrhundert, die darauf abzielte, alle Gebiete des Lebens durch die Vernunft zu erklären und Erkenntnisse kritisch zu überprüfen. Die Aufklärer forderten von Staat und Kirche die Freiheit der Meinung.

1661 bis 1799 | Absolutismus und Französische Revolution

Q2 Otto von Guerickes Versuch mit den Halbkugeln. Kupferstich von 1672 (koloriert). Guericke entwickelte Pumpen, mit denen man durch Absaugen der Luft ein Vakuum erzeugten konnte. 1657 zeigte er in Magdeburg, dass man zwei aufeinandergelegte und leer gepumpte Halbkugeln nicht einmal mit der Kraft von 16 Pferden auseinanderreißen konnte. Guericke wies nach, dass Luft ein Gewicht hat, das auf alles drückt. Er hatte den Luftdruck entdeckt.

Q3 Die österreichische Kaiserin Maria-Theresia 1774 in einem Brief an ihren Sohn Franz, der ein Anhänger der Aufklärung war:

Schämt Euch nicht, jederzeit ein guter Christ zu sein, in Euren Worten wie in Euren Taten. Das verlangt die größte Wachsamkeit und Strenge, heute noch mehr als früher, weil die
5 Sitten locker und verdorben sind (…). Nichts ist bequemer (…) als die Freiheit von allem Zwang. Das ist das Zauberwort, das man im Jahrhundert der Aufklärung an die Stelle der Religion setzen will – jeder soll selbst zur Er-
10 kenntnis kommen und nach eigener Einsicht und Überzeugung handeln. (…) Diese ganze Philosophie ist ein Unglück, ich kann Euch das nicht oft genug sagen und muss Euch immer wieder davor warnen.

Q4 Der deutsche Philosoph Immanuel Kant erklärte die neue geistige Bewegung 1783 so:

Aufklärung ist der Ausgang des Menschen aus seiner selbst verschuldeten Unmündigkeit. Unmündigkeit ist das Unvermögen, sich seines Verstandes ohne Leitung eines
5 anderen zu bedienen. Selbstverschuldet ist diese Unmündigkeit, wenn die Ursache derselben nicht am Mangel des Verstandes, sondern der Entschließung und des Mutes liegt, sich seiner ohne Leitung eines anderen zu
10 bedienen. „Habe Mut, dich deines eigenen Verstandes zu bedienen!", ist also der Wahlspruch der Aufklärung.

🎧 Hörbuch 2, Track 11

Aufgaben

1 Arbeite heraus, welches neue Denken mit der Aufklärung begann (VT1).

2 Zähle auf, woran die Aufklärer Kritik übten und welche Ziele sie hatten (VT2, Q4).

3 Im Englischen wird das Zeitalter der Aufklärung „enlightenment" (Erleuchtung) genannt. Erkläre diesen Begriff mithilfe von Q1.

4 Begründe, warum die Aufklärer die Hexenverfolgung bekämpften.

5 Finde aus Q3 Gegenargumente zu den Positionen der Aufklärung heraus und schreibe sie auf.

6 Ein Aufklärer diskutiert mit einem Priester über die Religion. Bildet dazu Gruppen. Schreibt Argumente für beide Parteien auf. (VT1, VT2, Q3, Q4).

7 Recherchiere, inwiefern sich der „aufgeklärte Absolutismus" in Preußen vom Absolutismus in Frankreich unterschied.

49

7 Neue politische Ideen

Dürfen Menschen über andere herrschen? Braucht man überhaupt Könige oder könnte sich das Volk auch selbst regieren? Solche Fragen stellten die Aufklärer. Das war unerhört!

Gewaltenteilung
Trennung der Staatsgewalt in gesetzgebende Gewalt (Legislative), vollziehende Gewalt (Exekutive) und Rechtsprechung (Judikative)

Menschenrechte
Darunter versteht man Rechte, die allen Menschen ohne Ausnahme zustehen.
siehe auch
S. 196 und S. 214

Menschenrechte
Die Aufklärer wollten alle Lebensbereiche auf die Vernunft gründen, also auch den Staat und die Gesellschaft. Mit dem Verstand war es aber nicht zu erklären, wenn die Fürsten behaupteten, von Gott als Herrscher eingesetzt zu sein. Die Ordnung in der Gesellschaft musste vielmehr von Menschen geschaffen worden sein. Niemand, so sagten die Aufklärer, ist dazu geboren, Untertan eines anderen zu sein. Alle Menschen sind von Natur aus frei und haben die gleichen Rechte.

Einen besseren Staat schaffen
Keiner Regierung sollte es erlaubt sein, die Menschenrechte zu verletzen. Die wichtigste Pflicht des Staates müsste es vielmehr sein, die Freiheit des Einzelnen zu schützen, das Eigentum zu garantieren sowie das Glück und den Wohlstand der Menschen zu fördern.

Q1 Der Philosoph Voltaire (1694–1778), auf einem zeitgenössischen Gemälde. Voltaire sah im aufgeklärten Monarchen den idealen Herrscher. Sein Freund und Gönner war König Friedrich II. von Preußen.

Freiheit des Glaubens und des Gewissens
Der Staat hatte nach Meinung der Aufklärer nicht das Recht, den Glauben der Menschen zu bestimmen. Alle Religionen müssten also toleriert werden. Die Folter, mit der man bisher noch Geständnisse bei Gericht erzwang, war abzuschaffen.

Gewaltenteilung als Lösung
Wie sollte aber ein Staat aufgebaut sein, in dem freie und mündige Bürger leben könnten? Auf diese Frage gab der Franzose Charles de Montesquieu eine Antwort: Er meinte, die Menschen könnten nur dann als freie Bürger leben, wenn keiner zu viel Macht hätte. Die Befugnisse des Staates müssten daher in drei Teile gegliedert werden:
1. Parlament (= Volksvertretung): beschließt Gesetze, die das Zusammenleben der Bürger im Staat regeln.
2. Regierung: sorgt dafür, dass die Gesetze ausgeführt und die staatlichen Aufgaben erledigt werden.
3. Gerichte: entscheiden unabhängig, was im Einzelfall rechtens ist.

Widerstandsrecht gegen die Regierung
Die meisten Aufklärer wollten das Königtum nicht abschaffen. Aber der König sollte nicht mehr absolut regieren, sondern wie in England durch eine Verfassung in seiner Macht beschränkt sein. Die Engländer hatten 1688 ihren König gestürzt, weil er die Rechte des Parlaments einschränken wollte. Der englische Philosoph John Locke rechtfertigte dieses Vorgehen damit, dass das Volk nur so lange einem Herrscher Gehorsam schuldig sei, solange dieser nicht gegen die Rechte der Untertanen verstoße.

1661 bis 1799 | Absolutismus und Französische Revolution

Q2 Im Salon der Madame Geoffrin (Gemälde von Gabriel Lemonnier, um 1770). Marie Thérèse Geoffrin ① war eine gebildete und reiche Frau der Pariser Gesellschaft. Sie empfing in ihrem Salon die berühmtesten Schriftsteller, Philosophen und Künstler ihrer Zeit. Die dargestellte Szene zeigt einen Schauspieler, der aus einem Drama Voltaires vorliest. Anschließend werden die Gäste über das Werk diskutieren. Man erkennt auf dem Bild Montesquieu ②, Diderot ③, Rousseau ④ und die Büste Voltaires ⑤.

Q3 Über die Freiheit jedes Menschen sagte Jean-Jacques Rousseau 1762:

Der Mensch wird frei geboren, und überall ist er in Ketten. (…) Solange ein Volk gezwungen wird, zu gehorchen und gehorcht, so tut es wohl; sobald es aber das Joch ab-
5 werfen kann und es abwirft, so tut es besser (…). Rechtmäßige Gewalt kann nur auf einer Übereinkunft der Menschen gründen (…). Auf seine Freiheit verzichten heißt, auf seine Menschheit, die Menschenrechte, ja selbst
10 auf seine Pflichten verzichten. Eine solche Entsagung ist mit der Natur des Menschen unvereinbar.

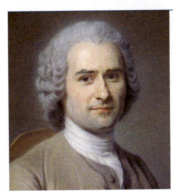

Q4 Der Philosoph Jean-Jacques Rousseau (1712–1778) war vielleicht der radikalste Aufklärer. Er wollte dem Volk die Herrschaft übertragen, strebte also die Republik an (zeitgenössisches Portrait).

Aufgaben

1 Arbeite heraus, warum die Aufklärer die bisherige Ordnung im Staat kritisierten (VT1).

2 Bearbeitet in Partnerarbeit die Begriffe „Gewaltenteilung" (VT4) und „Widerstandsrecht" (VT5). Jeder erklärt einen Begriff und sagt, wie die Idee begründet wird.

3 Beschreibe die Gäste im Salon der Madame Geoffrin (Q2). Achte auf ihre Kleidung, ihre Haltung, ihren Gesichtsausdruck.

4 Fasse die Aussagen von Q3 zusammen. Erkläre, warum die absolutistischen Könige manche Aufklärer verhaften ließen.

5 Ein Philosoph der Aufklärung beschreibt in einer kurzen Erzählung seinen Zuhörern ein Land, so wie er es sich vorstellt. Schreibe seine Erzählung auf. Vergleiche dieses Land mit unserem heute.

6 Lies die Grundrechte, die heute im Grundgesetz der Bundesrepublik Deutschland festgeschrieben sind (S. 214, M1). Prüfe, welche dieser Rechte auch schon die Aufklärer gefordert haben.

7 Die Lehre von der Gewaltenteilung ist in Artikel 20, Absatz 1 des Grundgesetzes enthalten. Schlage nach und erkläre das Prinzip.

○ 1, 3, 4, 6 ● 2, 4, 5, 7

8 | Frankreich in der Krise

Im Jahr 1788 stand der französische König Ludwig XVI. vor einem Problem: Missernten ließen den Brotpreis steigen, der Staat war pleite und die Bürger zweifelten an der Rechtmäßigkeit der staatlichen Ordnung. Der König fasste einen folgenschweren Entschluss.

Q1 „Hoffen wir, dass das Spiel bald ein Ende nimmt", seufzt der Bauer. Aus seiner Tasche hängen Zettel, auf denen die Salz-, die Tabak- und die Kopfsteuer, die Abgaben und Dienste genannt werden. Auf der Hacke steht: „Von Tränen getränkt". Auf anderen Zetteln steht: „Bischof", „Abt", „Herzog", „Graf", „Pension", „Großspurigkeit". Der Degen trägt die Aufschrift: „Gerötet vom Blut". Französische Karikatur aus dem Jahr 1789

Das Volk hungert
Der Winter war hart gewesen. Im Frühjahr führten Regenfälle zu Überschwemmungen, eine Hitzewelle ließ im Sommer die Felder vertrocknen. In manchen Regionen Frankreichs fiel die Getreideernte des Jahres 1788 katastrophal schlecht aus. Der Preis für Brot stieg stark an. Gleichzeitig verkauften sich die Erzeugnisse des Handwerks schlecht, in den Städten stieg die Arbeitslosigkeit. Immer mehr Franzosen hungerten. Sie hofften auf die Hilfe des Königs, doch die staatlichen Getreidelager waren leer. Die Hungernden waren wütend: auf den König, aber auch auf Adel und Klerus, deren Reichtum ein Leben ohne Not ermöglichte.

Zweifel an der staatlichen Ordnung
Es gab aber auch viele Bürger, die in den vergangenen Jahrzehnten reich geworden – durch Handel, Bankgeschäfte, Schifffahrt und mit der Produktion von Luxusgütern in Manufakturen. Ärzte, Rechtsanwälte und tüchtige Handwerksmeister gehörten zu den angesehenen und oft wohlhabenden Bürgern der Städte. Sie bezahlten einen Großteil der Steuern. Doch die hohen Ämter in der staatlichen Verwaltung, bei der Armee und in der Kirche gab der König den Adligen. Viele fragten sich: Sind die Privilegien von Adel und Klerus noch zeitgemäß? Sagen die Aufklärer nicht, dass alle Menschen gleiche Rechte haben?

Die Staatskasse ist leer
Die Hofgesellschaft in Versailles interessierte sich dafür nicht. Sie lebte wie immer in Saus und Braus. Der König bezahlte für alles – aber mit geliehenem Geld, denn die Staatskasse war leer. Ludwig XVI. hatte zu verschwenderisch gelebt und zu viele Kriege geführt. Allein für die Zinsen der Staatsschulden musste Ludwig XVI. mehr als die Hälfte der Einnahmen aufwenden. Es blieb ihm nichts anderes übrig, als die Steuern zu erhöhen. Sonst drohte der Staatsbankrott.

Der König reagiert
Der Dritte Stand, die Bauern und Bürger, waren aber nicht mehr bereit, fast allein den Staat zu finanzieren. Sie verlangten, dass Adel und Klerus endlich nach Einkommen und Vermögen besteuert würden. Doch die weigerten sich. Der König entschloss sich zu einem riskanten Schritt: Er berief die Generalstände ein. Sie sollten wie früher über neue Steuern beraten. Das hatte es seit 1614 nicht mehr gegeben.

Zu Beginn des Jahres 1789 versammelten sich überall im Lande die Menschen. Nach Ständen getrennt, wählten sie Abgeordnete, die sie beim König vertreten sollten. Ihre Beschwerden an den Monarchen gaben sie den Abgeordneten gleich mit auf den Weg. Ludwig XVI. hatte sie selbst dazu aufgefordert. Auch das war für den König riskant!

Ständegesellschaft
Darunter versteht man die Einteilung der Gesellschaft in Adel, Klerus und Bürgertum. Die Zugehörigkeit zu einem Stand war in der Regel durch die Geburt vorgegeben.

Klerus
Bezeichnung für den geistlichen Stand. Dazu gehören Bischöfe, Priester, Äbte, Mönche und Nonnen.

Privilegien
Sonderrechte für einzelne Personen oder Personengruppen im Staat

1661 bis 1799 | Absolutismus und Französische Revolution

Q2 Männer, die mindestens 25 Jahre alt waren und Steuern zahlten, durften die Abgeordneten ihres Standes für die Generalstände wählen. Gleichzeitig sollten sie dem König Missstände mitteilen und Verbesserungen vorschlagen. Diese „Beschwerdehefte" wurden zwischen März und Mai 1789 verfasst:

a) Die Bauern des Dorfes La Chapelle fordern:
4. vollständige Abschaffung aller Privilegien
5. Abschaffung der königlichen Salzsteuer, der Kopfsteuer für Nichtadlige und anderer Rechte.
6. Um diese Steuern und Rechte zu ersetzen, soll eine persönliche Kopfsteuer eingeführt werden, die ohne Unterschied die Bürger aller drei Stände betrifft (…).
9. Dass jegliche Gerichtsbarkeit und Polizeigewalt der Adligen abgeschafft wird; dass ihr Recht auf Jagd, Fischerei, (…) Abgaben und Dienste abgeschafft wird; dass jeder das Recht hat, zumindest jeder auf seinem Land, Hasen und andere Schädlinge der Landwirtschaft zu töten.
13. Dass man den Kirchenzehnten abschafft.

b) Die Bürger der Stadt Beaucaire fordern:
Artikel 3: Die Erklärung der Menschen- und Bürgerrechte.
Artikel 4: Die Freiheit der Presse und das Briefgeheimnis.
Artikel 16: Das Recht für alle Angehörigen des Dritten Standes, die verschiedensten Arbeitsplätze bei Armee, Marine und höherer Verwaltung einzunehmen.

c) Der Adel des Wahlbezirks Ament fordert:
Die Bewahrung der Privilegien und Auszeichnungen, die der Adel zu allen Zeiten besessen hat (…). Der Adel denkt in keiner Weise daran, sich seiner herrschaftlichen Rechte berauben zu lassen, weder die Ehrenämter noch die nützlichen, wie hohe, mittlere und niedere Gerichtsbarkeit, Jagd, Fischerei, Frondienste, (…) Abgaben (…).

d) Der Klerus des Wahlbezirks Orléans fordert:
Dass der König, dem Beispiel seiner Vorgänger folgend, seinen ganzen Eifer einsetzt, um die (Kirche) gegen die vielfältigen Anfeindungen der Gottlosigkeit und der modernen Philosophie zu verteidigen; dass er durch harte Gesetze die ungezügelte Möglichkeit der Presse unterdrückt, die Hauptstadt und die Provinzen mit schmählichen Schriften aller Art zu überfluten. (…) Damit der katholische Glauben (…) der einzig zulässige und berechtigte ist.

Generalstände
Das war in Frankreich die Versammlung der drei Stände. Sie hatte das Recht, Steuern zu beschließen.

→ **Zehnt/ Kirchenzehnt** S. 26

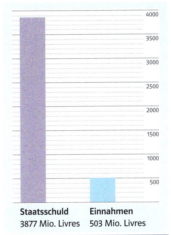

D1 Schulden und Einnahmen Frankreichs 1788

D2 Frankreichs Staatshaushalt 1788

Aufgaben

1 Liste auf, womit das Volk in Frankreich 1788 unzufrieden war (VT1, VT2).

2 Erläutere die Aussage der Karikatur Q1. Überlege zunächst, welche Stände die drei Männer verkörpern. Begründe deine Aussagen, indem du Kleidung, Haltung und Texte auswertest.

3 Finde heraus, warum Ludwig XVI. die Steuern erhöhen wollte (VT3, D1, D2).

4 Ordnet die Forderungen aus den „Beschwerdeheften" den folgenden Oberthemen zu: Gleichberechtigung der Stände, Freiheitsrechte, Steuerrecht, Religion (Q2).

5 Fertigt in Gruppenarbeit Plakate zu den Forderungen in Q2 an.

6 Verfasst Zeitungsschlagzeilen zur Eröffnung der Generalstände, aus denen sich Hoffnungen der Menschen ablesen lassen.

9 Die Revolution beginnt

„Was ist der Dritte Stand? – Alles. Was ist er bis jetzt in der politischen Ordnung gewesen? – Nichts. Was fordert er? – Endlich etwas zu sein!" Dieses Flugblatt eines Geistlichen veränderte Frankreich.

Q1 Eröffnung der Generalstände am 5. Mai 1789 (Gemälde, um 1840). Die Sitzordnung: Ludwig XVI. und seine Gemahlin Marie-Antoinette oben links, die Vertreter der drei Stände zu ebener Erde. Die Abgeordneten verteilen sich wie folgt: Klerus: 291, Adel: 270, Dritter Stand: 578. Die Vertreter des Dritten Standes fallen durch ihre schlichte Kleidung auf. Die meisten waren Rechtsanwälte, Gelehrte, Kaufleute und Unternehmer. Nur ein Bauer war darunter. Der Klerus wurde von knapp 50 Bischöfen, einigen Äbten und Mönchen und 208 einfachen Pfarrern vertreten. Unter den Mönchen und Pfarrern waren viele bereit, den Dritten Stand zu unterstützen.

Revolution
Darunter versteht man einen zumeist gewaltsamen Umsturz der staatlichen und gesellschaftlichen Ordnung.

Nation
von lat. natio = Stamm, Volk. Heute fasst man darunter Menschen gleicher Sprache oder Staatsangehörigkeit zusammen.

Nationalversammlung
Das ist eine Versammlung von gewählten Vertretern des Volkes, die eine Verfassung oder Gesetze erarbeiten sollen.

Die Generalstände treten zusammen

Als der König die Versammlung der Generalstände eröffnet, ist die Stimmung gespannt. Die Abgeordneten des Dritten Standes wollen nicht nur über höhere Steuern reden. Sie fordern wirkliche Reformen, vor allem die Beseitigung der Privilegien von Adel und Klerus. Es geht also auch um die Macht im Staat.

Über die Frage, wie abgestimmt werden sollte, kommt es zum Streit: Der König besteht auf einer Abstimmung nach Ständen. Damit wären Adel und Klerus im Vorteil. Die Vertreter des Dritten Standes verlangen dagegen eine Abstimmung „nach Köpfen".

Die Nationalversammlung

Am 17. Juni erklären sich die Abgeordneten des Dritten Standes zur Nationalversammlung. Die Begründung ist einfach: Sie vertreten 98 Prozent aller Franzosen, also beinahe die gesamte Nation.

Der Ballhausschwur

Als der König den Tagungsraum schließen lässt, ziehen die Abgeordneten des Dritten Standes in ein leer stehendes Ballspielhaus. Dort schwören sie, nicht eher auseinanderzugehen, bis Frankreich eine Verfassung habe (S. 56/57).

Bürger greifen zu den Waffen

Nun überstürzen sich die Ereignisse. In Paris ist Brot so knapp geworden, dass hungrige Menschen die Bäckereien belagern. Es kommt zu Plünderungen. Gerüchte gehen um, der König habe Truppen um Paris zusammenziehen lassen. In den ärmeren Vierteln der Stadt bewaffnen sich Tausende von Männern. Sie stürmen ein Waffenlager und erbeuten 30 000 Gewehre und einige Kanonen. Damit ziehen die Aufständischen zu einer alten Festung. Sie fällt – und mit ihr die politische Ordnung Frankreichs.

1661 bis 1799 | Absolutismus und Französische Revolution

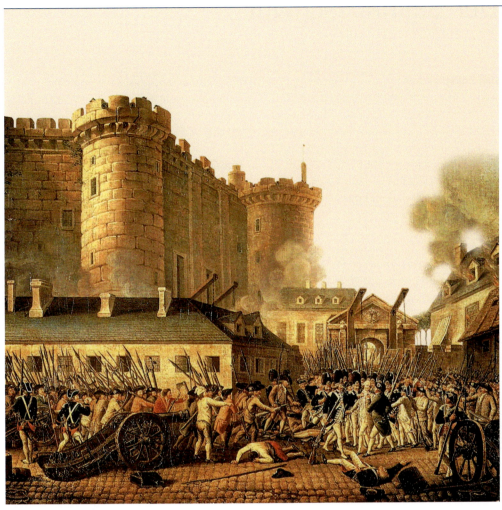

Q2 Sturm auf die Bastille am 14. Juli 1789 (Ölbild eines unbekannten Künstlers von 1789). Die Bastille (sprich: Bastije) war ursprünglich eine königliche Festung. Im 18. Jahrhundert wurde sie als Gefängnis und Waffenlager genutzt. Man sperrte hier zum Beispiel Schriftsteller ein, die über Kirche und Königtum spotteten. Dadurch wurde sie zum Symbol für die Willkür der absoluten Monarchie. Die Szene zeigt den Augenblick, als sich der Kommandant Launay mit seinen Soldaten und Offizieren ergibt. Das Haus des Kommandanten brennt, beide Zugbrücken sind herabgelassen. Den Aufständischen haben sich schon Soldaten des Königs angeschlossen.

Aufgaben

1 Lege einen Zeitstrahl zu den Ereignissen des Jahres 1789 an (VT2, VT4, Q1, Q2).

2 Arbeite heraus, was das Ziel der Nationalversammlung war (VT2, Lexikon).

3 Ein zorniger Abgeordneter des Dritten Standes wird gefragt, was er von der Versammlung der Generalstände hält und was er fordert. Formuliere seine Antwort (VT1, VT2, Q1).

4 Bei einer Abstimmung „nach Köpfen", also Abgeordneten, wäre der Dritte Stand im Vorteil gewesen. Begründe diese Aussage (Q1).

5 Die Bilder dieser Seite zeigen Ereignisse, die in nur zwei Monaten stattfanden. Erkläre, warum sich Frankreich in diesem kurzen Zeitraum stärker veränderte als in den 100 Jahren zuvor (Q1, Q2).

6 Schreibe als Augenzeuge einen Bericht über die Erstürmung der Bastille. Beschreibe die Angreifer, ihre Kleidung, ihre Waffen, die Übergabe der Festung durch den Kommandanten. Berichte auch darüber, dass er kurze Zeit danach erschlagen wird.

7 Bei der Erstürmung der Bastille gab es über hundert Tote. Diskutiert, warum es den Franzosen trotzdem wichtig ist, das Ereignis jedes Jahr zu feiern.

nah dran

extra 10 | Der Ballhausschwur

Das Ballspielhaus
Als die Abgeordneten des Dritten Standes am Morgen des 20. Juni ihren Sitzungssaal betreten wollen, stehen sie vor verschlossenen Türen. Soldaten des Königs halten davor Wache. Die Abgeordneten finden einen Ausweg: Sie ziehen in einen großen, kahlen Raum um, der von der Hofgesellschaft zum Ballspiel genutzt wird.

Der Schwur
Dort kommt es zu einer berühmten Szene, die als die Geburtsstunde eines neuen Frankreich gelten kann: Die Abgeordneten des Dritten Standes schwören, sich niemals zu trennen und sich überall zu versammeln, bis sie dem Königreich eine Verfassung gegeben haben.

Das Gemälde
Der Hofmaler Ludwigs XVI., Jacques-Louis David, erhielt 1790 von der Nationalversammlung den Auftrag, den „Ballhausschwur" in einem Gemälde darzustellen. Es sollte die Stirnwand des Sitzungssaals schmücken. David hat dazu eine Federzeichnung angefertigt, das riesige Gemälde aber nicht fertiggestellt.

Q1 Der Ballhausschwur. Federzeichnung von Jacques-Louis David, 1791. Im Bild sind die folgenden Personen hervorgehoben: ① der Abgeordnete und Journalist Barère; ② ein Karthäusermönch, ein katholischer (Mitte) und ein protestantischer Priester; ③ Bailly, der Präsident der Versammlung; ④ Robespierre; ⑤ Michel Gérard, ein einfacher Bauer; ⑥ Graf Mirabeau (ein Adliger im Dritten Stand); ⑦ Martin d'Auch, der als Einziger den Schwur verweigerte

1661 bis 1799 | Absolutismus und Französische Revolution

Q2 Drei Geistliche umarmen sich.

Q3 Die Schlosskapelle wird vom Blitz getroffen.

Q4 Der starke Wind wölbt die Vorhänge in den Saal.

Q5 Die Abgeordneten strecken die Hände zum Schwur aus.

1. Die Revolution fegt wie ein zerstörendes Gewitter über die alte Ordnung hinweg.
2. Das einige Volk tritt als bestimmende Kraft neben den König.
3. Die Ideen von Gleichheit und Brüderlichkeit überwinden auch religiöse Schranken.
4. Ein neuer Geist hält Einzug in Frankreich.

D1 Aussagen im Bild „Ballhausschwur"

Aufgaben

1 Nenne zur dargestellten Szene den Ort, die Zeit, das Ereignis und den Maler. Finde heraus, wodurch der Maler einen Hinweis auf den Zweck des Gebäudes gibt (unten links).

2 Gib jeweils in einem einzigen Satz oder in einem Stichpunkt wieder, was auf den drei Bildebenen Vordergrund, Mittelgrund und Hintergrund (hier: oben) dargestellt ist.

3 Finde heraus, worin der Mittelpunkt des Bildes besteht. Achte dazu auf Linien und Diagonalen. Begründe, warum David diesen Mittelpunkt gewählt hat.

4 Erläutere deinem Tischnachbarn, warum der „Ballhausschwur" von David bewusst inszeniert worden sein muss (beachte z. B: Standort und Blickrichtung Baillys, Mimik und Haltung der Personen, Platzierung wichtiger Personen, Davids Kinder im rechten Fenster).

5 Ordne den symbolischen Darstellungen Q2–Q5 die richtige Aussage 1–4 zu (D1).

6 Der Journalist Barère ① macht sich Notizen für seine neu gegründete Zeitung. Versetze dich in seine Lage: Notiere dir stichwortartig, was du siehst und hörst.

7 Verfasse ein Auftragsschreiben an David, aus dem deutlich wird, wie das Bild zum Ballhausschwur aussehen soll, was es ausdrücken soll und warum es so groß sein muss.

○ 1, 2, 5   ◐ 3, 4, 6, 7

Methode

11 | Karikaturen deuten

Die meisten können nicht lesen

Zur Zeit der Französischen Revolution konnten die meisten Menschen nicht lesen. Das galt vor allem für Bauern, Handwerker und Arbeiter. Wer sie für eine Idee gewinnen wollte, auf Missstände hinwies oder andere zum Handeln bringen wollte, griff am besten zur Feder und zeichnete. Das verstanden die Menschen, besonders dann, wenn das Gezeichnete ihren alltäglichen Erfahrungen entsprach. Was die Menschen um 1789 bewegte, können wir also auch aus ihren Bildern ablesen.

Auf die Spitze getrieben

Besonders aussagekräftig sind Karikaturen. In Karikaturen drücken Zeichner ihre Meinung zu bestimmten Personen oder Ereignissen auf lustige, spöttische und besonders direkte Weise aus. Bestimmte Merkmale einer Person oder einer Sache werden übertrieben dargestellt und dadurch lächerlich gemacht. Mit einer Karikatur will der Zeichner also nicht einfach informieren, sondern auch Anstoß erregen und seine Mitmenschen zum Nachdenken bringen.

Q1 „Wusste ich's doch, dass wir auch einmal an die Reihe kämen!" Französische Karikatur, 1789

- „Es lebe der gute Vater des Volkes"
- „Mit Mut vollbracht"
- „Friede und Eintracht"
- „Um die Nation zu schützen"
- Jahr der Veröffentlichung

- „Es lebe der König. Es lebe die Nation." (Nation bedeutet: das ganze französische Volk, unabhängig von den sozialen Unterschieden)
- die drei Stände
- Kokarde mit den Farben der Revolution
- „Grundsteuer"
- „Gleichheit und Freiheit"
- „Erleichterung für das Volk"

1661 bis 1799 | Absolutismus und Französische Revolution

Q2 „Das Erwachen des Dritten Standes" (Karikatur, 1789)

Arbeitsschritte: Karikaturen deuten
Beschreiben
1 Welche Szene zeigt die Karikatur? Gib den spontanen Eindruck wieder.
Untersuchen
2 Welche Gegenstände, Personen, Sachverhalte oder Tiere werden abgebildet?
3 Erkennst du Symbole? Erkläre ihre Bedeutung.
Deuten
4 Gegen wen richtet sich die Kritik? Wird zum Beispiel eine Person verspottet oder werden gesellschaftliche Verhältnisse kritisiert?
5 Was bringt die Verzerrung zum Ausdruck?
6 Welches Publikum will der Zeichner ansprechen? Welche Wirkung beabsichtigt er?

Aufgaben

1 Bearbeite die Karikatur Q1 nach den methodischen Arbeitsschritten.

2 Vergleiche diese Darstellung mit der Karikatur S. 52: Q1. Welche Veränderungen stellst du fest?

3 Erkläre, warum der Bauer in Q1 sagt: „Es lebe der König. Es lebe die Nation." Wer hätte das in der Karikatur auf S. 52 sagen können?

4 Bearbeite nun die Karikatur Q2 nach den methodischen Arbeitsschritten.

5 Das Jahr 1789 hat in Frankreich die alte Gesellschaftsordnung beseitigt. Beurteile, welche der beiden Karikaturen den Wandel deutlicher ausdrückt. Begründe deine Entscheidung.

Arbeitsblatt
454053-0059

12 | Die Erklärung der Menschenrechte

Den Sommer des Jahres 1789 nennt man in Frankreich die Zeit der „großen Angst". Auf dem Land stürmen Bauern die Herrensitze des Adels. In ihrer Wut über die Grundherren brennen sie deren Schlösser nieder – und mit ihnen die verhassten Abgabenverzeichnisse.

→ Rechtsstaat und Menschenrechte
S. 214/215

Die Menschen auf dem Lande
Vier von fünf Franzosen lebten 1789 auf dem Land. Die meisten von ihnen waren Bauern. Sie litten am meisten unter einer Ordnung, die Adel und Klerus privilegierte.

Eine unerträgliche Last
Auf den Bauern lasteten nicht nur die Steuern des Königs. Noch erdrückender waren die Pflichten gegenüber ihren adligen Herren. Diese besaßen Verzeichnisse, in denen genau aufgelistet war, was die Bauern seit Generationen zu leisten hatten: Abgaben für das Ackerland, unbezahlte Dienste, Pflicht zur Benutzung der herrschaftlichen Mühle und vieles mehr. Und dann kamen noch die Herren der Kirche: Sie verlangten von allem, was der Bauer erntete, den zehnten Teil. So war es seit Jahrhunderten.

„Weg mit den Privilegien!"
Doch die Familien der Bauern hungerten. Und die Bürger von Paris hatten gezeigt, dass durch den Zorn des Volkes sogar eine königliche Festung fallen konnte. Jetzt waren auch die Bauern nicht mehr bereit zu gehorchen. Mit Äxten, Mistgabeln und Sensen bewaffnet vertrieben sie ihre Grundherren. Viele Adlige fürchteten um ihr Leben und flohen ins Ausland.
In Versailles kam es zu einer dramatischen Sitzung der Nationalversammlung. Am Ende verzichteten Adel und Klerus auf ihre Privilegien. Drei Wochen später folgte die Erklärung der Menschen- und Bürgerrechte. Damit wurden alle Franzosen zu Staatsbürgern mit gleichen Rechten. Die Ständegesellschaft gab es nicht mehr.

Freiheit, Gleichheit, Brüderlichkeit
So lautete die Parole der neuen Zeit. Doch ihre Umsetzung warf Fragen auf: Wie sollte man die Gleichheit aller Menschen verwirklichen? Genügte es, wenn der Adel mitsamt seinen Titeln und Wappen abgeschafft wurde? Hatten alle die gleichen Chancen, wenn der Staat nun die Aufsicht über die Schulen übernahm? Sollten Frauen die gleichen Rechte wie Männer bekommen?

Q1 Erklärung der Menschen- und Bürgerrechte vom 26. August 1789 auf einer Bildtafel aus dem Jahr 1791. Die Erklärung besteht aus 17 Artikeln. Die deutsche Übersetzung ist hier in gekürzter Form in das Original eingefügt worden. Die Frauengestalt oben links symbolisiert Frankreich, die Engelsgestalt oben rechts die Freiheit. Das Auge im Dreieck mit dem Strahlenglanz der Sonne ist ein Symbol der Aufklärung: Man nennt es das „Auge der Vernunft". Pike und rote Kappe sind Symbole der Französischen Revolution.

1661 bis 1799 | Absolutismus und Französische Revolution

Q2 „Mann, bist du fähig, gerecht zu sein?" So beginnt ein Text, den die Schriftstellerin Olympe de Gouges im September 1791 verfasste. Sie hatte erkannt, dass die Vorteile der Revolution einseitig von den Männern beansprucht wurden. Mit ihrer Schrift wollte sie erreichen, dass die Nationalversammlung die Menschenrechtserklärung von 1789 neu formulieren sollte. Dazu legte sie ihre „Erklärung der Rechte der Frau und Bürgerin" in 17 Artikeln vor:

Artikel 1: Die Frau wird frei geboren und bleibt dem Manne gleich an Rechten. (…)

Artikel 6: Das Gesetz soll der Ausdruck des allgemeinen Willens sein; alle Bürgerinnen
5 und Bürger sollen persönlich oder über ihre Vertreter zu seiner Gestaltung beitragen; es muss für alle gleich sein: Da alle Bürgerinnen und Bürger vor ihm gleich sind, müssen sie gleichermaßen zu allen öffentlichen Würden,
10 Ämtern und Anstellungen zugelassen sein: nach ihren Fähigkeiten und ohne andere Unterschiede als die ihrer Tugenden und Begabungen.

Q3 Zug der Frauen nach Versailles, 5. Oktober 1789 (zeitgenössische Radierung). Im Herbst 1789 wussten viele Frauen in den Pariser Arbeitervierteln nicht mehr, wie sie ihre Familien ernähren sollten. Für die steigenden Brotpreise machten sie den König verantwortlich. Es ärgerte sie auch, dass Ludwig immer noch zögerte, die Beschlüsse der Nationalversammlung zu unterschreiben. Mehrere Tausend Frauen zogen bewaffnet nach Versailles und zwangen den König, mit ihnen nach Paris zu kommen und die Beschlüsse anzuerkennen. Von nun an lebte Ludwig mit seiner Familie im alten königlichen Schloss von Paris – sozusagen unter der Aufsicht des Volkes.

Q4 Patriotischer Frauenklub (Zeichnung aus dem Jahr 1791). Frauen hatten maßgeblich dazu beigetragen, die Ideen der Aufklärung zu verbreiten. In der Revolution gründeten sie Klubs, um zu diskutieren und politische Forderungen zu formulieren. In ganz Frankreich gab es fast 60 solcher Klubs.

Aufgaben

1. Arbeite heraus, warum die Bauern 1789 die Schlösser des Landadels stürmten (VT2).

2. Nenne zwei Beschlüsse der Nationalversammlung vom August 1789, die das Ende der alten Ordnung in Staat und Gesellschaft bedeuteten (VT3, Q1).

3. Unterscheide in Q1 Freiheitsrechte, Gleichheitsrechte und Besitzrechte. Liste in einer Tabelle auf, welche Artikel zu den jeweiligen Rechten eine Aussage machen.

4. Beschreibe, wie Frauen sich an der Revolution beteiligten (Q3, Q4).

5. Untersuche, wodurch sich Q2 von der Menschenrechtserklärung (Q1) unterscheidet.

6. Gestalte das Flugblatt eines Frauenklubs, der gleiche Rechte für Frauen fordert (Q2–Q4).

7. Die Ideen von 1789 finden sich heute in den Verfassungen fast aller Staaten. Vergleiche mit den Grundrechten (S. 214, M1).

13 | Frankreich wird Republik

Der König verkleidet sich als Diener, seine Frau als Dienerin. Mit gefälschten Pässen besteigen sie gegen Mitternacht eine Kutsche und verlassen heimlich die Hauptstadt. Sie haben Angst – vor ihrem eigenen Volk!

Q1 König Ludwig XVI. wurde 1774 im Alter von 20 Jahren König. Das Gemälde aus dem Jahr 1777 zeigt Ludwig im Krönungsmantel.

konstitutionelle Monarchie
Der König ist als Staatsoberhaupt an eine Verfassung (Konstitution) gebunden. Seine Macht wird durch eine Volksvertretung (Parlament) eingeschränkt.

Republik
Bei dieser Staatsform wird das Volk als höchste Gewalt angesehen. Regierung und Parlament werden nur auf Zeit gewählt.

„Holt den König zurück!"
Am Morgen des 21. Juni 1791 gibt es in ganz Paris nur ein Thema: Ludwig XVI. und Marie-Antoinette haben sich davongemacht. Reiter der Nationalgarde verfolgen sie schon: Der König darf nicht ins Ausland entkommen. Wenn er die Monarchen Europas zu einem Krieg gegen Frankreich aufhetzt, ist die Revolution verloren.

Die Macht des Königs wird beschränkt
60 Kilometer vor der Grenze wird Ludwig erkannt, festgehalten und unter Beschimpfungen nach Paris zurückgebracht. Viele Bürger fragen sich: Braucht man noch einen König? Die radikalen Abgeordneten der Nationalversammlung fordern seine Absetzung. Doch die Gemäßigten setzen sich durch: Am 3. September 1791 wird Frankreich eine konstitutionelle Monarchie. Der König bleibt Staatsoberhaupt, muss aber einen Eid auf die neue Verfassung leisten.

„Das Vaterland ist in Gefahr!"
Zu dieser Zeit bereiten sich Österreich und Preußen darauf vor, Frankreich anzugreifen. Sie wollen nicht zulassen, dass einfache Bürger die Rechte eines Königs begrenzen. Gleichzeitig stellen französische Adlige, die vor der Revolution ins Ausland geflohen sind, eine Armee auf. Auch sie wollen die Revolution beenden. Um einem Angriff zuvorzukommen, erklärt die französische Nationalversammlung im April 1792 Österreich den Krieg. Schon bald marschieren die Verbündeten auf Paris zu. In der Not ruft die Nationalversammlung Freiwillige zu den Waffen. Zehntausende junger Männer melden sich: Sie wollen die Revolution retten und die Ideen von Freiheit und Gleichheit in ganz Europa verbreiten!

Die Monarchie stürzt
Ludwig XVI. hat der Kriegserklärung zugestimmt, verhandelt aber insgeheim mit seinem Schwager, dem Kaiser in Wien. Preußen und Österreich rufen die Franzosen auf, die Revolution zu beenden. Sie drohen damit, Paris zu zerstören, wenn dem französischen König etwas geschehen sollte. Doch der Aufruf erreicht das Gegenteil: Am 10. August stürmen empörte Revolutionäre das Königsschloss in Paris. Ludwig wird seines Amtes enthoben und ins Gefängnis gebracht.

Der König wird hingerichtet
Im September wird eine neue Nationalversammlung gewählt. Jetzt sind die Gegner der Monarchie in der Mehrheit. Der Konvent, wie sich die neue Versammlung nennt, setzt den König ab und erklärt Frankreich am 22. September 1792 zur Republik. Ludwig wird wegen Landesverrats angeklagt und zum Tode verurteilt.

1661 bis 1799 | Absolutismus und Französische Revolution

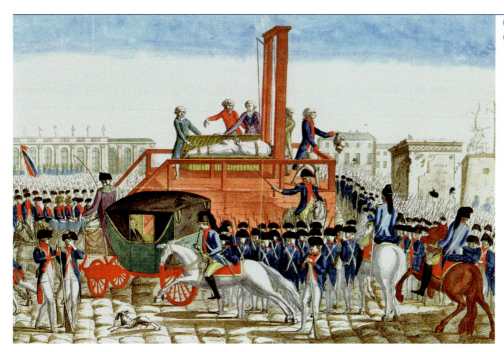

Q2 Hinrichtung Ludwigs XVI. (zeitgenössischer Stich)

Q3 Der spanische Gesandte in Frankreich berichtet über die Rückkehr des Königs nach Paris am 25. Juli 1791:

Sobald sich der Wagen näherte, folgte eine tiefe Stille auf das wütende Geschrei. Dieses Schweigen war aber kein Ausdruck des Mitleids, sondern begleitete ein sehr bezeichnen-
5 des Verhalten: Ohne wegen ihres Monarchen das geringste Aufsehen zu machen, blieben die Zuschauer mit bedecktem Haupt stehen und zwangen diejenigen, die aus Anstand oder Gewohnheit den Hut abgenommen hat-
10 ten, ihn wieder aufzusetzen. Die Truppe blieb beim Vorbeifahren des königlichen Wagens Gewehr bei Fuß stehen, um anzuzeigen, dass sie ihm nicht die Ehre erwies; dann präsentierte sie und schlug die Trommel, um den
15 Postmeister von Saint-Menehould und seine Kollegen, die den König auf seiner Flucht angehalten hatten, (…) feierlich zu empfangen.

Aufgaben

1 Zeichne eine Zeitleiste, in der du drei Staatsformen Frankreichs bis 1792 einträgst (VT2, VT4).

2 Erkläre, warum die Abgeordneten der Nationalversammlung fürchten mussten, dass der König die befreundeten Monarchen in Europa zu einem Krieg aufhetzt (VT1–VT4).

3 Der König von Preußen teilt in einem Eilbrief dem Kaiser in Wien mit, wie er nach dem 3. September 1791 über die Lage in Frankreich denkt. Verfasse den Brief (VT2, VT3).

4 Hat König Ludwig sein Land verraten? Formuliere eine kurze Begründung für die Anklage des Königs (VT1, VT4, VT5).

5 Wie sollte die Hinrichtung des Königs auf die Franzosen und die Menschen in den Nachbarstaaten wirken (VT5, Q2, Q3)? Beurteile, ob Ludwigs Tod aus der Sicht der Revolutionäre nötig war.

6 Recherchiere, was die französische Nationalhymne mit dem Thema auf dieser Seite zu tun hat.

Methode

14 | Ein Verfassungsschema interpretieren

Grundordnung des Staates
Die Verfassung beschreibt die Grundordnung eines Staates: zum Beispiel wer Gesetze macht, wer regiert, wer Recht spricht, welche Rechte die Bürger haben. Wenn du ein Verfassungsschema verstehst, kannst du Aussagen über den Aufbau eines Staates machen.

D1 Die Verfassung Frankreichs vom 3. September 1791

D2 Die Verfassung Frankreichs vom 24. Juni 1793. Die republikanische Verfassung von 1793 trat nie in Kraft. Auf Druck Robespierres und seiner Anhänger wurde sie bis zur Beendigung des Krieges ausgesetzt. Die tatsächliche Staatsgewalt wurde von Ausschüssen des Konvents ausgeübt. Robespierre leitete den „Wohlfahrtsausschuss", den er zur eigentlichen Regierung Frankreichs bis zu seinem Sturz machte.

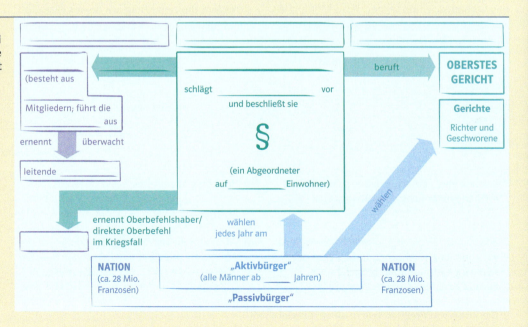

1661 bis 1799 | Absolutismus und Französische Revolution

Dreimal Frankreich: 1789 – 1791 – 1792

Zu Beginn des Jahres 1789 ist Frankreich eine absolute Monarchie: Der König regiert den Staat, macht Gesetze und greift in die Rechtsprechung ein. Die Untertanen gehorchen und zahlen Steuern. So könnte man stark vereinfacht die Staatsordnung Frankreichs beschreiben.

Die Revolution beendet den Absolutismus: Die Abgeordneten des Dritten Standes erklären sich zur Nationalversammlung. Zwei Jahre lang diskutiert die Nationalversammlung über die neue Staatsordnung. Dann entscheidet sich die Mehrheit 1791 für eine konstitutionelle Monarchie.

1792 wird eine neue Nationalversammlung gewählt. Darin haben radikale Abgeordnete die Mehrheit: Sie schaffen die Monarchie ab und machen Frankreich zur Republik.

Q1 Aus der Verfassung vom 24. Juni 1793:
Art. 4: Jeder Mann, der das Alter von 21 Jahren erlangt hat, ist wahlberechtigt.
Art. 8: Das Volk wählt unmittelbar seine Abgeordneten.
5 Art. 22: Auf 40 000 Personen entfällt ein Abgeordneter.
Art. 32: Das französische Volk versammelt sich jährlich am 1. Mai zur Wahl der Nationalversammlung.
10 Art. 40: Ihre Sitzungsperiode dauert ein Jahr.
Art. 53: Die Nationalversammlung schlägt Gesetze vor.
Art. 62: Der Vollzugsrat besteht aus 24 Mitgliedern.
15 Art. 63: Die Nationalversammlung wählt die Mitglieder des Vollzugsrates.
Art. 65: Der Rat ist mit der Leitung und Überwachung der allgemeinen Verwaltung beauftragt. Er kann nur die Gesetze (…) der
20 Nationalversammlung ausführen.
Art. 66: Er ernennt die leitenden Beamten der allgemeinen Verwaltung der Republik.
Art. 113: Werden die Streitkräfte gegen äußere Feinde eingesetzt, handeln sie auf An-
25 ordnung des Vollzugsrates.

Arbeitsschritte: Ein Verfassungsschema interpretieren

Thema erfassen

1 Um welche Zeit und um welchen Staat geht es?

2 In welcher geschichtlichen Situation ist die Verfassung entstanden?

Untersuchen

3 Enthält das Schaubild verschiedene Blöcke, die z. B. durch Farben gekennzeichnet sind? Kann man erkennen, um welchen Teil der Staatsgewalt es jeweils geht?

4 Welche Bedeutung haben Linien und Pfeile?

5 Gehe einzelnen Fragen zur Verteilung der Macht im Staat nach, z. B.: Wer darf wählen? Wer macht die Gesetze? Wer sorgt dafür, dass sich alle an die Gesetze halten? Wer regiert?

Deuten

6 Welche Macht haben Personen oder staatliche Organe?

7 Wen begünstigt oder benachteiligt das staatliche System?

8 Wie heißt die Staatsform?

Aufgaben

1 Nenne die drei Staatsformen in Frankreich von 1789 bis 1792 (VT2).

2 Erkläre D1 mithilfe der Arbeitsschritte.

3 Beurteile, wie D1 auf Frankreichs absolutistische Nachbarländer gewirkt haben dürfte.

4 Begründe, warum viele Menschen, die sich am Sturm auf die Bastille beteiligt hatten, mit der Staatsform in D1 unzufrieden waren.

5 Übertrage das Schaubild D2 in dein Heft oder drucke es aus (Online-Link). Ergänze die fehlenden Teile, indem du die Bestimmungen der Verfassung von 1793 prüfst (Q1).

6 Erkläre dein Verfassungsschema mithilfe der methodischen Arbeitsschritte.

7 Vergleiche die beiden Staatsformen Frankreichs: Prüfe insbesondere, welche Gruppe der Bevölkerung 1793 an Bedeutung gewinnt.

Arbeitsblatt
454053-0065

15 | Die Revolution wird radikaler

„Rettet das Vaterland!", so lautet im Sommer 1793 wieder der Aufruf der Regierung. Begeistert ziehen Tausende von jungen Männern in den Krieg: um die Revolution zu retten und um ihre Ideen in ganz Europa zu verbreiten.

Q1 Sansculotten mit Säbel, Pike und Kokarde (zeitgenössische Radierungen). „Sans culotte" bedeutet „ohne Kniehose", das war die Hose, die man vor der Revolution allgemein trug. Lange Hosen trugen allenfalls Männer der Unterschicht.

Volksheer gegen Söldnerheere

Die Regierung in Paris rettete sich mit brutalen Mitteln: In den Aufstandsgebieten ließ sie Dörfer niederbrennen und Zehntausende von Menschen niedermetzeln. Gegen die Armeen der europäischen Monarchen mobilisierte sie ein riesiges Volksheer. Jeder erwachsene Franzose wurde zum Wehrdienst verpflichtet. Viele meldeten sich freiwillig. Sie kämpften nicht für Geld, sondern für ihr Vaterland. Das begeisterte. Doch es gab noch etwas, das die Soldaten zu Diensteifer und Tapferkeit anspornte: Jeder konnte jetzt bis in die höchsten Offiziersränge aufsteigen.

Den Hunger mit Gesetzen bekämpfen

In Paris hungerten die Menschen. Ihr Zorn richtete sich gegen „Schieber und Spekulanten", die das Getreide knapp hielten und die Preise hochtrieben. So sahen es jedenfalls die einfachen Leute. Da die Regierung immer mehr von deren Zustimmung abhing, legte sie durch ein Gesetz Höchstpreise für lebenswichtige Güter fest. Die Folge war, dass Lebensmittel auf den offiziellen Märkten noch knapper wurden. Wer konnte, besorgte sie sich auf dem Schwarzmarkt zu enormen Preisen.

Die Macht der Straße

Das ärgerte vor allem die Handwerker, Arbeiter, Marktfrauen, Wäscherinnen, Tagelöhner und Kleinhändler. Sie wussten oft nicht, wie sie Brot, Salz und Zucker besorgen sollten. Die radikalsten unter ihnen, die Sansculotten, terrorisierten bald jeden auf der Straße, den sie für einen „Reichen" hielten. Sie scheuten sich auch nicht, zu den Sitzungen des Konvents zu gehen und lautstark ihre Forderungen herauszuschreien.

Freiheitsbaum
Als am 14. Juli 1790 der erste Jahrestag des Sturms auf die Bastille gefeiert wurde, pflanzte man in allen Dörfern und Städten Frankreichs Freiheitsbäume.

Kokarde
Wer seine revolutionäre Gesinnung zeigen wollte, trug ab 1789 ein Abzeichen in den Farben Blau-Weiß-Rot.

Die dreifache Krise

1793 bekam es die Revolutionsregierung mit einer dreifachen Krise zu tun.
- Die äußere Bedrohung: Als Reaktion auf die Hinrichtung Ludwigs schlossen sich die Könige von Preußen, Österreich, Holland, England und Spanien zu einer mächtigen Koalition zusammen. Sie griffen Frankreich von Norden, Osten und Süden an.
- Die innere Bedrohung: In vielen Provinzen kam es zu Aufständen. Dort revoltierte die gläubige Landbevölkerung gegen die Revolutionsregierung, weil die Kirchen geplündert, die Klöster geschlossen und Priester verhaftet worden waren.
- Hungersnot: Mancherorts brach die Versorgung völlig zusammen, und in den Städten hungerten die Menschen wieder.

1661 bis 1799 | Absolutismus und Französische Revolution

Q2 1794 pflanzen französische Revolutionstruppen einen Freiheitsbaum auf dem Kölner Neumarkt und benennen ihn um in „Platz der Republik" (Gemälde, 1794). Die französischen Armeen sind bald an allen Fronten erfolgreich und verbreiten die revolutionären Ideen.

Q3 Eine radikale und bei den unteren Volksschichten sehr beliebte Zeitung der Revolutionszeit hieß „Vater Duchesne". Die volkstümliche Figur des Vaters Duchesne stellt einen einfachen Ofensetzer dar, der ungeschminkt sagt, was er denkt. Wenn es gegen Adlige und reiche Bürger geht, lässt er seinem Zorn freien Lauf, so auch in einem Artikel aus dem Frühjahr 1793:

Ein Sansculotte, meine Herren Gauner, das ist einer, der immer zu Fuß geht, der keine Millionen besitzt, wie ihr sie alle gerne hättet, keine Schlösser hat und Diener zu seiner Bedienung, und der mit seiner Frau und seinen Kindern, sofern er welche hat, ganz einfach im vierten oder fünften Stock wohnt. Er ist nützlich, weil er es versteht, ein Feld zu pflügen, zu schmieden, zu sägen, zu feilen, sein Dach zu decken, Schuhe zu machen und bis zum letzten Tropfen sein Blut zum Wohle der Republik zu vergießen. (…) Hin und wieder marschiert er mit seiner Pike, aber beim ersten Lärm der Trommel sieht man ihn ausrücken: in die Vendée, zur Alpenarmee, zur Nordarmee.

Aufgaben

1 Stelle die drei Krisen in einem Schaubild mit drei Säulen dar (VT1).

2 Erkläre, warum es nun auch in Frankreich selbst Kritik an der Revolution gab (VT1, VT3).

3 Erörtere, wie die Revolutionsregierung auf die drei Krisen 1793 reagierte und welchen Erfolg die Maßnahmen hatten (VT2, VT3).

4 Erkläre, wodurch sich das Volksheer von den anderen Heeren unterschied (VT2).

5 Verfasse einen Lexikonartikel zum Begriff „Sansculotten" (VT4, Q1, Q3).

6 Beschreibe die Aussage des Bildes Q2. Erkläre, welche Bedeutung das Ereignis für Köln hatte.

7 Gestalte ein Flugblatt, das die Untertanen deutscher Fürsten zum Sturz ihrer Herrscher auffordert.

8 Zeichne eine Kokarde in dein Heft. Erkläre, welche Bedeutung sie hatte (Q1, Lexikon).

16 Rettet Terror die Revolution?

„Man muss den königlich Gesinnten Schrecken einjagen ... Es ist notwendig, dass täglich ein Aristokrat, ein Ruchloser seine Missetaten mit dem Kopfe büße!" Das rief 1793 der Politiker Danton im Konvent. Und tatsächlich: Eine Herrschaft des Schreckens begann.

Q1 Garküche in einem Pariser Arbeiterviertel (Aquarell von 1793). Der Sansculotte rechts, erkennbar an seiner roten Mütze, bezahlt mit dem Papiergeld der Revolutionsregierung. Weil immer mehr davon gedruckt wurde, verlor es rasch an Wert.

Gleichheit
Die Aufklärer hatten vor allem die politische und rechtliche Gleichheit aller Menschen im Sinn. Während der Französischen Revolution wandelte sich der Inhalt des Begriffs. Unter „Gleichheit" verstanden jetzt die ärmeren Schichten vor allem wirtschaftliche Gleichheit. Besitz und Einkommen der Menschen sollten ähnlich sein.

Sommer 1794 – „der große Schrecken"
Die radikalsten Jakobiner haben sich durchgesetzt: Ihr Anführer ist der Rechtsanwalt Robespierre (sprich: Robespjer). Er lässt alle verfolgen, die er für Gegner der Revolution hält. Überall gibt es Spitzel, die „Verdächtige" anzeigen. Wer vor eines der Revolutionsgerichte kommt, ist der reinen Willkür ausgesetzt. „Tod durch die Guillotine", lautet oft ihr Urteil.
Robespierre stützt seine Herrschaft auf eine radikale Mehrheit im Konvent und auf die Sansculotten. Sein Ziel der Revolution ist auch das ihre: die „Gleichheit" aller Bürger – auf Kosten der „Reichen". Wer sich ihm in den Weg stellt, wird vernichtet – so auch sein ehemaliger Freund Danton. Am Ende hat jeder Angst. Jetzt verschwören sich sogar einstige Anhänger gegen ihn: Am 28. Juli 1794 wird Robespierre auf der Guillotine hingerichtet. In Frankreich beginnt eine neue Zeit.

Herbst 1795 – eine neue Zeit
Das folgende Gespräch könnte auf dem Fischmarkt von Paris stattgefunden haben:
Marie: „Guten Morgen, was darf es sein?"
Jean: „Ach, du weißt ja, ein armer Schuhflicker wie ich hat doch kein Geld. Wie immer, zwei Heringe."
Marie: „Schlechte Zeiten für uns kleine Leute."
Jean: „Die da oben haben es mal wieder geschafft. Früher saugten uns Adlige und Pfaffen aus, heute sind es diese Neureichen!"
Marie: „Als das Land der Kirche und der geflohenen Adligen versteigert wurde, sind sie wie die Geier darüber hergefallen."
Jean: „Jetzt spazieren sie fein herausgeputzt wie geborene Grafen herum. Als wir den Robespierre noch hatten, da haben sie vor uns gezittert! Aber die neue Regierung beschützt ja die Herrn Neureichen vor uns Jakobinern. Und das Wahlrecht haben sie Leuten wie uns auch weggenommen."
Marie (wendet sich einem fein gekleideten Herrn zu): „Ah, guten Morgen Monsieur Blanchard!"
Monsieur Blanchard: „Guten Morgen!"
Marie: „Da habe ich für Sie ganz frische Austern! Darf ich Ihnen wieder zwei Kilo einpacken? Einen lieben Gruß an Ihre Frau Gemahlin noch." **(Blanchard entfernt sich.)**
Jean: „Der Kerl ist mit Lieferungen an die Armee reich geworden, während unser Blut gegen die Österreicher floss. Aber die werden wir uns noch holen, diese Geldsäcke!"
Monsieur Blanchard (hat aber noch zugehört, murmelt): „Na, das wollen wir doch sehen. Unsere Regierung hat fähige, junge Offiziere. Die werden es ihnen schon zeigen! Der General Bonaparte zum Beispiel; der hat doch kürzlich die Anhänger des Königs zusammenschießen lassen. Mit diesen dahergelaufenen Sansculotten wird so einer allemal fertig!" Hörbuch 2, Track 12

1661 bis 1799 | Absolutismus und Französische Revolution

Q2 Vor die Revolutionsgerichte zerrte man angebliche „Feinde der Republik". Das waren erst Adlige und Priester, dann reiche Bürger und gemäßigte Abgeordnete des Konvents, am Ende auch Sansculotten und Jakobiner, die sich kritisch äußerten. In einem zeitgenössischen Bericht heißt es dazu:

Verhöre und Verteidigungen gibt es nicht mehr. Zeugen werden keine vernommen. Wer im Gefängnis sitzt, ist bereits zum Tode verurteilt. Der öffentliche Ankläger kommt kaum
5 mehr zur Ruhe. In einem Raum neben seinem Büro wirft er sich nachts für einige Stunden auf seine Pritsche, um dann aufgeschreckt wieder an den Schreibtisch zu wanken. (…) Es gibt Verhandlungen, wo 100 oder 150 An-
10 geklagte schon vor der Verhandlung als schuldig in die Listen eingetragen wurden. (…) Der eine Richter vertreibt sich die Zeit damit, Karikaturen der Angeklagten zu zeichnen, andere sind oft betrunken.

D1 Von der Schreckensherrschaft zum Direktorium
1793/94: Robespierre herrscht mithilfe der radikalen Jakobiner.
28. Juli 1794: Robespierre und andere Radikale werden hingerichtet. Die Revolutionsgerichte
5 werden abgeschafft, die Jakobiner verboten.
1795: Eine neue Verfassung entzieht allen Bürgern, die keine Steuern zahlen, das Wahlrecht. Im Konvent sind nun die Gemäßigten und die Reichen in der Mehrheit. Sie beschließen Ge-
10 setze, die das Eigentum schützen. Eine Regierung aus fünf Direktoren sorgt dafür, dass im Land Ordnung herrscht.

Q3 „Der Zenit von Frankreichs Ruhm", lautet der Titel der englischen Karikatur von 1793. Die Fahne trägt die Aufschrift „Es lebe die Gleichheit".

Jakobiner
So nannte sich eine radikale politische Gruppe, die zu ihren Sitzungen in einem ehemaligen Sankt-Jakobs-Kloster zusammenkam.

Guillotine
So heißt das Fallbeil, das der Arzt Guillotin erfunden hat, um Hinrichtungen „humaner" zu machen.

Direktorium
Regierung Frankreichs 1795–1799. Sie begünstigte das Besitzbürgertum und bekämpfte sowohl die Anhänger der alten Monarchie als auch die Jakobiner.

Q4 Maximilien Robespierre (1758–1794) war ein ehrgeiziger Rechtsanwalt, der sich 1789 als Abgeordneter des Dritten Standes wählen ließ. Im Sommer 1793 stürzte er ehemalige Verbündete im Konvent, die sich gegen den übertriebenen Terror aussprachen. Mit Unterstützung der radikalen Jakobiner regierte er bis zum Juli 1794 diktatorisch.

Aufgaben

1 Arbeite heraus, wer im Sommer 1794 in Frankreich als verdächtig gilt (VT1).

2 Stelle dar, mit welchen Mitteln Robespierre seine Herrschaft sichert (VT1, Q2).

3 Erkläre, warum die Menschen in Q1 Anhänger Robespierres sein könnten.

4 Nenne Einzelheiten, die dir in Q3 auffallen. Erkläre anschließend, was damit gemeint ist.

5 Begründe, warum Marie und Jean die neue Ordnung nach dem Sturz Robespierres ablehnen (VT2, D1).

6 Nenne die beiden Phasen der Revolution aus D1. Erkläre, wodurch sie sich unterscheiden.

7 Spielt die Szene auf dem Fischmarkt vor der Klasse (VT2). Formuliert dazu weitere Gesprächsteile.

69

○ 1, 2 ● 3–7

17 | Napoleon wird Kaiser der Franzosen

Seine Körperlänge betrug nur 1,53 Meter, aber er gilt als einer der Größten der Weltgeschichte. Sein Aufstieg war atemberaubend, steiler noch sein Fall. Bis heute wird er von vielen bewundert: Napoleon Bonaparte.

Q1 Bonaparte als Oberbefehlshaber der Italienarmee 1796 während der Schlacht von Arcole. Das zeitgenössische Ölgemälde hält den Augenblick fest, als der junge General mit einer Fahne in der Hand seine Soldaten persönlich zum Sieg führt.

Konsulat
So bezeichnet man die Regierung des Generals Bonaparte zwischen 1799 und 1804.

Kaiserreich
So nennt man die Herrschaft Napoleons zwischen 1804 und 1815.

Offiziersschüler des Königs
Napoleon wird 1769 auf der Insel Korsika geboren. Weil er begabt ist, bekommt er mit neun Jahren einen Platz an einer der staatlichen Schulen, dann an einer Militärschule. Seine Lieblingsfächer sind Geschichte und Mathematik. 1785 wird er zum Leutnant der Artillerie befördert.

Hauptmann unter Robespierre
Im September 1793 macht Napoleon zum ersten Mal auf seine Fähigkeiten aufmerksam: Die Engländer haben die Hafenstadt Toulon am Mittelmeer besetzt. Ein junger Hauptmann der französischen Belagerungsarmee lenkt das Feuer seiner Kanonen geschickt auf die Stellungen der Engländer und zwingt sie zum Abzug. Der Offizier ist Napoleon. Man befördert ihn zum General. Doch nach dem Sturz Robespierres ist der junge General ohne Beschäftigung.

General des Direktoriums
Ein Jahr später lernt er Joséphine de Beauharnais (sprich: Boharnä) kennen, die mit einem Mitglied des Direktoriums befreundet ist. Napoleon heiratet sie und bekommt ein militärisches Kommando. 1795 schlägt er einen Aufstand der Königsanhänger in Paris brutal nieder. 1796 erhält er das Kommando über die Italienarmee, die gegen Österreich kämpft. 1798 schickt ihn das Direktorium mit einer Armee nach Ägypten. Dort soll er die Handelswege der Engländer nach Indien unterbrechen.

Erster Konsul
Der ehrgeizige General kehrt 1799 aus Ägypten zurück und nutzt seinen Ruhm, um die Regierung zu stürzen. Eine neue Verfassung macht ihn zum Staatschef. Nun treibt er energisch die Reform des Staates voran: Bonaparte zentralisiert die Verwaltung. Er sorgt für eine stabile Währung, vereinheitlicht Maße und Gewichte, gründet staatliche Gymnasien und Universitäten, um fähige junge Leute für Verwaltung und Militär heranzuziehen. Vor allem aber lässt er ein einheitliches bürgerliches Recht ausarbeiten, den Code Civil. Arbeiter finden beim Bau neuer Straßen und Kanäle Beschäftigung, Unternehmer verdienen an Staatsaufträgen gut. Freiheit gewährt Bonaparte allerdings nicht: Zeitungen dürfen nicht frei berichten, und die Spitzel der Polizei überwachen das Volk.

Kaiser der Franzosen
Damit seine Herrschaft rechtmäßig erscheint, lässt er das Volk von Zeit zu Zeit abstimmen: 1802 wird er so Konsul auf Lebenszeit, 1804 Kaiser der Franzosen. Napoleons wirkliche Macht ist das Militär, das er durch Siege über die Armeen Europas an sich bindet.

1661 bis 1799 | Absolutismus und Französische Revolution

Q2 Kaiserkrönung, 2. Dezember 1804 (Ausschnitt aus einem Gemälde von Jacques-Louis David, 1809). Napoleon krönt erst sich selbst, dann seine Frau Joséphine. Papst Pius VII. hat das Kaiserpaar zuvor mit „heiligem Öl" gesalbt. Er war eigentlich nach Paris gekommen, um die Krönung selbst vorzunehmen.

Q3 Aus dem Code Civil von 1804:
Art. 213: Der Mann schuldet der Frau seinen Schutz, die Frau ihrem Manne Gehorsam.
Art. 371: Das Kind muss seinem Vater und seiner Mutter ein Leben lang Ehre erweisen.
5 Art. 372: Es bleibt unter ihrer elterlichen Gewalt bis zu seiner Volljährigkeit (mit 21 Jahren).
Art. 373: Allein der Vater übt diese elterliche Gewalt während der Ehe aus.
Art. 374: Das Kind darf das väterliche Haus
10 ohne Erlaubnis des Vaters nicht verlassen, es sei denn, um sich nach Vollendung des 18. Lebensjahres in die Freiwilligenlisten (der Armee) einzuschreiben.
Art. 376: Bis zur Vollendung des 16. Lebens-
15 jahres darf der Vater es für einen Zeitraum von höchstens einem Monat einsperren lassen.
Art. 545: Niemand kann dazu gezwungen werden, sein Eigentum abzutreten, es sei denn, es geschieht zum öffentlichen Nutzen
20 und dann gegen eine vorhersehbare und angemessene Entschädigung.

Code Civil
Eine Sammlung von Gesetzen, welche die Rechte der Personen, der Güter und des Eigentums festlegten. Der Code Civil war lange Zeit das fortschrittlichste Gesetzbuch überhaupt.

Aufgaben

1 Zeichne eine Zeitleiste zu Napoleons Karriere (VT1–VT5). Trage auch das jeweilige Lebensalter Napoleons ein.

2 Finde in VT1–VT5 Eigenschaften und Fähigkeiten Napoleons. Überlege dir weitere, die zu ihm passen würden, z. B. mithilfe von Q1.

3 Beschreibe, wie Napoleon Frankreich zu einem modernen Staat machte (VT4).

4 Napoleon diente als General der republikanischen Regierung. Beurteile, ob er selbst ein Anhänger der Revolution war (VT3, VT4).

5 Begründe, warum man Napoleons Herrschaft auch als Militärdiktatur bezeichnet (VT4, VT5).

6 Beschreibe das Gemälde zur Kaiserkrönung (Q2). Achte besonders auf den Gesichtsausdruck und die Haltung des Papstes.

7 Bewerte die Bestimmungen des Code Civil aus der Sicht des Jahres 1804 und aus heutiger Sicht (VT4, Q3, Lexikon).

8 Eine engagierte Frauenrechtlerin der Revolution schreibt einen Brief an Napoleon. Sie lehnt die Artikel 213 und 373 ab. Schreibe ihre Begründung (Q3 und S. 61: Q2)

9 Beurteile: Frankreich war 1789 eine Monarchie und ist 1804 wieder eine Monarchie. War die Revolution also umsonst?

○ 1, 3, 6   ◐ 2, 5, 8   ● 4, 7, 9

71

Training

18 | Absolutismus und Französische Revolution

1 Diese Begriffe kann ich erklären!
a) Absolutismus (S. 38)
b) Gewaltenteilung (S. 50)
c) Menschenrechte (S. 50, 60)
d) konstitutionelle Monarchie (S. 62)
e) Republik (S. 62)

2 Diese Methoden kann ich anwenden!

Karikaturen deuten:
a) Ich beschreibe die Darstellung, erkenne Symbole und erkläre sie.
b) Ich erkenne, gegen wen oder was sich die Kritik der Karikatur richtet.
c) Ich beurteile, welche Wirkung der Zeichner beabsichtigt.

Ein Verfassungsschema interpretieren:
a) Ich nenne die Staatsform und die Bedingungen, unter denen die neue Verfassung entstanden ist.
b) Ich kann staatliche Organe nennen. Ich erkläre, welche Bedeutung sie haben.
c) Ich kann beurteilen, wer begünstigt oder benachteiligt wird.

3 Die Daten auf dem Zeitstrahl kann ich erklären!

4 Diese Fragen kann ich beantworten!
a) Welcher König regierte Frankreich von 1661 bis 1715 absolut?
b) Wie funktioniert das Wirtschaftssystem des Merkantilismus?
c) Wen kritisierten die Aufklärer vor allem?
d) Wie begründeten die Aufklärer das Widerstandsrecht?
e) Warum berief Ludwig XVI. die Generalstände ein?
f) Was versteht man unter dem „Ballhausschwur"?
g) Mit welcher Begründung wurde Ludwig XVI. hingerichtet?
h) Welche politische Gruppe unterstützte die Terrorherrschaft 1793/94?

5 Zu diesen Fragen habe ich eine Meinung und kann sie begründen!
a) Verlor Ludwig XVI. seine absolute Macht zu Recht?
b) Ist Terror zur Durchsetzung politischer Ziele gerechtfertigt?
c) „Freiheit, Gleichheit, Brüderlichkeit" – haben die Revolutionäre in Frankreich ihre Forderungen verwirklicht?

- 5. Mai 1789
- 20. Juni
- 14. Juli
- 26. August
- 5. Oktober 1789

1661 bis 1799 | Absolutismus und Französische Revolution

Q1 Französische Karikatur, 1787. Auf dem Stein steht: „Kopfsteuer (für den König), (sonstige) Steuern, Abgaben (an den Feudalherrn)."

Ich kann erkennen, um welche Verfassung es sich handelt.
(stark vereinfachte Modelle verschiedener Staatsformen)

a)

KÖNIG
– exekutive Gewalt
– legislative Gewalt

| VOLK |

b)

KÖNIG		PARLAMENT (National- versammlung)
– exekutive Gewalt		– legislative Gewalt

wählt

| VOLK |

c)

REGIERUNG	←	PARLAMENT
– exekutive Gewalt		– legislative Gewalt

wählt

| VOLK |

D1 Modelle verschiedener Staatsformen (stark vereinfacht)

Aufgaben

1 Vergleiche die Verfassungen in D1. Ordne jedem Modell drei Begriffe beziehungsweise Aussagen zu: konstitutionelle Monarchie, Republik, absolute Monarchie. Frankreich 1792, Frankreich 1788, Frankreich 1791. Der König teilt die Macht mit dem Parlament. Der König ist im Besitz der Souveränität (= Macht im Staat). Das Volk besitzt die Souveränität.

2 Beschreibe, untersuche und deute die Karikatur Q1.

Portfolio und Üben
454053-0073

4 Industrielle Revolution

Im Internet surfen, mit Lasertechnik operieren, per Flugzeug um den Erdball reisen – diese Dinge sind heute selbstverständlich. Vor 200 Jahren waren sie noch undenkbar. Erst durch die Industrialisierung ist unsere Welt so modern geworden, wie wir sie heute kennen. Wie hat der Fortschritt das Leben der Menschen verändert? Und welche Probleme haben die Neuerungen gebracht?

Q1 Charlie Chaplin in dem Film „Moderne Zeiten", 1936

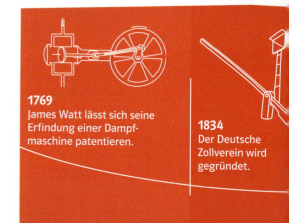

1769 James Watt lässt sich seine Erfindung einer Dampfmaschine patentieren.

1834 Der Deutsche Zollverein wird gegründet.

Material im Internet
454053-4000

1835
Die Eisenbahnstrecke Nürnberg – Fürth wird eröffnet.

1863
Die erste deutsche Arbeiterpartei wird gegründet.

1879
Werner von Siemens entwickelt eine elektrische Lokomotive.

1883–1889
Die Sozialversicherung wird eingeführt.

1 | Aufbruch ins Industriezeitalter

Englische Tüftler erfanden im 18. Jahrhundert zahlreiche Maschinen. Diese Erfindungen veränderten die Arbeits- und Lebensverhältnisse der Menschen so grundlegend, dass wir heute von einer Revolution sprechen – der Industriellen Revolution.

Industrielle Revolution
Dieser Begriff beschreibt den Anfang des Industriezeitalters. Die Industrielle Revolution begann im 18. Jahrhundert in England. Sie veränderte die Arbeitswelt der Menschen grundlegend. Fabriken entstanden und mit Maschinen wurden Waren in viel größeren Mengen hergestellt.

Hörspiel „So long Mr. Watt"
Hörbuch 2, Track 17

Mehr Menschen brauchen mehr Güter
Im 18. Jahrhundert warf die Landwirtschaft durch bessere Anbautechniken immer mehr Erträge ab. Die Menschen hatten mehr zu essen. Da sich auch die hygienischen Bedingungen besserten, starben immer weniger Menschen frühzeitig. Die Bevölkerung Englands wuchs, und zwar von etwa fünf auf über neun Millionen. Mehr Menschen brauchten mehr Lebensmittel und mehr Kleidung.

Kapital für neue Maschinen
Viele Händler, Handwerker und Landbesitzer waren durch den Überseehandel reich geworden. Sie verdienten mehr, als sie ausgaben – und häuften Kapital an. Plötzlich sahen sie eine gute Möglichkeit, ihr Geld gewinnbringend einzusetzen: Jetzt, wo mehr Menschen Kleidung brauchten, lohnte es sich, in neue Anlagen zu investieren. Die Spinn- und Webtechnik war nämlich in den letzten hundert Jahren kaum verändert worden: In mühevoller Handarbeit wurde nach wie vor auf Spinnrädern Wolle zu Garn gesponnen und anschließend auf Webstühlen zu Stoffen verarbeitet. Doch damit war es nun vorbei: Englische Erfinder bauten für die reichen Kaufleute Maschinen, die riesige Mengen Baumwolle von der Faser bis zum fertigen Garn verarbeiten konnten. Die Baumwolle führte man billig aus Indien ein.

Eine Maschine namens „Jenny"
1764 gelang der große Durchbruch. Der Weber James Hargreaves erfand eine handbetriebene Spinnmaschine, die „Spinning Jenny". Sie lieferte in gleicher Zeit sechzehnmal so viel Garn wie ein Spinnrad.

Eine weitere Verbesserung erzielte Richard Arkwright 1769. Er ließ die Spinnmaschinen nicht mehr von Muskelkraft, sondern von Wasserkraft antreiben. Arkwright stellte die Maschinen in großen Räumen auf, wo Arbeiter sie bedienten und kontrollierten. So entstanden die ersten Fabriken.

Eine kraftvolle Erfindung
Schon bald reichte die Wasserkraft zum Antrieb der Maschinen nicht mehr aus. 1782 gelang es dem jungen Mechaniker James Watt, eine leistungsstarke Dampfmaschine zu entwickeln, die mit Kohle befeuert wurde. Später veränderte Watt die Maschine noch so, dass man andere Maschinen damit antreiben konnte. Um 1850 stellten 750 Arbeiter einer Baumwollfabrik so viel Garn her wie 200 000 Heimarbeiter um 1750.

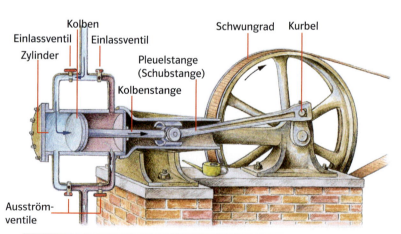

D1 Schnitt durch eine Dampfmaschine: Der Dampf strömt abwechselnd durch das rechte und linke Einlassventil in den Zylinder ein. Dadurch wird der Kolben in eine gleichmäßige Bewegung versetzt.

1750 bis 1900 | Industrielle Revolution

Q1 Heimarbeit im 18. Jahrhundert (englisches Gemälde, um 1750). Das Bild zeigt das Kochen, Aufspulen und Spinnen des Garns. Spinnräder dieser Art gab es seit dem 15. Jahrhundert.

Q2 Über die Dampfmaschine berichtet 1818 die „Kölnische Zeitung":

Eine Maschine macht oft die Arbeit von tausenden Menschen entbehrlich. Mit jeder Maschine werden neue Menschen brotlos. Jede neu erbaute Dampfmaschine vermehrt
5 die Zahl der Bettler und es steht zu erwarten, dass sich bald alles Vermögen in den Händen einiger tausend Familien befindet.

Q3 Englische Baumwollfabrik (Holzstich um 1835)

Aufgaben

1 Ordne richtig zu (VT3*):
  – 1764 – 1769 – 1782
  – James Watt – James Hargreaves – Richard Arkwright
  – Spinnmaschine mit Wasserantrieb – Dampfmaschine – „Spinning Jenny"

2 Finde heraus, wie viel Mal mehr Garn eine Fabrik im Vergleich zu den Heimarbeitern erzeugen kann (VT4).

3 Erläutere die Ursachen, die zur Industriellen Revolution führten (VT1, VT2).

4 Vergleiche Q1 und Q3 miteinander. Erkläre, wie sich die Herstellung von Textilien verändert hat.

5 Arbeite heraus, inwiefern die technischen Neuerungen auch die Rolle des Menschen in der Arbeitswelt veränderten (VT, Q1, Q3).

6 Beurteile den Text in der Kölner Zeitung (Q2). Hat der Redakteur mit seiner Meinung recht? Diskutiert eure Ansichten.

7 Setzt folgende Szene in ein Rollenspiel um: Der Besitzer einer Textilfabrik erklärt seinen Arbeitern mithilfe einer Zeichnung (D1), was eine Dampfmaschine ist und wie sie funktioniert. Welche Fragen oder Befürchtungen können die Arbeiter haben?

Animation Dampfmaschine
454053-0077

* VT3 bedeutet: Die Aufgabe bezieht sich auf den dritten Abschnitt des Verfassertextes (VT). Die Abschnitte ergeben sich durch die blauen Zwischenüberschriften.

◯ 1, 5   ◐ 2–4   ● 6, 7

2 | Mit Volldampf voraus

„Vorwärts mit Dampf", das galt ab 1835 in Deutschland in doppelter Hinsicht: Die Dampfmaschine trieb nun Eisenbahnen an – und bescherte der Wirtschaft einen unglaublichen Aufschwung.

Q1 Eröffnung der ersten deutschen Eisenbahnstrecke zwischen Nürnberg und Fürth im Jahr 1835 (zeitgenössisches Gemälde). Die Lokomotive trug den Namen „Adler".

Hörspiel
„Mit Volldampf voraus"
Hörbuch 2,
Track 18

→ Deutscher Bund
S. 102

Die ersten Eisenbahnen

Der 6. Oktober 1829 war ein denkwürdiger Tag: Ein Wettbewerb sollte klären, welche Lokomotive auf der neu erbauten Eisenbahnstrecke zwischen Manchester und Liverpool fahren sollte. An den Gleisen bei Rainhill drängten sich tausende Zuschauer sowie Wissenschaftler und Techniker. Alle wollten das Ereignis erleben. Nur eine einzige Lokomotive erreichte schließlich das Ziel ohne Pannen: die „Rocket". Die dampfgetriebene „Rakete" schaffte fast 47 Kilometer in der Stunde. Der Bergwerkingenieur Robert Stephenson hatte sie gebaut. Die Zuschauer jubelten.

Die Nachrichten aus England erregten großes Aufsehen. Am 7. Dezember 1835 fuhr dann auch in Deutschland die erste Eisenbahn. Sie benötigte für die sechs Kilometer lange Strecke von Nürnberg nach Fürth etwa neun Minuten. „Vorwärts mit Dampf" war nun das Motto der Industrialisierung auch in Deutschland.

Ein Schub nach vorn

Mehr als 33 000 Kilometer Eisenbahnschienen wurden zwischen 1840 und 1880 in Deutschland gebaut. Diese Entwicklung leitete einen gewaltigen Aufschwung der Wirtschaft ein: Tausende Menschen fanden bei den Eisenbahngesellschaften Arbeit. Sie schütteten Bahndämme auf, gruben Tunnel, verlegten Schienen, bauten Brücken und Bahnhöfe. Aber auch in den Fabriken wurden immer mehr Arbeiter eingestellt. Sie mussten Lokomotiven und Waggons bauen. Riesige Mengen an Werkzeugen und Maschinen waren nötig. Folglich stieg der Bedarf an Eisen und Stahl. Neue Bergwerke und Eisenhütten wurden erschlossen.

Ein weiterer Schritt belebte den Handel: 1834 schlossen sich 18 Staaten des Deutschen Bundes zum Deutschen Zollverein zusammen. Nun gab es ein großes, einheitliches Handelsgebiet ohne Zollschranken. Eine Essener Kohlenzeche gab sich daraufhin den Namen „Zollverein".

1750 bis 1900 | Industrielle Revolution

Q2 Aus einem ärztlichen Gutachten, 1835:

Ortsveränderungen mittels irgendeiner Art von Dampfmaschinen sollten im Interesse der öffentlichen Gesundheit verboten werden. Die raschen Bewegungen können nicht ver-
5 fehlen, bei den Passagieren geistige Unruhe hervorzurufen. Selbst zugegeben, dass Reisende sich freiwillig der Gefahr aussetzen, muss der Staat wenigstens die Zuschauer beschützen. Der Anblick einer Lokomotive, die
10 in voller Geschwindigkeit dahinrast, genügt, diese Krankheit zu erzeugen.

Q3 Ein Unternehmer schrieb in einem Zeitungsartikel 1825 über den Eisenbahnbau:

Durch die rasche und wohlfeile Fortschaffung der Güter wird der Wohlstand eines Landes bedeutend vermehrt. Sämtliche Ruhr-Zechen erhielten durch eine Eisenbahn den
5 unschätzbaren Vorteil eines raschen, regelmäßigen Absatzes. Innerhalb 10 Stunden könnten 1000 Zentner von Duisburg nach Arnheim geschafft werden. Die Eisenbahnen werden manche Revolutionen in der Handels-
10 welt hervorbringen.

D1 Entwicklung des Eisenbahnnetzes und des Deutschen Zollvereins

von Berlin nach	Schnellpost um 1800	Eisenbahn Ende 19. Jh.
Dresden	23	3
Hamburg	36	5
Frankfurt am Main	64	9
Köln	82	10

D2 Fahrzeiten (in Stunden) von Postkutsche und Eisenbahn im Vergleich

Aufgaben

1 Schreibe auf, was mit dem Ausspruch „Ein Schub nach vorn" gemeint ist (VT2).

2 Du bist Zuschauer bei der Eröffnung der ersten deutschen Eisenbahn (Q1). Schreibe deinen Freunden eine Postkarte über dieses Ereignis.

3 Vergleiche die Fahrzeiten der Postkutsche und der Eisenbahn. Erkläre, warum eine Postkutschenfahrt von Köln nach Berlin sehr beschwerlich war (D2).

4 Stelle in einer Tabelle die Vor- und Nachteile der Eisenbahn gegenüber (Q2, Q3, D1).

5 Ein Kaufmann und ein Viehhändler kommen am Rande der Eisenbahnstrecke ins Gespräch. Wie denken sie über die Eisenbahn? Schreibe das Gespräch auf oder spielt die Szene nach.

6 Bewerte die Bedeutung der Eisenbahn für die weitere Entwicklung der Industrialisierung auf einer Skala von 1 (gering) bis 10 (sehr groß). Begründe deine Wertung.

7 Recherchiere im Online-Link, wann die einzelnen Eisenbahnstrecken im heutigen Niedersachsen gebaut wurden. Bereite einen kurzen Vortrag für deine Mitschüler vor.

Kartenmodul Zollverein
454053-0079

○1 ◐2–5, 7 ●6

3 | Deutschland wird Industrieland

Sicherlich kennst du die Redensarten: „Kohle machen" oder „unter Dampf stehen". Sie stammen alle aus dem 19. Jahrhundert, als in Deutschland die Industrialisierung einsetzte.

Aufstieg durch Kohle

Bereits im Mittelalter hatte man im Ruhrgebiet in offenen Gruben Kohle abgebaut. Doch im Zeitalter der Industrialisierung benötigte man immer größere Mengen hochwertiger Kohle. Aber die lag tief unter der Erde, sodass man tiefe Schächte bauen musste. Dampfmaschinen erleichterten die schwere Arbeit beim Schachtbau. Durch ihren Einsatz konnte das Grundwasser besser abgepumpt werden. So gelang es, immer tiefere Stollen zu graben.

1839 schafften es Bergleute auf der Zeche „Kronprinz" in Essen, einen so tiefen Schacht zu graben, dass die hochwertige Fettkohle gefördert werden konnte. Diese wurde zu Koks weiterverarbeitet, mit dem man dann Eisenerz schmelzen konnte.

Das Ruhrgebiet – eine Industrieregion

Die Zahl der Fabriken im Ruhrgebiet nahm ständig zu. Sie benötigten Kohle und Eisen. Deshalb mussten ständig neue Bergwerke erschlossen werden. Immer mehr Menschen fanden Arbeit. Als Alfred Krupp im Jahre 1826 die Gussstahlfabrik in Essen von seinem Vater übernahm, beschäftigte die Firma sieben Arbeiter. Bereits 1884 waren mehr als 10 000 Menschen in der Stahlfabrik beschäftigt. Das Werksgelände mit den Wohnsiedlungen war größer als das Gebiet der Stadt Essen. Der Aufschwung war nur durch ein Patent möglich, das Krupp 1852 angemeldet hatte. Es war gelungen, Eisenbahnräder ohne Schweißnähte herzustellen. Radbrüche kamen deshalb kaum noch vor.

Q1 Friedrich Krupp Gussstahlfabrik 1818. Links neben dem Fabrikgebäude steht das Wohnhaus der Familie Krupp.

1750 bis 1900 | Industrielle Revolution

Q2 Gemälde des Krupp'schen Werkes aus dem Jahr 1912

Q3 Der Historiker Dietrich Baedeker, der auch eine Lebensgeschichte von Krupp verfasste, schreibt über das gesamte Kruppwerk:

1195 Öfen, 92 Dampfhämmer, 21 Walzstraßen, 73 km Eisenbahnschienen mit 28 Lokomotiven, 992 Waggons, 31 Telegrafenstationen und 140 km Telefonleitungen befinden sich auf
5 dem Werksgelände der Gussstahlfabrik. In unmittelbarer Nähe zu den Industrieanlagen liegen mehrere Wohnsiedlungen, in denen rund 30 000 Menschen leben, nur Beschäftigte der Krupp'schen Fabrik mit ihren
10 Familien. (…) Den Bewohnern der Siedlung stehen werkseigene Schulen, Märkte, Gas- und Wasserversorgungseinrichtungen sowie eine Badeanstalt zur Verfügung. Die Versorgung mit Lebensmitteln geschieht über die
15 Krupp'sche Konsumanstalt.

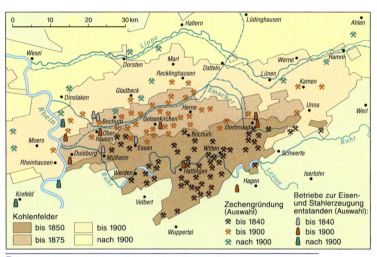

D1 Bergbau und Industrie im Ruhrgebiet zwischen 1800 und 1900

Aufgaben

1 Arbeite heraus, warum in Bergwerken immer tiefere Schächte angelegt wurden (VT1).

2 Erkläre mit eigenen Worten die Redensarten (Vorspann).

3 Erkläre, welche Bedeutung die Dampfmaschine für die Entwicklung des Ruhrgebietes hatte (VT, Q2, D1).

4 Beschreibt in Partnerarbeit die Entwicklung der Gussstahlfabrik von 1818 bis 1912 (Q1, Q2).

Dabei könnt ihr folgende Stichworte verwenden: Flächen, Bauten, Landschaft.

5 Du bist Reporter und besuchst das Krupp-Werk. Verfasse einen Bericht dazu (Q3). Stelle dabei auch Überlegungen an, warum die Familie Krupp 1864 ihren Wohnsitz auf dem Firmengelände aufgab.

6 Beurteile, ob Alfred Krupp zu Recht bis heute als einer der wichtigsten Fabrikbesitzer der Industrialisierung gilt (siehe Online-Link).

Surftipps
Alfred Krupp
454053-0081

○ 1, 4   ◐ 2, 3, 5   ● 6

Methode

4 | Statistiken und Diagramme auswerten

Was sind Statistiken?
In der zweiten Hälfte des 19. Jahrhunderts begann man damit, Daten über die verschiedensten Lebensbereiche zu sammeln: Produktionsergebnisse, Preise und Löhne, Familiengrößen und anderes mehr. Solche Zahlenreihen nennen wir Statistiken.

Wie werden sie dargestellt?
Statistische Zahlen werden oft übersichtlich als Tabellen oder in Schaubildern (Diagrammen) dargestellt. Um Diagramme richtig zu lesen und statistische Angaben auszuwerten, solltest du die methodischen Arbeitsschritte beachten.

	⊕	⊖
Zahlentabellen	Bieten die größte Genauigkeit, da sie exakte Zahlenangaben liefern.	Sind nicht so übersichtlich und einprägsam wie Schaubilder.
Säulendiagramme	Eignen sich besonders zum Vergleich von Mengenangaben zu einem ganz bestimmten Zeitpunkt.	Die Wahl der Maßeinheiten beeinflusst, wie die Zahlen und Größenunterschiede wirken.
Kurvendiagramme	Verschaffen einen raschen Überblick; Entwicklungen lassen sich gut und schnell ablesen.	Der Maßstab kann über die wirkliche Größe der Änderungen täuschen.
Kreisdiagramme ("Tortendiagramme")	Eignen sich besonders gut, um Prozentwerte darzustellen.	Je mehr Angaben Kreisdiagramme enthalten, desto unübersichtlicher werden sie.

D1 Das können Tabellen und Diagramme.

	1818	1871	1885	1905
Bochum	2107	21192	40767	118467
Dortmund	4289	44420	78435	175577
Duisburg	5364	30533	47517	192346
Essen	4496	51513	65064	231360
Gelsenkirchen	505	7825	20289	147005

D2 Zahlentabelle: Einwohner im Ruhrgebiet 1818–1905

1750 bis 1900 | Industrielle Revolution

Arbeitsschritte: Statistiken und Diagramme auswerten

Thema erkennen und beschreiben

1 Worum geht es in der Statistik? (Meistens steht es in der Überschrift oder in der Legende.)

2 Welchen Zeitraum umfassen die Zahlenangaben?

Statistik untersuchen

3 Wie wird das statistische Material dargestellt: als Tabelle oder als Diagramm?

4 Enthält die Statistik absolute Zahlen oder Prozentangaben?

Statistik auswerten und deuten

5 Was sagen die angegebenen Daten genau aus?

6 Lassen sich Entwicklungen ablesen?

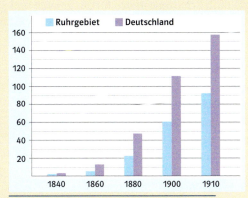

D3 Säulendiagramm: Steinkohleförderung 1840–1910 (in Mio. t)

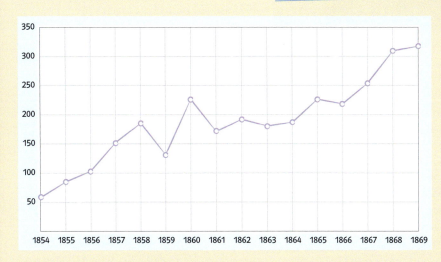

D4 Kurvendiagramm: Eisenerzförderung im Ruhrgebiet 1854–1869 (in 1000 t)

Aufgaben

1 Wähle dir eine der drei Statistiken D2–D4 aus und werte sie mithilfe der Arbeitsschritte aus.

2 Fasse zusammen, welche Gesamtentwicklung sich für das Ruhrgebiet und die Wirtschaft während der Zeit der Industrialisierung aus den Statistiken ablesen lässt.

3 Wähle eine Stadt aus D2 aus. Veranschauliche die Entwicklung der Einwohnerzahl in dieser Stadt durch ein Diagramm. Beurteile, welche Art von Diagramm sich am besten dazu eignet (D1).

4 Wie verändert sich der Eindruck von D4, wenn man die Abstände zwischen den Jahreszahlen verdoppelt bzw. halbiert?

5 Der Schriftsteller Mark Twain soll gesagt haben: „Es gibt drei Arten von Lügen: Lügen, verdammte Lügen und Statistiken." Und dem amerikanischen Präsidenten Franklin D. Roosevelt wird folgender Satz zugeschrieben: „Ich stehe Statistiken etwas skeptisch gegenüber. Denn laut Statistik haben ein Millionär und ein armer Kerl jeder eine halbe Million." Erkläre diese Aussagen und nimm Stellung dazu.

Arbeitsblatt
454053-0083

5 | Die Industrialisierung bringt Probleme

Fabriken, Stahlwerke und Bergwerke waren Zeichen für Wohlstand und Fortschritt. Die Industrie boomte. Doch die Industrialisierung hatte auch Schattenseiten – für die Umwelt und für den Menschen.

Q1 Bergleute beim Erneuern des Stollenbaus, Foto, um 1890

Fabrikschlote – Zeichen für Wohlstand?

Die Industrialisierung brachte den Menschen Fortschritt und Wohlstand. Gleichzeitig bereitete sie den Menschen und der Umwelt Probleme. Die Kohle, die verheizt wurde, und der Koks in den Hochöfen setzten Ruß, Rauch und giftige Abgase frei. Darunter litten die Arbeiter mit ihren Familien. Betroffen waren besonders die Armen, denn ihre Wohnungen lagen oft in unmittelbarer Nähe der Fabriken. Die Abwässer aus den Fabriken, sogar aus den Chemiebetrieben, wurden direkt in die Flüsse geleitet.

Dunkle Wohnungen

Die Wohnungsnot in den Städten war groß. Auf den massenhaften Zuzug der Arbeitssuchenden war niemand eingerichtet. Die meisten Arbeiterfamilien lebten deshalb in Mietskasernen. Viele Familien kochten, aßen und schliefen in einem Raum. Die Kinder spielten auf den Straßen oder in den Hinterhöfen. Es fehlte an allem: Oft standen für alle Bewohner eines Wohnblocks nur drei oder vier stinkende Toiletten zur Verfügung. Die Brunnen reichten nicht aus, es gab keine Wasserleitungen. Deshalb mussten die Menschen ihr Wasser zum Trinken, Waschen, Kochen oder Putzen aus den nahe gelegenen Flüssen schöpfen. Verschmutzte Straßen, verunreinigtes Wasser, Müll, Ungeziefer und Ratten waren mit dafür verantwortlich, dass sich Krankheiten ausbreiteten.

Schwere Arbeit

Obwohl seit 1859 eine Achtstundenschicht für Bergleute unter Tage vorgeschrieben war, wurde länger gearbeitet. Zehn bis elf Stunden reine Arbeitszeit waren die Regel. Die Zeit für die Anfahrtswege zum Schacht, für die Ausgabe der Werkzeuge, für Umziehen und Waschen nach der Arbeit wurden nicht angerechnet. Die Arbeit im Schacht war anstrengend und gefährlich: Die Temperatur betrug in 600 Metern Tiefe etwa 30 Grad. Oft mussten die Bergleute kriechend oder gebückt bei hoher Luftfeuchtigkeit arbeiten. Auch in den Fabriken arbeiteten Männer, Frauen und Kinder unter schwersten Bedingungen: Hitze, Lärm, Ruß, die ständig gebückte Haltung sowie die langen Arbeitszeiten machten viele Menschen krank. An den Maschinen passierten oft Unfälle: Manche Arbeiter verletzten sich schwer und hatten oft bleibende Schäden.

Schlechtes Essen

Mitte des 19. Jahrhunderts gab es mehrere Missernten. Die Lebensmittelpreise stiegen auf das Drei- bis Vierfache, die Löhne blieben jedoch fast gleich. Bis zu 70 Prozent des Einkommens musste eine Arbeiterfamilie für Nahrungsmittel ausgeben. Das Essen einfacher Arbeiterfamilien bestand aus Kartoffeln mit Gemüse – wie Bohnen, Erbsen, Sauerkraut und Rüben – sowie aus Roggenbrot mit Milch. Fleisch und Speck konnten sie sich nur selten erlauben.

1750 bis 1900 | Industrielle Revolution

Q2 In der Zeitschrift „Gartenlaube" erscheint 1875 ein Bericht über Bochum (Auszug):

Mehr als sechzig Schachttürme großer Steinkohlenzechen zählt man eine Stunde im Umkreis der Stadt. Das kleine Werk von Mayer und Kühne hat sich zu einem großen fast
5 wirren Häusermeer entwickelt. Die Wälder sind bis auf geringe Reste verschwunden und von allen Seiten umtost uns das erderschütternde Getöse der Hämmer, das Schnauben und Pfeifen der Dampfmaschinen und Loko-
10 motiven, das Rollen der zahllosen Bahnzüge.

D1 Ein Bergarbeiter verdiente 1867 im Monat etwa 16 Taler (1 Taler = 30 Silbergroschen [S.] = 360 Pfennig [Pf.]). Die Kosten für eine vierköpfige Familie betrugen pro Tag:

Miete	3 S. 9 Pf.
5 Pfd. Brot	4 S. 10 Pf.
6 Pfd. Kartoffeln	3 S. 4 Pf.
½ Pfd. Fleisch	4 S. 3 Pf.
5 1/6 Pfd. Butter	2 S.
1/10 Salz	1 Pf.
Kaffee	9 Pf.
Milch / Zucker	5 Pf.
Öl / Seife	1 S. 5 Pf.

10 Licht, Heizung, Kleidung, Schulgeld, Steuern sind nicht eingerechnet.

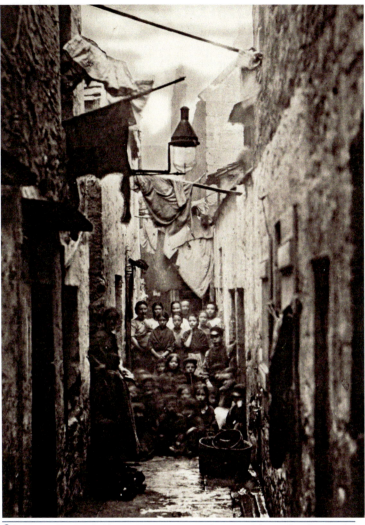

Q3 Slums der Stadt Glasgow, 1868. Fotografien von Arbeiterfamilien sind selten. Diese Aufnahme bildet eine Ausnahme: Ein Fotograf dokumentierte die Lebensverhältnisse in den Slums im Auftrag der Behörden.

Aufgaben

1 Arbeite heraus, warum rauchende Fabrikschlote nicht nur Zeichen für Wohlstand und Arbeit waren (VT1).

2 Erläutere die Gefahren, denen die Menschen während der Arbeit ausgesetzt waren (VT3, Q1).

3 Eine Gruppe von Ärzten untersucht die Lebensbedingungen der Arbeiterfamilien. Liste auf, welche Gesundheitsrisiken bestehen und mit welchen Erkrankungen zu rechnen ist (VT).

4 Du besitzt eine Gartenlaube. Schreibe einen Beschwerdebrief an die Firma „Mayer und Kühne" (Q2).

5 Suche dir eine Person auf Q3 aus. Verfasse für sie einen Steckbrief und berichte über ihren Alltag und ihre Lebensbedingungen.

6 Beurteile, warum von Arbeiterfamilien nur wenige Fotos gemacht wurden (Q3).

7 Rechne aus, wie viele Tage der Lohn eines Bergarbeiters reichte (D1).

○ 1, 3   ◐ 2, 4, 5, 7   ● 4, 6

6 | Arbeiter kämpfen für ihre Rechte

Wer alleine ist, kann oft nur wenig ausrichten. Wer sich aber mit anderen zusammentut, wird beachtet und kann Verbesserungen durchsetzen. Das erkannten auch die Arbeiter in den Fabriken.

Q1 Proletarier (Arbeiter) aller Länder vereinigt euch! Dieses Flugblatt zum 1. Mai 1896 hat Otto Marcus gestaltet. Der 1. Mai wurde 1889 zum „Kampftag der Arbeit" erklärt. 1890 wurde er erstmals mit Massendemonstrationen auf den Straßen gefeiert.

Soziale Frage
Sammelbegriff für die sozialen Probleme, die mit der Industrialisierung entstanden: Kinderarbeit, lange Arbeitszeiten, schlechte Wohnverhältnisse sowie Verelendung der Arbeiterschicht.

Gewerkschaften
sind freiwillige Zusammenschlüsse der Arbeitnehmer. Sie vertreten gegenüber den Arbeitgebern die Interessen ihrer Mitglieder.

Proletarier
In der Zeit der Industrialisierung bezeichnete man die Masse der verelendeten Arbeiter als Proletariat (= Arbeiterklasse).

Angst vor der Entlassung
Die meisten Fabrikbesitzer kümmerten sich wenig um ihre Arbeiter. Schließlich warteten genügend Menschen vor den Fabriktoren, die Arbeit suchten. So konnten die Unternehmer die Löhne, die ohnehin kaum zum Leben reichten, noch weiter senken. Wer erkrankte, wer zu alt war, wer die langen Arbeitszeiten nicht durchhielt, musste gehen. Wer sich Anordnungen widersetzte oder aufgrund neuer Maschinen überflüssig war, wurde entlassen.

Aufstände und Streiks
Die Not der Arbeiterfamilien führte mancherorts zu Gewalt. Viele Arbeiter und Handwerker machten die Maschinen für ihre Lage verantwortlich. In England stürmten sie deshalb Fabriken und zerstörten die Einrichtungen. Solche Aufstände blieben in Deutschland aber die Ausnahme. Vielmehr setzten die Arbeiter Streiks ein – gewaltlos. So wollten sie höhere Löhne und bessere Arbeitsbedingungen erkämpfen.

Arbeiter organisieren sich
Allmählich erkannten die Arbeiter, dass sie alle die gleichen Probleme und Interessen hatten: Tagsüber schufteten sie in den Fabriken und Bergwerken. Nachts hausten sie in elenden Wohnungen. Immer mehr Arbeiter schlossen sich in Vereinen zusammen. Sie tauschten Erfahrungen aus, bereiteten Aktionen vor und richteten Notkassen ein. Auf Druck der Arbeitervereine mussten die Behörden 1869 sogar das Streikverbot aufheben und Gewerkschaften zulassen.

Arbeiter gründen Parteien
In Leipzig gründeten Arbeitervertreter aus ganz Deutschland 1863 den „Allgemeinen Deutschen Arbeiterverein" (ADAV). Zum Präsidenten wählten sie den Journalisten Ferdinand Lassalle. Er kämpfte für das allgemeine Wahlrecht – allerdings nur für Männer. Sechs Jahre später riefen August Bebel und Wilhelm Liebknecht in Eisenach die „Sozialdemokratische Arbeiterpartei" ins Leben. Sie vereinigte sich 1875 mit dem ADAV. Seit 1890 heißt diese Partei „Sozialdemokratische Partei Deutschlands" oder kurz: SPD.

Verdächtige Sozialdemokratie
Viele Politiker und Unternehmer misstrauten den Sozialdemokraten. 1878 setzte Reichskanzler Bismarck das sogenannte Sozialistengesetz durch. Sozialdemokraten durften sich nicht mehr öffentlich betätigen. Ihre Versammlungen und ihre Zeitungen wurden verboten, ihre Anhänger überwacht. Diese Maßnahmen sollten eigentlich die SPD schwächen – doch das Gegenteil trat ein: Viele Arbeiter hielten nun noch stärker zur Sozialdemokratie. 1890 wurde daher das Gesetz gegen die Sozialdemokratie aufgehoben.

Q2 Aus dem Bundeslied für den Allgemeinen Deutschen Arbeiterverein:
Bet' und arbeit'! ruft die Welt,
bete kurz! denn Zeit ist Geld.
An die Türe pocht die Not –
bete kurz! denn Zeit ist Brot.

5 Und du ackerst und du säst,
und du nietest und du nähst,
und du hämmerst und du spinnst –
sag' o Volk, was du gewinnst!

Mann der Arbeit, aufgewacht!
10 Und erkenne deine Macht!
Alle Räder stehen still,
wenn dein starker Arm es will.

Q3 Aus einer Bekanntmachung der Direktion des Märkisch-Westfälischen Bergwerks-Vereins (1878):
An unsere Arbeiter.
 Wir erklären hiermit, dass wir fortan jedem sofort kündigen werden, der sich an sozialdemokratischen (…) Bestrebungen beteiligt,
5 sei es durch Besuch ihrer Versammlungen oder von Lokalen, wo solche Blätter ausliegen, oder durch Halten und Verbreiten solcher Blätter, Geldunterstützung oder andere Handlungen ähnlicher Art. Fleiß, Ordnung,
10 Nüchternheit und Sparsamkeit sind die einzigen Mittel, um zu einer gesicherten Existenz zu gelangen und seine Lage zu verbessern.

Q4 Auflösung einer Sitzung von Sozialisten durch die Polizei.
Die Papiere werden rasch vom Tisch gezogen. Am Fenster (vorn) stehend Wilhelm Liebknecht. Holzschnitt, um 1890

Aufgaben

1 Zähle auf, wann ein Arbeiter fürchten musste, entlassen zu werden (VT1).

2 Fasse zusammen, wie es zur Entstehung von Arbeiterparteien kam (VT3, VT4).

3 Arbeite heraus, was im Bundeslied kritisiert wird und welcher Ratschlag den Arbeitern gegeben wird (Q2).

4 Ein Mitglied eines Arbeitervereins wirbt auf dem Hof einer Fabrik in der Mittagspause neue Mitglieder. Bereite eine kurze Rede vor, in der du die Arbeiter von den Vorteilen der Mitgliedschaft überzeugst (VT, Q1).

5 Begründe, warum die Arbeitgeber Maßnahmen gegen Sozialdemokraten erließen (Q3).

6 Erkläre, warum die Sozialistengesetze genau das Gegenteil von dem bewirkten, was Bismarck wollte (VT5).

7 Die Polizisten in Q4 verfassen nach dem Einsatz einen kurzen Polizeibericht. Schreibe den Bericht aus ihrer Sicht.

nah dran

7 Der Streik

Der Arbeiterkampf im Bild
Das Gemälde „Der Streik" zeigt eine Gruppe streikender Arbeiter vor der Villa ihres Arbeitgebers. Die Arbeiter tragen dem Unternehmer, der zusammen mit seinem Diener auf der Treppe seiner Villa steht, wütend ihre Forderungen vor. Wird es zur Gewalt kommen? Oder können sich die Parteien einigen? Schaut euch das Gemälde ganz genau an. Was meint ihr?

Q1 Der Streik. Robert Koehler (1850–1917) schuf dieses Gemälde in München und präsentierte es 1886 in New York. Dort wurde es begeistert aufgenommen, denn in den USA streikte die Arbeiterbewegung gerade für die Einführung des Achtstundentages.

1750 bis 1900 | Industrielle Revolution

Q2 Q3 Q4

Q5 Q6

Aufgaben

1 Ordne folgende Personengruppen Q2–Q6 zu:
 a) Familie eines Streikenden,
 b) Unternehmer,
 c) gewaltbereiter Arbeiter,
 d) Wortführer der Streikenden,
 e) diskutierendes Ehepaar.

2 Beschreibe das Verhalten der einzelnen Figuren.

3 Schreibe in dein Heft, was die Personen in Q2–Q6 wohl gerade denken oder sagen.

4 Erkläre, wer wohl für den Streik, wer dagegen ist.

5 Begründe die Motive und Hoffnungen der Befürworter des Streiks.

6 Lasst die Szene des Gemäldes lebendig werden, in dem ihr ein Rollenspiel der dargestellten Personen durchführt.

7 Diskutiert, mit welcher Absicht Robert Koehler das Bild gemalt haben könnte.

8 Frauen auf dem Weg zur Emanzipation

Am 19. März 1911 fand der erste Internationale Frauentag statt. Die Frauenbewegung entstand. Was wollen die Frauen erreichen?

Q1 Louise Otto Peters (1819–1895) setzte sich dafür ein, dass junge Frauen die gleichen Bildungschancen wie Männer erhielten. Frauen war es nämlich bisher nicht erlaubt, das Gymnasium und die Universität zu besuchen.

Q2 Clara Zetkin (1857–1933) leitete 1891–1916 die sozialdemokratische Frauenzeitschrift „Die Gleichheit". 1919 schloss sie sich der KPD an, die sie von 1919 bis 1933 im Reichstag vertrat.

→ Gleichberechtigung
S. 192

Frauen in den Fabriken

Viele Mädchen und Frauen waren gezwungen, in den Fabriken zu arbeiten. Der Verdienst der Männer reichte nicht aus, um die Familien zu ernähren.

Die Frauen verrichteten die gleiche Arbeit wie die Männer, verdienten jedoch erheblich weniger Geld. Die Mädchen und Frauen arbeiteten elf bis 14 Stunden am Tag. Verheiratete Frauen kümmerten sich außerdem um die Kinder und den Haushalt. Starb der Mann, geriet die Familie wegen des geringen Verdienstes der Frau in große Armut. Viele Arbeiterinnen schlossen sich deshalb der Frauenbewegung an. Sie kämpften für einen Zehn-Stunden-Tag, für besseren Arbeitsschutz, für gute Bildung sowie für das Frauenwahlrecht.

Internationaler Frauentag

Millionen von Frauen in Dänemark, Deutschland, Österreich, der Schweiz und den USA beteiligten sich am ersten Internationalen Frauentag. Sie setzten sich öffentlich für neue Arbeitsgesetze ein. Sie verlangten einen Acht-Stunden-Tag, gleichen Lohn für gleiche Arbeit, ausreichenden Mutter- und Kinderschutz, Mindestlöhne und ein Wahl- und Stimmrecht für Frauen. Diese Forderungen von 1911 sind teilweise noch heute aktuell.

Sollen Frauen wählen?

In den 70er-Jahren des 19. Jahrhunderts forderten immer mehr Frauen ein Stimmrecht. Mit Demonstrationen versuchten sie, öffentliches Aufsehen zu erregen und so auf ihr Anliegen aufmerksam zu machen. Bereits 1869 hatte sich August Bebel für das Frauenstimmrecht ausgesprochen, aber erst 1891 wurde es in das Parteiprogramm der SPD aufgenommen. Am 12. November 1918 wurde dann das Frauenwahlrecht in der Verfassung der Weimarer Republik festgeschrieben (siehe S. 165). Marie Juchacz, die als erste gewählte Frau in einem deutschen Parlament sprach, sagte 1919 dazu: „Was die Regierung getan hat, war eine Selbstverständlichkeit. Sie hat den Frauen gegeben, was ihnen bis dahin zu Unrecht vorenthalten worden ist."

Q3 Bericht einer Fabrikarbeiterin aus der Zeitung „Der Textilarbeiter", 1909:

Wenn der Morgen grau heraufdämmert, so eilen wir (…) mit unseren kleinen Kindern in Scharen durch die Gassen, um die Kleinen tagsüber unterzubringen. (…) Sind die Kinder versorgt, so laufen die Mütter hastig zur Fabrik, um an surrenden Maschinen ein Stück Brot zu verdienen. (…) Um ½ 12 Uhr mittags geht es im Laufschritt (…) nach Hause, um das berühmte Proletarieressen, Kartoffeln und Hering, zu richten. (…) Um 1 Uhr geht es dann wieder im Trab in die Fabrik, wo wir müde und gehetzt bis halb 6 oder halb 7 schanzen. (…) Sobald wir gegessen haben und die Kinder zu Bett gebracht sind, beginnt für uns Frauen die Quälerei von Neuem. (…) Wir hasten an den Bach, um zu waschen. Gar manchmal wird es 12 Uhr und noch später, bis wir damit fertig sind.

Industriezweig	Männer	Frauen
Walzwerk	2,46	0,98
Stahlwerk	2,54	1,33
Zuckerfabrik	1,73	0,53
Porzellanfabrik	1,32	0,34
Wollwarenfabrik	1,65	0,98
Baumwollspinnerei	1,34	0,63
Tabak- u. Zigarrenfabrik	2,08	1,06
Pulverfabrik	1,86	0,61

D1 Löhne der Frauen und Männer 1888 in Mark

	öffentlicher Bereich	Privatwirtschaft
Männer	18,89 Euro	19,50 Euro
Frauen	17,57 Euro	15,08 Euro
Verdienstabstand	7%	23%

D2 Durchschnittliche Stundenverdienste von Männern und Frauen heute (brutto, Stand: 4. Quartal, 2008)

Q4 Forderungen der DGB-Frauen zum Internationalen Frauentag 2011:
- Gleicher Lohn für gleiche und gleichwertige Arbeit
- Mindestlöhne in allen Branchen
- Eine Geschlechterquote für Aufsichtsräte von 40 Prozent
- Mehr Frauen in Führungspositionen
- Die Verbesserung der Vereinbarkeit von Familie und Beruf – auch bei der Pflege
- Die Verlängerung des Mutterschutzes von 14 auf 18 Wochen!

D3 Motto der Frauen des Deutschen Gewerkschaftsbundes (DGB) zum Internationen Frauentag 2010

Internationaler Frauentag 2010

Aufgaben

1 Arbeite heraus, warum Mädchen und Frauen in den Fabriken arbeiten mussten (VT1).

2 Liste die Ziele der Frauen auf (VT1, VT2).

3 Rechne mithilfe von D1 die Differenz der Löhne von Männern und Frauen aus (z. B.: im Walzwerk 1,48 Mark).

4 „Statt weniger hätten Frauen eigentlich mehr verdienen müssen als Männer!" Erkläre diese Aussage mithilfe von VT1 und Q3.

5 „An der Benachteiligung von Frauen hat sich bis heute nichts geändert." Nimm Stellung zu dieser Aussage.

6 Louise Peters und Clara Zetkin unterhalten sich im Jahr 1919 über ihre Ziele, die bisherigen Erfolge und weitere Pläne im Kampf um mehr Rechte für die Frauen. Schreibe den Dialog auf oder spielt die Szene nach.

9 | Kirche, Staat und Fabrikanten reagieren

Fast jeder Bundesbürger zahlt Beiträge zur Kranken-, Arbeitslosen- und Rentenversicherung, um in Notsituationen oder im Alter leben zu können. Was für uns heute selbstverständlich ist, mussten sich die Arbeiter im Industriezeitalter mühsam erkämpfen.

Q1 Der evangelische Pfarrer Johann Hinrich Wichern richtete für verwahrloste und verwaiste Kinder das „Raue Haus" ein. Hier wohnten die Kinder in Gruppen zusammen. Sie lernten lesen und schreiben und konnten in Lehrbetrieben eine Ausbildung erlernen.

Q2 Der Priester Adolph Kolping gründete den katholischen Gesellenverein. In den „Kolpinghäusern" fanden jüngere und alleinstehende Handwerksgesellen ein Zuhause.

Sozialversicherung
Arbeitnehmer und Arbeitgeber sind verpflichtet, Beiträge an die gesetzliche Sozialversicherung zu zahlen. Die Höhe hängt vom Bruttolohn des Arbeitnehmers ab. Es gibt heute fünf Säulen der Sozialversicherung: Krankenversicherung (seit 1883), Unfallversicherung (seit 1884), Rentenversicherung (seit 1889), Arbeitslosenversicherung (seit 1927) und Pflegeversicherung (seit 1995).

→ **Das Prinzip Solidarität**
S. 256/257

Christliche Nächstenliebe
Die beiden christlichen Kirchen standen der Arbeiterbewegung ablehnend gegenüber. Doch angesichts der extremen Verelendung forderten die Kirchen schließlich, die tägliche Arbeitszeit zu verkürzen, einen gerechten Arbeitslohn zu zahlen und Kinderarbeit zu verbieten. Um Arbeiterfamilien unmittelbar helfen zu können, gründeten sie eigene Organisationen: 1848 die evangelische Innere Mission und 1897 die katholische Caritas.

Auch Unternehmer wurden aktiv
Manche Unternehmer sahen ein, dass ein Betrieb ein besseres Ergebnis erwirtschaften konnte, wenn die Arbeiter zufriedener waren. So gründete beispielsweise der Essener Fabrikant Alfred Krupp eine Betriebskrankenkasse und ließ Werkswohnungen für Arbeiterfamilien bauen. Er erwartete aber von seinen Arbeitern, dass sie seinem Betrieb treu blieben und nicht in Gewerkschaften eintraten. Ferdinand Stumm, ein Konzernherr an der Saar, sorgte für seine Arbeiter mit einer Kranken- und Altersversorgung und baute für sie billige Betriebswohnungen. Dafür erwartete er eiserne Disziplin am Arbeitsplatz.

Staatliche Sozialpolitik
Auch die Regierung sah ein, dass sie sich um die sozialen Fragen kümmern musste. Sie fürchtete, dass sich die Arbeiter noch stärker den Sozialdemokraten zuwenden würden. Deshalb erließ Reichskanzler Otto von Bismarck Sozialgesetze. 1883 trat die Krankenversicherung, 1884 die Unfall- und 1889 die Invaliditäts- und Altersversicherung in Kraft. Diese Sozialversicherungen werden heute unterschiedlich bewertet. Einige Experten meinen, dass die tatsächlich ausgezahlten Beiträge enttäuschend niedrig waren. Andere betonen die großen Verbesserungen für die Arbeiter und ihre Familien.

Q3 Aus einer Zeitung vom 12. Januar 1866:

Gestern wurde uns ein Schreiben eines Arbeiters überbracht, in welchem mehrere Fälle zusammengestellt sind, die beweisen, wie schlecht bis jetzt für die Invaliden der Arbeit
5 gesorgt wird.

1. Ein Arbeiter, welcher in einer Fabrik eine Reihe von Jahren gearbeitet hat, ist jetzt über ein halbes Jahr krank. Dieser erhält aus der städtischen Unterstützungskasse kein Geld
10 mehr, seine Kameraden legen wöchentlich einen Betrag zusammen, damit er nicht vor Hunger und Elend umkommt.

2. Ein Arbeiter, der über ein Brett muss, gleitet aus und fällt mit einem Bein in heiße
15 Lauge. Er kommt ins Krankenhaus und die Kosten, welche dadurch erwachsen, werden ihm später monatlich von seinem verdienten Lohne abgehalten.

Es ist in neuerer Zeit mehrfach ausgespro-
20 chen worden, dass die Fabrikanten durch ein Gesetz gezwungen werden müssten, für ihre Invaliden ausreichend zu sorgen. Andere haben gemeint, der Staat müsste dies tun.

Q4 Karikatur aus dem Jahr 1905. Die Unterschrift lautete: „Der Kapitalist: So! Der läuft mir nicht mehr davon!"

Versicherungsart	Beiträge	Leistungen
Krankenversicherung 1883 für gewerbliche Arbeiter und (freiwillig ab 1882) deren Angehörige	2–3 % des Lohns; 2/3 vom Versicherten, 1/3 vom Arbeitgeber	ärztliche Behandlung und Medizin, Krankenhauskosten; nach zweitägiger Wartezeit Krankengeld (50 % des Durchschnittslohns, max. 2 Mark/Tag)
Unfallversicherung 1884 für gewerbliche Arbeiter	als Haftpflicht vom Arbeitgeber zu zahlen	Heilungskosten; bei Erwerbsunfähigkeit 2/3 des Einkommens, 1/5 für Witwen
Invaliden- und Altersversicherung 1889 für Gewerbe- und Landarbeiter (ab 1911 auch für Familienangehörige)	1 % (ab 1900 1,5–3 %) des Lohns, je zur Hälfte von Arbeitnehmern und Arbeitgebern	Invalidenrente bei Erwerbsunfähigkeit (1911): 1,1 Mio. Rentenbezieher von durchschnittlich 187 Mark/Jahr; Altersrente ab 70. Lebensjahr und nach 30 Beitragsjahren (ab 1900: 24 Beitragsjahre)

D1 Sozialversicherung im deutschen Kaiserreich

Aufgaben

1 Liste auf, mit welchen Maßnahmen Kirchen, Staat und einige Unternehmer auf die Lage der Arbeiter reagierten (VT, Q1, Q2).

2 Erkläre, warum eine Invalidenversicherung im Industriezeitalter dringend nötig war (Q3).

3 Zwei Unternehmer unterhalten sich über die Einführung von sozialen Maßnahmen in ihren Firmen. Der eine ist überzeugt von den Ideen (VT2), der andere zögert noch. Schreibe den Dialog auf.

4 Bewerte die Motive der Unternehmer bei der Umsetzung ihrer Maßnahmen (VT2, Q4).

5 Reichskanzler Bismarck verteidigt im Reichstag die Sozialgesetze. Suche Argumente, die er vortragen könnte (VT3, Q3).

6 Beurteile die Höhe der Beiträge und der Leistungen der Sozialversicherung (D1).

7 Bewerte die Auswirkungen der Sozialgesetze bis heute (siehe Online-Link und S. 256 ff.).

Sozialversicherung heute
454053-0093

Projekt

extra 10 | Besuch im Fabrikmuseum „Nordwolle"

Im Jahr 1884 entschloss sich der Bremer Unternehmer Martin Christian Lahusen, die wirtschaftlich günstige Nähe Delmenhorsts zu Bremen für den Bau einer Wollkämmerei und Kammgarnspinnerei zu nutzen. In der Fabrik wollte Lahusen hochwertige Garne für die Textilindustrie herstellen. Später entwickelte sich dieser Betrieb zum Mutterwerk eines Großkonzerns, der zeitweise 25 000 Beschäftigte umfasste.

Mit der Schließung der Fabrik 1981 entstand eine lebhafte Diskussion über das Schicksal des 25 Hektar großen Fabrikgeländes. Es wurde beschlossen, die „Nordwolle" als ein überragendes Zeugnis norddeutscher Industriekultur zu erhalten. Um das Gelände für heutige Zwecke nutzen zu können, wurde es teilweise neu bebaut.

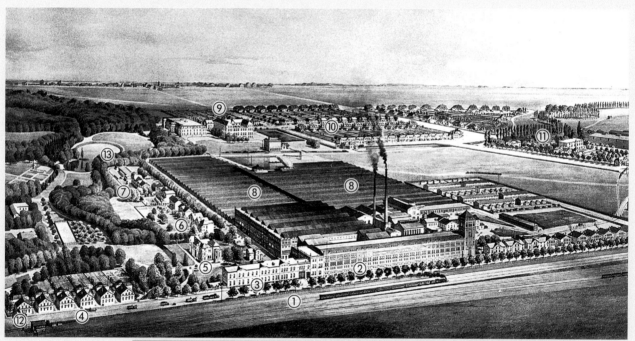

Q1 Die Norddeutsche Woll- und Kammgarnspinnerei („Nordwolle") in Delmenhorst um 1910. Die gesamte Fabrikanlage war durch eine Mauer mit Toren umgeben. Man sprach damals von einer „Stadt in der Stadt". ① Eisenbahnlinie Bremen – Oldenburg, ② Hier wurde die Rohwolle sortiert., ③ Verwaltungsgebäude (Kontor), ④ Häuser für die Meister, ⑤ Villa des Unternehmers mit Park, ⑥ Häuser leitender Mitarbeiter (Beamte), ⑦ Speiseanstalt (Kantine), ⑧ Produktionshallen, ⑨ Mädchenwohnheime, ⑩ Werkssiedlungen, ⑪ Wohnheim für junge unverheiratete Männer, ⑫ Fabrikladen (Werkskonsum), ⑬ Badeanstalt

1750 bis 1900 | Industrielle Revolution

In den renovierten Gebäuden der alten „Nordwolle" findet man jetzt Wohnungen, die Volkshochschule Delmenhorst, Bistros, kleine Läden und Büros. Im Jahr 1996 wurde ein Fabrikmuseum eröffnet. Die ehemalige „Nordwolle" ist heute ein lebendiger Stadtteil, in dem Bewohner und Besucher der alten „Wolle" ein- und ausgehen.

Tipp
Ein Besuch mit der Klasse lohnt sich! Plant eine Exkursion zur „Nordwolle". Da ihr an einem Tag unmöglich alles sehen könnt, überlegt vorher, welches Thema euch interessiert und welche Bereiche des Geländes ihr genauer besichtigen wollt. Bei der Vorbereitung helfen euch die Materialien auf dieser Doppelseite und der Online-Link.

Q3 Die 250 x 200 Meter große Produktionshalle war an den typischen „Sheddächern" zu erkennen, die den Arbeitern beste Lichtverhältnisse boten. Beim Abriss der Anlage 1990 wurde die Außenmauer komplett stehen gelassen. Im Innern der ehemaligen Halle entstanden moderne Reihen- und Gartenhofhäuser. Die alte Dachform wurde erhalten.

Q2 Zuwanderer vor ihrer Werkswohnung, um 1910. Die nötigen Arbeiter konnte der Ort Delmenhorst nicht stellen. Darum wurden Arbeitskräfte im Ausland angeworben.

Q4 Mit dem Bau der Fabrik wurden auch Wohnungen für Arbeiter errichtet. Die „Nordwolle" besaß mit ihren ca. 600 Werkswohnungen einen der größten Bestände in Norddeutschland. Die Siedlung Heimstraße umfasst bis heute 60 Doppelhäuser, die von jungen Familien bezogen wurden.

Aufgaben

1 Fasse die Geschichte der „Nordwolle" bis 1981 zusammen (VT1).

2 Erkläre, warum man die „Nordwolle" als „Stadt in der Stadt" bezeichnete (Q1).

3 Gestalte einen Werbeflyer für das Fabrikmuseum Nordwolle, der die Verbindung von Geschichte und moderner Nutzung bewirbt.

Surftipp
„Nordwolle"
454053-0095

Training

11 | Industrielle Revolution

1 Diese Begriffe kann ich erklären!

a) Industrielle Revolution (S. 76)

b) Gewerkschaften (S. 86)

c) Soziale Frage (S. 86)

d) Proletarier (S. 86)

e) Sozialversicherung (S. 92)

2 Diese Methode kann ich anwenden!

Statistiken und Diagramme auswerten:
a) Ich kann Statistiken und Diagramme lesen.

b) Ich weiß, mit welcher Diagrammart ich Zahlenreihen am besten darstellen kann.

c) Ich kann untersuchen, wie sich der Eindruck von einem Sachverhalt durch die Art der Darstellung in einem Diagramm ändert.

3 Die Daten auf dem Zeitstrahl kann ich erklären!

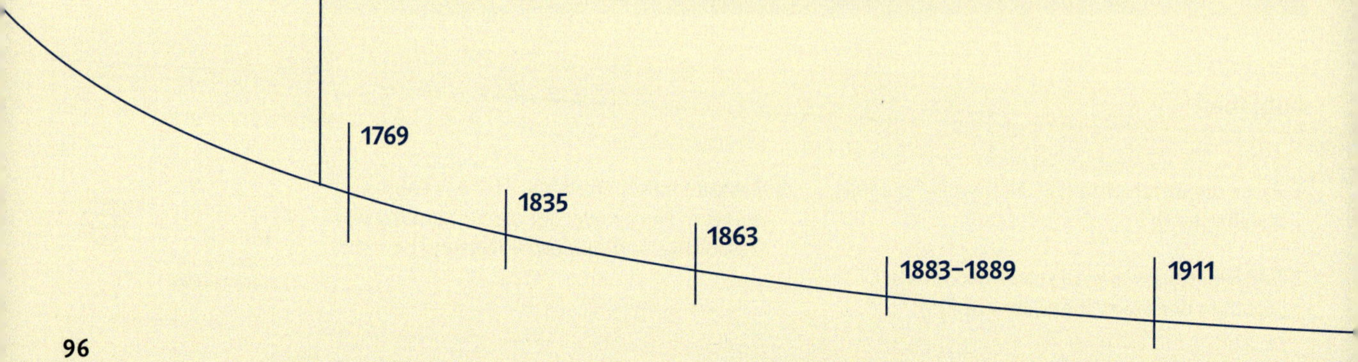

4 Diese Fragen kann ich beantworten!

a) Wie veränderten Maschinen die Arbeitsbedingungen der Menschen?

b) Wie erklärt sich der Erfolg der „Spinning Jenny"?

c) Wie ist der Ausspruch „Vorwärts mit Dampf" zu verstehen?

d) Wie kam es zum Aufschwung im Ruhrgebiet?

e) Welche Schattenseiten hatte die Industrielle Revolution?

f) Warum ist Kinderarbeit immer noch nicht „Geschichte"?

g) Was führte zur Verbesserung der Situation der Arbeiter?

h) Warum ist die Frage nach Gleichberechtigung für Frauen immer noch aktuell?

5 Zu diesen Fragen habe ich eine Meinung und kann sie begründen!

a) Inwiefern handelte es sich bei der Industrialisierung um eine Revolution?

b) Brachte die Industrielle Revolution mehr Probleme, als sie gelöst hat?

c) Sind Gewerkschaften heute überflüssig/immer noch wichtig?

| 1769 | 1835 | 1863 | 1883–1889 | 1911 |

1750 bis 1900 | Industrielle Revolution

Aufgaben

1 Beschreibe D1–D8.

2 Recherchiere zu den Bildern entsprechende geschichtliche Jahreszahlen.

3 Schreibe zu D1–D8 eine Bildlegende.

4 Liste auf, welche Bilder zum Thema „Verkehr" bzw. „Arbeit" gehören.

5 Begründe, welche der Abbildungen in das Zeitalter der Industrialisierung passen.

6 Beurteile, wie der Fortschritt das Leben der Menschen veränderte.

7 Vergleiche einen mittelalterlichen Handwerksbetrieb mit einer Fabrik des 19. Jahrhunderts und einem Betrieb heute.

Portfolio und Üben
454053-0097

○ 1, 4   ◐ 2, 3, 5, 7   ● 6

97

5 Deutsche streben nach Einheit und Freiheit

Einheit und Freiheit – das wünschten sich die Menschen im 19. Jahrhundert in vielen Ländern Europas. So auch in Deutschland: Dass das Reich in so viele Kleinstaaten zerteilt war, hatte sich in den Kriegen gegen Napoleon als Schwäche erwiesen. Nach Kriegsende wurden deshalb die Stimmen lauter, die einen einheitlichen deutschen Nationalstaat und mehr Freiheiten für die Bürger forderten. Doch die deutschen Fürsten gingen einfach darüber hinweg. Ja, der Ruf nach Einheit und Freiheit wurde sogar unterdrückt. 1848/49 erfasste Deutschland eine Revolutionswelle, die von Frankreich ausgegangen war. Ging endlich der Wunsch nach einem einigen und freien Deutschland in Erfüllung?

D1 Nachstellung der Völkerschlacht bei Leipzig 1813, Foto von 1994

Material im Internet
454053-5000

1806 Deutschland unter der Herrschaft Napoleons; Ende des alten deutschen Kaiserreichs

1815 Wiener Kongress: Die Fürsten ordnen Europa nach dem Sieg über Napoleon neu.

1832
„Hambacher Fest", Großdemonstration von Anhängern eines freiheitlichen deutschen Nationalstaats bei Hambach/Pfalz

1848/49
Revolution in Deutschland: Tagung der ersten vom ganzen Volk gewählten Nationalversammlung, 1849 Scheitern der Revolution

1871
Gründung des Deutschen Reichs und Ausrufung des preußischen Königs zum Kaiser durch die deutschen Fürsten

nach 1871 – ca. 1914
Entwicklung des Deutschen Reiches zur politischen und wirtschaftlichen Großmacht mit nationalistischen und militaristischen Zügen

1 | Europa unter Napoleons Herrschaft

Napoleon schloss 1801/1802 mit Österreich, England und seinen übrigen Gegnern Frieden. Europa atmete auf. Aber die Zeiten, die danach anbrachen, waren alles andere als friedlich.

Q1 Napoleon in seinem Studierzimmer. Gemälde von Jacques-Louis David. Frankreich, 1812

→ **Ein Herrscherbild entschlüsseln** S. 42/43

Der Krieg geht weiter
Schon 1803 ging der Krieg zwischen England und Frankreich wieder los. England duldete die Vorherrschaft Frankreichs auf dem Festland nicht. Russland und Österreich schlossen sich England an. Da England eine starke Flotte hatte, griff Napoleon nicht England selbst, sondern Österreich und Russland an. 1805 besiegte er beide, 1806 dazu noch Preußen und 1808 Spanien. So war Napoleon der alleinige Herrscher von Gibraltar bis Russland. Dieses riesige Gebiet konnte er natürlich nicht allein regieren. Aus diesem Grund setzte Napoleon Verwandte als Herrscher ein – z. B. in Spanien. Die Fürsten in Deutschland gründeten auf seinen Wunsch hin den Rheinbund.

Die Kontinentalsperre
1806 verhängte Napoleon gegen England eine Kontinentalsperre: Kein Land durfte mit England mehr Handel treiben. Damit wollte Napoleon England unter Druck setzen. Die Menschen in vielen Ländern widersetzten sich allerdings der Kontinentalsperre und handelten heimlich mit England. Napoleon reagierte mit strengen Kontrollen und harten Strafen. In Spanien gab es daraufhin einen Volksaufstand. Napoelon ließ die Aufständischen in Massen erschießen, um die Menschen einzuschüchtern. Aber es half nichts – seine Herrschaft in Spanien wurde schwächer.

Nationale Bewegung in Deutschland
Die Ereignisse in Spanien wurden in Deutschland bekannt. Auch hier war man mit Napoleon unzufrieden und fühlte sich nun ermutigt, sich gegen ihn zu stellen. Es entstand eine nationale Bewegung, bei der sich die Menschen als Deutsche miteinander verbunden fühlten. Sie wollten gemeinsam um die nationale Freiheit kämpfen.

Die Befreiungskriege
Russlands Zar hielt sich nicht an die Kontinentalsperre gegen England. Deshalb marschierte Napoleons Armee 1812 nach Russland. Napoleon hatte dabei Unterstützung von Preußen, Österreich und den Rheinbundstaaten. Trotzdem wurde dieser Krieg für Napoleon zu einer Katastrophe: Im eisigen Russland überlebten von 600 000 Soldaten nur 100 000.

Die anderen Länder schöpften durch Napoleons Niederlage Hoffnung, sich von seiner Herrschaft zu befreien: 1813 verbündeten sich Russland, Preußen, Österreich und England gegen Napoleon. Trotz der Unterstützung von Freiwilligen des Rheinbundes musste sich Napoleon in der „Völkerschlacht" bei Leipzig geschlagen geben. Besiegt musste er 1814 abdanken und wurde auf die Atlantikinsel St. Helena verbannt. Dort starb er 1821.

1800 bis ca. 1914 | Streben nach Einheit und Freiheit

D1 Europa zur Zeit Napoleons

Q2 Die Armee Napoleons auf dem Rückzug in Russland, unbekannter Künstler, um 1812. Mit der Niederlage in Russland begann Napoleons Abstieg.

Aufgaben

1 Gestalte eine Zeitleiste mit der Überschrift „Die Kriege Napoleons" (VT1*, D1, Q2).

2 Entwirf mehrere Schaubilder, die die Kriegsparteien zu unterschiedlichen Zeitpunkten darstellen (VT).

3 Erkläre, wie Napoleon England unter Druck setzt, ohne mit ihm zu kämpfen (VT2, D1).

4 Entwirf ein Flugblatt, das alle Deutschen zum Kampf für die nationale Freiheit aufruft.

5 Q1 zeigt Napoleon 1812, also ein Jahr vor der Niederlage in Leipzig. Schreibe einen Tagebucheintrag, in dem Napoleon auf die bisherigen Kriege zurückblickt, die gegenwärtige Lage und die Zukunft beurteilt.

6 Untersuche Q1 mit den methodischen Arbeitsschritten von S. 43.

7 Beurteile, ob Napoleons Herrschaft den Menschen in Europa mehr Vorteile brachte oder mehr Nachteile.

* VT1 bedeutet: Die Aufgabe bezieht sich auf den ersten Abschnitt des Verfassertextes (VT). Die Abschnitte ergeben sich durch die blauen Zwischenüberschriften.

2 | Wien 1815 – die Fürsten ordnen Europa

Im September 1814 kamen in Wien Kaiser, Könige, Fürsten und Diplomaten aus den Staaten Europas zusammen. Ihr Ziel war es, Europa nach dem Sturz Napoleons neu zu ordnen.

Q1 Europas Herrscher auf dem Wiener Kongress, zeitgenössische Radierung. In der Mitte hinter dem Tisch in weißer Uniform der gastgebende Kaiser von Österreich, links neben ihm der König von Preußen und rechts der russische Zar. Vorne links steht der König von Württemberg.

Legitimität
„Rechtmäßigkeit". Auf dem Wiener Kongress wurde die Herrschaft von Fürsten, deren Vorfahren schon regiert hatten, als legitim angesehen.

Deutscher Bund
1815 als loser Zusammenschluss der 35 deutschen Fürstenstaaten und vier freien Städte gegründet. Bundeshauptstadt war Frankfurt, wo der aus den Vertretern der Bundesstaaten bestehende Bundestag tagte. Der Deutsche Bund galt als Nachfolgeeinrichtung des 1806 aufgelösten alten deutschen Reiches.

Der Wiener Kongress

Die Verhandlungen dauerten fast ein Jahr. Sie waren begleitet von einem großen Unterhaltungsprogramm mit Bällen, Festen und Konzerten. „Der Kongress tanzt, aber schreitet nicht voran", hieß es bald spöttisch. Aber das stimmte nicht ganz. Besonders die Vertreter der großen Staaten hatten sehr unterschiedliche Interessen. Zeitweise kam es zu gefährlichen Spannungen. Der österreichische Minister Metternich benutzte daher die Festlichkeiten geschickt dazu, die Kongressteilnehmer bei Laune zu halten und für seine Vorstellungen zu gewinnen.

Ein Bündnis gegen Veränderungen

Metternichs großes Ziel war es, überall wieder die legitimen Herrscher in ihre alten Rechte einzusetzen. Veränderungen durch Diktatoren wie Napoleon oder durch Revolutionen sollten künftig verhindert werden. Dafür schlossen sich der Zar von Russland, der Kaiser von Österreich und der König von Preußen 1815 in der „Heiligen Allianz" zusammen. Sie versprachen einander, gegen jeden Störer der neu geschaffenen Ordnung vorzugehen. Diesem Bündnis traten bald fast alle Fürsten Europas bei.

Enttäuschte Erwartungen

Viele Menschen in den deutschen Ländern hatten gegen Napoleon gekämpft in der Hoffnung, dass nach dem Sieg ein einiges und freies Deutschland geschaffen würde. Doch die Fürsten in Wien nahmen auf diese Hoffnungen keine Rücksicht. Metternich fürchtete, dass ein geeintes, großes deutsches Reich das Gleichgewicht der europäischen Mächte zerstören würde. Daher schlossen die deutschen Fürsten ihre Staaten nur lose in einem Deutschen Bund zusammen. Damit blieb Deutschland staatlich zersplittert.

1800 bis ca. 1914 | Streben nach Einheit und Freiheit

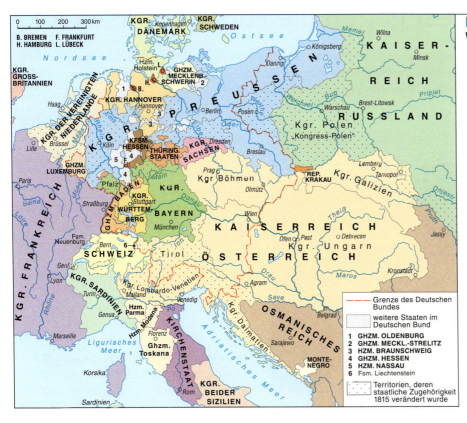

D1 Europa nach dem Wiener Kongress

Q2 Ein Teilnehmer des Wiener Kongresses urteilt so:

Man hat vergessen, dass diesen Krieg nicht die Herrscher, sondern die Nationen gemacht haben. Seit der Niederlage Napoleons hat man das Interesse der Nationen
5 aus dem Auge verloren und sich nur mit den Interessen der Fürsten beschäftigt wie in den Kriegen von früher; und jetzt ist wieder alles in Verwirrung geraten, es ist zu Interessenkonflikten gekommen und es ist unmöglich
10 geworden, alle Länder zufriedenzustellen. (…) Wenn man sich wenigstens als Grundlage die Gerechtigkeit genommen hätte, wären die Völker davon erbaut (…) und von ihrem schönen Zauber beruhigt worden; aber (…)
15 jetzt (…) trennen sich (die Völker) immer mehr von den Herrschern.

Aufgaben

1 Beschreibe die Teilnehmer und das Geschehen auf dem Wiener Kongress (VT1, Q1).

2 Nenne Metternichs Ziele in Wien (VT2).

3 Begründe, welches Ziel ihm am wichtigsten war.

4 Beschreibe die Gebietsveränderungen nach dem Wiener Kongress (D1).

5 Erkläre, warum viele Menschen von den Ergebnissen enttäuscht waren (VT3).

6 Begründe, warum der Teilnehmer (Q2) den Kongress skeptisch beurteilt.

7 Beurteile, ob der Wiener Kongress den Wunsch der Deutschen nach Einheit und Freiheit vorangebracht hat.

8 Zwei Soldaten, die gegen Napoleon gekämpft haben, sprechen darüber, warum sie von den Ergebnissen des Kongresses enttäuscht sind. Schreibe den Dialog auf oder spielt das Gespräch nach.

3 | Protest gegen die Fürstenherrschaft

Mit dem Wiener Kongress wollten die Fürsten alle Neuerungen seit 1789 rückgängig machen. Die Zeit der Restauration begann: Wer sich für Einheit und Freiheit einsetzte, wurde bekämpft und unterdrückt. Aber dagegen regte sich Widerstand.

Q1 Das Hambacher Fest 1832 (zeitgenössischer Stich, später koloriert)

Restauration
von lat. restaurare = wiederherstellen. Die Fürsten versuchten nach 1815, die Zustände wiederherzustellen, wie sie vor der Französischen Revolution gewesen waren.

liberal
von lat. liber = frei. Die Liberalen wollten einen freiheitlichen Verfassungsstaat, in dem Menschen- und Bürgerrechte garantiert waren.

→ **Zensur**
   S. 236

Studenten protestieren

Vor allem die Studenten an den Universitäten wollten sich mit der Situation nicht abfinden. 1815 schlossen sich in Jena Studenten aus mehreren deutschen Staaten zu einer Burschenschaft zusammen. Sie wollten so ein Zeichen für die deutsche Einheit setzen. „Ehre, Freiheit, Vaterland" war ihr Leitspruch, Schwarz-Rot-Gold ihre Fahne. Bald gab es an fast allen deutschen Universitäten solche Burschenschaften. Am 18. Oktober 1817 fand auf der Wartburg bei Eisenach eine Kundgebung aller Burschenschaften statt. Sie forderten einen Nationalstaat und eine Verfassung, die bürgerliche Freiheiten garantierte. Demonstrativ verbrannten die Studenten Symbole der verhassten Fürstenherrschaft wie etwa fürstentreue Bücher. Das war offener Protest gegen die bestehenden Verhältnisse. Metternich und andere Fürsten ließen daraufhin Studenten und Universitäten streng überwachen.

Die Karlsbader Beschlüsse

1819 ermordete ein radikaler Student den Dichter August von Kotzebue, der als Schriftsteller der Restauration galt. Für Metternich war der Mord ein willkommener Anlass, schärfer gegen die Anhänger der Freiheitsbewegung in Deutschland vorzugehen. Er berief Vertreter der deutschen Staaten in den böhmischen Kurort Karlsbad. Hier beschlossen sie Maßnahmen, die sich vor allem gegen Studenten, Professoren und die Presse richteten. Die Burschenschaften wurden verboten, Zeitungen streng zensiert. Überall musste man mit staatlicher Überwachung rechnen: Polizeispitzel öffneten Briefe, stöberten in Buchhandlungen nach verbotenen Büchern und schrieben die Vorlesungen liberaler Professoren an Universitäten mit. Selbst in Gasthäusern belauschten sie die Gespräche. Wer wegen „falscher Gesinnung" auffiel, musste mit Berufsverbot oder gar Gefängnis rechnen.

Das Hambacher Fest

Doch das Verlangen nach Einheit und Freiheit ließ sich nicht dauerhaft unterdrücken. Als 1830 die Franzosen ihren absolutistischen König stürzten, spornte das auch die deutsche Freiheitsbewegung an. Am 27. Mai 1832 kam es zur bis dahin größten Freiheitsdemonstration in Deutschland. Etwa 25 000 Menschen versammelten sich an der Ruine des Hambacher Schlosses in der Pfalz. Die Redner riefen alle Teilnehmer dazu auf, für eine nationale und liberale Ordnung einzutreten. Die restaurativen Politiker – allen voran Metternich – waren alarmiert. Mit einem neuen Gesetz verschärften sie die Karlsbader Beschlüsse. Viele liberal gesinnte Menschen verließen Deutschland, um in Frankreich, in der Schweiz oder in Amerika ein freieres Leben zu finden.

Q2 Verschärfung der Karlsbader Beschlüsse, Gesetz des Bundestags vom 5. Juli 1832:

Keine in einem nicht zum Deutschen Bunde gehörigen Staate in deutscher Sprache im Druck erscheinende Zeit- oder (…) sonstige Druckschrift politischen Inhalts darf in einem Bundesstaate, ohne vorgängige Genehmigung der Regierung desselben, zugelassen (…) werden. (…)

Alle Vereine, welche politische Zwecke haben (…), sind in sämtlichen Bundesstaaten zu verbieten und es ist gegen deren Urheber und die Teilnehmer (…) mit angemessener Strafe vorzuschreiten.

Außerordentliche Volksversammlungen und Volksfeste (…) dürfen (…) in keinem Bundesstaate, ohne vorausgegangene Genehmigung der zuständigen Behörde, stattfinden. Diejenigen, welche zu solchen Versammlungen oder Festen durch Verabredungen oder Ausschreiben Anlass geben, sind einer angemessenen Strafe zu unterwerfen. Auch bei erlaubten Volksversammlungen und Volksfesten ist es nicht zu dulden, dass öffentliche Reden politischen Inhalts gehalten werden (…).

Das öffentliche Tragen von Abzeichen (…) oder dergleichen (…) in anderen Farben als jenen des Landes, dem der, welcher solche trägt, als Untertan angehört, (…) das nicht genehmigte Aufstecken von Fahnen und Flaggen (…) ist unnachsichtlich zu bestrafen.

→ **Karikaturen deuten** S. 58/59

Q3 „Die gute Presse", Karikatur auf die Unterdrückung der Pressefreiheit durch die Politik des österreichischen Kanzlers Metternich in der demokratischen Zeitschrift „Leuchtturm", 1847

Aufgaben

1 Arbeite heraus, warum die Studenten in Deutschland protestierten (VT1).

2 Verfasse einen kurzen Lexikonartikel zum Begriff „Burschenschaft" (VT1).

3 Liste auf, welche Maßnahmen in Karlsbad beschlossen wurden (VT2).

4 Gestalte ein Flugblatt, das zur Teilnahme am Hambacher Fest aufruft (VT1, VT3).

5 Erläutere Q3 mithilfe von VT2 (siehe Tipps zur Deutung der Karikatur im Online-Link).

6 Erkläre den Zusammenhang des Gesetzes (Q2) mit dem Hambacher Fest (VT3, Q1).

7 Vergleiche die Symbole der Freiheitsbewegung (VT1, Q1) mit unseren Staatssymbolen.

8 Beurteile das Verhalten der Fürsten. Zeigen sie so wirklich Stärke (VT2, VT3, Q2)?

Arbeitsblatt Karikatur 454053-0105

Methode

extra 4 | Politische Lieder interpretieren

Q1 Heinrich August Hoffmann von Fallersleben (1798–1874), zeitgenössische Radierung, später koloriert

Die deutsche Nationalhymne
Die Nationalhymne der Deutschen kennt jeder. Sie wird zum Beispiel vor jedem Fußball-Länderspiel gesungen. Doch habt ihr schon einmal versucht, den Text zu verstehen? Wer ihn entschlüsseln will, muss ins 19. Jahrhundert zurückschauen.

Lieder als Botschaften
Im 19. Jahrhundert haben politische Lieder wahrscheinlich mehr Menschen beeinflusst als Bücher oder Zeitungen. Sie entstanden vor allem in politisch erregten Zeiten wie bei den Kämpfen um Einheit und Freiheit in Deutschland. Denn gemeinsames Singen stärkt das Gemeinschaftsgefühl. Dabei wirkt das politische Lied auf zweifache Weise: 1) Der Liedtext – meist ein Gedicht – erinnert an wichtige Ereignisse und Überzeugungen oder er ruft zu etwas auf. 2) Die Melodie verstärkt das, indem sie Gefühle und Stimmungen erzeugt. Beides muss leicht zu lernen sein, damit die Botschaft, die politische Lieder vermitteln wollen, beim Sänger und Hörer auch „ankommt".

Das „Lied der Deutschen"
Eine besondere Art politischer Lieder stellen die Nationalhymnen dar. Sie gehören zu den Symbolen, mit deren Botschaft ein Staat sich identifiziert. Das trifft bei uns für das „Lied der Deutschen" zu. Der Liedtext wurde 1841 von dem liberalen Dichter und Literaturprofessor August Heinrich Hoffmann von Fallersleben (1798–1874) geschrieben. 1922 wurde das inzwischen sehr bekannte Lied zur deutschen Nationalhymne erklärt. Aber nach der Herrschaft Adolf Hitlers (1933–1945) wurde vor allem im Ausland die 1. Strophe als anmaßend und unpassend angesehen. Dagegen passte die 3. Strophe durchaus zum geteilten Nachkriegsdeutschland. Die 3. Strophe wurde daher 1952 zur Nationalhymne der damaligen Bundesrepublik erklärt – und sie blieb es 1990 nach der Wiedervereinigung.

Q2 Auf dem Weg zum Wartburgfest 1817, zeitgenössischer Stich, eines der vielen Ereignisse, bei denen politische Lieder gesungen wurden oder entstanden

1800 bis ca. 1914 | Streben nach Einheit und Freiheit

1.
Deutschland, Deutschland über alles,
Über alles in der Welt,
Wenn es stets zu Schutz und Trutze,
Brüderlich zusammenhält
Von der Maas bis an die Memel,
Von der Etsch bis an den Belt.
Deutschland, Deutschland über alles,
Über alles in der Welt!

2.
Deutsche Frauen, deutsche Treue,
Deutscher Wein und deutscher Sang
Sollen in der Welt behalten
Ihren alten schönen Klang
Und zu edler Tat begeistern
Unser ganzes Leben lang.
Deutsche Frauen, deutsche Treue,
Deutscher Wein und deutscher Sang!

Arbeitsschritte: Politische Lieder interpretieren

Beschreiben

1 Singt die dritte Strophe von Q3 in der Klasse oder hört euch eine Aufnahme an. Beschreibe die Gefühle bzw. Stimmung, die die Melodie erzeugt.

2 Fasse die zentrale(n) Aussage(n) jeder Textstrophe in eigenen Worten zusammen.

Untersuchen

3 Stelle fest, von wem der Text, von wem die Melodie stammt und wann das Lied entstanden ist.

Deuten

4 Bestimme den politischen Standpunkt des Textautors und die Botschaft, die er vermitteln will.

5 Fasse deinen Gesamteindruck zusammen.

3. Ei-nig-keit und Recht und Frei-heit für das deut-sche Va-ter-land!
Da-nach lasst uns al-le stre-ben brü-der-lich mit Herz und Hand!

Ei-nig-keit und Recht und Frei-heit sind des Glü-ckes Un-ter-pfand.

Blüh' im Glan-ze die-ses Glü-ckes, blü-he deut-sches Va-ter-land!

Hörbuch 2, Track 13

Q3 Die deutsche Nationalhymne; Text: Hoffmann von Fallersleben, 1841; Melodie: Joseph Haydn (1732–1809). Die Melodie stammt aus dem 1797 von Haydn komponierten Lied „Gott erhalte Franz, den Kaiser", das bis 1918 österreichische Nationalhymne war. Hoffmann von Fallersleben übernahm die sehr bekannte Melodie.

Aufgaben

1 Fasse kurz die Geschichte unserer Nationalhymne zusammen (VT, Q3).

2 Zähle Anlässe auf, wann und warum heute die Nationalhymne gesungen wird (VT1).

3 Interpretiere das „Lied der Deutschen" anhand der methodischen Arbeitsschritte (VT, Q3).

4 Beurteile, ob der Dichter von Q3 den politischen Standpunkt der in Q2 gezeigten Personen vertreten hat (lies S. 104/105 dazu).

5 „Politische Lieder sind immer noch gefährlich." Schreibe deine Meinung dazu.

6 Vergleiche die deutsche mit der französischen Nationalhymne.

Arbeitsblatt
454053-0107

○ 1–3 ◓ 3, 6 ● 3–5

5 | Revolution in Deutschland

Februar 1848: In Paris stürzen Bürger, Studenten und Arbeiter den König und rufen die Republik aus. Wie eine Welle schwappt die Revolution über halb Europa. Die Zeit absoluter Fürstenherrschaft scheint abgelaufen.

Q1 Aufständische Bürger, Arbeiter und Soldaten verbrennen 1848 vereint den Königsthron in Paris, zeitgenössische Darstellung. Die Einigkeit hielt nicht an. Die Besitzenden fürchteten bald die radikalen Forderungen der Arbeiter. Mit ihren Stimmen wurde 1852 der Neffe Napoleons, Louis Napoleon, der den Schutz der bestehenden Ordnung versprach, zum Kaiser gewählt und Frankreich wieder ein Kaiserreich.

Revolutionen in Europa

Es begann Ende Februar 1848 in Paris: Bürger und Arbeiter gingen für das allgemeine Wahlrecht auf die Straße. Doch der König antwortete mit Verboten und setzte Soldaten gegen die Demonstranten ein. Es kam zu blutigen Straßenkämpfen, in denen sich nach vier Tagen die Demonstranten durchsetzten: Der König floh, die Republik wurde ausgerufen.

Die Nachrichten vom Sieg der Revolutionäre verbreiteten sich wie ein Lauffeuer in Europa. Alle, die unzufrieden mit den bestehenden Verhältnissen waren, schöpften Mut. In Italien, Böhmen, Ungarn demonstrierten einheimische Nationalisten gegen die österreichische Fremdherrschaft. In Deutschland griff die revolutionäre Stimmung zuerst auf Staaten nahe der französischen Grenze über. Fast überall verliefen die Ereignisse nach gleichem Muster: Liberale Bürger hielten Versammlungen ab. Sie verfassten Bittschriften an die Regierungen, forderten freie Wahlen, Presse- und Versammlungsfreiheit. Arbeiter unterstützten die Bürger in der Hoffnung, dass sich auch ihre Lage verbessern würde. Fast überall scheuten die Regierungen harten militärischen Widerstand. Sie waren sich nämlich nicht sicher, ob ihre Militärs zu ihnen stehen würden. Um ihre Krone zu retten, gaben die Herrscher nach, setzten liberale Minister ein und ließen freiheitliche Reformen zu.

Straßenkämpfe in Wien und Berlin

Entscheidend aber war, was in den beiden Großmächten, Österreich und Preußen, passieren würde. In Wien kam es am 13. März zu schweren Straßenkämpfen zwischen Soldaten und Aufständischen. Schon nach dem ersten Blutvergießen lenkte der Kaiser ein: Er führte die Pressefreiheit ein und entließ den verhassten Kanzler Metternich.

In Berlin hatte der preußische König, um das Volk zu beruhigen, Pressefreiheit und eine Verfassung versprochen. Als sich das Volk dafür am 18. März in einer friedlichen Demonstration vor seinem Schloss bedanken wollte, fielen plötzlich Schüsse. Die Menge glaubte, der König lasse auf sie schießen. Schnell errichtete sie Barrikaden. Ein blutiger Kampf zwischen Bürgern, Arbeitern und Soldaten begann. Über 230 Aufständische starben. Erschüttert zog der König die Soldaten zurück. Um das Volk zu versöhnen, ritt er am 21. März unter schwarz-rot-goldenen Fahnen durch Berlin. Er versprach, sich fortan für Einheit und Freiheit in Deutschland einzusetzen. Es schien so, als hätte die Revolution in Deutschland gesiegt.

1800 bis ca. 1914 | Streben nach Einheit und Freiheit

Q4 Barrikadenkämpfe in Berlin am 18. März 1848, kolorierter Stich aus der „Illustrierten Zeitung" vom 15. April 1848

Q2 Forderungen der Kölner Arbeiter an ihren Landesherrn, den preußischen König, 1848:

1. Gesetzgebung und Verwaltung durch das Volk, da ein freies Volk (…) sich nicht mehr im Interesse Einzelner ausbeuten lassen will (…), allgemeines Wahlrecht und allgemeine Wähl-
5 barkeit.
2. Unbedingte Freiheit der Rede und Presse. (…)
4. Freies Vereinigungsrecht.
5. Schutz der Arbeit und Sicherstellung der
10 menschlichen Bedürfnisse für alle. (…) Es ist Sache des Staates, die Produktion dem Interesse der Einzelnen zu entreißen und sie im Interesse aller zu leiten. Jeder Mensch hat ein Recht auf Arbeit sowie auf einen seinen Be-
15 dürfnissen angemessenen Lohn.
6. Vollständige Erziehung aller Kinder auf öffentliche Kosten.

Q3 Aufruf des preußischen Königs vom 21. März 1848:

An mein Volk und an die deutsche Nation! (…) Deutschland ist von innerer Gährung ergriffen (…). Rettung aus dieser (…) Ge-
5 fahr kann nur aus der innigsten Vereinigung der deutschen Fürsten und Völker unter einer Leitung hervorgehen. Ich übernehme heute diese Leitung (…). Ich beabsichtige (…) den Fürsten und Ständen Deutschlands die Gelegenheit zu eröffnen, (…) zu einer
10 gemeinschaftlichen Versammlung zusammenzutreten. (…) (Diese Versammlung wird) über die Wiedergeburt und Gründung eines neuen Deutschland beraten, eines einigen, nicht einförmigen Deutschlands, (…) einer
15 Einheit mit Freiheit. Allgemeine Einführung wahrer (…) Verfassungen, (…) gleiche politische und bürgerliche Rechte für alle religiösen Glaubensbekenntnisse (…) werden allein solche höhere und innere Einheit zu bewirken
20 (…) im Stande sein.

Aufgaben

1 Beschreibe die Ereignisse in Paris im Februar 1848 (VT1, Q1).

2 Finde heraus, warum die Ereignisse in Paris auch in Deutschland eine Revolution auslösten (VT1, VT2).

3 Zähle auf, was die Herrscher den Bürgern versprachen (VT1, VT2).

4 Beurteile die Motive, aus denen heraus die Herrscher Europas ihre Versprechungen machten.

5 Finde heraus, welche Forderungen eher Bürgern und welche eher Arbeitern wichtig waren (Q2).

6 Befrage einige Personen auf Q4 zu ihren Zielen und Forderungen. Schreibe ihre Antworten in einem Interview auf (VT2, Q2, Q4).

7 Erläutere, was der König in seinem Aufruf als nächsten Schritt vorschlägt (Q3).

8 Beurteile, welche Absichten der König mit diesem Aufruf verfolgte.

○ 1, 3 ◐ 2, 5–7 ● 4, 8

6 | Das erste deutsche Parlament

Die Aufstände hatten die deutschen Fürsten so sehr erschreckt, dass sie viele Forderungen ihrer Völker erfüllten. Es gab sogar ein deutsches Parlament – zum ersten Mal in der deutschen Geschichte.

Q1 Die Mitglieder des Vorparlamentes ziehen in die Frankfurter Paulskirche ein (Druck von 1848, später koloriert). Das Vorparlament tagte vom 31. März bis zum 3. April 1848 in der Paulskirche. Seine Aufgabe war es, die Wahl der Abgeordneten für die Nationalversammlung vorzubereiten.

→ Nationalversammlung S. 54

Hörspiel „Ein großer Tag für die Demokratie"
Hörbuch 2, Track 14

Die erste deutsche Nationalversammlung

Ende März 1848 trafen sich in Frankfurt am Main ca. 500 Anhänger der Freiheitsbewegung aus ganz Deutschland. Sie beschlossen: Das deutsche Volk soll in freier Wahl eine Nationalversammlung wählen. Deren Mitglieder allein sollten über die künftige Verfassung Deutschlands entscheiden. Die Fürsten standen noch unter dem Eindruck der Revolution – und stimmten zu. So wurden zum ersten Mal vom deutschen Volk Abgeordnete für ein deutsches Parlament gewählt.

Am 18. Mai 1848 kamen die Abgeordneten in Frankfurt zusammen. Das Ereignis wurde als großes nationales Fest gefeiert. Fast alle Abgeordneten gehörten zum gehobenen Bürgertum, waren Juristen, Gelehrte, höhere Beamte. Nur vier Handwerksmeister gab es – keinen Arbeiter, keine Frau.

Die erste deutsche Verfassung

Die wichtigste Aufgabe der Nationalversammlung war es, eine Verfassung für ein einiges und freies Deutschland auszuarbeiten. Als Grundlage dafür beschloss die Nationalversammlung im Dezember 1848 mit großer Mehrheit die „Grundrechte des deutschen Volkes".

Eine Frage spaltete das Parlament jedoch: Wie sollte der künftige deutsche Nationalstaat aussehen? Großdeutsch (mit Österreich) oder kleindeutsch (ohne Österreich)? Das Problem: Im Kaiserreich Österreich lebten außer Deutschen viele andere Völker – Ungarn, Tschechen, Slowaken. Da es unmöglich schien, nur den deutschen Teil Österreichs in das neue Reich aufzunehmen, entschied sich die Versammlung für eine kleindeutsche Lösung.

Doch der Streit hatte die Abgeordneten entzweit. Deshalb wurde die Verfassung am 28. März 1849 nur mit knapper Mehrheit angenommen. Der König von Preußen war als Staatsoberhaupt (Kaiser) vorgesehen. Doch er lehnte die Kaiserkrone ab, weil er es unter seiner Würde fand, die Krone vom Volk zu empfangen. Jetzt hatte man eine Verfassung, aber kein Staatsoberhaupt.

Die alten Mächte schlagen zurück

Als der preußische König die Kaiserkrone ablehnte, verließen viele Abgeordnete enttäuscht die Nationalversammlung. Nur wenige tagten weiter, erst in Frankfurt, dann in Stuttgart. Am 18. Juni 1849 löste württembergisches Militär die Versammlung endgültig auf. Zahlreiche radikale Revolutionäre wollten jetzt mit Gewalt eine Republik erzwingen. In Dresden und Wuppertal, in Baden und in der Pfalz wurde gekämpft. Doch preußische Truppen schlugen die Aufstände nieder. Die Fürsten hoben überall die Freiheitsrechte wieder auf. Manche Revolutionäre wurden erschossen oder eingekerkert, viele flohen aus Deutschland.

Q2 Grundrechte des deutschen Volkes, von der Nationalversammlung beschlossen am 28. Dezember 1848 und am 28. März 1849 in die Reichsverfassung aufgenommen:

§131 Das deutsche Volk besteht aus den Angehörigen der Staaten, welche das deutsche Reich bilden. (…)

§133 Jeder Deutsche hat das Recht, an jedem Orte des Reichsgebiets seinen Aufenthalt und Wohnsitz zu nehmen (…).

§137 Vor dem Gesetz gilt kein Unterschied der Stände. Der Adel als Stand ist aufgehoben. (…) Die Deutschen sind vor dem Gesetze gleich. (…) Die öffentlichen Ämter sind für alle Befähigten gleich zugänglich. Die Wehrpflicht ist für alle gleich.

§138 Die Freiheit der Person ist unverletzlich. (…)

§139 Die Todesstrafe, außer wo das Kriegsrecht sie vorschreibt, (…) so wie die Strafen des Prangers, der Brandmarkung und der körperlichen Züchtigung sind abgeschafft.

§140 Die Wohnung ist unverletzlich. (…)

§143 Jeder Deutsche hat das Recht, durch Wort, Schrift, Druck und bildliche Darstellung seine Meinung frei zu äußern. (…)

§144 Jeder Deutsche hat volle Glaubens- und Gewissensfreiheit. (…)

§161 Die Deutschen haben das Recht, sich friedlich und ohne Waffen zu versammeln. (…)

§162 Die Deutschen haben das Recht, Vereine zu bilden. (…)

§164 Das Eigentum ist unverletzlich. Eine Enteignung kann nur aus Rücksichten des allgemeinen Besten, nur aufgrund eines Gesetzes und nur gegen gerechte Entschädigung vorgenommen werden.

→ **Grundrechte heute** S. 214

Q3 Gesandte der Nationalversammlung benachrichtigen den preußischen König über seine Wahl zum „Kaiser der Deutschen" (zeitgenössischer Holzstich). Seine Ablehnung stellte alle Beschlüsse der Nationalversammlung in Frage. Denn nur er hatte die Macht, sie durchzusetzen.

Aufgaben

1 Beschreibe Wahl und Zusammensetzung des ersten deutschen Parlaments (VT1, Q1).

2 Beurteile die Zusammensetzung der Berufsgruppen in der Nationalversammlung (VT1).

3 Stelle zusammen, welche Aufgaben das Parlament hatte und wie es sie löste (VT2).

4 Liste auf, welche Freiheiten und Rechte die Grundrechte den Deutschen geben sollten (Q2).

5 Beurteile, welche Bevölkerungsschicht durch die Grundrechte (Q2) besonders profitierte.

6 Erläutere, wie die Revolution von 1848/1849 endete (VT2, VT3, Q3).

7 „Die Revolution von 1848/1849 ist ein Ereignis, auf das die Deutschen stolz sein können." Nimm Stellung zu diesem Urteil.

nah dran

extra 7 | Von der Nationalversammlung zum Deutschen Bundestag

Informationen zur Nationalversammlung
① Hinter dem Podium: Altar der Kirche, durch einen Vorhang mit dem Bild des alten deutschen Reichsadlers verdeckt
② Darüber: Kirchenorgel, durch ein Gemälde der deutschen Reichsgöttin Germania und zwei Kränze verdeckt
③ Tribüne unten rechts: „Damenloge" für Besucherinnen der besseren Gesellschaft
④ Tribüne unten links: Zuschauerplätze für Herren der besseren Gesellschaft
⑤ Tribüne oben: für sonstige Besucher
⑥ Zwischen den Säulen: Plätze für Journalisten

1800 bis ca. 1914 | Streben nach Einheit und Freiheit

Q1 Sitzung der Nationalversammlung in der Frankfurter Paulskirche, Druck nach einer Zeichnung von Fritz Bamberger, 1848. Auf dem Podium stehend der Präsident der Versammlung, vor dem Podium zwei Stenografen, davor das Rednerpult mit einem Redner, im Halbkreis umgeben von Tischen mit Stenografen und den Sitzreihen der Abgeordneten, über und hinter den Säulen Zuschauer. Die radikaldemokratischen Abgeordneten saßen vom Rednerpult aus gesehen auf der linken Seite, die Monarchisten auf der rechten Seite. Seither spricht man in Deutschland von „linken" und „rechten" Politikern.

Q2 Sitzung des Bundestages der Bundesrepublik Deutschland

Aufgaben

1 Beschreibe die Wirkung des Raumes auf dich (Q1).

2 Verfasse einen Zeitungsartikel darüber, welche Symbole im Raum zu sehen sind und was sie bedeuten sollen.

3 Vergleiche die Sitzordnung der Abgeordneten in der Frankfurter Nationalversammlung (Q1) und im Bundestag (Q2).

4 Erkläre einem fremden Besucher der Nationalversammlung, warum ihre Sitzungen für Besucher und Journalisten öffentlich sind.

8 | Reichsgründung durch „Eisen und Blut"

1849 hatte der preußische König die Kaiserkrone abgelehnt, die ihm die Nationalversammlung angeboten hatte. Aber Kaiser wurde der preußische König schließlich doch.

Q1 Der Tod bedankt sich für die reiche Ernte, französische Karikatur von 1870. Dargestellt wird ein Alptraum Bismarcks anlässlich des Deutsch-Französischen Krieges 1870/71.

→ **Karikaturen deuten** S. 58/59

Deutschland ohne Österreich

Der preußische König hatte 1849 die Krone gegenüber der Nationalversammlung abgelehnt. Die Gründung eines kleindeutschen Reiches unter preußischer Führung entsprach aber durchaus seinen Zielen. Nur wollte er das durch Verhandlungen mit den deutschen Fürsten erreichen. Er versuchte daher, die Fürsten der deutschen Klein- und Mittelstaaten für seinen Plan zu gewinnen. Für die andere deutsche Großmacht, Österreich, war das ein Affront: Es fürchtete um die eigene Vormachtstellung in Deutschland. Schon drohte Krieg zwischen Preußen und Österreich. Schließlich einigte man sich 1851, den Deutschen Bund unter österreichischem Vorsitz fortzusetzen.

1862 wurde Graf Otto von Bismarck preußischer Ministerpräsident. Sein Ziel war ein Deutschland unter Preußens Führung. Dafür sah er einen Krieg mit Österreich als unausweichlich an. Zunächst aber besiegten Preußen und Österreich gemeinsam den Dänenkönig, um ihn aus Schleswig-Holstein zu verdrängen. Die gemeinsame Verwaltung von Schleswig-Holstein nutzte Bismarck, um Spannungen zu erzeugen, die 1866 zum erwünschten Krieg gegen Österreich führten. Preußen siegte. Österreich musste anerkennen, dass es fortan Deutschland nicht mehr angehörte. Der Deutsche Bund löste sich auf. Stattdessen wurde unter Preußens Führung der Norddeutsche Bund gegründet. Ihm gehörten alle Staaten nördlich des Mains an.

Das preußisch-deutsche Kaiserreich

Der französische Kaiser Napoleon III. war im Krieg von 1866 neutral geblieben. Er erwartete, dass Deutschland ihm zum Dank linksrheinische Gebiete in Süddeutschland abtreten werde. Doch Bismarck lehnte ab. Weil sich die süddeutschen Staaten in dieser Situation von Frankreich bedroht fühlten, schloss Bismarck „Schutz- und Trutz-Bündnisse" mit ihnen ab. Das war ein geschickter Schachzug.

Denn als es 1870 zu einem Konflikt zwischen Preußen und Frankreich kam, konnte Bismarck auf die neuen Verbündeten bauen. Er verschärfte den Konflikt so sehr, dass Napoleon III. den Krieg erklärte. Jetzt mussten mit Bismarcks Norddeutschem Bund auch die süddeutschen Staaten in den Krieg gegen Frankreich ziehen. Frankreich wurde besiegt, musste eine hohe Kriegsentschädigung zahlen und Elsass-Lothringen abtreten.

Die deutschen Fürsten versammelten sich im Hauptquartier in Versailles und bejubelten den gemeinsamen Sieg. Bismarck nutzte die gute Stimmung, um sie für sein großes Ziel zu gewinnen: die Einigung Deutschlands unter Preußens Führung. Am 18. Januar 1871 riefen die deutschen Fürsten in Versailles den preußischen König zum Kaiser des neuen Deutschen Reiches aus.

1800 bis ca. 1914 | Streben nach Einheit und Freiheit

Q2 Proklamation (Ausrufung) des Deutschen Kaiserreichs am 18. Januar 1871 im Schloss von Versailles. Der preußische König (vorne in der Mitte auf dem Podest) wird zum „Deutschen Kaiser" durch die deutschen Fürsten erklärt. In der Bildmitte in weißer Paradeuniform: Bismarck. Das Bild zeigt das Ereignis nicht so, wie es wirklich stattfand. Tatsächlich trug Bismarck in Versailles eine blaue Uniform; den Orden, der an seiner Brust zu sehen ist, bekam er erst später; der preußische General Roon (im Bild neben Bismarck) war gar nicht anwesend. Gemälde (167 x 202 cm) von Anton von Werner, 1885

Aufgaben

1 Fasse zusammen, wie Preußen bis 1866 zur Vormacht in Deutschland wurde (VT1).

2 Arbeite heraus, was Bismarck bei der Verwirklichung eines einheitlichen deutschen Reiches besonders wichtig war (VT1).

3 Erläutere, wie Bismarck den preußisch-französischen Konflikt zur Reichsgründung unter preußischer Führung nutzte (VT2).

4 Erläutere die Überschrift des Kapitels (VT, Q1).

5 Beschreibe, wie Q2 auf dich wirkt.

6 Prüfe, ob Q2 das historische Ereignis korrekt wiedergibt.

7 Diskutiert, warum der Maler Anton Werner das historische Ereignis auf dem Gemälde verfälscht hat.

○ 1, 2, 5   ◐ 3, 4   ● 6, 7

extra | 9 | # Nationalismus als neue Gefahr

Die Revolutionäre von 1848 waren national und zugleich freiheitlich gesinnt gewesen. Doch am Ende des 19. Jahrhunderts entwickelte sich der Nationalstolz zu einem gefährlichen Nationalismus.

Nationalismus
übertriebener Stolz auf die Leistungen und Werte des eigenen Volkes, manchmal verbunden mit einem übertriebenen Machtanspruch und mit der Herabsetzung anderer Völker

Stolz auf die nationale Einheit

Für die meisten Deutschen war das 1871 gegründete Kaiserreich die Erfüllung ihres Wunsches nach einem deutschen Nationalstaat. Dass er durch einen Sieg über Frankreich errungen wurde, bereitete ihnen in Erinnerung an die Niederlagen gegen Napoleon Genugtuung. Die Gründer des Deutschen Reiches, allen voran Bismarck und der preußische König Wilhelm I., wurden als Helden verehrt. Die Regierenden förderten den Nationalstolz. Denn er verband die Menschen mit dem Staat und seinen Vertretern. In der Schule lernten die Kinder, dass Dienst und Opferbereitschaft für das „Vaterland" ihrem Leben Sinn gäben. Feste und Gedenkfeiern erinnerten an die Siege und Gefallenen von 1870/71. Die Toten aus dem Krieg wurden als Helden verehrt, fast jeder Ort hatte sein Gefallenendenkmal. Dazu entstanden an vielen Orten Deutschlands zwischen 1875 und 1900 gewaltige Denkmäler. Sie sollten die Besucher an die großen Siege der „Deutschen" erinnern.

Bedenkliche Entwicklungen

Die Reichsgründung beeinflusste aber nicht nur in Deutschland die nationalen Gefühle. Frankreich betrachtete die Niederlage und ihre Folgen als nationale Schmach. Der Ruf nach Revanche fand begeisterte Anhänger. Mehrmals schien ein Krieg zu drohen. Aber auch in England fühlte man sich durch das neue Deutsche Reich mehr und mehr bedroht. Aus britischer Sicht hatte die Reichsgründung das Mächtegleichgewicht Europas zerstört. Als Wilhelm II. (1888–1918) deutscher Kaiser wurde, kam es zum englisch-deutschen Konflikt. Wilhelm verlangte, dass Deutschland als Weltmacht anerkannt würde. Um dies zu unterstreichen, ließ er eine große Kriegsflotte bauen. Damit machte er Deutschland zum bedrohlichen Rivalen der alten Welt- und Seemacht England.

Dazu kam eine andere bedenkliche Entwicklung: Je mehr die Regierungen von Wahlentscheidungen abhängig wurden, desto stärker versuchten sie, die Menschen zu beeinflussen. Am besten ging das durch die Presse oder das neue Medium Kino. So konnten gefährliche Massenstimmungen erzeugt werden.

Q1 Hermannsdenkmal bei Detmold (Foto). Es wurde zwischen 1838 und 1875 vom Architekten Ernst von Bandel erbaut.

1800 bis ca. 1914 | Streben nach Einheit und Freiheit

Q2 Rede Kaiser Wilhelms II. zur Taufe eines neuen Kriegsschiffs in Wilhelmshaven (1900):

(Seht,) (…) wie mächtig der Wellenschlag des Ozeans an unseres Volkes Türe klopft und es zwingt, als ein großes Volk seinen Platz in der Welt zu behaupten, mit einem Wort: zur Weltpolitik. Der Ozean ist unentbehrlich für Deutschlands Größe. Aber der Ozean beweist auch, dass (…) ohne Deutschland und ohne den Deutschen Kaiser keine große Entscheidung mehr fallen darf. Ich bin nicht der Meinung, dass unser deutsches Volk vor dreißig Jahren unter der Führung seiner Fürsten gesiegt und geblutet hat, um sich bei großen auswärtigen Entscheidungen beseite schieben zu lassen. Geschähe das, so wäre es ein für allemal mit der Weltmachtstellung des deutschen Volkes vorbei. Hierfür (…), wenn es sein muss, auch die schärfsten Mittel rücksichtslos anzuwenden, ist meine Pflicht (…). Ich bin überzeugt, dass Ich hierbei Deutschlands Fürsten und das gesamte Volk festgeschlossen hinter Mir habe.

Q3 Über Kinobesucher im Frühjahr 1914 in Frankreich berichtet ein österreichischer Schriftsteller:

Zuerst liefen die „Neuigkeiten aus aller Welt" über die Leinwand. Ein Bootsrennen in England. Die Leute schwatzten und lachten. Es kam eine französische Militärparade. Auch hier nahmen die Leute wenig Anteil. Dann als drittes Bild: „Kaiser Wilhelm besucht Kaiser Franz Joseph in Wien". (…) In dem Augenblick, da Kaiser Wilhelm im Bild erschien, begann ganz spontan in dem dunklen Raum ein wildes Pfeifen und Trampeln. Alles schrie und pfiff, Frauen, Männer, Kinder höhnten, als ob man sie persönlich beleidigt hätte. Die gutmütigen Leute von Tours, die doch nicht mehr wussten von Politik und Welt, als was in ihren Zeitungen stand, waren für eine Sekunde toll geworden. (…) Es war nur eine Sekunde gewesen, aber doch eine, die mir zeigte, wie leicht es sein könnte, im Augenblick ernstlicher Krise die Völker hüben und drüben aufzureizen.

→ **Flottenpolitik**
S. 138/139

Q4 Kaiser Wilhelm II. nimmt eine Parade der deutschen Kriegsflotte ab, zeitgenössisches Wandgemälde für eine Schule. Die Flotte war Wilhelms II. „Lieblingskind", um Deutschlands Weltmachtanspruch zu zeigen.

Aufgaben

1 Lies den Lexikonbegriff „Nationalismus" auf der linken Seite. Suche für die dort genannten Punkte Beispiele im Verhalten der Deutschen (VT).

2 Nenne eines der Hauptziele, die Wilhelm II. für Deutschland erreichen wollte (VT2).

3 Begründe, warum die deutsche Einigung den Nationalismus und damit Konflikte in Europa verstärkte (VT).

4 Untersuche, welche Botschaft von Q4 auf die Betrachter ausgehen sollte.

5 Schreibe aus Q2 die Textstellen heraus, die nationalistisch gefärbt sind.

6 Bewerte, wie die Rede auf die Menschen in Großbritannien gewirkt haben dürfte, indem du als britischer Zeitungsreporter einen Kommentar dazu schreibst (Q2).

7 Erkläre, worin für den Österreicher das Erschreckende des Erlebnisses bestand (Q3).

8 Finde mehr über das Hermannsdenkmal heraus. Nähere Informationen findest du im Online-Link.

Surftipp
Hermannsdenkmal
454053-0117

○ 1, 2, 8   ◐ 3–5, 7, 8   ● 6

117

extra 10 Wie das Kaiserreich regiert wurde

1871 erhielt das Kaiserreich eine Verfassung. Sie sah ein gleiches, freies und geheimes Wahlrecht für alle Deutschen vor. Das war schon richtig demokratisch. Aber um eine demokratische Verfassung handelte es sich dennoch nicht.

Wahlrecht
(nach der Verfassung von 1871: allgemein, gleich, geheim) Alle Männer ab 25 Jahren durften in geheimer Stimmabgabe, wobei jede Stimme gleich viel zählte, den Reichstag wählen.

Eine monarchische Regierung

Das Deutsche Kaiserreich war ein Bundesstaat aus 25 Einzelstaaten. Darin hatte Preußen durch seine Größe und seine Einwohnerzahl ein starkes Übergewicht. Zudem war der preußische König zugleich deutscher Kaiser und der preußische Ministerpräsident auch Reichskanzler.

Dieses wichtige Amt hatte von 1871 bis 1890 Fürst Otto von Bismarck inne. Kein Parlamentsbeschluss konnte ihn stürzen. Denn der Reichskanzler wurde nur vom Kaiser ernannt und entlassen. Ihm gegenüber fühlte sich Bismarck daher auch in erster Linie verpflichtet. Über die Abgeordneten äußerte er sich dagegen häufig geringschätzig.

Den Reichstag bezeichnete er manchmal als „Schwatzbude" und die Parteien, die seine politischen Entscheidungen ablehnten, als „Reichsfeinde". Dennoch zwang ihn die Verfassung, mit ihnen zusammenzuarbeiten. Denn der Reichstag beschloss den Haushalt, brachte Gesetzesvorschläge ein und beschloss sie zusammen mit dem Bundesrat. Um seine Wünsche durchzubringen, versuchte Bismarck häufig, die Parteien gegeneinander auszuspielen.

Die Vertretung des Volkes

Die Abgeordneten des Volkes saßen im Reichstag. Sie wurden von der männlichen Bevölkerung ab 25 Jahren in allgemeiner, gleicher und geheimer Wahl gewählt – damals war dies das fortschrittlichste Wahlrecht Europas. Eine Neuheit gegenüber dem Parlament von 1848 war, dass die Abgeordneten Parteien angehörten. Erste Parteien waren in Deutschland um 1860 entstanden. Und sie wurden umso wichtiger, je mehr die Abgeordneten bei politischen Entscheidungen mitbestimmten. Denn sie vertraten die Interessen unterschiedlicher Bevölkerungsgruppen. Die Sozialdemokraten – nach der Sitzordnung im Parlament als „Linke" bezeichnet (siehe auch S. 112) – kämpften für die Rechte der Arbeiter. Die Konservativen, nach der Sitzordnung die „Rechten", vertraten die Interessen von Adel und Großbürgertum. In der „Mitte" gab es zwei Parteien: Das Zentrum unterstützte vor allem die Interessen der katholischen Bevölkerung. Die Liberalen, Vertreter des Bürgertums, forderten mehr Bürgerrechte und machten sich für den Fortschritt in Industrie und Handel stark.

D1 Die Verfassung des Deutschen Reiches von 1871. Die Abgeordneten des Reichstags wurden bis 1890 für drei Jahre gewählt, danach für fünf Jahre.

→ Ein Verfassungsschema interpretieren
S. 64/65

```
                    vertritt das Reich          „DEUTSCHER KAISER"       befehligt die Streitkräfte
                    gegenüber dem Ausland       (König von Preußen,
                                                Präsidium des Bundes)

        beruft ein      löst auf        ernennt        erlässt        beruft ein       löst auf

         Reichstag                  Reichskanzler                        Bundesrat
      (397 Abgeordnete)             Staatssekretäre    sitzt vor        (58 Vertreter)

                                legen Gesetze vor und
            wählen              beschließen sie /                        entsenden
                                verabschieden den Haushalt               Vertreter

         Wahlberechtigte                                               25 Einzelstaaten
       (Männer über 25 Jahre)
```

1800 bis ca. 1914 | Streben nach Einheit und Freiheit

Q1 Ein liberaler Abgeordneter über das Wahlrecht des Reichstags (1871):

Auch wenn eine Volksvertretung (…) nicht die Kraft besitzt, Minister ein- und abzusetzen, so ist schon ihr Dasein und ihre Debatte, ihre Kritik des Staatshaushalts und ihre Befugnis,
5 misslungene Gesetzentwürfe zu vernichten, eine höchst bedeutende Schranke gegen jeden willkürlichen Absolutismus der Regierung.

Q2 1895 urteilte ein Sozialist über die Wirkung des allgemeinen Wahlrechts so:

Als nun Bismarck sich genötigt sah, dies Wahlrecht einzuführen (…), da machten unsere Arbeiter sofort Ernst damit (…). Mit dieser erfolgreichen Benutzung des allge-
5 meinen Stimmrechts war aber eine ganz neue Kampfweise des Proletariats in Wirkung getreten. (…) Die zwei Millionen Wähler, die (die SPD jetzt schon) an die Urnen schickt (…), bilden die zahlreichste, kompakteste
10 Masse (…) der internationalen (Arbeiterschaft). (…) Ihr Wachstum geht so spontan, so stetig, so unaufhaltsam und gleichzeitig so ruhig vor sich wie ein Naturprozess. (…) Geht das so voran, so erobern wir bis Ende
15 des Jahrhunderts den größeren Teil der Mittelschichten der Gesellschaft, Kleinbürger wie Kleinbauern, und wachsen aus zu der entscheidenden Macht im Lande, vor der alle anderen Mächte sich beugen müssen, sie
20 mögen wollen oder nicht.

Q3 Ein SPD-Abgeordneter urteilte 1874 so:

Das durch „Blut und Eisen" mühsam zusammengeschweißte „Reich" ist kein Boden für bürgerliche Freiheit, geschweige denn für soziale Gleichheit. (…) Wir glauben nicht, dass
5 das allgemeine Wahlrecht ein Heilmittel (…) ist, durch das das arbeitende Volk das Glück sich herbeiführen kann. Wir glauben auch nicht, dass es ihm unter den heutigen Verhältnissen gelingen wird, die Machtverhältnisse
10 umzugestalten. Und dennoch muss es das angeführte Mittel als das einzige benutzen, welches ihm augenblicklich gegeben ist, um (…) für seine vorenthaltenen Rechte einzutreten.

Q4 Karikatur auf das preußische Drei-Klassen-Wahlrecht, 1893. Bei den preußischen Landtagswahlen hatten die Stimmen der Reichsten (fünf Prozent der Bevölkerung) genauso viel Gewicht wie die der dritten Klasse (82 Prozent der Bevölkerung).

→ **Karikaturen deuten** S. 58/59

Aufgaben

1 Wende die Arbeitsschritte der Methode „Ein Verfassungsschema interpretieren" (siehe S. 65) soweit wie möglich auf D1 an.

2 Prüfe, welchen Einfluss Preußen und der preußische König auf das Deutsche Reich hatten (VT1, D1).

3 Nenne die Aufgaben des Reichstags (VT1).

4 Begründe, warum Bismarck dem Reichstag kritisch gegenüberstand (VT1, Q1, Q2).

5 Lege eine Tabelle mit drei Spalten an. Liste darin die Parteien auf. Ordne ihnen ihren Sitzplatz im Parlament zu. Notiere schließlich, welche gesellschaftlichen Gruppen hinter ihnen standen (VT2).

6 Vergleiche Q1–Q3. Worin sind sich die drei Verfasser einig? Was kritisiert der SPD-Abgeordnete?

7 Erkläre, warum in Preußen das Prinzip der Gleichheit bei Wahlen nicht galt (Q4).

8 Verfasse ein Gutachten darüber, was an der Verfassung von 1871 geändert werden müsste, damit sie demokratischer wird.

○ 1, 3, 5 ◐ 1, 2, 4, 6, 7 ● 1, 8

119

extra 11 | Zwischen Tradition und Moderne

Gerade bei ausländischen Besuchern konnte das Leben im Kaiserreich zwiespältige Eindrücke erwecken. Einerseits beeindruckte seine wirtschaftliche und technische Modernität, andererseits wirkte es altmodisch und militärisch.

Q1 Parade der Gardetruppen im Berliner Lustgarten 1909

Militarismus
Einstellung, die militärischen Lebensformen und Verhaltensweisen auch im gesellschaftlichen Alltag hohen Wert beimisst

Militärische Umgangsformen
Die meisten Deutschen schauten voller Stolz auf „ihre" Soldaten, wenn diese mit bunten Uniformen zur Parade aufmarschierten. Kaiser und Regierung förderten diese Einstellung. Denn der Soldat lernte nicht nur den Umgang mit der Waffe, sondern auch Ordnung, Pflichterfüllung und vor allem Gehorsam.

Wenn ein Unteroffizier nach zwölf Jahren die Armee verließ, hatte er Anspruch auf eine Stelle bei der Bahn, Post oder Polizei. Als Uniformträger genoss er Respekt. Seinen militärischen Befehlston behielt er meist bei, wenn er mit normalen Bürgern sprach.

Vorbilder von gestern
Der kaiserliche Hof, Adel und Militär genossen hohes Ansehen in der Gesellschaft um 1900. Fast alle wichtigen Stellen in Regierung, Verwaltung, Diplomatie und Militär waren von Adligen besetzt. Die Angehörigen des reichen Bürgertums nahmen sich den adligen Lebensstil zum Vorbild. Militärische Titel und Orden waren begehrt. So konnte der Adel seine bevorzugte Stellung behaupten, obwohl sie nicht mehr zeitgemäß war.

Rasante Wirtschaftsentwicklung
Deutschland war um 1900 die erfolgreichste Industrienation in Europa. Bürgerliche Unternehmer wie Krupp in Essen hatten moderne Fabriken und Firmen aufgebaut. Chemische Betriebe wie Bayer und BASF waren auf dem Weltmarkt führend. Um 1900 kamen 90 Prozent aller künstlichen Farbstoffe und Düngemittel aus deutscher Produktion. Eine ähnlich beherrschende Stellung hatte die deutsche Elektroindustrie mit Betrieben wie Siemens und AEG inne. Deutsche Produkte hatten Weltruf.

Spitzenleistungen der Forschung
Eine Voraussetzung für den Erfolg der deutschen Unternehmen waren Universitäten und Forschungslabore von Weltrang. Junge Wissenschaftler aus anderen Ländern kamen nach Deutschland, um Physik, Chemie oder Medizin zu studieren. Deutsche Gelehrte leisteten wichtige Beiträge im Kampf gegen gefährliche Infektionskrankheiten. So entdeckte Robert Koch die Erreger von Cholera und Tuberkulose. Paul Ehrlich und Emil von Behring fanden Mittel gegen Wundstarrkrampf, Diphterie und Geschlechtskrankheiten. 1895 entdeckte Conrad Röntgen Strahlen, durch die man innere Organe sichtbar machen konnte. Zwischen 1901 und 1914 bekamen deutsche Wissenschaftler 14 von 32 Nobelpreisen für Medizin, Physik und Chemie.

Einen wichtigen Beitrag zur Modernität des Kaiserreiches leisteten die deutschen Juden: Viele von ihnen waren als Unternehmer oder Wissenschaftler erfolgreich.

1800 bis ca. 1914 | Streben nach Einheit und Freiheit

Q2 Telefonvermittlung in Berlin um 1900, Foto. Neben New York und London hatte Berlin damals das modernste Telefonnetz der Welt.

Q3 Deutschland 1914, wie es ein französischer Besucher erlebte:

Das arme Deutschland, das 1870 auf der ökonomischen Landkarte kaum mehr als ein weißer Fleck war, ist in wenig mehr als 40 Jahren zu einer der großen Weltmächte aufgestiegen; es ist ihm gelungen (…), nach dem Sieg auf dem Schlachtfeld im industriellen Bereich zu kämpfen und zu siegen. (…) Das bis dahin arme Deutschland wurde mit einem Schlage reich. (…) Noch etwas überraschte den Reisenden (…), nämlich der zunehmende Luxus: die luxuriöse Ausstattung der Wohnungen, der Möbel, der Kleidung und der Tafel. In zwanzig Jahren haben sich die deutschen Gewohnheiten selbst beim Mittel- und Kleinbürgertum vollkommen verändert.

Q4 Deutsches Bürgertum, Reichstagsrede eines SPD-Abgeordneten 1914:

Nicht der ehrenwerte Bürger ist das vielfach gangbare Lebensideal für die Mittelklasse des deutschen Volkes, sondern der schneidige Herr „von" mit dem aufgedrehten Schnurrbart. Ein junger Kaufmann will bei uns nicht aussehen wie ein junger Kaufmann, sondern womöglich wie ein Leutnant in Zivil. Und ein Jüngling allerbürgerlichster Herkunft schafft sich, wenn er Ehrgeiz hat, zuerst ein Monokel an und dann diesen imponierenden königlich preußischen Schnarrton.

Aufgaben

1 Beschreibe die Bedeutung von Militär und Adel im Kaiserreich (VT1, VT2).

2 Stelle zusammen, wodurch Deutschland fortschrittlich wirkte (VT3, VT4).

3 Erkläre, warum der französische Besucher von einem neuen Sieg Deutschlands spricht (Q3).

4 Erläutere den Gegensatz zwischen altmodischem und modernen Deutschland (Q1, Q2).

5 Arbeite heraus, was der SPD-Abgeordnete an den deutschen Bürgern kritisiert (Q4).

6 Beurteile das Verhalten vieler Deutscher damals, Adel und Militär grundsätzlich höher anzusehen als andere Bürger.

7 Beurteile, ob auch heute noch bestimmte Bevölkerungsgruppen höher angesehen sind.

12 | Die Gesellschaft im Kaiserreich

Menschen, die die Weltkriege und Krisen nach 1914 erlebt hatten, nannten die Zeit davor gern „die gute alte Zeit". Bei genauerem Hinsehen kommen aber Zweifel, ob das für alle stimmte.

Soziale Schichten dienen zur Einteilung der Mitglieder einer Gesellschaft nach Merkmalen wie Herkunft, Beruf, Bildung, Einkommen, Besitz usw. Häufig ist die Einteilung in Ober-, Mittel-, Unterschicht.

„Mädchen für alles"
Hörbuch 2, Track 16

Das zählte in der Gesellschaft

Wahrscheinlich dachten die Menschen bei der „guten alten Zeit" an Sicherheit und Ordnung, die den Alltag bestimmten und unerschütterlich schienen. Denn wie gut oder wie schlecht das Leben im Kaiserreich wirklich für jemanden war, das hing sehr davon ab, zu welcher sozialen Schicht man gehörte. Maßgebend dafür waren Herkunft, Beruf, Bildung, Einkommen und Besitz. Sie entschieden über Stellung und Ansehen in der Gesellschaft. Und wer „oben" war, versuchte sich nach „unten" abzugrenzen. Junge Leute aus den unteren Schichten hatten es schwer, sich durch Fleiß und Bildung hochzuarbeiten.

Die da oben ... die da unten

Für Adlige war das Kaiserreich eine gute Zeit. Sie genossen höchstes Ansehen und wurden bei hohen Beamten- und Offiziersstellen bevorzugt. Ähnlich angesehen waren die vielen erfolgreichen Fabrikanten, Großkaufleute und Bankiers, die meist weit mehr Geld verdienten als die Adligen. Beide Gruppen konnten sich einen besonderen Lebensstil mit Kutschen, Köchinnen, Gärtnern und anderen Hausangestellten leisten.

Darunter gab es eine breite Mittelschicht, die um 1900 stark anwuchs. Dazu gehörten vor allem Chemiker, Ingenieure, Geschäftsführer und Ärzte sowie Beamte, Lehrer und Professoren. Einfache Menschen bildeten die Unter- oder Arbeiterschicht. Sie hatten es oft schwer, ihre Familie zu ernähren. Geld für eine gute Bildung der Kinder war dabei kaum übrig.

Aufsteigen oder aussteigen

Für Jugendliche existierten in dieser festgefügten Welt wenig Freiräume. Es gab noch keine Diskos und kein Facebook, wo Jugendliche unter sich sein konnten. Zu Hause und in der Schule wurde erwartet, dass sie sich an Disziplin und Leistung der Erwachsenenwelt anpassten.

Einige Jugendliche lehnten sich dagegen auf. 1896 gründeten sie eine neue Bewegung, den „Wandervogel". 1913 hatte sie schon 800 Ortsgruppen mit 25 000 Mitgliedern. Gemeinsam gingen die Gruppen „auf Fahrt" in die Natur. Ein selbstbestimmtes Leben zu führen, war ihr Ziel. Sie hatten eigene Ausdrücke, eigene Lieder und unterschieden sich durch ihre Wanderkleidung von anderen Jugendlichen. Alkohol und Nikotin waren verboten. Dadurch wollten sie sich deutlich von Gewohnheiten der bürgerlichen Gesellschaft abheben.

D1 Soziale Schichten in Preußen um 1900

1800 bis ca. 1914 | Streben nach Einheit und Freiheit

Q1 Soziale Schichten im Kaiserreich in zeitgenössischen Abbildungen
a) Hermann Prinz von Sachsen-Weimar auf dem Rennplatz (Foto, um 1900)
b) „Herr Leutnant" erzählt in einem großbürgerlichen Salon Geschichten aus seinem Soldatenleben (Gemälde, 1890)
c) Kleinbürgerliches Wohnzimmer (Foto, 1911)
d) Arbeiterfamilie in der Wohnküche (Foto, 1907)

Aufgaben

1 Nenne die Merkmale, von denen gesellschaftliches Ansehen abhing (VT1).

2 Ordne die Bilder (Q1) den Schichten im Schaubild (D1) zu.

3 Stelle für Q1a)–d) eine Tabelle mit drei Spalten zusammen:
1. Bild-Nr., 2. Schicht, 3. Merkmale

4 Zwei Jugendliche aus einer Arbeiterfamilie sprechen über ihre Zukunft. Wie sieht ihr weiterer Lebensweg wahrscheinlich aus? Wie können sie daran etwas ändern? Schreibe das Gespräch auf oder spielt die Szene nach.

5 Erkläre, welche Stellung die „Wandervögel" in der damaligen Gesellschaft einnahmen (VT3).

6 „Die Idee der Wandervögel war für die damalige Zeit sehr modern." Beurteile diese Aussage mithilfe von VT3.

7 Beurteile, ob man die Kaiserzeit pauschal als „gute alte Zeit" bezeichnen kann.

8 Suche weitere Familienbilder aus der Zeit um das Jahr 1900 und versuche, sie einer sozialen Schicht zuzuordnen.

extra 13 | Minderheiten unter Anpassungsdruck

Seitdem Deutschland ein Nationalstaat war, gerieten Nichtdeutsche oder als nichtdeutsch betrachtete Bevölkerungsteile unter Druck. Sie sollten sich an die deutsche Kultur anpassen. Das traf besonders Polen und Juden.

Q1 Enteignung in Preußisch-Polen. „Geht nur ins Kohlengebiet – da ist Platz für euch alle. Hier wird jetzt germanisiert!" Karikatur auf das Enteignungsgesetz, abgedruckt in der Satirezeitschrift „Der Wahre Jacob" vom 16. November 1912

Polen werden „germanisiert"

Preußen, Österreich und Russland hatten im 18. Jahrhundert Polen unter sich aufgeteilt. Dadurch wurden 1871 2,4 Millionen Polen Bürger des Deutschen Reiches. Doch sie wollten ihre Sprache und Kultur nicht aufgeben. Das aber wollte der neue deutsche Nationalstaat nicht zulassen. Gesetze zwangen die Polen, in der Schule, bei Behörden oder vor Gericht deutsch zu sprechen. Polnische Geistliche durften nur Religionsunterricht geben, wenn sie deutsch sprachen. 1906/07 protestierten 50 000 polnische Schüler in „Schulstreiks" gegen die „Germanisierung". Die deutschen Behörden antworteten mit Schulverweisungen und Gefängnis für die Eltern. Polnische Bauern konnten seit 1908 gegen Entschädigung sogar enteignet werden.

Deutsche Juden werden diskriminiert

Der neue deutsche Staat hatte die Juden zwar zu gleichberechtigten Staatsbürgern gemacht, aber große Teile der Bevölkerung begegneten ihnen dennoch mit Vorurteilen. Ihrer Ansicht nach passten sich die Juden nicht genug der deutschen Kultur an. Dazu kam der Neid, weil viele Juden gut bezahlte und einflussreiche Stellen im Wirtschafts- und Berufsleben einnahmen.

Gegen Ende des 19. Jahrhunderts entstand in Westeuropa eine neue Form der Judenfeindschaft: der Antisemitismus. Seine Anhänger behaupteten, Juden seien als „Rasse" minderwertiger. In Deutschland fand der Antisemitismus vor allem in konservativen und nationalistischen Kreisen Anhänger. Es entstanden Verbände und Parteien, die antijüdische Schriften verbreiteten. Damit schürten sie Hass gegenüber den jüdischen Mitbürgern.

Minderheiten im Nationalstaat

Mit der Gründung des Kaiserreichs schien die deutsche Einheit erreicht. Im neuen Staat gab es aber Bevölkerungsgruppen, die nach ihren eigenen kulturellen Gewohnheiten leben wollten und die zum Teil auch gar keine Deutschen waren. Das traf für Elsässer, Dänen und Polen zu.

Q2 Aus einer antisemitischen Streitschrift (1876):

Nicht länger dürfen falsche Toleranz (…) und Furcht uns Christen abhalten, gegen die Auswüchse, Ausschreitungen und Anmaßungen der Judenschaft vorzugehen. Nicht
5 länger dürfen wir's dulden, dass die Juden sich überall in den Vordergrund, an die Spitze drängen, überall die Führung, das große Wort an sich reißen. Sie schieben uns Christen stets beiseite, sie drücken uns an die Wand,
10 sie nehmen uns die Luft und den Atem. Sie führen tatsächlich die Herrschaft über uns; sie besitzen eine gefährliche Übermacht, und sie üben einen höchst unheilvollen Einfluss aus. Seit vielen Jahrhunderten ist es wieder
15 zum ersten Mal, dass ein fremder, an Zahl so kleiner Stamm die große eigentliche Nation beherrscht. Die ganze Weltgeschichte kennt kein zweites Beispiel, dass ein heimatloses Volk, eine körperlich und seelisch entschieden
20 verkommene Rasse, bloß durch List und Schlauheit (…) über den Erdkreis gebietet.

Q3 Aufruf eines jüdischen Unternehmers an die Juden in Deutschland (1897):

Schreiet nicht nach Staat und Regierung. Der Staat hat euch zu Bürgern gemacht, um euch zu Deutschen zu erziehen. Ihr seid Fremde geblieben und verlangt, er solle nun
5 die volle Gleichberechtigung aussprechen? Ihr redet von erfüllten Pflichten: Kriegsdienst und Steuern. Aber hier war mehr zu erfüllen als Pflichten: nämlich Vertrauen. (…) Was also muss geschehen? Ein Ereignis ohne geschicht-
10 lichen Vorgang: die bewusste Selbsterziehung einer Rasse zur Anpassung an fremde Anforderungen (…) in dem Sinne, dass (jüdische) Stammeseigenschaften, gleichviel ob gute oder schlechte, von denen es erwiesen ist,
15 dass sie den (deutschen) Landesgenossen verhasst sind, abgelegt und durch geeignetere ersetzt werden. (…) Das Ziel dieser (Entwicklung) sollen nicht imitierte Germanen, sondern deutsch geartete und erzogene Juden sein.

Q4 „Die Zukunft", antisemitische Postkarte, um 1900. Der Wegweiser „Nach Palästina" bezieht sich auf die jüdische Forderung, dort einen jüdischen Nationalstaat zu gründen.

Antisemitismus (Judenfeindschaft) Ende des 19. Jahrhunderts entstandene Bewegung, nach deren wissenschaftlich nicht haltbaren „Rassenlehre" die „semitische (= jüdische) Rasse" eine minderwertige Menschenrasse darstellte, die andere Rassen durch Ausbeutung beherrschen wolle

Aufgaben

1 Finde heraus, welcher Zusammenhang zwischen der Reichsgründung und den Minderheitsproblemen bestand (VT1).

2 Zähle Konflikte zwischen dem deutschen Nationalstaat und der polnischen Minderheit auf (VT2).

3 Erkläre, was mit Germanisierung gemeint ist und warum die Polen sie ablehnten (VT2).

4 Begründe, warum die jüdische Minderheit in der Gesellschaft angefeindet wurde (VT1, VT3, Q2).

5 Suche Textstellen aus Q2 heraus, die die Deutschen gegen Juden aufhetzen sollten. Werden die Behauptungen begründet?

6 Beurteile die Vorschläge zum Umgang mit Minderheiten in Q1 und Q4.

7 „Wer diesem Aufruf folgt, verrät unsere jüdische Kultur und Tradition!" Beurteile diese Reaktion eines deutschen Juden auf Q3.

8 Finde heraus, ob es in Deutschland heute noch Minderheitenprobleme gibt und wie sie gelöst werden.

Training

14 | Deutsche streben nach Einheit und Freiheit

1 Diese Begriffe kann ich erklären!
a) Nation (S. 54, S. 100)
b) Legitimität (S. 102)
c) Deutscher Bund (S. 102)
d) Restauration (S. 104)
e) liberal (S. 104)
f) Nationalversammlung (S. 54, S. 110)
g) Nationalismus (S. 116)
h) Wahlrecht (S. 118)
i) Militarismus (S. 120)
j) soziale Schichten (S. 122)
k) Antisemitismus (S. 125)

2 Diese Methode kann ich anwenden!

Politische Lieder interpretieren:
a) Ich kann Liedtexte in den historischen Zusammenhang einordnen.
b) Ich kann den politischen Standpunkt des Autors bestimmen.
c) Ich kann die Liedbotschaft entschlüsseln.

3 Die Daten auf dem Zeitstrahl kann ich erklären!

4 Diese Fragen kann ich beantworten!

a) Warum entstand in Deutschland zur Zeit Napoleons eine nationale Bewegung?
b) Wollte der Wiener Kongress ein einiges, freies Deutschland herstellen?
c) Wer setzte sich nach 1815 besonders für die Einheit und Freiheit Deutschlands ein?
d) Wie kam es 1848 erstmals zur Wahl einer gesamtdeutschen Nationalversammlung?
e) Welche wichtigen Beschlüsse fasste die Nationalversammlung 1848/49?
f) Wieso scheiterte die Nationalversammlung 1948/49?
g) Wie kam es 1871 zur Gründung des preußisch-deutschen Kaiserreichs?
h) Wodurch wirkte das Kaiserreich wie eine Mischung aus Modernem und Altertümlichem?

5 Zu diesen Fragen habe ich eine Meinung und kann sie begründen!

a) Die 1848/49 geplante Reichsgründung ging „von unten" aus, die 1871 verwirklichte Reichsgründung von „von oben". Stimmst du dieser Aussage zu?
b) War die Revolution tatsächlich 1849 endgültig gescheitert?
c) Wurden die Forderungen nach Einigkeit, Recht und Freiheit im Kaiserreich erfüllt?

1815 — 1819 — 1848/49 — 1871

Q1 „Badisches Wiegenlied" von Ludwig Pfau (gesungen nach der Melodie „Maikäfer, flieg"):

1. Schlaf, mein Kind, schlaf leis,
Dort draußen geht der Preuß!
Deinen Vater hat er umgebracht,
Deine Mutter hat er arm gemacht,
5 Und wer nicht schläft in guter Ruh,
Dem drückt der Preuß die Augen zu.
Schlaf, mein Kind, schlaf leis,
Dort draußen geht der Preuß!

2. Schlaf, mein Kind, schlaf leis,
10 Dort draußen geht der Preuß!
Der Preuß hat eine blut'ge Hand,
Die streckt er übers bad'sche Land,
Und alle müssen stille sein,
Als wie der Vater unterm Stein.
15 Schlaf, mein Kind, schlaf leis,
Dort draußen geht der Preuß!

3. Schlaf, mein Kind, schlaf leis,
Dort draußen geht der Preuß!
Zu Rastatt auf der Schanz,
20 Da spielt er auf zum Tanz,
Da spielt er auf mit Pulver und Blei,
So macht er alle Badener frei.
Schlaf, mein Kind, schlaf leis,
Dort draußen geht der Preuß!

25 4. Schlaf, mein Kind, schlaf leis,
Dort draußen geht der Preuß!
Gott aber weiß, wie lang er geht,
Bis dass die Freiheit aufersteht,
Und wo dein Vater liegt, mein Schatz,
30 Da hat noch mancher Preuße Platz!
Schrei, mein Kind, schrei's:
Dort draußen liegt der Preuß!

Hörbuch 2, Track 15

Q2 Ludwig Pfau, Holzstich um 1880. Der schwäbische Schriftsteller und Dichter lebte von 1821 bis 1894. 1848/1849 gehörte er zu den Anhängern der radikalen Demokraten, die für eine Republik kämpften. Als solcher nahm er nach dem Scheitern der Nationalversammlung am Aufstand in Baden teil und wurde dafür zu 21 Jahren Zuchthaus verurteilt. Er konnte jedoch ins Ausland fliehen. Hier schrieb er sein „Badisches Wiegenlied", in dem er die traurige Gegenwart, aber auch seine Zukunftshoffnungen schilderte. 1863 wurde Pfau begnadigt und konnte in seine Heimat zurückkehren.

Aufgaben

1 Erarbeite dir den Inhalt des Liedes, indem du die Arbeitsschritte 1 und 2 auf Seite 107 auf den Text anwendest.

2 Informiere dich anhand von Q1 über den Autor und die Entstehungszeit des Liedes (Arbeitsschritt 3, Seite 107).

3 Verdeutliche mithilfe deiner erworbenen Kenntnisse möglichst genau, auf welche Ereignisse sich das Lied bezieht (Q1).

4 Deute nun das Lied entsprechend der Arbeitsschritte 4 und 5 auf Seite 107.

Portfolio und Üben
454053-0127

6

Imperialismus und Erster Weltkrieg

Der Erste in der Welt zu sein – danach strebten Ende des 19. Jahrhunderts alle industriellen Großmächte. Um 1880 begann ein wahrer Wettlauf um Kolonien in Afrika, Asien und im Pazifischen Ozean. Alle wollten ihre Herrschaftsgebiete erweitern und dabei die Konkurrenten übertreffen. Es ging um Macht, Rohstoffe, Absatzmärkte. Das schuf immer wieder Konflikte. Besonders Großbritannien und Deutschland lieferten sich einen bedrohlichen Rüstungswettstreit. Die Staaten Europas schlossen sich in zwei feindlichen Lagern zusammen. 1914 kam es zur Katastrophe: Ein Zwischenfall löste den Ersten Weltkrieg aus. Er brachte schreckliches Leid über die Menschen und veränderte die politischen Verhältnisse in Europa von Grund auf.

D1 Kolonialwarenladen aus dem Jahr 1896, heute ausgestellt in einem Museum. Ob sich die Kunden damals klar gemacht haben, wie viel Gewalt angewendet wurde, bis die Waren aus den fernen Ländern so geordnet vor ihnen standen?

ab 1880
„Wettlauf" der Industriemächte um Kolonien in Afrika, Asien und im Pazifik

1904
Deutschland und Großbritannien beginnen ein Wettrüsten um die größte Flotte.

Material im Internet
454053-6000

1914
Das Attentat von Sarajewo am 28. Juni löst den Ersten Weltkrieg aus.

1917
Die USA treten in den Ersten Weltkrieg ein. In Russland gibt es eine Revolution.

1918
Mit der Niederlage Deutschlands und seiner Verbündeten endet der Erste Weltkrieg.

1919
Versailler Friedensvertrag: Europa bekommt eine neue Staatenordnung.

1 Die Erde wird aufgeteilt

Schon seit mehr als 300 Jahren hatten Europäer Kolonien in vielen Teilen der Erde erworben. Aber zwischen 1880 und 1914 entwickelte sich daraus ein Wettkampf um Kolonien, wie es ihn bis dahin noch nicht gegeben hatte.

Q1 „Wenn das Wetter hält, soll nächstens die Fassade unseres Erdballs frisch gestrichen werden." Von links: Ein Brite, ein Russe und ein Franzose streichen Gebiete in Afrika und Asien in „ihren" Farben (Rot, Grün, Blau) an. Karikatur aus der Zeitschrift „Kladderadatsch" vom 23. März 1884

Imperialismus
von lat. imperium = Herrschaft, Reich. Allgemein bezeichnet der Begriff die Herrschaft eines Landes über die Bevölkerung anderer Länder. Im Zeitalter des Imperialismus von 1880 bis 1914 beherrschten die Industriestaaten Kolonialreiche in Afrika, Asien und im Pazifik.

Das Zeitalter des Imperialismus

Mit Deutschland, den USA und Japan waren neue mächtige Industriestaaten entstanden, die nun auch nach Kolonien verlangten. So wollten sie ihren Herrschaftsbereich vergrößern. In den Jahrhunderten zuvor waren es meist private Handelsgesellschaften gewesen, die Kolonien gegründet hatten. Nun aber wurde der Kolonialerwerb zur Staatsangelegenheit. Die Staatsregierungen hatten die militärischen Mittel, um ihre Erwerbungen gegen Rivalen und gegen den Widerstand der Kolonialvölker zu behaupten. Dabei gingen die Kolonialstaaten zunehmend strategisch vor: Vergrößerte ein Staat sein Kolonialgebiet, zogen die anderen Staaten nach. Diese Konkurrenz hatte zur Folge, dass innerhalb weniger Jahre die meisten noch nicht kolonisierten Gebiete verteilt waren. Es entstanden riesige Kolonialreiche unter der Herrschaft einiger Industriestaaten. Die Zeit von 1880 bis 1914 nennen wir heute das Zeitalter des Imperialismus.

Wirtschaftliche Interessen

Die Industriemächte erwarben Kolonien vor allem aus wirtschaftlichen Gründen. Sie hofften, die Kolonien würden die Wirtschaft ihrer Staaten ankurbeln. Unternehmer und Kaufleute versprachen sich hohe Gewinne: Rohstoffe aus den Kolonien wie Baumwolle oder Kautschuk verkauften sie zu günstigen Preisen an die heimische Industrie. Dadurch konnten die heimischen Fabrikanten billiger produzieren als ausländische Konkurrenten. Und wer günstig produziert, kann seine Waren auch günstig verkaufen. So erwarteten sich die Firmen höhere Absätze.

Außerdem hofften sie, ihre Produkte auch in die Kolonien verkaufen zu können und so neue Absatzmärkte zu erschließen. Doch diese Hoffnung erfüllte sich kaum. Zwischen den Kolonien und ihren Mutterländern wurde wenig gehandelt; die meisten Geschäfte machten die Industriestaaten untereinander. Auch war es sehr teuer, die Kolonien zu verwalten, sie militärisch zu schützen sowie Straßen und Eisenbahnstrecken anzulegen. Insgesamt kosteten die Kolonien den Industriestaaten mehr Geld, als sie ihnen einbrachten.

Politische Ziele

Trotz der hohen Kosten hielten die Industriestaaten an ihren Kolonien fest. Denn fast überall waren führende Politiker davon überzeugt, dass in Zukunft nur die mächtigen Staaten mit großen Kolonialreichen in der Weltpolitik etwas zu sagen hätten. Das verschärfte den Kampf um Kolonien so sehr, dass es mehrfach beinahe zu Kriegen zwischen den Industriemächten kam.

um 1880 bis 1918 | Imperialismus und Erster Weltkrieg

D1 Wirtschaftliche Ziele des Kolonialerwerbs

Aufgaben

1 Arbeite heraus, wie und warum sich der Kolonialerwerb von ca. 1880 an veränderte (VT1*).

2 Zähle auf, aus welchen Gründen die Industriemächte Kolonien erwarben (VT2, VT3, D1).

3 Erläutere, warum Kolonien für die meisten Industriestaaten ein Verlustgeschäft waren (VT2).

4 Erkläre anhand der Karikatur Q1 den Begriff „Imperialismus".

5 Recherchiere, was man unter direkter und indirekter Kolonialherrschaft versteht.

6 Bewerte die Folgen des in Q1 dargestellten Verhaltens für die Bevölkerung in Afrika.

7 D1 zeigt eine Diskussionsrunde im Jahr 1880 zum Thema „Braucht unser Land Kolonien?": Vertreter aus vier Ländern, darunter Frankreich und Großbritannien, begründen ihre Positionen. Spielt die Szene nach.

* VT1 bedeutet: Die Aufgabe bezieht sich auf den ersten Abschnitt des Verfassertextes (VT). Die Abschnitte ergeben sich durch die blauen Zwischenüberschriften.

○ 1, 2   ◐ 3–5   ● 6, 7

2 | Die Welt im Jahr 1914

D1 Die Aufteilung der Welt 1914

um 1880 bis 1918 | Imperialismus und Erster Weltkrieg

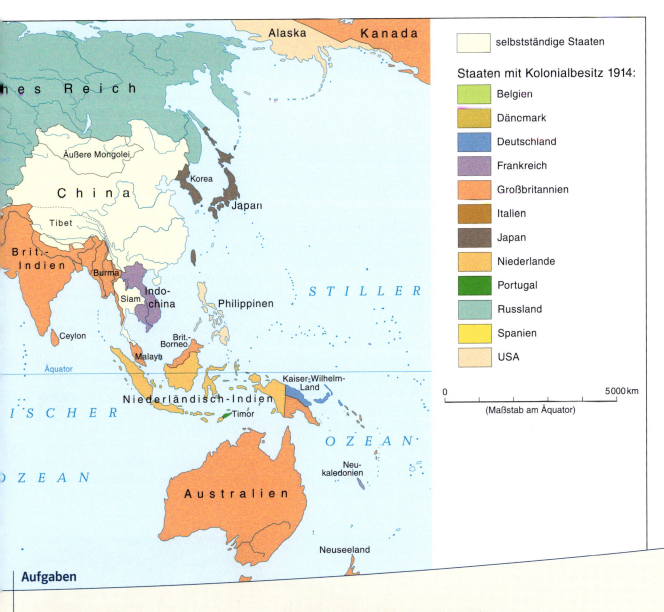

Aufgaben

1 Liste in einer Tabelle die Kolonialmächte und ihre Kolonien auf.

2 Stelle die Veränderungen zwischen 1880 (siehe Karte S. 270) und 1914 (D1) gegenüber.

3 Beschreibe, welcher Kontinent am stärksten vom Imperialismus betroffen war (D1).

4 Schätze das Größenverhältnis zwischen dem jeweiligem Mutterland und seinem Kolonialgebiet. Vergleiche die Verhältnisse der verschiedenen Länder (D1).

5 Erstelle eine Rangliste der Kolonialmächte nach ihrer Bedeutung und begründe deine Einschätzung (mögliche Kriterien: Größe, strategische Lage, Bedeutung der Kolonie …).

6 Ein Brite möchte alle Kolonien seines Landes bereisen. Schätze anhand der Karte, welche Entfernung er zurücklegt. Überlege, wie er die Reise damals bewerkstelligen konnte.

7 Diskutiert, warum gerade Afrika für die Industriestaaten so interessant war.

3 Sendungsbewusstsein und Rassismus

„Am deutschen Wesen soll die Welt genesen." So dachten viele Deutsche im 19. Jahrhundert. Auch andere Europäer meinten, ihre Kultur stünde auf einer höheren Stufe als die anderer Völker. Für die Bevölkerung in den Kolonien hatte das fatale Folgen.

Mission
von lat. missio = Sendung. Mission ist die Verbreitung des christlichen Glaubens. Immer wieder sind Missionare dabei auch gewaltsam vorgegangen.

Rassismus
Anschauung, wonach Menschen aufgrund angeborener (äußerlicher) Eigenschaften in Rassen von unterschiedlichem Wert eingeordnet werden. Rassisten bewerten einen Menschen danach, ob er einer wertvollen oder minderwertigen Rasse angehört. Wissenschaftlich ist diese Lehre nicht haltbar.

Kulturelles Sendungsbewusstsein

Um 1900 waren viele Menschen in den Industriestaaten davon überzeugt, dass ihre Kultur anderen überlegen war. Sie entwickelten ein Sendungsbewusstsein gegenüber den Kolonialvölkern: Frankreich wollte ihnen Zivilisation bringen, Deutschland die Tugenden deutscher Tüchtigkeit, die USA die amerikanische Demokratie. Sie alle behaupteten, damit die Entwicklung der Kolonialvölker zu fördern – notfalls auch mit Gewalt.

Christliche Mission

Mit den Kolonialherren kamen auch die Missionare. Sie beriefen sich auf die Bibel: Jesus habe den Auftrag gegeben, alle Völker der Welt zum christlichen Glauben zu bekehren. Mit diesem Sendungsbewusstsein traten die Missionare bei den Kolonialvölkern auf, die sie allesamt als Heiden ansahen. In Missionsschulen lernten einheimische Kinder zwar lesen und schreiben, wurden aber gleichzeitig gezwungen, den christlichen Glauben anzunehmen.

Manche Missionare ließen Krankenhäuser bauen, um die Versorgung der Menschen zu verbessern. Aber sie trugen auch dazu bei, die alten Sitten und Bräuche der indigenen Bevölkerung zu verdrängen und durch christliche Rituale und Feste zu ersetzen. Das betraf auch private Bereiche wie Hochzeiten und Familienfeste. So wurden den Kolonialvölkern die Lebensformen der Industriestaaten aufgezwungen.

Rassistische Anschauungen

Viele Imperialisten sahen sich durch die neu entstandenen Rasselehren bestätigt. Danach sollte die Rasse der Weißen allen „farbigen Rassen" überlegen sein. Nur die Herrschaft der wertvollsten Rassen garantierte angeblich den Fortschritt der Menschheit. Vermeintlich minderwertige Rassen müssten unterworfen werden.

Überzeugte Anhänger solcher Lehren sahen den Rassismus als Gesetz der Natur oder der göttlichen Weltordnung. So rechtfertigten sie die Ausbeutung der Kolonialvölker für ihre eigenen Zwecke.

Q1 „Züchtigung eines Eingeborenen", deutsche Postkarte, 1913. Brutale Prügelstrafen wurden schon bei kleinsten Vergehen verhängt. So wollten die Kolonialherren die indigene Bevölkerung „erziehen".

um 1880 bis 1918 | Imperialismus und Erster Weltkrieg

D1 Motive für den Kolonialerwerb

Aufgaben

1 Erkläre die beiden Begriffe:
   a) Sendungsbewusstsein (VT1, VT2)
   b) Rassismus (VT3, Lexikon)

2 Arbeite heraus, inwiefern die Imperialisten rassistische Begründungen für die Gründung von Kolonien nutzten (VT3, D1).

3 Bewerte, welches Menschenbild die Rassisten haben (VT3, Lexikon, Q1).

4 Ein afrikanischer Jugendlicher erzählt, was sich im Leben seines Dorfes seit der Ankunft europäischer Missionare verändert hat. Schreibe seinen Bericht auf (VT2).

4 | Das Deutsche Reich wird Kolonialmacht

Lange Zeit hatte sich der deutsche Reichskanzler Otto von Bismarck geweigert, Kolonien zu erwerben. Aber er geriet immer stärker unter Druck.

Q1 Titelbild eines deutschen Schulbuches von 1891

Bismarck und die Kolonialfrage

Bismarck lehnte Kolonien schon deshalb ab, weil ihre Verwaltung hohe Kosten verursachte. Aber auch aus außenpolitischen Gründen war er gegen Kolonien. Er wollte vermeiden, dass es zwischen Deutschland und anderen europäischen Staaten wegen ferner Kolonien zu Streitigkeiten käme. Stattdessen förderte Bismarck sogar die Kolonialpolitik anderer Staaten (besonders von Frankreich). So wollte er deren Aufmerksamkeit von Deutschland und Europa ablenken.

Ein Kolonialreich entsteht

1884 musste Bismarck seine Ablehnung aufgeben. Einflussreiche Großindustrielle und Handelshäuser forderten immer stärker den Erwerb von Kolonien. Zudem meinten viele Politiker, durch Kolonialerwerb könne man die heimische Wirtschaft ankurbeln und Arbeitsplätze schaffen.

Diesen Forderungen gab Bismarck schließlich nach. Von 1884 an stellte er deutschen Unternehmern „Schutzbriefe" für Gebiete in Afrika und im Pazifik aus. Auf diese Weise wurden Kamerun, Togo, Deutsch-Südwestafrika, Deutsch-Ostafrika sowie Inselgruppen im Pazifik zu sogenannten „Schutzgebieten". Diese Gebiete standen unter dem Schutz des deutschen Kaisers, wurden aber von privaten Unternehmern verwaltet. Um 1890 übernahm das Deutsche Reich allmählich selbst den Besitz und die Verwaltung der Gebiete: Aus den Schutzgebieten wurden Kolonien des deutschen Staates. Das Deutsche Reich wurde Kolonialmacht.

Wie Kolonien erworben wurden

Bevor die deutschen Kolonialgebiete in Staatsbesitz kamen, hatten Handels- und Kolonialgesellschaften den Erwerb der Gebiete vorangetrieben. Dies war fast immer nach dem gleichen Schema abgelaufen: Die Gesellschaften beauftragten private Unternehmer, neue Gebiete zu erwerben. Die Unternehmer rüsteten Expeditionen aus und reisten damit in dem begehrten Gebiet von einem Stammeshäuptling zum anderen. Durch freundliches Zureden oder auch mit Drohungen drängten sie die Häuptlinge Verträge abzuschließen: Die Häuptlinge erhielten Alkohol oder europäische Waffen; dafür traten sie den privaten Gesellschaften ihre Stammesgebiete ab oder stellten sich unter ihren Schutz bzw. ihre Oberhoheit. Nach diesem Muster erwarben auch Deutschlands europäische Konkurrenten ihre Kolonien.

Schutzgebiete
von privaten Gesellschaften erworbene und verwaltete Gebiete in Übersee, die unter dem Schutz des deutschen Kaisers standen. Der Begriff wurde von Bismarck geprägt aufgrund seiner Abneigung gegen den staatlichen Erwerb von Kolonien. Er sollte verdeutlichen, dass es sich nicht um Kolonien des Deutschen Reiches handelte.

um 1880 bis 1918 | Imperialismus und Erster Weltkrieg

Q2 Bismarck erläuterte dem Reichstag den Zweck von Schutzbriefen, 1884:

Unsere Absicht ist nicht, (selbst) Provinzen zu gründen, sondern kaufmännische Unternehmungen (…) zu schützen in ihrer freien Entwicklung sowohl gegen die Angriffe aus der unmittelbaren Nachbarschaft als auch gegen Bedrückung und Schädigung von Seiten anderer europäischer Mächte. Im Übrigen hoffen wir, dass der Baum durch die Tätigkeit der Gärtner, die ihn pflanzen, auch im Ganzen gedeihen wird, und wenn er es nicht tut, (…) trifft der Schaden weniger das Reich, (…) sondern die Unternehmer, die sich in ihren Unternehmungen vergriffen haben.

Q3 Der Deutsche Carl Peters erwarb 1884 riesige Gebiete in Ostafrika. 1912 beschrieb er, wie er die Verträge abgeschlossen hatte:

Ich selbst hatte mir, um den Sultanen ebenbürtig zu erscheinen, eine Reihe Fahnen mitgenommen, die ich aufziehen ließ (…). Wir tranken dann einen Trunk guten Grogs und brachten seine Hoheit von vornherein in die vergnüglichste Stimmung (…). Alsdann wurden Ehrengeschenke ausgetauscht.
Weigerte sich ein Sultan, einen Vertrag abzuschließen, ging Peters so vor:
Ich wandte mich nun in die benachbarten Dörfer (…), um noch vor Einbruch der Nacht den Leuten eine Lektion zu erteilen. Ich befahl alles, was für uns von Wert war, schnell herauszuräumen, und ließ dann nacheinander sechs von diesen Dörfern in Brand stecken.

Q4 Carl Peters hatte 1884 die „Gesellschaft für deutsche Kolonisation" gegründet. Nähere Angaben zu diesem Foto sind nicht überliefert.

Q5 Der Petersweg in Ravensburg. Anwohner haben sich für eine Umbenennung ihrer Straße eingesetzt, weil Carl Peters so brutal gegen die afrikanische Bevölkerung vorgegangen war. Foto, 2010

Aufgaben

1 Nenne Gründe, warum Bismarck
   a) lange den Kolonienerwerb ablehnte (VT1),
   b) ab 1884 seine Einstellung gegenüber überseeischen Erwerbungen änderte (VT2, Q2).

2 Beschreibe, wie europäische Unternehmer Kolonialgebiete erwarben (VT3).

3 Vergleiche, wie das Verhältnis von Europäern und Einheimischen dargestellt ist (Q1, Q4).

4 Erläutere die Unterschiede zwischen „Schutzgebieten" und Kolonien (VT2, Lexikon, Q2).

5 Beurteile, ob Bismarck ab 1884 zum überzeugten Imperialisten wurde (VT2, Q2).

6 Nimm Stellung, ob man die Verträge zwischen Europäern und Stammeshäuptlingen als fair bezeichnen kann (VT3, Q3).

7 Der Stadtrat von Ravensburg diskutiert über die Umbenennung des Petersweges. Welche Argumente sprechen dafür, welche dagegen (Q3–Q5)? Inszeniert eine strukturierte Kontroverse (siehe S. 277).

5 Bündnisse und Konflikte

Durch eine kluge Bündnispolitik sicherte der deutsche Reichskanzler Otto von Bismarck jahrzehntelang den Frieden in Mitteleuropa. Aber dann wurde Wilhelm II. Kaiser des Deutschen Reiches – und alles änderte sich.

Q1 „Wem wohl zuerst die Puste ausgeht?" Karikatur aus der Zeitschrift „Der Wahre Jacob", 31. März 1908

Bismarcks Bündnispolitik

Mit seiner Außenpolitik wollte Bismarck das neu geschaffene Deutsche Reich absichern. Dabei spielte das Verhältnis zu Frankreich eine zentrale Rolle: Bismarck fürchtete, Frankreich könnte das 1871 an Deutschland verlorene Gebiet Elsass-Lothringen zurückerobern. Um zu verhindern, dass sich Frankreich zu diesem Zweck mit anderen Staaten verbündete, versuchte Bismarck, das Land zu isolieren: Er schloss Bündnisse mit den großen europäischen Mächten Russland, Österreich und Italien, um sie an Deutschland zu binden.

Der „neue Kurs" Wilhelms II.

1888 wurde Wilhelm II. Kaiser. Er verfolgte einen „neuen Kurs", denn er wollte Weltpolitik nach britischem Vorbild betreiben. Das widersprach Bismarcks Zielen. 1890 entließ der Kaiser den verbitterten Kanzler.

Fortan bestimmte der Kaiser selbst die Politik. Enge Beziehungen unterhielt er zu Österreich-Ungarn. Und da die Spannungen zwischen Österreich und Russland zunahmen, gab er 1890 das Bündnis mit Russland auf. Daraufhin schloss Russland ein Bündnis mit Frankreich. Plötzlich sah sich das Deutsche Reich von zwei Seiten bedroht.

Dazu kam ein angespanntes Rivalitätsverhältnis zu Großbritannien. Der Grund war die Flottenpolitik Wilhelms II.: Er ließ eine Kriegsflotte bauen, die Großbritannien einschüchtern sollte. Großbritannien sah seine Stellung als größte Seemacht bedroht. Das führte ab 1904 zu einem Wettrüsten zwischen Großbritannien und Deutschland beim Bau von Großkampfschiffen.

Zwei Machtblöcke entstehen

Weltpolitik zu betreiben, hieß für Kaiser Wilhelm II., sich überall einzumischen und deutsche Interessen anzumelden. Er galt daher bald als Unruhestifter. Die deutschen Beziehungen zu den anderen europäischen Mächten verschlechterten sich.

Dagegen verbesserten sich deren Beziehungen untereinander: 1904 entstand die „Entente cordiale" (herzliches Einvernehmen), ein Bündnis zwischen Großbritannien und Frankreich. Die Folgen dieser Einigung zeigten sich bereits ein Jahr später, als Frankreich Marokko besetzte. Deutschland protestierte dagegen – aber vergebens. Denn Russland, Großbritannien und sogar Italien unterstützten Frankreich. 1907 einigten sich auch Russland und Großbritannien über Einflussgebiete in Persien und Afghanistan und beendeten damit ihre jahrelangen Streitigkeiten.

Damit hatten sich alle europäischen Staaten gegen das Deutsche Reich gestellt. An der Seite Deutschlands stand nur noch Österreich-Ungarn.

um 1880 bis 1918 | Imperialismus und Erster Weltkrieg

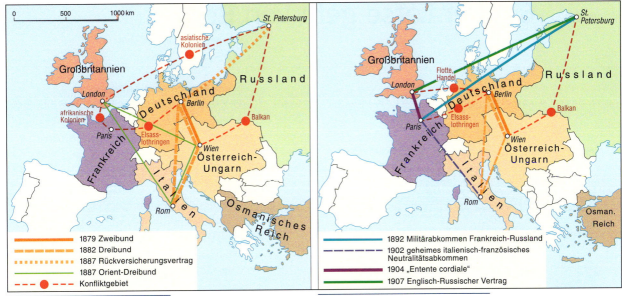

D1 Bündnisse zur Zeit Bismarcks

D2 Bündnisse zur Zeit Wilhelms II.

Q2 Aus einem Gutachten des deutschen Marineministers für Kaiser Wilhelm II., 1910:

Flottenpolitik Eurer Majestät hat zum Rückgrat, dass deutsche Flotte so stark sein muss, dass ein Angriff für England ein großes Risiko bedeutet. Auf diesem Risiko beruht die Welt-
5 machtstellung des Deutschen Reiches (…).

Q3 Aus einer Rede des britischen Marineministers, 1912:

Wir denken nicht daran, irgendjemand anzugreifen, haben niemals daran gedacht (…). Es besteht jedoch ein großer Unterschied zwischen der Flotte Großbritanniens
5 und der (…) Deutschlands. Die Flotte ist für Großbritannien eine Notwendigkeit, während sie für Deutschland (…) nur einen Luxus bedeutet.

	1889 bis 1900	1900 bis 1910	1910 bis 1913
Großbritannien	38	36	20
Deutschland	12	25	13
Frankreich	15	11	11
Russland	15	6	4

D3 Der Bau schwerer Kriegsschiffe

	1905	1910	1913
Frankreich	991	1177	1327
Russland	1069	1435	2050
Großbritannien	1263	1367	1491
Deutschland	1064	1377	2111
Österreich-Ungarn	460	660	720

D4 Rüstungsausgaben (in Millionen Mark)

→ **Flottenpolitik**
S. 116/117

Aufgaben

1 Stelle gegenüber, welche außenpolitischen Ziele Bismarck und Wilhelm II. jeweils verfolgten (VT1, VT2).

2 Beschreibe, welche Folgen der „neue Kurs" Wilhelms II. für das Deutsche Reich hatte (VT2, VT3, D3, D4).

3 Bismarck wird in einem Interview gefragt, was er von Wilhelms Politik hält. Formuliere seine Antwort.

4 Bereite einen Kurzvortrag vor, in dem du D1 und D2 gegenüberstellst.

5 Beurteile, wie sich die deutsche außenpolitische Lage durch Wilhelms Politik geändert hat.

6 Interpretiere die Karikatur Q1 und erläutere, wie sie mit Q2 zusammenhängt.

7 Diskutiert, ob die Ansichten der Marineminister einen Kompromiss zuließen (Q2, Q3).

bilinguales
Arbeitsblatt
454053-0139

○ 1, 2   ◐ 3, 4, 6   ● 5, 7

nah dran

extra 6 „Der Lotse geht von Bord"

Q1 „Der Lotse geht von Bord." (britischer Originaltitel: „Dropping the Pilot."), Karikatur von Sir John Teniel in der britischen Satirezeitschrift „Punch". Die Karikatur bezieht sich auf die Entlassung Bismarcks durch Kaiser Wilhelm II. am 20. März 1890.

Erläuterungen zur Karikatur

Der Karikaturist stellt das politische Ereignis in einer Bildersprache dar, die aus der Schifffahrt übernommen ist. Wie der Kapitän auf einem Schiff, so hat das Staatsoberhaupt im Staat das Oberkommando. Und wie es auf einem Schiff einen Lotsen gibt, der die Gefahren des Gewässers kennt und dem Kapitän rät, wie sie zu vermeiden sind, so braucht auch das Staatsoberhaupt erfahrene politische Ratgeber, um Gefahren vom Staat abzuwenden.

Ein Motiv geht um die Welt

Das Motiv vom Lotsen, der das Schiff verlässt, hat eine gewaltige Wirkung entfaltet. Bis heute benutzen Karikaturisten dieses Bild als Vorlage und wandeln es für unterschiedliche politische Ereignisse ab.

Drei Beispiele aus der Geschichte der Bundesrepublik Deutschland siehst du auf der rechten Seite.

um 1880 bis 1918 | Imperialismus und Erster Weltkrieg

Q2 Rücktritt von Konrad Adenauer, des ersten Bundeskanzlers der Bundesrepublik Deutschland von 1949 bis 1963. Karikatur von Ernst Maria Lang für den „Spiegel", 9. Oktober 1963

Q3 Abwahl von Helmut Schmidt, Bundeskanzler von 1974 bis 1982. Karikatur von Hermann Degkwitz für das Titelblatt des „Spiegel", 20. September 1982

Q4 Rücktritt von Kurt Beck, SPD-Vorsitzender von 2006 bis 2008. Karikatur von Klaus Stuttmann für die „Neue Presse", 17. März 2008

Aufgaben

1 Beschreibe die dargestellte Szene in allen Einzelheiten (Q1).

2 Erkläre mithilfe der Erläuterungen zur Karikatur (VT1) die Symbolsprache der Darstellung.

3 Begründe aus deinem Wissen über die Politik Bismarcks, warum ihn der Karikaturist als Lotsen dargestellt haben könnte.

4 Vergleiche den deutschen Titel und den englischen Originaltitel der Karikatur (Q1). Stimmen sie völlig überein?

5 Erzähle die Karikatur weiter: Was geschieht mit dem Kapitän und dem Schiff, wenn kein Lotse mehr an Bord ist?

6 Folgere aus der Lösung zu Aufgabe 5, was der Zeichner mit der Karikatur aussagen wollte.

7 Beurteile anhand der Karten D1 und D2 (S. 139), ob der Karikaturist die Folgen des Ereignisses richtig eingeschätzt hat.

8 Begründe, warum die Lotsen-Karikatur bei anderen Ereignissen „kopiert" wurde (Q2–Q4).

bilinguales Arbeitsblatt 454053-0141

141

7 | „Pulverfass" Balkan

Um 1900 war der Balkan das gefährlichste Krisengebiet Europas. Vor allem die Feindschaft zwischen Serbien und Österreich-Ungarn konnte jederzeit in einen Krieg ausarten, der die beiden Bündnisblöcke mit hineinreißen würde.

Q1 „Der Brand am Balkan – Der vereinigten europäischen Feuerwehr gelang es leider nicht, den Brand zu löschen." Karikatur der Zeitschrift „Simplicissimus", 1912. An der Pumpe stehen der britische Löwe, der österreichisch-ungarische Doppeladler, der französische Hahn, der russische Bär und der deutsche Adler. Im Hintergrund die Balkanvölker.

Annexion, annektieren
von lat. annectere = aneignen. Bezeichnung für die oft gewaltsame Aneignung von fremden Gebieten durch Staaten

Slawen
sprachverwandte Völker im Osten und Südosten Europas, u.a. Tschechen, Serben, Polen, Russen

Krisenherd Balkan

Die Balkanvölker hatten lange Zeit unter der Herrschaft des starken türkischen Sultans gestanden. Aber Ende des 19. Jahrhunderts herrschte ein schwacher Sultan. Das ermunterte die Balkanvölker – Makedonen, Albaner, Bulgaren, Serben –, sich von der türkischen Herrschaft zu befreien. Sie wollten unabhängig werden. Doch in vielen Teilen des Balkans stimmten die Siedlungsgebiete der Völker nicht mit den bestehenden Staatsgrenzen überein. Das führte zu Streitereien zwischen den Staaten. Aus diesem Grund waren auch Österreich-Ungarn und Serbien verfeindet. Serbien wollte ein großes Reich für alle Serben. Dabei wurde es von Russland unterstützt. Einige Serben standen aber unter der Verwaltung von Österreich-Ungarn – zum Beispiel in Bosnien-Herzegowina.

Kriegsgefahr als Dauerzustand

1908 annektierte Österreich-Ungarn das Gebiet von Bosnien-Herzegowina, das es bis dahin nur besetzt hatte. Serbien und Russland sahen in der Annexion Bosnien-Herzegowinas eine feindselige Handlung – sie drohten mit Krieg. Nur weil sich Deutschland drohend an die Seite Österreichs stellte und Großbritannien besänftigend auf Russland einwirkte, konnte ein Krieg vermieden werden.

Doch auf dem Balkan blieb es nicht dauerhaft ruhig. 1912/1913 führten die Balkanstaaten mehrere Kriege gegen das Osmanische Reich und anschließend wegen strittiger Grenzfragen untereinander. Wieder gelang es den europäischen Großmächten nur mit Mühe, die Kämpfe zu beenden.

Bedrohliche Aussichten

Schon bald deutete sich eine noch größere Krise an: In Österreich-Ungarn stand ein Wechsel auf dem Kaiserthron bevor. Der zukünftige Kaiser Franz Ferdinand wollte den slawischen Völkern in Österreich-Ungarn die gleichen politischen Rechte zugestehen wie den Österreichern und Ungarn. Sein neues „Großösterreich" sollte ein Bund aus gleichberechtigten Staaten sein, die sich selbst verwalteten. Franz Ferdinand war davon überzeugt, dass sich in diesem Österreich auch die Slawen, darunter die Serben, zu Hause fühlen würden.

Doch Franz Ferdinands Vorhaben stand im völligen Gegensatz zu den großserbischen Plänen. Die serbische Regierung wünschte sich ja gerade die Unzufriedenheit der Slawen in Österreich-Ungarn. Denn nur so konnte sie die österreichischen Serben für das großserbische Reich gewinnen. Daher sah die serbische Regierung in der Thronbesteigung Franz Ferdinands eine Gefahr.

Q2 Der oberste General Österreich-Ungarns beurteilte das Verhältnis zu Serbien 1913 so:

Die Entwicklung eines selbstständigen großserbischen Staates ist eine Gefahr für die Monarchie (Österreich-Ungarn). (…) Damit droht der Monarchie der Verlust der
5 wichtigsten Gebiete für ihre Großmachtstellung (…). Eingekeilt zwischen Russland, dann einem mächtig gewordenen Serbien und Montenegro und einem auf die Dauer kaum verlässlichen Italien, wird die Monar-
10 chie zur politischen Ohnmacht und damit zum sicheren Niedergang verurteilt sein. (…) Die Monarchie muss durch eine militärische Kraftäußerung ihr Prestige, besser gesagt, ihre politische Geltung, wiederherstellen.

Q3 Eine serbische Zeitung schrieb zum fünften Jahrestag der Annexion von Bosnien-Herzegowina, 1913:

Den Schmerz, der an diesem Tage dem serbischen Volke zugefügt wurde, wird (es) noch Jahrzehnte fühlen. (…) Das Volk legt das Gelübde ab, Rache zu üben, um durch einen
5 heroischen Schritt zur Freiheit zu gelangen. Serbische Soldaten (…) legen heute das Gelübde ab, dass sie gegen die „zweite Türkei" (d. h. Österreich-Ungarn) ebenso vorgehen werden, wie sie (…) gegen die Balkan-Türkei
10 vorgegangen sind. (…) Der Tag der Rache naht.

D1 Die Balkanstaaten 1908 bis 1913

Aufgaben

1 Beschreibe die Gebietsveränderungen auf dem Balkan 1908 bis 1913 (D1).

2 Arbeite heraus, welches Hauptziel die serbische Regierung hatte (VT1).

3 Erläutere, warum der Balkan als „Pulverfass" bezeichnet wurde (VT1, VT2).

4 Begründe, warum die Feindschaft zwischen Österreich-Ungarn und Serbien besonders gefährlich war (VT1, VT2).

5 Vergleiche die Sichtweisen in Q2 und Q3. Worauf laufen sie hinaus?

6 Schreibe als serbischer Journalist einen Zeitungsartikel darüber, warum Franz Ferdinand eine Gefahr für Serbien darstellt (VT3).

7 Bewerte die möglichen Folgen eines Krieges zwischen Österreich und Serbien für Deutschland. Berücksichtige dabei, dass Russland Serbien unterstützte.

8 Erkläre die Karikatur Q1 mithilfe der Informationen aus dem Verfassertext.

9 Bewerte das Verhalten einiger „Feuerwehrmänner" (Q1). War der Brand so zu löschen?

bilinguales Arbeitsblatt 454053-0143

8 Ist der Frieden noch zu retten?

Diese Frage stellten sich um 1913 viele Menschen in Europa. Und manche dürften sich ähnliche Gedanken gemacht haben wie die beiden Studenten in dem folgenden erfundenen Gespräch.

Pazifismus
von lat. pax = Frieden. Einstellung von Personen, die Krieg zur Lösung von Konflikten grundsätzlich ablehnen.

Karl: „Fritz, hast du gehört, auf dem Balkan bekriegen sich jetzt Serben und Bulgaren."
Fritz: „Gefährlich, gefährlich, Karl! Wenn sich nun noch Österreich und Russland einmischen, wie schnell ist dann der große Krieg da!"
Karl: „Und der wird furchtbarer als je zuvor. Dafür sorgen all diese neuen Waffen."
Fritz: „Karl, du bist doch in der Deutschen Friedensgesellschaft. Tut ihr nichts dagegen?"
Karl: „Ach, Fritz … 1892, als sie gegründet wurde, war gerade Berta von Suttners Buch ‚Die Waffen nieder' erschienen. Die Leute waren begeistert: Konflikte ohne Krieg zu lösen – das war eine Vision. Leider eine falsche Hoffnung! Heute gilt Berta von Suttners Pazifismus für Viele als weltfremde Spinnerei."

Fritz: „Aber sie hat doch 1905 als erste Frau den Friedensnobelpreis bekommen."
Karl: „Den hat sie auch verdient. Aber was bedeutet das schon! Denk an die zwei großen Friedenskonferenzen 1899 und 1907 in Den Haag. Die ganze politische Prominenz Europas war vertreten. Alle taten so, als wären sie Friedensfreunde. Herausgekommen ist am Ende nichts."
Fritz: „Doch, Karl, immerhin ist ein internationales Schiedsgericht geschaffen worden. Da können Staaten ihre Konflikte freiwillig durch einen Streitschlichter lösen lassen."
Karl: „Freiwillig … genau das ist das Problem. Hast du jemals gehört, dass die Großen wie England oder Deutschland sich freiwillig einem Schlichterspruch unterwerfen? Wofür rüsten die denn wie verrückt auf? Für die Großen gibt es nur eine Konfliktlösung – und die heißt Krieg."
Fritz: „Aber die Friedensgesellschaften könnten doch von den Arbeiterparteien unterstützt werden. Die sind doch auch für Frieden und Abrüstung."
Karl: „Das sagen sie gerne, besonders auf großen internationalen Parteikongressen wie im vergangenen Jahr in der Schweiz. Aber zu Hause unterstützen sie dann doch die eigene Regierung, mit der Begründung: Wenn die anderen aufrüsten, müssen unsere Soldaten auch gut bewaffnet sein. Mit uns Friedensgesellschaften haben die Parteien sowieso nichts am Hut. Wir sind denen zu bürgerlich und vertreten angeblich nicht die Arbeiter, sagen sie."
Fritz: „Dann ist also die Frage, wer wen vertritt, wichtiger ist als der gemeinsame Einsatz für den Frieden? Da haben es die Scharfmacher wirklich leicht, die auf Krieg setzen. Keine guten Aussichten, fürchte ich!"

Hörbuch 2, Track 20

Q1 Bertha von Suttner (1843–1914). Ihr Aufsehen erregendes Buch „Die Waffen nieder" führte in Österreich und Deutschland zur Gründung von Friedensgesellschaften. Zeitlebens warb sie dafür, Konflikte zwischen Staaten auf friedliche Weise zu lösen.

um 1880 bis 1918 | Imperialismus und Erster Weltkrieg

Q4 Sanitäter mit einer Rotkreuz-Armbinde, Foto aus dem Ersten Weltkrieg. Im Jahr 1864 hatte der Schweizer Henri Dunant das „Rote Kreuz" gegründet. Die Organisation sollte die Leiden im Krieg mildern: Sie kümmerte sich um Verwundete und forschte nach vermissten Soldaten.

Q2 Einladung des russischen Zaren zur ersten allgemeinen Friedenskonferenz für das Jahr 1899 nach Den Haag:

Die Aufrechterhaltung des allgemeinen Friedens und eine mögliche Herabsetzung der übermäßigen Rüstungen, die auf allen Nationen lasten, stellen sich in der gegenwärtigen
5 Lage der ganzen Welt als ein Ideal dar, auf das die Bemühungen aller Regierungen gerichtet sein müssen (…).

Q3 Der französische Ministerpräsident teilte der deutschen Regierung kurz vor der Friedenskonferenz 1899 vertraulich mit, wie sich Frankreich verhalten werde:

Wir haben auf dieser Konferenz ganz dasselbe Interesse wie Sie. Sie wollen Ihre Rüstung in diesem Augenblick nicht einschränken, wollen auf die Abrüstungsvor-
5 schläge nicht eingehen. Wir sind ganz in derselben Lage. Wir wollen beiderseits den Zaren schonen und wollen eine (sprachliche Formulierung) suchen, um diese Frage (der Abrüstung) zu umgehen, uns aber auf nichts
10 einlassen, was unsere beiderseitige Rüstung schwächen könnte (…). Wir müssen neben dem Zaren aber auch noch die öffentliche Meinung Europas (die sich in Zeitungsartikeln mit höchsten Erwartungen an die Konfe-
15 renz zu Wort meldet) schonen, denn diese ist durch den unbesonnenen Schritt der Russen in Aufregung geraten.

Aufgaben

1 Liste auf, worin die Studenten Gefahren für den Frieden sehen (VT).

2 Arbeite aus dem Gespräch heraus, warum die Angst vor einem Krieg so groß ist.

3 Stelle die Absichten des Zaren (Q2) und die der französischen und deutschen Regierung (Q3) gegenüber.

4 Prüfe, ob die Absprache (Q3) das Ergebnis der Konferenz (VT) beeinflusst haben könnte.

5 Schreibe ein Interview mit Bertha von Suttner, in dem du sie nach ihren Zielen befragst (Q1, VT).

6 Beurteile, warum Henri Dunants Organisation (Q4) bei den Regierungen Anklang fand – im Gegensatz zu Bertha von Suttners Ideen.

7 Bewerte die Schlussbemerkung des VT: „Keine guten Aussichten, fürchte ich!"

8 Ist der Frieden noch zu retten? Begründe deine Einschätzung.

9 Julikrise und Kriegsausbruch

Am Abend des 28. Juni 1914 verbreiten Extrablätter in den Städten Europas eine Sensationsmeldung: In Sarajewo, das im serbischen Gebiet Österreich-Ungarns liegt, sind der österreichische Thronfolger und seine Frau erschossen worden. Das ließ Schlimmes ahnen.

Q1 Extrablatt der „Vossischen Zeitung" aus Berlin, 28. Juni 1914

Mobilmachung
Alle Streitkräfte eines Staates machen sich bereit für einen bevorstehenden Kriegseinsatz.

Ultimatum
letzte Mahnung, bis zu einem bestimmten Zeitpunkt Forderungen zu erfüllen, um Krieg zu vermeiden

Das Attentat
Der 28. Juni war serbischer Nationalfeiertag. Durch seinen Besuch in Sarajewo wollte der Thronfolger Franz Ferdinand den Serben Österreich-Ungarns seine Freundschaft zeigen. Doch serbische Fanatiker wollten seine Freundschaft nicht: Sie drängten auf die Loslösung aller Serben von Österreich-Ungarn (siehe Kapitel 7). Einer von ihnen, der Student Gavrilo Princip, feuerte bei der Stadtrundfahrt des Thronfolgers die tödlichen Schüsse ab.

Diplomatie statt Krieg
Für die Österreicher war klar, dass die Drahtzieher des Attentats in Serbien saßen. Daher wollte die österreichische Regierung das Attentat nutzen, um Serbien zu demütigen, das sie als gefährlichen Feind betrachtete. Hilfe kam vom Bündnispartner Deutschland: Am 6. Juli sicherte die deutsche Regierung Österreich-Ungarn ihre bedingungslose Unterstützung zu, sogar wenn es zu einem Krieg mit der serbischen Schutzmacht Russland käme. Die deutsche Regierung hoffte, diese Zusicherung würde Russland abschrecken, Serbien zu helfen. Denn es war klar, dass ein Krieg zwischen Österreich und Russland auch andere Mächte mit in den Krieg hineinziehen würde – schließlich hatten sich die Großmächte verpflichtet, ihre Bündnispartner im Fall eines Krieges militärisch zu unterstützen. Großbritannien schlug vor, den Konflikt durch Verhandlungen zu lösen. Doch Deutschland und Österreich lehnten das ab: Sie befürchteten, Serbien mit einem Kompromiss nicht genug zu schwächen.

Europa auf dem Weg in den Krieg
Am 23. Juli stellte Österreich Serbien ein Ultimatum. Serbien versprach, fast alle österreichischen Forderungen zu erfüllen, machte aber gleichzeitig seine Armee mobil (25. Juli). Österreich antwortete am 28. Juli mit der Kriegserklärung.

Von nun an bestimmten militärische Überlegungen das Geschehen: Um Serbien zu schützen, machte Russland gegen Österreich und dessen Bündnispartner Deutschland mobil (30. Juli). Deutschland machte ebenfalls mobil und erklärte Russland am 1. August den Krieg. Noch am selben Tag folgte die Mobilmachung von Russlands Bündnispartner Frankreich. Daraufhin erklärte Deutschland auch Frankreich den Krieg (3. August). Die deutsche Kriegsplanung sah vor, zuerst Frankreich zu besiegen und danach Russland. Doch für den Einfall in Frankreich mussten deutsche Truppen das neutrale Belgien durchqueren. Das war für Großbritannien der Anlass, Deutschland den Krieg zu erklären (4. August).

Damit befanden sich alle europäischen Großmächte im Krieg.

um 1880 bis 1918 | Imperialismus und Erster Weltkrieg

Q3 Einer der Attentäter wird überwältigt und festgenommen.
Foto, 1914 (digital koloriert)

Q2 Der Historiker Ludger Grevelhörster zur Kriegsschuldfrage, 2004:

Ohne die deutsche Rückendeckung (…) wäre Österreich-Ungarn nicht in der Lage gewesen, Serbien anzugreifen. (Damit) (…) hatte Berlin die Verschärfung der Julikrise ent-
5 scheidend herbeigeführt und konsequenter als die anderen Mächte auf ein Weitertreiben des Konflikts gesetzt. Aber auch die Führung in Wien versagte, indem sie sich mit der serbischen Antwortnote auf ihr Ultimatum nicht 10 zufrieden gab (…). Weiterhin trug besonders die Entscheidung der russischen Regierung vom 30. Juli zur Anordnung der allgemeinen Mobilmachung maßgeblich zum Ausufern des Konflikts bei. (…). Anders als es vielen Zeit-
15 genossen erschien, handelte es sich bei dem Ausbruch des Krieges also keineswegs um eine unaufhaltsame (…) Entwicklung. (…) Denn keine der an den Entscheidungen dieser Wochen beteiligten Regierungen musste so 20 handeln, wie sie es tat.

Aufgaben

1 Beschreibe die politischen Hintergründe des Attentats (VT1, Q1, Q3).

2 Begründe, warum die österreichisch-deutschen Reaktionen auf das Attentat gefährlich waren (VT2).

3 Mit dem 28. Juni 1914 begann eine Kette von Ereignissen, die man mit einer Reihe Dominosteine vergleichen kann. Veranschauliche die Ereignisse bis zum 4. August 1914 in einer entsprechenden Zeichnung (VT).

4 Die Vossische Zeitung berichtet am 4. August 1914 in einem Extrablatt vom Kriegsausbruch in Europa. Verfasse einen kurzen Bericht. Erläutere darin auch, warum es zum Krieg gekommen ist (VT).

5 Wer trug die Hauptschuld am Ausbruch des Ersten Weltkriegs? Begründe deine Meinung (VT, Q2).

6 Erläutere mithilfe von Q2, was anders hätte verlaufen müssen, um den Krieg zu verhindern.

10 | Europa wird zum Schlachtfeld

August 1914: In ganz Europa ziehen junge Männer begeistert in den Krieg. Sie sind fest davon überzeugt, den Feind in einem schnellen Feldzug besiegen zu können. Aber was sie erwartet, ist anders als je zuvor.

Stellungskrieg
Kampfhandlungen, bei denen sich der Frontverlauf zwischen den kämpfenden Parteien über längere Zeit nicht ändert. Sie werden meist von Schützengräben und Bunkern aus geführt.

Falsche Erwartungen

Alle beteiligten Staaten hatten genaue Pläne, wie sie im Kriegsfall den Gegner rasch besiegen wollten. Aber die Pläne funktionierten nicht. Den Deutschen gelang zwar ein schneller Vorstoß durch Belgien und Nordfrankreich, aber kurz vor Paris wurden sie von französischen und britischen Truppen gestoppt. Der französische Plan, bis an den Rhein vorzustoßen, scheiterte von Anfang an am deutschen Widerstand. Russische Armeen, die über Ostpreußen nach Berlin vorrücken wollten, wurden von deutschen Truppen zurückgeworfen.

Nirgendwo gelang den Angreifern ein entscheidender Durchbruch. Im Gegenteil: Neue hochtechnisierte Waffen wie schnell feuernde Maschinengewehre und Kanonen brachten den Verteidigern Vorteile. Vor allem die angreifenden Truppen erlitten schwere Verluste. Die Vorstellung von einem raschen Kriegsende erwies sich als Irrtum.

Stellungskrieg und Materialschlachten

Ende 1914 erstarrte der Krieg im Westen und im Osten zum Stellungskrieg. Über Hunderte von Kilometern lagen sich die Soldaten auf Sichtweite gegenüber. Das Leben in tiefen schlammigen Schützengräben wurde zum Alltag der Frontsoldaten. Hier standen sie unter dauerndem Beschuss, der sich zeitweise zu rasendem Trommelfeuer steigerte.

Mitte 1916 unternahmen die Deutschen einen Großangriff bei der französischen Stadt Verdun, kurz danach die Briten am Fluss Somme. Rücksichtsloser Einsatz von Menschen und Material sollte den Durchbruch erzwingen. Immer grausamere Waffen wie Giftgas und Flammenwerfer wurden eingesetzt. Trotzdem blieben beide Angriffe erfolglos. Sie brachten aber über einer Million Soldaten den Tod.

Kriegskosten und Kriegsziele

Die Produktion der hochtechnisierten Waffen war sehr teuer. Um die riesigen Summen aufzubringen, mussten die Krieg führenden Staaten Schulden machen. Davon profitierten diejenigen, die den Regierungen Geld gegen hohen Zins liehen oder selbst Kriegsmaterial produzierten. Dass sich ihre Staaten verschuldeten, nahmen die Regierungen in Kauf. Sie gingen davon aus, dass am Ende die Verlierer alles bezahlen würden.

Die hohen Kosten beeinflussten auch die Kriegsziele, die alle Krieg führenden Länder ab 1914 formulierten: Im Fall einer Niederlage forderten sie von den besiegten Staaten die Abtretung von Kolonien und Industriegebieten sowie hohe Entschädigungszahlungen. Dafür mussten die Kriegsgegner aber erst einmal besiegt werden. Für viele kam daher nur der eigene Sieg in Frage – dass der Krieg auch mit einem Kompromiss enden könnte, schlossen sie aus.

Q1 Kriegsbeginn 1914: Deutsche Soldaten auf dem Weg zur Westfront.
Foto, 1914. Mittlerweile weiß man: So begeistert, wie es dieses Bild zeigt, waren die meisten deutschen Soldaten aber nicht.

um 1880 bis 1918 | Imperialismus und Erster Weltkrieg

Q2 Aus einem Feldpostbrief von K. Peterson (geboren 1894, gefallen 1915) an seine Eltern, 27. Oktober 1914:

O fürchterliche Minuten! Man fürchtet den Tod und könnte in solchen Stunden den Tod herbeisehnen aus Entsetzen vor dieser Art des Todes. – Zwei Sturmangriffe mitgemacht;
5 möchte keiner mehr folgen! (…) Wohin ist aller Mut geschwunden? Wir haben genug vom Kriegführen. Nicht feige braucht man zu sein, aber das Menschliche empört sich gegen diese Unkultur, dieses grauenhafte
10 Schlachten. Weg, weg mit diesem Krieg! So schnell wie möglich zu Ende! (…) Mach ein Ende, o Herr, du gütiger Weltenlenker, mit diesem Schrecken. Gib uns recht, recht bald den Frieden!

Q3 Aus einem Feldpostbrief von F. Francke (geboren 1892, gefallen 1915) an seine Eltern, 5. November 1914:

Ihr könnt Euch ja gar nicht ausmalen, wie so ein Schlachtfeld aussieht, man kann's (…) selbst kaum glauben, dass soviel viehische Barbarei und unsägliches Elend möglich ist.
5 Schritt für Schritt muss erstritten werden, alle hundert Meter ein neuer Schützengraben, und überall Tote, reihenweise! Alle Bäume zerschossen, die ganze Erde metertief zerwühlt von schwersten Geschossen, und dann wie-
10 der Tierleichen und zerschossene Häuser und Kirchen, nichts, nichts auch nur annähernd noch brauchbar. Und jede Truppe, die zur Unterstützung vorgeht, muss kilometerweit durch dieses Chaos hindurch, durch Leichen-
15 gestank und durch das riesige Massengrab.

D1 Verlauf der Fronten im Ersten Weltkrieg

Q4 Kriegslandschaft in Flandern (Belgien). Foto, 1917

Aufgaben

1 a) Beschreibe die Bilder Q1 und Q4.
b) Ergänze auf einer Kopie Denkblasen für die Menschen und fülle sie aus.

2 Begründe, warum die Erwartungen zu Beginn des Krieges falsch waren (VT1).

3 Arbeite aus D1 heraus, in welcher kriegstaktischen Lage sich das Deutsche Reich befand.

4 Berichte über die Auswirkungen des Kriegsalltages auf Mensch und Natur (VT2, Q2–Q4).

5 Erläutere, wie die Regierungen die hohen Kriegskosten bezahlen wollten (VT3).

6 Bewerte die Auswirkungen des Krieges für die Produzenten von Kriegsgütern (VT3) und die einfachen Soldaten (Q2, Q3).

Methode

11 | Fotografien analysieren

Q1 „Die letzte Mass vorm Abschied". Feldpostkarten wie diese wurden in hohen Auflagen gedruckt. Solche Motive wurden von den militärischen Zensurbehörden gerne gesehen.

Q2 Französische Stellungen in Flandern, Ausschnitt eines französischen Fotos, ca. 1915. Für Farbfotos brauchte man damals noch lange Belichtungszeiten. Die Personen mussten sich daher längere Zeit ruhig „in Positur" stellen.

→ **Die Macht der Bilder** S. 242/243

Foto = Wirklichkeit?

Die Fotografie wurde im 19. Jahrhundert erfunden. Von da an war es möglich, Ereignisse in dem Moment festzuhalten, in dem sie geschahen. Fotografien gelten als besonders wirklichkeitsnah. Doch stimmt das auch? Ein Foto hält immer nur einen einzelnen Moment fest. Und wie diese Momentaufnahme auf dem Foto erscheint, das bestimmt der Fotograf: Er wählt Blende, Belichtungszeit und Objektiv aus und entscheidet damit über Motiv, Ausschnitt und Perspektive. Außerdem können Fotos auch nachträglich beschnitten und retuschiert werden. In den vergangenen Jahren haben sich die Möglichkeiten zur Manipulation noch erhöht: Fotos werden heute digital erzeugt und können am Computer leicht bearbeitet werden.

Fotos geben daher eine absichtlich „gemachte" Sicht von Wirklichkeit wieder. Um aus einem Foto etwas über Geschichte zu erfahren, musst du es folglich genauso sorgfältig untersuchen wie andere Quellen, z. B. Texte oder historische Gemälde.

Fotos im Ersten Weltkrieg

Besonders in Kriegszeiten werden Fotos zur Propaganda eingesetzt – so auch im Ersten Weltkrieg. Es gab Berufsfotografen, die unter Aufsicht eines Offiziers mit offizieller Erlaubnis fotografieren durften.

Was davon veröffentlicht wurde, entschieden militärische Zensurbehörden. Sie achteten darauf, dass freigegebene Fotos nicht das Grauen der Kriegswirklichkeit zeigten. Denn das hätte bei den Menschen Widerwillen gegen den Krieg erzeugt.

um 1880 bis 1918 | Imperialismus und Erster Weltkrieg

Arbeitsschritte: Fotografien analysieren

Beschreiben

1 Stelle fest, wer oder was auf der Fotografie abgebildet ist.

2 Beschreibe, welche Einzelheiten zu erkennen sind.

3 Gib wieder, welche Informationen Bild oder Legende darüber geben, wo und wann das Foto aufgenommen wurde.

Untersuchen

4 Untersuche, welche Hinweise das Foto auf das Leben oder Geschehen zur damaligen Zeit gibt.

5 Finde heraus, um welche Art Foto es sich handelt. Ist es ein Privatfoto, ein Pressefoto, ein Propagandafoto?

6 Prüfe, ob es sich um einen „Schnappschuss" oder ein gestelltes Foto handelt.

7 Erläutere, welche Perspektive und welchen Ausschnitt der Fotograf gewählt hat.

8 Gibt es Hinweise darauf, wer das Foto gemacht hat?

Deuten

9 Formuliere eine Gesamtaussage: Welche Absicht könnte der Fotograf mit der Aufnahme verfolgt haben?

Q3 Beginn eines Sturmangriffs. Ein britischer Offizier (oben links) führt seine Leute aus dem Schützengraben. Foto eines britischen Kriegsfotografen (Ausschnitt), 1917

Aufgaben

1 Suche dir eines der Fotos (Q1–Q3) aus und untersuche es mithilfe der Arbeitsschritte.

2 Prüfe, welche Sicht auf den Krieg das Foto Q1 vermittelt.

3 Du bist Mitglied einer Zensurbehörde. Fertige ein Gutachten darüber an, ob sich das Foto Q1 zur Veröffentlichung eignet.

4 Begründe, warum ein Foto wie Q2 veröffentlicht werden durfte.

5 Beurteile, ob sich Q3 als Propagandafoto verwenden ließ.

6 Nimm Stellung zu der Aussage: „Fotografien vermittelten den Menschen im Ersten Weltkrieg ein ungeschminktes Bild von der Kriegswirklichkeit."

7 Suche im Internet weitere Fotos aus dem Ersten Weltkrieg. Lege eine Wandzeitung an und schreibe kurze Bildkommentare zu Absicht und Wirkung der Fotos.

Arbeitsblatt
454053-0151

12 | Der Ausgang des Krieges

Ende 1916 zweifelten selbst die führenden deutschen Politiker und Generäle am Sieg. Deutschland schlug daher seinen Gegnern vor, Frieden zu ehrenvollen Bedingungen für alle zu schließen. Doch der Krieg nahm eine andere Wendung.

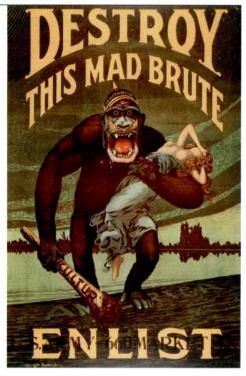

Q1 „Vernichte dieses wahnsinnige Vieh. Werde Soldat der US-Armee." Amerikanisches Poster zur Werbung von Freiwilligen für den Krieg gegen Deutschland, 1917

Waffenstillstand vorläufige Einstellung von kriegerischen Handlungen zwischen Kriegsparteien, meist gefolgt von Friedensverhandlungen

Verpasste Friedenschancen

Großbritannien und Frankreich lehnten das deutsche Friedensangebot ab. Sie forderten, dass Deutschland sich schuldig am Krieg bekenne und für die Schäden des Krieges aufkomme. Das lehnte Deutschland ab. Den Vorschlag des US-Präsidenten Woodrow Wilson zu einem „Frieden ohne Sieg" (22. Januar 1917) lehnten dann alle Krieg führenden Staaten ab.

1917 – das Jahr der Entscheidungen

Nachdem das Friedensangebot gescheitert war, wollte Deutschland durch einen „uneingeschränkten U-Boot-Krieg" den Sieg erzwingen. Schiffe, die Großbritannien und Frankreich mit Gütern anliefen, wurden ohne Vorwarnung von deutschen U-Booten versenkt. Als auch mehrere amerikanische Schiffe sanken, erklärte US-Präsident Wilson Deutschland am 6. April 1917 den Krieg. Wilson sah im Kriegseintritt der USA einen „Kreuzzug für die Demokratie". Aber es gab auch wichtige wirtschaftliche Gründe, denn der U-Boot-Krieg gefährdete den Handel mit Großbritannien und Frankreich. Der Kriegseintritt der USA verschaffte Deutschlands Gegnern ein gewaltiges Übergewicht an Menschen und Material.

Russland allerdings schied aus dem Krieg aus. Dort war im März 1917 der Zar durch eine Revolution gestürzt worden. In den folgenden Wirren setzte sich der kommunistische Politiker Lenin durch. Um seine Macht im Inneren zu festigen, beendete Lenin am 15. Dezember 1917 den Krieg.

Die deutsche Niederlage 1918

Deutschland suchte nun im Westen die Entscheidung. Aber gegen die durch die USA verstärkten Gegner waren die deutschen Kräfte bis Mitte 1918 völlig aufgebraucht. Auch Deutschlands Verbündete waren am Ende. Im September sah die Oberste Heeresleitung mit den Generälen Hindenburg und Ludendorff an der Spitze keine Siegchance mehr: Sie verlangte von der deutschen Regierung, die Gegner um einen Waffenstillstand zu bitten. Doch die wollten mit der kaiserlichen Regierung nicht verhandeln. Der Krieg ließ sich aber auch nicht weiterführen, denn die Matrosen der deutschen Flotte weigerten sich, zu einem letzten Verzweiflungskampf gegen Großbritannien auszulaufen. In ganz Deutschland schlossen sich Soldaten und Arbeiter dem Aufstand an. Kaiser Wilhelm II. musste am 9. November 1918 abdanken. Erstmals übernahm eine demokratische Regierung die Macht in Deutschland. Ihre Vertreter unterzeichneten am 11. November einen Waffenstillstandsvertrag mit den Siegern. Der Krieg war zu Ende.

um 1880 bis 1918 | Imperialismus und Erster Weltkrieg

Q2 Aufständische demonstrieren in den Straßen von Berlin. Sie verlangten das Ende des Krieges und die Übernahme der Macht durch Vertreter des Volkes. Foto, 9. November 1918

Q3 Bericht eines Kontrolleurs deutscher Feldpostbriefe, 4. September 1918:

Kriegsmüdigkeit und Gedrücktheit ist allgemein. Die Briefschreiber haben sich mit der nackten Tatsache: „Wir können nicht siegen" abgefunden und knüpfen daran zum
5 Teil sogar die Anschauung, dass Deutschland unterliegen müsse. Eine gewisse Anzahl mahnt wohl zum Durchhalten und manche Zeilen zeugen neben den vielen Stimmen des Missmuts und der Unzufriedenheit von
10 Königstreue und unveränderter Liebe zum Vaterlande, das aller Opfer wert sei. Die Ziffer der Briefeschreiber, die dem Vaterland offen den Tod wünschen, ist indes nicht viel geringer. Sie sagen: „Durch etwaige weitere Er-
15 folge Deutschlands könne der Krieg nur verlängert werden, durch eine Niederlage hätten wir den ersehnten Frieden!"

Aufgaben

1 a) Gib mit deinen Worten wieder, welche Friedensangebote es 1916/1917 gab (VT1).
b) Diskutiert, warum die Staaten diese Angebote ablehnten.

2 Begründe, warum man 1917 als Entscheidungsjahr bezeichnet (VT2, VT3).

3 a) Analysiere Q1 (siehe dazu S. 179).
b) Suche im Internet nach Propagandaplakaten anderer Staaten und vergleiche sie mit Q1.

4 Ein US-Offizier will Soldaten für den Krieg werben. Schreibe eine kurze Rede (VT2, Q1).

5 Du schreibst als deutscher Soldat einen Brief an deine Familie. Beschreibe deine Meinung zum Krieg, Wünsche, Ängste und Sorgen (Q3).

6 Stelle dar, warum es 1918 zum Ende des Krieges und zur deutschen Niederlage kam (VT3).

7 Beurteile das Verhalten der deutschen Regierung ab 1917.

8 Finde anhand der Kleidung heraus, welche Gruppen sich am Aufstand beteiligten (Q2).

Surftipp
politische Plakate
454053-0153

13 | Die Folgen des Krieges

Der Krieg brachte unermessliches Leid über die Menschen in ganz Europa – noch über sein Ende hinaus. Aber er setzte erstaunlicherweise auch Entwicklungen in Gang, die wir heute als modern betrachten.

Schwarzmarkt
von den Behörden nicht erlaubter Handel mit Waren. Auf dem Schwarzmarkt werden meist willkürlich festgesetzte Höchstpreise verlangt.

Zerstörte Lebensläufe

8,5 Millionen Soldaten – davon 1,8 Millionen deutsche – verloren im Ersten Weltkrieg ihr Leben, so viele wie in keinem Krieg zuvor. Von denen, die überlebt hatten, kehrten viele schwer verletzt in ihre Heimat zurück, zum Beispiel blind oder ohne Arme und Beine. Allein in Deutschland gab es ca. 70 000 schwer Kriegsversehrte. Noch größer war die Zahl derjenigen, bei denen die Schrecken der Materialschlachten dauerhafte Nervenschäden mit Schrei- und Schüttelkrämpfen oder Angstanfällen verursacht hatten. In Deutschland betraf das mehr als 300 000 Soldaten. Trotz aller Hilfen fanden viele von ihnen nie mehr zu einem normalen Leben zurück.

Leiden der Zivilbevölkerung

Nicht nur die Soldaten an der Front, auch die Menschen in der Heimat litten unter den Folgen des Krieges. Die britische Seeblockade behinderte die Einfuhr lebenswichtiger Güter nach Deutschland. Vor allem Nahrungsmittel und Heizmaterial wurden knapp. Um alle mit dem Nötigsten zu versorgen, wurden diese lebenswichtigen Waren schließlich nur noch gegen Bezugsscheine und zu festgesetzten Preisen verkauft. Reiche hatten es besser: Sie konnten die hohen Preise bezahlen, für die auf dem Schwarzmarkt weiterhin Waren aller Art zu haben waren. Das schuf Spannungen in der Gesellschaft, denn offensichtlich trugen nicht alle gleich schwer an den Lasten des Krieges. Die arme Bevölkerung, besonders Kinder und Alte, war am stärksten betroffen. Während des Krieges starben in Deutschland insgesamt etwa 750 000 Menschen an den Folgen von Unterernährung, Kälte und allgemeiner Schwäche.

Die Arbeitswelt verändert sich

Da viele Männer an der Front waren, fehlten in Fabriken, Geschäften und Behörden Arbeitskräfte. Frauen verrichteten jetzt die früheren Arbeiten der Männer. In Deutschland stieg zum Beispiel der Anteil der Industriearbeiterinnen von 22 Prozent (1914) auf 35 Prozent (1918). Die Berufstätigkeit förderte das Selbstbewusstsein und die finanzielle Unabhängigkeit der Frauen – ein wichtiger Schritt für die Gleichberechtigung.

Eine andere zukunftweisende Entwicklung wurde in Deutschland 1916 durch das „Gesetz über den Vaterländischen Hilfsdienst" angestoßen. Das Gesetz verpflichtete alle Männer von 17 bis 60 Jahren zur Arbeit in kriegswichtigen Betrieben. Als Gegenleistung erhielten die Arbeiter erstmals ein Mitspracherecht in ihren Betrieben.

Q1 Frauen bei der Arbeit in einem deutschen Rüstungsbetrieb.
Foto, 1917 (später koloriert)

Q2 Aus einer deutschen Flugschrift über Wucher und Preistreiberei, 1915:

Der Wucher ist (…) Sitte in Deutschland geworden! (…) Wenn Hunderttausende unserer Brüder bluten, andere Hunderttausende (durch Verletzungen) ihren Beruf und Erwerb
5 verlieren, um die Grenzen zu schützen, dann darf es nicht geduldet werden, dass Daheimgebliebene aus ihren Gräbern und Nöten sich Reichtümer zusammenscharren, (…) dann dürfen nicht „kluge" Produzenten oder
10 Spekulanten die Vorräte einschließen, die Preise (hoch)treiben (und) dadurch Tausenden von Familien das Durchhalten erschweren (…). Es darf an diesem Kriege niemand zum reichen Manne werden.

Q3 Beschwerde eines Abgeordneten an die sächsische Regierung, 10. Mai 1916:

Die Klagen, dass bei manchen Truppenteilen die Vorgesetzten, besonders die Offiziere, ganz erheblich besser (…) mit mehr Fleisch, Butter und Fett verpflegt werden als
5 die Mannschaften, die auf Marmelade und Salzheringe angewiesen sind (…), kehren öfter wieder (…). Die Missstimmung darüber ist teilweise so groß, dass daraus eine für den sozialen Frieden nach dem Krieg sehr gefähr-
10 liche Erbitterung zu entstehen droht, um so mehr als auch die Missstimmung über die Ernährungspolitik im Inland noch immer stark ist.

Q4 Bewohner Berlins schlachten ein verendetes Pferd aus. Foto, 1918

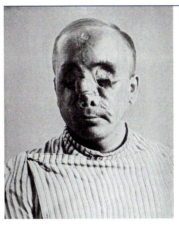

Q5 Kriegsversehrter. Foto, 1917/1918

Aufgaben

1 Liste auf, welche Folgen der Krieg für viele Frontsoldaten hatte (VT1, Q5).

2 Gib wieder, welche Belastungen der Krieg den Menschen in der Heimat brachte (VT2, Q4).

3 Begründe, warum der Krieg auch als Beginn einer Modernisierung der Arbeitswelt betrachtet werden kann (VT3, Q1).

4 Arbeite aus Q2 und Q3 heraus, was man über die ungleiche Verteilung der Lasten des Krieges und ihre Folgen erfährt.

5 Nimm Stellung zu den Befürchtungen des Abgeordneten (Q3). Stimmst du seiner Beurteilung über die Folgen der Ungleichheit zu?

6 Beurteile, ob man nach dem Ende des Krieges in Deutschland wieder von einem „normalen" Alltagsleben sprechen konnte.

14 | Die Pariser Friedensverträge

An der Spitze des besiegten Deutschlands standen neue, demokratische Politiker. Sie erwarteten, dass das auch bei den Friedensverhandlungen 1919 beachtet würde. Aber sie täuschten sich.

Q1 Unterzeichnung des Friedensvertrages im Spiegelsaal von Versailles am 28. Juni 1919. Ausschnitt aus einem Gemälde von William Orpen, um 1925
① Außenminister Müller (SPD), ② Verkehrsminister Bell (Zentrum),
③ US-Präsident Wilson, ④ der französische Ministerpräsident Clemenceau,
⑤ der britische Premierminister Lloyd George

Reparationen
von lat. reparare = wiederherstellen. Wiedergutmachung für die Schäden eines Krieges, welche die Besiegten in Form von Sachgütern und/oder Geldzahlungen leisten müssen

Der Versailler Vertrag
Im Januar 1919 begannen die Kriegsgegner Deutschlands im Pariser Vorort Versailles, über Friedensbedingungen zu verhandeln. Den Ton gaben die „Großen Drei" an – die Vertreter Frankreichs, Großbritanniens und der USA. Sie verfolgten unterschiedliche Interessen: Den Franzosen ging es vor allem um die künftige Sicherheit Frankreichs. Sie wollten Deutschland daher dauerhaft schwächen. Die Briten und Amerikaner wollten dagegen ein stabiles Mitteleuropa als Gegengewicht zur Ausweitung des kommunistischen Russlands.

Am 7. Mai 1919 wurden Deutschland die Friedensbedingungen mitgeteilt: Deutschland verlor mehrere Grenzgebiete und alle Kolonien. Die Armee wurde auf ein Heer von 100 000 Mann, die Marine auf 15 000 Mann beschränkt, ihre Ausrüstung mit schweren Waffen wie großen Schiffen, Panzern, Flugzeugen verboten. Darüber hinaus musste Deutschland seine Alleinschuld am Krieg anerkennen und sich verpflichten, umfangreiche Reparationen zu leisten.

Europa wird neu geordnet
Ähnlich harte Friedensbedingungen trafen auch Deutschlands Kriegsverbündete. Österreich-Ungarn wurde aufgelöst. An seiner Stelle entstanden neue Staaten: Österreich, Ungarn, Jugoslawien, ein vergrößertes Polen, die Tschechoslowakei. Vor allem Polen und die Tschechoslowakei sollten Mitteleuropa gegenüber dem kommunistischen Russland abschirmen.

Bei den neuen Grenzziehungen verletzten die Siegermächte mehrfach das Selbstbestimmungsrecht der Völker. Doch das nahmen sie in Kauf. Denn 1919 gründeten sie den Völkerbund – er sollte künftige Streitigkeiten friedlich regeln.

Empörung in Deutschland
Die Bestimmungen des Versailler Vertrages stießen in Deutschland auf Protest. Besondere Empörung erregte der Artikel 231, in dem Deutschland die alleinige Schuld am Ersten Weltkrieg gegeben wurde. Der Vertrag wurde als „Diktatfrieden" empfunden, denn deutsche Vertreter hatten an ihm nicht mitgewirkt. Und als die deutsche Regierung zögerte, den Vertrag anzunehmen, drohten die Sieger, den Krieg fortzusetzen.

Notgedrungen unterzeichneten die Vertreter der neuen demokratischen Regierung den Vertrag. Von den rechten, nationalen Parteien wurden sie dafür als „Erfüllungspolitiker" beschimpft. Zu Unrecht: Denn die Demokraten mussten die Verantwortung für einen Krieg übernehmen, den sie nicht begonnen hatten. So wurde der Versailler Vertrag zur Belastung für die junge Demokratie in Deutschland.

um 1880 bis 1918 | Imperialismus und Erster Weltkrieg

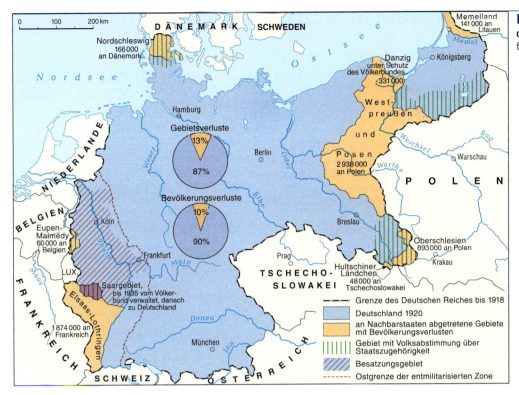

D1 Die Bestimmungen des Versailler Vertrages für das Deutsche Reich

Q2 Vorschlag des britischen Premierministers Lloyd George zu Konferenzbeginn, 1919:

Wenn (Deutschland) sich (…) im Frieden ungerecht behandelt fühlt, dann wird es Mittel finden, Vergeltung an den Siegern zu üben (…). Wir wären weise, wenn wir Deutschland einen Frieden anböten, der – indem er gerecht ist – für alle vernünftigen Leute (der Einführung des russischen Kommunismus) vorzuziehen wäre.

Q3 Frankreichs Ministerpräsident Clemenceau an die deutsche Delegation, 7. Mai 1919:

Sie sehen vor sich die bevollmächtigten Vertreter der kleinen und großen Mächte, die sich vereinigt haben, um den schrecklichen Krieg, der ihnen aufgezwungen worden ist, zu Ende zu führen. Die Stunde der schweren Abrechnung ist gekommen. (…) Wir überreichen Ihnen hiermit das Buch, das unsere Friedensbedingungen enthält.

Aufgaben

1 a) Nenne die Bestimmungen des Versailler Vertrages (VT1, D1). b) Beschreibe die damit verbundene Neuordnung Europas (VT2, D1).

2 Vergleiche die Absichten Frankreichs und Großbritanniens bei den Friedensbedingungen (VT1, Q2, Q3).

3 Prüfe, ob sich bei dem Vertrag Lloyd George (Q2) oder Clemenceau (Q3) durchsetzte.

4 Beurteile, welche der beiden Absichten (Q2, Q3) einem Friedensvertrag angemessener ist.

5 Bewerte den Artikel 231, der Deutschland die Alleinschuld am Krieg gibt (VT3, S. 147: Q2).

6 Halte eine Rede (VT3): a) Außenminister Müller rechtfertigt die Unterzeichnung des Vertrages. Oder b) Ein nationaler Politiker kritisiert die „Erfüllungspolitik".

7 Bewerte die Aussage: „Der Vertrag schadete der Demokratie in Deutschland." (VT3)

8 Sammle Informationen über den Völkerbund (VT2) und präsentiere sie in einem Referat.

interaktive Karte
Versailler Vertrag
454053-0157

○ 1 ◐ 2, 3, 6, 8 ● 5, 7

Training

15 | Imperialismus und Erster Weltkrieg

1 Diese Begriffe kann ich erklären!

a) Imperialismus (S. 130)
b) Rassismus (S. 134)
c) Annexion (S. 142)
d) Pazifismus (S. 144)
e) Mobilmachung (S. 146)
f) Stellungskrieg (S. 148)
g) Reparationen (S. 156)

2 Diese Methode kann ich anwenden!

Fotografien analysieren:
a) Ich kann im Foto Hinweise auf damaliges Leben und Geschehen erkennen.
b) Ich kann untersuchen, wie das Motiv fotografiert worden ist.
c) Ich kann deuten, was der Fotograf mit seinem Bild aussagen wollte.

3 Die Daten auf dem Zeitstrahl kann ich erklären!

4 Diese Fragen kann ich beantworten!

a) Aus welchen Gründen erwarben die Industriemächte Kolonien?
b) Womit rechtfertigten die Kolonialherren ihre Herrschaft über die Kolonialvölker?
c) Wie gingen weiße Unternehmer beim Erwerb von Ländereien in Afrika vor?
d) Worin unterschied sich die Außenpolitik Bismarcks von der Kaiser Wilhelms II.?
e) Wie entwickelten sich die Bündnisbeziehungen zwischen den europäischen Mächten 1890 bis 1914?
f) Was machte den Balkan vor 1914 zu einem gefährlichen Krisengebiet?
g) Wie kam es 1914 zum Ausbruch des Ersten Weltkrieges?
h) Warum traten die USA 1917 in den Ersten Weltkrieg ein?
i) Welche Folgen hatte der Krieg für die Zivilbevölkerung in Deutschland?
j) Welches waren die wichtigsten Bestimmungen des Versailler Vertrages?

5 Zu diesen Fragen habe ich eine Meinung und kann sie begründen!

a) War Deutschland allein am Ausbruch des Ersten Weltkrieges schuld?
b) War der Krieg vermeidbar oder zwangsläufiges Ergebnis der Bündnispolitik?
c) Führte der Krieg zu einer friedlicheren Staatenordnung in Europa?

1880 | 1904 | 1914–1918 | 1919

um 1880 bis 1918 | Imperialismus und Erster Weltkrieg

Q1 Auf einem französischen Soldatenfriedhof nahe der Stadt Reims. Französische Soldaten identifizieren die Toten und bereiten die Beerdigung ihrer gefallenen Kameraden vor. An den Grabkreuzen hängen Hoheitszeichen in den französischen Staatsfarben blau, weiß, rot (Foto, Juli 1918). Am 15. Juli 1918 hatten deutsche Truppen einen Großangriff am Fluss Marne gestartet. Die Kämpfe dauerten über drei Wochen, am Ende siegten die alliierten Truppen aus Frankreich, Großbritannien, den USA und Italien. Etwa 139 000 deutsche Soldaten verloren ihr Leben. Auf alliierter Seite starben etwa 134 000 französische, britische, amerikanische und italienische Soldaten.

Aufgaben

1 Analysiere die Fotografie Q1 anhand der Arbeitsschritte der Methodenseite (S. 151).

2 Das Foto wird in einer französischen Zeitung veröffentlicht, die den Krieg bejaht. Du sollst als Journalist einen Artikel dazu schreiben. Überschrift: „Frankreich ehrt seine Helden"

3 Das Foto wird in einer Zeitung veröffentlicht, die den Krieg kritisiert. Du sollst einen kritischen Artikel zu dem Foto schreiben. Überschrift: „Helden oder Opfer des Krieges?"

4 Beurteile, welcher Artikel eher der Absicht des Fotografen entspricht.

5 Vergleiche das Römische Weltreich, das Britische Weltreich und die amerikanische Weltpolitik des 20. und 21. Jahrhunderts.

Portfolio und Üben
454053-0159

159

7

Die Weimarer Republik

11. November 1918: In Paris und London läuten die Siegesglocken. Der Erste Weltkrieg ist zu Ende, aber der Friede hat keineswegs begonnen. Vielmehr bricht in Europa eine Zeit der Spannungen und Konflikte an. Revolutionen, Bürgerkriege und Wirtschaftskrisen prägen Europa. Heute wissen wir, dass die Nachkriegszeit zugleich eine Vorkriegszeit war – denn 1939 sollte der Zweite Weltkrieg beginnen. Bis 1939 zerfiel Europa in zwei Lager: Während die Demokratien im Westen weiter bestanden, wurden in Deutschland und im übrigen Europa Diktaturen errichtet (siehe Karte auf S. 271).

D1 Goldene Zwanziger Jahre? Die Zeit der Weimarer Republik war eine Zeit der Krisen, aber auch eine Zeit des Aufbruchs. Noch heute spricht man von den „Goldenen Zwanzigern", auch wenn nur wenige Wohlhabende daran teilhatten. Foto von der „Historiale 2010" in Berlin

1917 In Russland wird nach der Oktoberrevolution der Sozialismus eingeführt.

1918 Nach der Novemberrevolution wird in Deutschland die Republik ausgerufen

Material im Internet
454053-7000

1922
Benito Mussolini errichtet in Italien eine faschistische Diktatur.

1922
Die Sowjetunion wird als erster kommunistischer Staat der Welt gegründet.

1929
Dramatische Kurseinbrüche an der New Yorker Börse lösen eine Weltwirtschaftskrise aus.

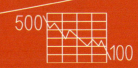

1933
In Deutschland ist die Weimarer Republik am Ende. Die NS-Diktatur beginnt.

1 Deutschlands Weg in die Republik

Das Ende des Ersten Weltkrieges löste in Deutschland dramatische Veränderungen aus: An die Stelle des Kaiserreichs trat eine demokratische Republik. Die neue Regierung stand vor schwierigen Aufgaben.

Räte
von Arbeitern und Soldaten gewählte Vertreter. Ihr Vorbild waren die erstmals in Russland von Arbeitern, Soldaten und Bauern gewählten „Sowjets".

Spartakusbund
Im Spartakusbund vereinten sich während des Ersten Weltkrieges in Deutschland Menschen, deren Ziel eine internationale Revolution der Arbeiterklasse war.

USPD
Aus Protest gegen die Unterstützung des Ersten Weltkrieges durch die SPD hatte eine Gruppe von SPD-Reichstagsabgeordneten 1917 eine eigene Partei gegründet – die Unabhängige Sozialdemokratische Partei Deutschlands (USPD).

Von der Rebellion zur Revolution
Oktober 1918: Der Krieg ist für Deutschland nicht mehr zu gewinnen. Dennoch will die deutsche Marineleitung die Flotte zu einem letzten Gefecht in die Schlacht schicken. Doch die Schiffsbesatzungen wollen sich nicht sinnlos opfern lassen. Sie widersetzen sich dem Befehl. Es kommt zur Rebellion. Werftarbeiter und aus dem Krieg zurückkehrende Soldaten verbünden sich mit den Matrosen. Sie rufen zum Generalstreik auf und besetzen die Rathäuser der Küstenstädte. In den folgenden Tagen weitet sich der Aufstand zur Revolution aus. In fast allen Städten übernehmen Arbeiter- und Soldatenräte die Macht.

Das Ende des Kaiserreiches
Am 9. November 1918 erreicht die Revolution Berlin. Riesige Demonstrationszüge bewegen sich auf das Schloss und den Reichstag zu. Streikende Arbeiter fordern die sofortige Beendigung des Krieges und die Abdankung des Kaisers. Nun überschlagen sich die Ereignisse: Unter dem Druck der Massen verkündet der Reichskanzler eigenmächtig den Rücktritt des Kaisers. Er ernennt den SPD-Vorsitzenden Friedrich Ebert zum neuen Reichskanzler. Am Nachmittag des 9. November rufen Philipp Scheidemann (SPD) und Karl Liebknecht (Spartakusbund) fast zeitgleich die Republik aus – allerdings mit unterschiedlichen Zielen (Q2).

Die Aufgaben der neuen Regierung
Friedrich Ebert bildet eine vorläufige Regierung, die sich „Rat der Volksbeauftragten" nennt. Ihr gehören je drei Politiker der SPD und der USPD an. Die Übergangsregierung steht vor großen Problemen: Wie sollen die Soldaten wieder in die Arbeitswelt eingegliedert werden? Was ist gegen Arbeitslosigkeit und Hungersnot zu tun? Aufgrund der Notlage sind insbesondere die SPD-Mitglieder dazu bereit, mit den Kräften des alten Kaiserreichs – Generälen, Beamten, Unternehmern – zusammenzuarbeiten. Selbst offene Gegner der Republik bleiben so im Amt.

Hörspiel „Das ist revolutionär!" (1918)
Hörbuch 3, Track 2

Q1 Der Rat der Volksbeauftragten, Postkarte aus den 1920er-Jahren. Links: Mitglieder der USPD. Rechts: Mitglieder der SPD. In der Mitte: Ausrufung der Republik durch Philipp Scheidemann. Die Szene wurde 1927 nachgestellt, da es von dem Ereignis kein Foto gibt.

1918 bis 1933 | Die Weimarer Republik

Q2 Zweimalige Ausrufung der Republik am 9. November 1918 in Berlin

a) Philipp Scheidemann gegen 14 Uhr vom Balkon des Reichstagsgebäudes:

Arbeiter und Soldaten! Das deutsche Volk hat auf der ganzen Linie gesiegt. Das alte Morsche ist zusammengebrochen. (…) Die Hohenzollern* haben abgedankt! Es lebe die
5 deutsche Republik! Der Abgeordnete Ebert ist zum Reichskanzler ausgerufen worden. (…) Jetzt besteht unsere Aufgabe darin, diesen glänzenden Sieg (…) nicht beschmutzen zu lassen, und deshalb bitte ich Sie, sorgen Sie
10 dafür, dass keine Störung der Sicherheit eintrete. (…) Ruhe, Ordnung und Sicherheit ist das, was wir jetzt brauchen.

b) Karl Liebknecht gegen 16 Uhr vor dem Berliner Schloss:

Der Tag der Revolution ist gekommen. Wir haben den Frieden erzwungen. (…) Parteigenossen, ich proklamiere die freie sozialistische Republik Deutschland. (…) Die Herrschaft des
5 Kapitalismus, der Europa in ein Leichenfeld verwandelt hat, ist gebrochen. (…) Wenn auch das Alte niedergerissen ist, dürfen wir doch nicht glauben, dass unsere Aufgabe getan ist. Wir müssen alle Kräfte anspannen, um
10 eine Regierung der Arbeiter und Soldaten aufzubauen und eine neue staatliche Ordnung des Proletariats zu schaffen.

* Adelsgeschlecht, aus dem zwischen 1871 und 1918 die deutschen Kaiser stammten

Q3 Extraausgabe des „Vorwärts". Der „Vorwärts" war die offizielle Parteizeitung der SPD.

Aufgaben

1 Arbeite heraus, warum es im November 1918 zu einer Revolution kam (VT1*).

2 Nenne wichtige Stationen auf Deutschlands Weg vom Kaiserreich zur Republik (VT1, VT2).

3 Gib die Probleme wieder, die der Rat der Volksbeauftragten nach der Regierungsübernahme zu lösen hatte (VT3).

4 Das Foto in der Mitte der Postkarte stammt aus dem Jahr 1927 und nicht vom 9. November 1918. Erkläre, warum man ausgerechnet diese Szene Jahre später nachgestellt hat (Q1).

5 Erläutere, was die SPD mit ihrem Aufruf an die Arbeiter, Soldaten und Bürger erreichen wollte. Beachte dabei auch das Datum der Extraausgabe (Q3).

6 Vergleiche anhand von Q2 die Ziele Philipp Scheidemanns (SPD) mit denen Karl Liebknechts (Spartakusbund).

7 Viele Anhänger des Kaiserreichs blieben nach der Revolution in ihren Ämtern. Diskutiert mögliche Folgen für die junge Republik.

* VT1 bedeutet: Die Aufgabe bezieht sich auf den ersten Abschnitt des Verfassertextes (VT). Die Abschnitte ergeben sich durch die blauen Zwischenüberschriften.

2 | Parlament oder Räte?

Das Deutsche Kaiserreich gab es nicht mehr. Jetzt lautete die entscheidende Frage: Wie soll die künftige Republik aussehen? Doch auf diese Frage gab es ganz verschiedene Antworten.

Q1 Regierungstruppen beziehen auf dem Brandenburger Tor Stellung, um den Spartakusaufstand niederzuschlagen. Foto, Januar 1919

Räterepublik
Die Herrschaft wird über Räte ausgeübt. Arbeiter oder Betriebe entsenden direkt Vertreter in die Räte. Bei Abstimmungen entscheiden die Vertreter nicht nach ihrem eigenen Gewissen, sondern müssen im Sinne der Basis abstimmen. Im Rätesystem gibt es keine Gewaltenteilung – die Räte agieren als Gesetzgeber, Regierung und Gericht zugleich.

Unterschiedliche Konzepte
Die SPD strebte eine parlamentarische Demokratie an: Das Volk sollte in gleicher und geheimer Wahl ein Parlament wählen. Eine gewählte Nationalversammlung sollte eine Verfassung ausarbeiten. Der Spartakusbund und Teile der USPD wollten dagegen eine Räterepublik nach russischem Vorbild: Die Macht sollte in die Hände von Arbeiter- und Soldatenräten gelegt werden. Auf einer Versammlung der Arbeiter- und Soldatenräte in Berlin stimmte eine große Mehrheit für die parlamentarische Demokratie.

„Berliner Blutwoche"
Der Spartakusbund war jedoch nicht bereit, die Idee von der Räterepublik kampflos aufzugeben. Am 1. Januar 1919 gründeten die Spartakisten die Kommunistische Partei Deutschlands (KPD). Vier Tage später organisierte die KPD in Berlin einen bewaffneten Aufstand. Die Regierung rief daraufhin die Reichswehr und Freiwilligenverbände zu Hilfe. Diese so genannten Freikorps bestanden meist aus entlassenen Berufssoldaten. Sie lehnten zwar die Demokratie ab, ihr Hass auf die Kommunisten war aber noch größer, so dass sie die Regierung unterstützten. Innerhalb einer Woche wurde der Aufstand blutig beendet. Dabei ermordeten Freikorpssoldaten auch die KPD-Führer Rosa Luxemburg und Karl Liebknecht. Der für die Niederschlagung verantwortliche Volkskommissar Gustav Noske (SPD) hatte den Mord im Vorfeld gebilligt.

Wahl zur Nationalversammlung
Bei den Wahlen am 19. Januar 1919 entschied sich die große Mehrheit für demokratische Parteien. Erstmals durften auch Frauen wählen. Die SPD erreichte nur knapp 38 Prozent der Stimmen. Viele Arbeiter hatten ihr das Bündnis mit den Militärs nicht verziehen. Weil man weitere Unruhen in Berlin befürchtete, trat die Nationalversammlung in Weimar zusammen. Die SPD bildete mit der katholischen Zentrumspartei und der bürgerlich-liberalen DDP (Deutsche Demokratische Partei) die Regierung. Diese so genannte Weimarer Koalition wählte Friedrich Ebert (SPD) zum Reichspräsidenten. Ebert ernannte Philipp Scheidemann zum Reichskanzler.

Die Weimarer Verfassung
Im August 1919 trat die neue Verfassung in Kraft. Sie sicherte allen Deutschen die Menschenrechte als Grundrechte zu. Gewählt wurde künftig nach dem Verhältniswahlrecht: Alle Parteien schickten im Verhältnis ihres erreichten Stimmenanteils Abgeordnete in den Reichstag. Staatsoberhaupt war der Reichspräsident, den das Volk alle sieben Jahre direkt wählte. In Krisenzeiten konnte er Notverordnungen erlassen und so ohne den Reichstag regieren. Der Reichspräsident sollte als eine Art „Ersatzkaiser" die Anhänger der Monarchie mit der Republik versöhnen.

1918 bis 1933 | Die Weimarer Republik

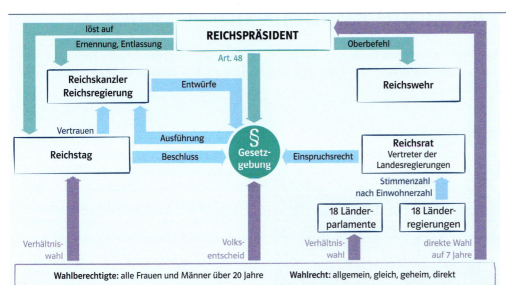

D1 Die Weimarer Verfassung. Im Reichstag war jede Partei ihrem Stimmenanteil entsprechend vertreten. Eine Fünfprozentklausel gab es nicht. Das begünstigte Splitterparteien und erschwerte die Bildung stabiler Regierungen.

Q2 Auszüge aus der Weimarer Verfassung:
Art. 1: Das Deutsche Reich ist eine Republik. Die Staatsgewalt geht vom Volke aus. (…)
Art. 25: Der Reichspräsident kann den Reichstag auflösen, jedoch nur einmal aus dem
5 gleichen Anlass. (…)
Art. 48: Der Reichspräsident kann, wenn im Deutschen Reiche die öffentliche Sicherheit und Ordnung erheblich gestört oder gefährdet wird, die zur Wiederherstellung der
10 öffentlichen Sicherheit und Ordnung nötigen Maßnahmen treffen, erforderlichenfalls mit Hilfe der bewaffneten Macht einschreiten. Zu diesem Zwecke darf er vorübergehend die (…) Grundrechte ganz oder zum Teil außer
15 Kraft setzen.
Art. 54: Der Reichskanzler und die Reichsminister bedürfen zu ihrer Amtsführung des Vertrauens des Reichstags. Jeder von ihnen muss zurücktreten, wenn ihm der Reichstag
20 durch ausdrücklichen Beschluss sein Vertrauen entzieht.
Art. 109: Alle Deutschen sind vor dem Gesetze gleich. Männer und Frauen haben grundsätzlich dieselben staatsbürgerlichen Rechte und
25 Pflichten.

Aufgaben

1 Gib wieder, wie die künftige Republik nach den Vorstellungen a) der SPD und b) des Spartakusbundes aussehen sollte (VT1).

2 Verfasse einen Zeitungsbericht zu Q1 und zu den Zielen des Spartakusbundes (VT2).

3 Finde heraus, warum man die erste deutsche Republik „Weimarer Republik" nennt (VT3).

4 Beschreibe die Grundzüge der Verfassung (VT4, D1). Vergleiche dabei die Stellung des Reichspräsidenten mit der des Reichskanzlers (Q2).

5 Erkläre, wie sich die politische Stellung der Frau veränderte (VT3, Q2).

6 Finde zu jedem abgedruckten Artikel der Weimarer Verfassung eine passende Überschrift (Q2).

7 Um die Demokratie zu retten, ging die Regierung gewaltsam gegen die Spartakisten vor und setzte dabei demokratiefeindliche Truppen ein. Bewerte dieses Vorgehen.

8 Der Reichspräsident als „Ersatzkaiser" – diskutiert die Gründe sowie mögliche Nachteile dieser Besonderheit der Weimarer Verfassung (Artikel 25 und Artikel 48) (Q2).

3 Die junge Republik unter Druck

Die Republik löste das Kaiserreich ab. Damit „erbten" die Demokraten all die Probleme, die sich aus dem verlorenen Krieg ergaben. Und eine Lüge schob den Demokraten auch noch die Schuld an der Niederlage zu.

Q1 „Dolchstoß". Ausschnitt aus einem Wahlplakat der Deutschnationalen Volkspartei, 1924

Ein Rückblick auf die letzten Kriegstage
Oktober 1918: Der Krieg ist verloren. Die deutschen Generäle wollen einen Waffenstillstand. Wer aber soll die Verhandlungen führen? General Ludendorff vor seinen Offizieren: „Ich habe aber seine Majestät gebeten, jetzt auch diejenigen Kreise an die Regierung zu bringen, denen wir es in der Hauptsache zu verdanken haben, dass wir so weit gekommen sind. (…) Die sollen nun den Frieden schließen, der jetzt geschlossen werden muss. Sie sollen die Suppe jetzt essen, die sie uns eingebrockt haben." Gemeint waren Politiker der SPD und der Zentrumspartei. Ludendorff wollte ihnen mit diesem Schachzug die Verantwortung für die Niederlage aufdrücken – und sich selbst der Verantwortung entziehen.

Die Dolchstoßlegende
November 1918: Der Zentrumspolitiker Matthias Erzberger leitete die deutsche Abordnung in den Verhandlungen mit den Siegermächten. Auf Drängen der Generäle unterzeichnete er ein Waffenstillstandsabkommen. Nur wenige Monate später behaupteten die Generäle von Hindenburg und Ludendorff jedoch, das Heer sei „im Felde unbesiegt" geblieben. Man habe es durch die Unterzeichnung des Waffenstillstands „von hinten erdolcht". Für die Niederlage machten sie die Novemberrevolution verantwortlich. Demokratische Politiker hätten hinter ihrem Rücken den Waffenstillstand ausgehandelt.

Der Versailler Vertrag
Die demokratischen Politiker, die sich für die Unterzeichnung des Versailler Friedensvertrages einsetzten (siehe S. 156), wurden beschimpft. Dass Deutschland gezwungen worden war, die alleinige Kriegsschuld anzuerkennen, empfanden viele Deutsche als nationale Schande. Die extremen rechten Parteien machten Stimmung gegen die „Kriegsschuldlüge" von Versailles. Demokratische Politiker waren für sie „Erfüllungspolitiker" und Schwächlinge, die dem Ausland nichts entgegenzusetzen hatten.

Anfeindungen von rechts und links
Die Dolchstoßlegende und die Rede vom „Schandvertrag von Versailles" vergifteten das politische Klima. Den demokratischen Politikern schlug offener Hass entgegen. Für die Anhänger des alten Kaiserreichs waren sie „Novemberverbrecher", für die Kommunisten „Spartakusmörder". Die Hetzkampagnen hatten schwerwiegende Folgen: Demokratische Politiker, die in der militärischen Niederlage Verantwortung übernommen hatten, wurden von rechten Kräften ermordet. Zu den Opfern zählten 1921 Matthias Erzberger, der Unterzeichner des Waffenstillstandes, und 1922 Reichsaußenminister Walter Rathenau.

Q2 Der Journalist Kurt Tucholsky schrieb 1919 unter dem Titel „Das erdolchte Heer":
Die Generale habens gesagt
und haben die Heimat angeklagt.
Die Heimat – heißt es – erdolchte das Heer.
Aber die Heimat litt viel zu sehr!
5 Sie schrie und ächzte unter der Faust.
Es würgt der Hunger, der Winterwind saust.
Ihr habt der Heimat erst alles genommen
und seid noch besiegt zurückgekommen.
Besiegt hat euch euer eigener Wahn.
10 Dreimal kräht jetzt der biblische Hahn.
Und nach so vielen Fehlern und falschen Taten
habt ihr nun auch die Heimat verraten.
Die Heimat, die Frauen, die Schwachen, die Kranken –
15 Wir danken, Generale, wir danken!

D1 Der Historiker Eberhard Kolb 1993 über den Versailler Vertrag:
Erstens: Gewiss ist zuzugeben, dass das Vertragswerk eine extreme Belastung für die junge Demokratie darstellte, und es kann bezweifelt werden, ob die Sieger sehr klug
5 handelten, wenn sie die Folgen der Niederlage gerade jenen deutschen Politikern und Parteien aufbürdeten, die sich zu Wilsons Ideen einer Völkerverständigung bekannten. Aber so harte Bedingungen Deutschland auch
10 auferlegt wurden: Einzelne Bestimmungen des Friedensvertrages waren doch weniger rigoros ausgefallen, als es während der Verhandlungen im Bereich der Möglichkeiten gelegen hatte. Zweitens: Trotz des Versailler Ver-
15 trags behielt das Deutsche Reich den Status einer europäischen Großmacht und besaß auf längere Sicht die Möglichkeit, wieder einen aktiven Part in der europäischen Politik zu spielen. (…)

Q3 „Soll dieses Elend weitergehen?" Plakat von Fritz Gottfried Kirchbach gegen die Folgen des Versailler Vertrages, 1920

Aufgaben

1 Erkläre mithilfe von VT1 und VT2 die Zeichnung auf dem Plakat Q1.

2 Fasse zusammen, warum Dolchstoßlegende und Versailler Vertrag enorme Belastungen für die erste demokratische Regierung waren (VT).

3 August 1921: Matthias Erzberger wird kurz vor seiner Ermordung von seinen Gegnern zur Rede gestellt. Was werfen sie ihm vor? Wie verteidigt er sich? Schreibe die Szene auf.

4 Untersuche, wie der Versailler Vertrag in der deutschen Öffentlichkeit aufgenommen wurde (Q3).

5 Vergleiche die zeitgenössische Beurteilung des Friedensvertrags (Q3) mit der Einschätzung des Historikers Kolb (D1).

6 Vergleiche Q1 und Q2 miteinander. Wem wird jeweils die Schuld an der Kriegsniederlage gegeben?

7 Bewerte mithilfe des VT, inwiefern die Aussagen des Plakates (Q1) und des Gedichts (Q2) der Wahrheit entsprechen.

8 Erstelle ein Wahlplakat, in dem du die Dolchstoßlegende entkräftest.

4 | Das Krisenjahr 1923

Der britische Botschafter in Berlin notierte Silvester 1923: „Nun geht das Krisenjahr zu Ende. Die inneren und äußeren Gefahren waren so groß, dass sie Deutschlands ganze Zukunft bedrohten. Wenn man zurückblickt, sieht man klarer, wie nah dieses Land am Abgrund stand."

Inflation
Wertverlust des Geldes. Der Staat lässt Geld drucken, die Warenmenge wird aber nicht vermehrt. Dies führt zu steigenden Preisen. Sachwerte wie Grundstücke oder Schmuck behalten ihren Wert.

Staatshaushalt
Ausgaben und Einnahmen des Staates

Zinsen
Vergütung für geliehenes Geld. Sowohl für das Leihen als auch für das Verleihen von Geld werden Zinsen fällig.

Ruhrbesetzung
Deutschland war mit seinen Reparationslieferungen in Rückstand geraten. Deshalb marschierten im Januar 1923 französische Truppen ins Ruhrgebiet ein. Die Soldaten sollten den Transport von Kohle nach Frankreich überwachen. Die deutsche Regierung rief zum „passiven Widerstand" auf: Zechen wurden stillgelegt, Fabriken bestreikt. Beamte verweigerten die Zusammenarbeit mit den Besatzern. Einige Radikale sprengten sogar Gleise und überfielen Wachposten.

Inflation
Der Staat unterstützte die Streikenden finanziell. Jeder Tag der Ruhrbesetzung kostete die Staatskasse 40 Millionen Goldmark. Um den „Kampf um die Ruhr" zu bezahlen, ließ die Regierung Geld drucken.

Immer mehr Geldscheine kamen in Umlauf, für die man aber immer weniger Güter kaufen konnte. Das heizte die Inflation an: Die Warenpreise stiegen, der Wert des Geldes fiel rasend schnell.

Die eigentliche Ursache für die Inflation lag aber weiter zurück: Schon die kaiserliche Regierung hatte zur Finanzierung des Krieges die Papiergeldmenge kräftig erhöht und gleichzeitig enorme Schulden angehäuft. Der Weimarer Staat litt deshalb von Beginn an unter den Folgen der Kriegsinflation und unter Überschuldung.

Währungsreform
Durch den langen Streik lag die Wirtschaft im September 1923 völlig am Boden. Deshalb musste der Ruhrkampf abgebrochen werden. Man sicherte den Franzosen weitere Reparationszahlungen zu. 1925 räumten sie das Ruhrgebiet wieder. Um die Inflation zu stoppen, führte die Regierung eine Währungsreform durch: Eine Billion Papiermark entsprachen ab dem 15. November 1923 einer Rentenmark. Diejenigen, die Ersparnisse zurückgelegt hatten, fühlten sich von der Republik betrogen.

Hitler-Putsch
Im Herbst 1923 versuchte Adolf Hitler, der Vorsitzende der faschistischen Nationalsozialistischen Deutschen Arbeiterpartei (NSDAP), die Krise zu nutzen. Er wollte gegen die Regierung putschen, sie also mit Gewalt stürzen. Gemeinsam mit dem ehemaligen General Ludendorff rief Hitler die „Nationale Revolution" aus. Am 9. November marschierte er mit 2000 Anhängern durch München. Vor der Feldherrnhalle ging die Polizei jedoch gegen die Putschisten vor. Hitler wurde verhaftet, die NSDAP verboten.

Q1 Inflation. Woche für Woche wanderten die wertlos gewordenen Papiermarkscheine in die Pressen der Altpapierhändler. Banknoten bis zu 500 000 Mark hatten keine Kaufkraft mehr. Foto, 1923

Q2 Der Journalist Curt Riess arbeitete in den 1920er-Jahren für eine Berliner Tageszeitung. Er beschrieb die Inflation so:

(Mein) Vater begriff erst, woran er war, als er feststellen musste, dass die Rechnung für 3,20 Meter Tuch, aus dem ein Anzug gemacht werden konnte, höher war als die Rechnung,
5 die er einem Kunden für den Anzug ausstellen konnte. Von diesem Tag an fertigte er nur noch Anzüge gegen Dollar an. (…) Und wie stand es um die so genannten kleinen Leute, die Gehaltsempfänger? Sie mussten am Ende des
10 Monats feststellen, dass sie sich für den Lohn, den sie erhielten, so gut wie nichts mehr kaufen konnten. Um diesem Desaster abzuhelfen, wurde es zur Regel, dass Angestellte und Arbeiter nicht mehr monatlich bezahlt wurden,
15 sondern wöchentlich, dann jeden dritten Tag, schließlich täglich. Dann sausten sie (…) in die nahen Geschäfte und kauften ein. Und die Geschäftsinhaber brachten das eingenommene Geld so schnell wie möglich auf die Bank und
20 kauften dafür (…) fremde Währung.

Produkt	Preis am 13.10.1923	Preis am 20.10.1923
500 g Bohnen	235 Mio. RM	630 Mio. RM
500 g Kaffee	1600 Mio. RM	5000 Mio. RM
500 g Fleisch	450 Mio. RM	1400 Mio. RM
500 g Margarine	500 Mio. RM	1860 Mio. RM

D1 Preisentwicklung während der Inflation (in RM = Reichsmark)

Q3 Der „Ruhrkampf". Deutsche Propagandapostkarte, 1923

Aufgaben

1 Beschreibe Q3 und ermittle die Aussage der Postkarte mithilfe von VT1.

2 Beschreibe die Auswirkungen der Inflation (D1, Q1, Q2).

3 Erkläre den Zusammenhang zwischen „Ruhrkampf" und Inflation. Was war die eigentliche Ursache für die Inflation (VT2)?

4 Vergleiche die Folgen der Währungsreform
 a) für einen Unternehmer mit Fabrik,
 b) für einen Arbeiter mit Sparbuch (VT3).

5 Viele Menschen gaben der Republik die Schuld an der Inflationskrise. Nimm dazu Stellung (VT).

6 Schreibe die Notiz des britischen Botschafters (Vorspann) weiter. Verwende dazu die Stichworte „Ruhrbesetzung", „Inflation" und „Hitler-Putsch".

extra 5 | # Goldene Zwanziger?

„Hoppla, wir leben!" – So heißt ein Theaterstück aus dem Jahre 1927. Der Titel spiegelt den vorsichtigen Optimismus wider, der sich in Deutschland nach dem Krisenjahr 1923 ausbreitete. Ging es nun endlich aufwärts?

Q1 „Großstadt", ein berühmtes Gemälde der „Neuen Sachlichkeit" von Otto Dix, 1927/1928 (181 x 402 cm). Viele Maler und Schriftsteller machten die Metropole Berlin zum Thema ihrer Werke.

Neue Sachlichkeit
eine in den 1920er-Jahren in Deutschland aufgekommene Kunstrichtung, die die Wirklichkeit realistisch abbilden wollte und sich kritisch mit der Gesellschaft auseinandersetzte

Zeit der Extreme
Die Republik erholte sich erstaunlich schnell von den Folgen der Inflation. Eine aufregende Zeit voller Lebenshunger und Modernität brach an. Es war aber auch eine unruhige Zeit voller Extreme und Ungewissheiten.

Vor allem Berlin mit seinen vier Millionen Einwohnern stand für die neue, moderne Welt. Mitte der 1920er-Jahre gab es dort 49 Theater, 3 Opernhäuser sowie 75 Kabarett- und Varietébühnen. Das Nachtleben blühte: In Tanzhallen und Bars waren Jazz- und Swingmusik aus den USA zu hören. Dazu wurden neue Tänze wie der Charleston ausprobiert. Allerdings konnte nur ein kleiner Kreis von Wohlhabenden an diesem aufregenden Leben teilnehmen.

Presse, Rundfunk, Kino
Die meisten Menschen mussten sich mit preiswerteren Vergnügungen zufrieden geben: 1928 erschienen in Deutschland über 3000 verschiedene Tageszeitungen. Hinzu kamen eine Flut von „Groschenromanen"

→ Presse und Rundfunk heute
S. 232

und die neuartigen Illustrierten. Am 29. Oktober 1923 ging in Berlin die erste Radiostation auf Sendung. Live-Reportagen machten den Sport in der Bevölkerung beliebt. Auch das Kino boomte: Die neuen Tonfilme lockten Abend für Abend etwa zwei Millionen Menschen in die „Lichtspielhäuser". Ihre Zahl verdoppelte sich zwischen 1918 und 1930 auf rund 5000.

Kultureller Aufschwung
Bedeutende Künstler zogen nach Berlin, um sich von der Atmosphäre der Großstadt anregen zu lassen und Neues auszuprobieren. Die Großstadt wurde zum zentralen Thema ihrer Kunst: Maler wie Otto Dix hielten das Leben in den modernen Großstädten in ihren Bildern fest. Alfred Döblin schilderte in seinem Roman „Berlin Alexanderplatz" den Alltag des „kleinen Mannes". Und Regisseur Fritz Lang präsentierte im Science-Fiction-Film „Metropolis" seine Vision von einer Zukunftsstadt.

1918 bis 1933 | Die Weimarer Republik

Q2 Der Dichter Leonhard Frank (1882–1961) schrieb in seinen Lebenserinnerungen über die 1920er-Jahre:

Damals war die schöne Zeit. Von den Nachwirkungen des verlorenen Krieges war nichts mehr zu spüren. Die Wirtschaftsverhältnisse hätten nicht besser sein können, wenn Deutschland den Krieg gewonnen haben würde. Riesige Summen amerikanischen Privatkapitals wurden ins Land gepumpt (…). Ein neues Deutschland hatte sich herausgeschält. Eine Art Märchen vom Aschenbrödel war für die ganze Nation Wirklichkeit geworden. Diese Zeit war der Beweis dafür, dass Wirtschaftskraft und -aufstieg auch das geistige und künstlerische Schaffen befruchten. (…) Theater, Oper, Konzertsäle waren überfüllt. Europäische Künstler aus Paris, London, Rom, die nach Berlin kamen, waren begeistert und wollten nicht mehr fort. Die Luft in Berlin war elektrisch geladen.

Q3 Ein junger Mann aus einem Berliner Arbeiterviertel schreibt über die 1920er-Jahre:

Von der kulturellen Metropole Europas merkten wir im Norden Berlins wenig. Die „goldenen zwanziger Jahre" fanden in den Theaterzentren, Galerien und feinen Restaurants statt, waren eine Angelegenheit sensationeller Bälle und Galas der Neureichen, der Nachtlokale und Künstler-Cafés (…). Den Kulturbedarf der breiten Massen befriedigten das Radio, der neue Unterhaltungsfilm, die Trivialliteratur (d. h. einfache Bücher) sowie Revuen und Tanzlokale. Die Schlager (…) halfen Luftschlösser bauen, erleichterten die Flucht aus dem grauen Alltag.

Q4 Neuer Frauentyp. Er wurde in den 1920er-Jahren durch Werbung, Filme und Zeitschriften verbreitet. Zeitschriftenanzeige für Zigaretten, 1925

Aufgaben

1 Beschreibe das Frauenbild, das Q4 zeigt.

2 Otto Dix hat in seinem Gemälde drei Szenen aus dem Leben in einer Großstadt dargestellt. Beschreibe sie genau (Q1).

3 Die Großstadt der 1920er-Jahre war ein Schauplatz extremer Gegensätze. Prüfe diese Aussage mithilfe von Q1.

4 „Die Luft in Berlin war elektrisch geladen." Erkläre diese Aussage mithilfe von Q2.

5 Diskutiert in einem Rollenspiel darüber, wie zufrieden ihr mit der Weimarer Republik seid. Es nehmen teil: Ein verarmter Kleinsparer, ein schuldenfreier Unternehmer, eine Berliner Tänzerin, ein Berliner Arbeiter.

6 „Goldene Zwanziger?" Nimm nach Auswertung aller Materialien Stellung dazu, ob dieser Begriff die 1920er-Jahre in Deutschland treffend beschreibt.

7 Informiert euch arbeitsteilig im Online-Link über Literatur, Theater, Kino, Architektur („Bauhaus") und den Alltag der „neuen Frau". Stellt eure Ergebnisse in Kurzreferaten vor.

Goldene Zwanziger
454053-0171

6 | Die Wirtschaft in der Krise

Nachdem es Ende 1923 gelungen war, die Inflation zu stoppen, blühte die deutsche Wirtschaft in den Folgejahren auf. Allerdings war der Wohlstand mit geliehenem Geld finanziert.

D1 Warteschlange an einer Berliner Bank 1931. Zeichnung

Weltwirtschaftskrise große Wirtschaftskrise, die ab 1929 alle Industrieländer erfasste. Sie begann am Donnerstag, 24. Oktober 1929, in New York. An der dortigen Börse brachen die Kurse ein, weil Aktien zuvor weit über Wert gehandelt worden waren. Banken wurden zahlungsunfähig, Betriebe mussten ihre Produktion einstellen. In Amerika ging der Tag als „Schwarzer Donnerstag" in die Geschichte ein, in Europa wegen der Zeitverschiebung als „Schwarzer Freitag".

Berlin im Juli 1931

Als Buchhalter kennt sich Herr Kaufmann aus mit der Wirtschaft. Zusammen mit seinem Sohn Emil wartet er in einer langen Schlange vor einer Bank.

Emil (E): „Wie lange müssen wir hier denn noch anstehen?"

Vater (V): „Bis ich unsere Ersparnisse in der Hand halte. Ich habe schon einmal erlebt, dass mein Geld von heute auf morgen weg war. Das passiert mir kein zweites Mal!"

E: „Wollen denn die vielen anderen Leute auch ihr ganzes Geld abheben?"

V: „Ja, bestimmt. Seit dem Schwarzen Freitag in New York haben unsere Banken und unsere Wirtschaft große Schwierigkeiten. Das Geld geht ihnen aus."

E: „Aber was geht uns denn der Börsenkrach in New York an?"

V: „Leider eine ganze Menge. Nach dem Krisenjahr 1923 mit der Währungsreform brauchte Deutschland viel Geld, um die eigene Wirtschaft wieder in Schwung zu bringen. Dieses Geld haben wir uns vor allem aus den USA geliehen. Tja, und jetzt, wo die amerikanische Wirtschaft selber in der Krise steckt und dringend Geld braucht, fordern die US-Banken die Milliardenkredite wieder zurück. Einige deutsche Banken sind deshalb schon zahlungsunfähig."

E: „Also hat der Börsenkrach eine Krise ausgelöst, die auch uns betrifft."

V: „Ja. Und es kommt noch schlimmer, denn die deutsche Wirtschaft ist darauf angewiesen, möglichst viele Waren ins Ausland zu verkaufen. Die amerikanischen Kunden sind aber nicht mehr in der Lage, die bestellten Waren zu bezahlen. In den Überseehäfen stauen sich deshalb schon deutsche Schiffe, die ihre Güter nicht entladen können."

E: „Oh je. Und wenn nun auch deine Bank nicht mehr zahlen kann?"

V: „Dann sind unsere ganzen Ersparnisse weg. Und Hunderte von Betrieben, die auf die Kredite der Bank angewiesen sind, gehen pleite. Viele Firmen haben schon jetzt kaum noch Aufträge. Denen bleibt nichts anderes übrig, als ihre Produktion herunterzufahren und ihre Arbeiter zu entlassen."

E: „Und Arbeitslose haben kein Geld, um neue Waren zu kaufen."

V: „… was wiederum dazu führt, dass der Staat weniger Steuern einnimmt. Dann muss er sparen und kann weniger Aufträge an die Wirtschaft vergeben."

E: „Was für ein Teufelskreis!"

Hörbuch 3, Track 3

1918 bis 1933 | Die Weimarer Republik

Q1 Der 24-jährige Günther Prien war damals immer wieder vergeblich auf Arbeitsuche:

Ich ging auf die Straße hinaus. Nun war ich also wieder unten, ganz unten. (…) Warum? Jeder, den man fragte, zuckte die Achseln: „Ja es gibt eben keine Arbeit, das sind die
5 Verhältnisse, mein Lieber!" Ja, verflucht noch mal, waren denn die da oben, die Minister, die Parteibonzen, (…) nicht dazu da, die Verhältnisse zu ändern? Wie konnten sie ruhig schlafen, solange es noch Menschen gab, kräftig
10 und gesund, willig zur Arbeit (…) und nun verrottend wie faules Stroh? Die paar elenden Pimperlinge, die sie uns hinwarfen, schützten gerade vor dem Hungertode. Sie gaben sie widerwillig her, weil sie Angst hatten vor un-
15 serer Verzweiflung, und sie wickelten uns das Lumpengeld in das Papier ihrer Zeitungen, die von schönen Redensarten (…) trieften. Ein wütender Zorn (…) packte mich. In diesen Tagen wurde ich Mitglied der nationalsozialis-
20 tischen Bewegung.

Q2 Hinterhofwohnungen in der Köpenicker Straße in Berlin. Aus den Fenstern hängen Fahnen der KPD und der NSDAP. Foto, 1932

D2 Im „Teufelskreis" der Wirtschaftskrise

(Zahlungsunfähigkeit der … / … von Betrieben / weniger Staatsaufträge für die … / sinkende Steuereinnahmen des … / weniger … werden verkauft / Entlassungen von …)

Aufgaben

1 Arbeite heraus, was der „Schwarze Freitag" war und was damals geschah (Lexikon, VT).

2 Der Dialog enthält zwei Gründe, warum die amerikanische Wirtschaftskrise negative Folgen für Deutschland hatte. Nenne sie.

3 Vervollständige den „Teufelskreis" (D2) in deinem Heft. Lies dazu zunächst den Dialog.

4 Arbeite heraus, wem Günther Prien die Schuld an seiner Arbeitslosigkeit gibt. Welche Konsequenzen zieht er daraus (Q1)?

5 Die beiden Männer im Vordergrund von Q2 sprechen über die Lage in ihrem Wohnblock und über die Fahnen, die sie aufgehängt haben. Schreibe das Gespräch auf.

6 Erkläre mithilfe von Q1 und Q2, welcher Zusammenhang sich zwischen Wirtschaftskrise und politischen Veränderungen erkennen lässt.

7 Beurteile, ob Günther Prien mit seinen Schuldzuweisungen Recht hat (Q1).

Weltwirtschaftskrise 2008
454053-0173

173

7 Arbeitslosigkeit und Hunger

Durch die Wirtschaftskrise waren immer mehr Menschen ohne Arbeit. Der Staat konnte ihr Überleben nicht sichern. Tausende von Familien glitten ins Elend. Mancher blieb im täglichen Überlebenskampf auf der Strecke.

Krise der Wirtschaft = Krise der Arbeit

Die hohe Arbeitslosigkeit war von Beginn an eines der Hauptprobleme in der Weimarer Republik. So waren noch 1924 über 700 000 Kriegsbeschädigte ausschließlich auf staatliche Unterstützung angewiesen. Auch in den wenigen Jahren des wirtschaftlichen Aufschwungs blieb die Zahl der Arbeitslosen recht hoch. Als Folge der Wirtschaftskrise schwoll die Arbeitslosigkeit jedoch von Monat zu Monat noch einmal in beängstigender Weise an. Waren im September 1929 „nur" 1,3 Millionen Menschen ohne Arbeit, so stieg diese Zahl Anfang 1933 auf über sechs Millionen an.

Existenzangst geht um

Seit 1927 gab es zwar eine Arbeitslosenversicherung, aber deren Leistungen sicherten kaum das Überleben. Zudem erhielt man dieses Geld nur ein Jahr lang. 1932 bekamen deshalb rund 800 000 Familien überhaupt keine Unterstützung mehr. Viele Menschen hungerten. Fleisch und Butter konnten sie sich nicht leisten. Die Kinder litten unter Mangelkrankheiten, da ihre Eltern kein Geld für Obst und Gemüse hatten. Arztbesuche wurden möglichst vermieden, da selbst die geringen Rezeptgebühren nicht aufgebracht werden konnten. Tausende Familien stürzten ins Elend. Existenzangst machte sich breit – auch unter denjenigen, die noch Arbeit hatten.

Zwischen Kampf und Resignation

Für ältere Menschen bestand keinerlei Hoffnung auf eine Anstellung. Jüngere Arbeitslose mussten um jeden Preis Geld verdienen: Sie versuchten, durch Straßenmusik, Hausieren und Tauschgeschäfte den täglichen Überlebenskampf zu gewinnen. Unzählige Frauen glitten in die Prostitution ab. Nicht alle standen diese Zeit durch: Mehr Menschen als sonst sahen nur noch einen Ausweg aus ihrer Not: Sie nahmen sich das Leben.

→ Arbeitslosigkeit heute S. 256/257

Q1 Arbeitsloser Kriegsbeschädigter bettelt in den Straßen von Hannover. Der sozialistische Fotograf Walter Ballhause stellte immer wieder Menschen am Rande der Gesellschaft dar. Dieses Foto nannte er „Advent – Auf Krücken sitzt's sich wärmer." Foto, um 1930

Q2 In einer Schulchronik aus dem Jahre 1932 findet sich folgender Eintrag:

Immer häufiger erscheinen morgens Mütter oder Väter in der Schule mit dem Bescheid: „Ich kann meine Kinder nicht schicken; wir haben kein Stück Brot im Haus. Wir haben die
5 Kinder im Bett gelassen, da merken sie den Hunger nicht so." – Oder es heißt: „Die Schuhe sind ganz durch. Gestern ging's noch, da war's trocken, aber heute ist die Straße nass." Am 10. November eröffnete die Schule (…) eine
10 Frühspeisung für zunächst 25 Kinder. Ihr Appell an die noch erwerbstätigen Eltern und Freunde der Schule setzte sie in die Lage, die Zahl auf 40 bis 50 zu erhöhen (von 430 Kindern hatten noch rund 170 erwerbstätige Väter
15 und Mütter).

Q3 Die „Arbeiter-Illustrierte-Zeitung" schilderte 1930 die Lage von Arbeitslosen:

Du hast eines Tages den berühmten „blauen Brief" erhalten; man legt auf deine Arbeitskraft kein Gewicht mehr, und du kannst dich einreihen in die „graue Masse" der toten
5 Hände und überflüssigen Hirne (…). Man fragt dich aus, wo du in den letzten vier Jahren beschäftigt warst, du musst deinen Lebenslauf schreiben, den Besuch der Schulen angeben, schreiben, warum du entlassen worden bist
10 usw. (…) Nach peinlicher Befragung erhältst du deine Stempelkarte und gehst damit los zur Erwerbslosenfürsorge (…). Deine Unterstützung richtet sich nach deinem Arbeitsverdienst in den letzten 26 Wochen. Aber
15 ganz gleich, ob du 8,80 Mk oder 22,05 Mk (Höchstsatz) als Lediger pro Woche erhältst, die paar Pfennige sind zum Leben zu wenig und zum Sterben zu viel. 26 Wochen darfst du stempeln und Unterstützung beziehen, dann
20 steuert man dich aus, und du kommst in die Krisenfürsorge, deren Sätze erheblich niedriger sind. Und nach weiteren 26 oder 52 Wochen erhältst du gar nichts mehr und gehörst zu den gänzlich Unterstützungslosen.

Q4 „Hunger-Grafik" nannte George Grosz seine Zeichnung aus dem Jahre 1924.

Aufgaben

1 Gib wieder, warum die Arbeitslosenversicherung kaum vor dem Abrutschen ins Elend schützte (VT2).

2 Q3 schildert, wie im Falle einer Arbeitslosigkeit eine Kette von Ereignissen in Gang kommt. Ordne chronologisch: Krisenfürsorge – Arbeitsamt – ohne Unterstützung – Entlassung – Erwerbslosenfürsorge – Stempelkarte.

3 „Krise der Wirtschaft = Krise der Arbeit." Erkläre, was damit gemeint ist (VT1).

4 Versetze dich in eine der Personen und formuliere ihre Gedanken (Q4).

5 Analysiere, wie es die Künstler schaffen, beim Betrachter Mitleid zu erwecken (Q1, Q4).

6 Schreibe einen Tagebucheintrag eines Familienvaters, der a) noch Arbeit hat, b) gerade arbeitslos geworden ist, c) seit mehr als einem Jahr ohne Arbeit ist.

7 Diskutiert mögliche politische Folgen der Arbeitslosigkeit.

8 | Die Demokratie wird zerstört

Die katastrophale Wirtschaftslage und die hohe Arbeitslosigkeit bestimmten seit 1929 das Leben in Deutschland. Die Feinde der Republik nutzten diese Krise.

Q1 „Notverordnung: Nach den Erfahrungen der letzten Tage ist verfügt worden, dass jeder Demonstrationszug seinen eigenen Leichenwagen mitzuführen hat." Karikatur aus der Zeitschrift „Simplicissimus", 1931

Notverordnungen konnte der Reichspräsident nach Artikel 48 der Weimarer Verfassung im Krisenfall erlassen (siehe S. 165, Q2). Sie hatten Gesetzeskraft. Damit wurde das Parlament aus dem Gesetzgebungsprozess ausgeschaltet.

Die Zeit der Notverordnungen

Der Weltkriegsgeneral Paul von Hindenburg war 1925 zum Reichspräsidenten gewählt worden. Hindenburg war ein Mann des Kaiserreichs und verabscheute die Demokratie. Ein Antidemokrat im höchsten Staatsamt – das war ein schwerer Schlag für die Republik.

Im Parlament brachte keine Regierung mehr eine Mehrheit zustande. Daher ernannte Hindenburg 1930 den Zentrumspolitiker Heinrich Brüning zum neuen Reichskanzler. Die Regierung Brüning war die erste Präsidialregierung: Ohne Mehrheit im Parlament war sie allein vom Vertrauen des Reichspräsidenten abhängig. Sie regierte vor allem mithilfe von Notverordnungen nach Artikel 48 der Weimarer Reichsverfassung. Als die Abgeordneten im Juli 1930 versuchten, eine Notverordnung Brünings wieder aufzuheben, löste Hindenburg den Reichstag auf und setzte Neuwahlen an. Dieses Vorgehen wurde zur gängigen Praxis der nächsten zweieinhalb Jahre. Das Parlament war damit entmachtet.

Die Stunde der Gegner

Brüning versuchte, in der Wirtschaftskrise zu sparen. Doch damit verschärfte er die Krise nur noch weiter. Immer mehr Menschen verloren das Vertrauen in die demokratischen Parteien. Wer durch Krieg, Inflation und Wirtschaftskrise alles verloren hatte, war besonders anfällig für die Hetze der Republikfeinde. Die KPD versprach das Ende aller Not, sobald der Kapitalismus vernichtet sei. Die NSDAP versprach, Deutschland zu neuer Macht und Größe zu führen. An allen Problemen seien die Demokraten schuld. Die Hetzkampagnen hatten Erfolg: Nach den Neuwahlen im September 1930 gehörten etwa 40 Prozent der Abgeordneten antidemokratischen Parteien an. Gleichzeitig heizten Kommunisten und NSDAP mit Straßenschlachten die Furcht vor einem Bürgerkrieg an. Viele riefen deshalb nach einem „starken Mann", der wieder für Ruhe und Ordnung sorgen sollte.

Das Ende der Republik

NSDAP und KPD erhielten bei den Wahlen im Juli 1932 zusammen die Stimmenmehrheit im Reichstag. Nun waren die Anhänger der Demokratie in der Minderheit. Vorher war schon Reichskanzler Brüning durch Intrigen von Beratern Hindenburgs – Offizieren, Industriellen und Adligen – gestürzt worden. Eigentlich hatte Hindenburg den NSDAP-Politiker Adolf Hitler immer verachtet. Doch im Moment der Krise erschien er ihm geeignet, Deutschland wieder zu alter Größe zu führen. So ernannte Hindenburg Hitler am 30. Januar 1933 zum Reichskanzler. Die Gruppe um Hindenburg wollte Hitler „zähmen": Als Regierungschef sei er in Sachzwänge eingebunden und könne nicht mehr so radikal auftreten. Doch das Kalkül ging nicht auf.

1918 bis 1933 | Die Weimarer Republik

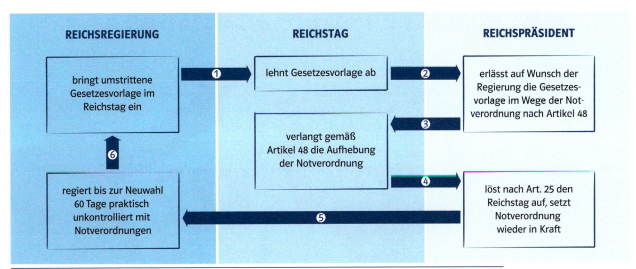

D1 Die Funktionsweise der Präsidialregierungen (1930–1933). Die Präsidialregierungen beruhen auf der Kombination der Artikel 48 und 25 der Weimarer Verfassung (siehe S. 165, Q2). Durch Androhung und Anwendung beider Artikel konnte der Reichspräsident das Parlament ausschalten.

Q2 Bericht einer Zeitzeugin aus Hamburg bei einem Interview im Jahr 1983:

Immer wieder gab es auf den Straßen Krawalle, Schlägereien und Schießereien, wenn sich Nazis und Kommunisten in die Quere kamen. Die meisten Bekannten schwärmten von der Zeit vorm Weltkrieg. Wir wünschten, dass ein starker Mann endlich wieder Ordnung schaffte. Von allen den Parteien hielt ich nichts, sie redeten alle nur. Und durch die vielen Wahlen änderte sich auch nichts. Seit 1920 hatten wir schon 18 Regierungen.

	Gesetze	Notverordnungen	Reichstagssitzungen
1930	98	5	94
1931	34	44	41
1932	5	60	13

D2 Reguläre Gesetzgebung und Notverordnungspraxis 1930–1932

Aufgaben

1 Arbeite heraus, warum ab 1930 Präsidialregierungen gebildet wurden (VT1).

2 Erläutere mithilfe von D1 und D2 das System der Präsidialregierungen.

3 Beschreibe die Methoden, die die NSDAP einsetzte, um an die Regierung zu gelangen (VT2, Q1, Q2).

4 Prüfe die Aussage: „Der Bericht der Zeitzeugin (Q2) zeigt, dass die Vorgehensweise der NSDAP die gewünschte Wirkung erzielte."

5 Nimm Stellung dazu, inwiefern die Präsidialregierungen zur Zerstörung der parlamentarischen Demokratie beitrugen.

Infoblatt
Parteien
454053-0177

Methode

9 | Politische Plakate analysieren

Q1 Wahlplakat der NSDAP von 1932 (links)

Q2 Wahlplakat der KPD aus dem Jahr 1932

Q3 Wahlplakat des Zentrums aus dem Jahr 1932
Q4 Wahlplakat der SPD von 1932 (rechts)

1918 bis 1933 | Die Weimarer Republik

Plakate als Quellen

Bei der Reichstagswahl am 31. Juli 1932 hatten sich rund 30 Parteien zur Wahl gestellt. Sie alle warben mit Wahlplakaten um die Gunst der Wähler. Die Plakate waren an Litfaßsäulen, Häuserfassaden und Bäumen angebracht. Zu keiner anderen Zeit hatten Plakate eine so große Bedeutung wie in der Weimarer Republik. Sie waren ein wichtiges Mittel der politischen Auseinandersetzung, denn nur gedruckte Medien boten damals die Möglichkeit, viele Menschen in Wort und Bild anzusprechen.

Für den heutigen Betrachter stellen Wahlplakate eine wertvolle Geschichtsquelle dar. Zum einen geben sie Auskunft über den politischen Standpunkt einer Partei. Zum anderen greifen die Parteien auf ihren Plakaten soziale oder wirtschaftliche Probleme der Zeit auf und bieten Lösungen an. So erfährt der Betrachter, was die Menschen damals bewegte, welche Ängste und Hoffnungen sie hatten.

Arbeitsschritte: Politische Plakate analysieren

Beschreiben

1. Von wem stammt das Plakat, an wen richtet es sich?
2. Wann und aus welchem Anlass ist es entstanden?
3. Welche Personen, Gegenstände, Situationen sind abgebildet?
4. Wie lautet der Text des Plakates?

Untersuchen

5. Wie sind die Personen dargestellt (Aussehen, Gesichtszüge, Körpersprache)?
6. Welche Symbole werden eingesetzt? Wofür stehen sie?
7. Welche Farben und Schriften werden verwendet? Welche Wirkung erzielen sie?
8. Mit welchen Argumenten, Gefühlen, Feindbildern arbeitet das Plakat?

Deuten

9. In welcher Beziehung steht das Plakat zur damaligen politischen Situation?
10. Was will die Partei mit dem Plakat erreichen?
11. Was erfährt man durch das Plakat über die Partei und ihre Politik?

Aufgaben

1. Nenne die Probleme, die die Parteien auf ihren Plakaten thematisieren (Q1–Q4).

2. Erläutere, wie die einzelnen Parteien versuchen, die Wähler auf ihre Seite zu bringen (Q1–Q4).

3. Analysiert Q1–Q4 arbeitsteilig in Gruppen mithilfe der Arbeitsschritte. Stellt euch anschließend die Ergebnisse gegenseitig vor.

4. Vergleiche die Wahlplakate aus der Endphase der Weimarer Republik mit aktuellen Wahlplakaten. Welche Unterschiede stellst du fest? Worauf sind sie zurückzuführen?

5. Nimm Stellung dazu, inwiefern auf Q1–Q4 zu erkennen ist, dass es bei den Wahlen 1932 um den Fortbestand der Demokratie ging.

6. Untersuche die Plakate Q1 und Q2 auf Gemeinsamkeiten. Hast du eine Erklärung dafür?

Arbeitsblatt
454053-0179

○ 1, 3 ◐ 2–4, 6 ● 3, 5

10 | Wer wählte die NSDAP?

Bei der Reichstagswahl 1928 entschieden sich nicht einmal drei Prozent der Wähler für die NSDAP. Vier Jahre später erreichte die NSDAP 37 Prozent der Stimmen. Wie lässt sich dieser Aufstieg erklären?

Q1 „Das Firmenschild. Vor den Proleten und vor den zahlungskräftigen Kreisen". Karikatur aus dem „Wahren Jacob", 1931

Eine neue Strategie

Nach dem gescheiterten Putschversuch von 1923 änderte die NSDAP ihre Taktik: Sie gab das Ziel auf, die Regierung mit Gewalt zu beseitigen. Die Republik sollte nun von innen ausgehöhlt werden. Ziel war es, die Herrschaft im Parlament und auf der Straße zu erlangen. Dabei bemühte sich die NSDAP darum, als Partei für das ganze Volk aufzutreten und alle gesellschaftlichen Gruppen zu umwerben.

Versprechungen der NSDAP

Im Zentrum des NSDAP-Parteiprogramms stand ein aggressiver Antisemitismus. Die NSDAP arbeitete darüber hinaus mit Botschaften, die jeder Sozialschicht spezielle Versprechungen machten: Den Arbeitslosen versprach die NSDAP Arbeit und Brot. Beamten und Angestellten nahm sie die Angst vor dem sozialen Abstieg. Den kleinen Geschäftsleuten versprach sie, etwas gegen die unliebsame jüdische Konkurrenz zu unternehmen. Der Oberschicht versicherte sie Schutz vor der kommunistischen Gefahr. Dem Militär gab sie die Hoffnung auf eine neue große Armee. Hitler wurde zur Führerfigur aufgebaut, seine Bewegung zur Volkspartei des Protestes.

Zwischen Begeisterung und Ablehnung

Insbesondere junge Menschen fühlten sich von der NSDAP angezogen. Für sie verkörperte die Partei mit den aggressiven Parolen den Aufbruch in eine bessere Zukunft. 1933 war fast jedes zweite Parteimitglied zwischen 18 und 30 Jahre alt. Besonders häufig wählten Protestanten die NSDAP.
Als widerstandsfähiger gegenüber den Versprechungen der NSDAP erwiesen sich Katholiken und Kommunisten. Sie blieben ihren angestammten Parteien, dem Zentrum und der KPD, zumeist treu.

D1 Entwicklung der Parteien bei den Reichstagswahlen

Q2 Der Journalist Helmut von Gerlach kommentiert in einem Zeitungsartikel vom 6. Oktober 1930 den Erfolg der NSDAP bei den Septemberwahlen. Dabei nimmt er auch Stellung zu ausländischen Presseberichten über die Stimmengewinne der NSDAP:

Die Welt zerbricht sich den Kopf darüber, worauf die Verneunfachung der Hitlerstimmen zurückzuführen ist. (…) „Deutschland hat drei Millionen Arbeitslose, sie haben
5 fast sämtlich nationalsozialistisch gewählt. Ergo." So konnte man wörtlich in Paris und anderswo lesen.
Irrtum! Von den drei Millionen Erwerbslosen hat nur ein verschwindend geringer
10 Prozentsatz Hitler seine Stimme gegeben. Diese drei Millionen stellen vielmehr das Gros der kommunistischen Wähler dar. (…) Die Arbeitslosen waren also nicht die Hauptwähler Hitlers. Wohl aber ist richtig, dass die Wirt-
15 schaftskrise, deren äußeres Symptom die riesenhafte Arbeitslosigkeit ist, die Grundlage des hitlerischen Sieges war.

	1928	1930	1932 J	1932 N	1933	Alle
Selbstständige/Mithelfende	26	27	31	30	31	24
Angestellte/Beamte	12	13	11	12	12	15
Arbeiter	30	26	25	26	26	32
Berufslose	13	17	17	17	16	13
Hausfrauen usw.	17	17	16	16	16	17

D2 Die soziale Zusammensetzung der NSDAP-Wählerschaft nach Berufsgruppen (in Prozent).
1932J = Juli; 1932N = November; Alle = Anteil der Berufsgruppe an allen Wahlberechtigten; Berufslose = davon ca. 90% Rentner und Pensionäre (1933); Lesebeispiel: 26% der NSDAP-Wähler im Jahre 1928 gehörten zur Berufsgruppe der Selbstständigen und mithelfenden Familienangehörigen, 1933 waren es 31%. Der Anteil dieser Berufsgruppe an allen Wahlberechtigten lag in diesem Zeitraum bei 24%.

Kreis / Bezirksamt	Arbeitslose	NSDAP 1930	NSDAP 1933
Neustadt b. Coburg	30	37	48
Berlin-Wedding	26	8	23
Berlin-Friedrichshain	26	9	25
Bochum (Stadt)	25	16	33
Nördlingen (Land)	2	10	55
Königshofen / Grabfeld	2	18	52
Gerabronn	2	12	64
Rothenburg / T. (Land)	2	29	79

D3 Ergebnisse der NSDAP bei Reichstagswahlen (Auswahl) in Gebieten mit extrem hoher und extrem niedriger Arbeitslosigkeit

Aufgaben

1 Beschreibe die neue Strategie der NSDAP nach dem gescheiterten Putschversuch von 1923 (VT1).

2 Besonders attraktiv war die NSDAP für junge Menschen, einigermaßen immun waren Katholiken und Kommunisten. Begründe, warum das so war (VT3).

3 Erkläre, worauf der Karikaturist (Q1) den Wahlerfolg der Nationalsozialisten zurückführt.

4 Historiker haben den Aufstieg der NSDAP unterschiedlich erklärt. Überprüft arbeitsteilig folgende Theorien:

a) Die NSDAP ist fast ausschließlich von Angehörigen der Mittelschicht gewählt worden (VT, D2).
b) Die Wirtschaftskrise hat die Arbeitslosen in die Arme der NSDAP getrieben (D1, D3, Q2).
c) Durch Wirtschaftskrise und Arbeitslosigkeit verloren viele Menschen das Vertrauen in die Demokratie. Daher wählten sie aus Protest die NSDAP (VT, D1, Q2).

5 Verfasse einen Wahlkommentar zur Wahl von 1932. Vergleiche die Wahl von 1932 mit der Ausgangslage 1919. Berücksichtige die Veränderungen im Verhältnis von demokratischen und antidemokratischen Parteien.

11 Warum scheiterte Weimar?

Nach dem Ersten Weltkrieg standen die Menschen in Deutschland vor der schwierigen Aufgabe, einen demokratischen Staat aufzubauen. Allerdings hatten nicht alle Deutschen dieses Ziel. Warum konnten die Gegner der Republik sich am Ende durchsetzen?

Auf der Suche nach Gründen

Mit der nationalsozialistischen Machtübernahme am 30. Januar 1933 war die Weimarer Republik endgültig gescheitert. Vorausgegangen waren ihr Kaiserreich und Monarchie, abgelöst wurde sie nun von einer Diktatur. Nicht einmal 15 Jahre hatte die erste deutsche Demokratie Bestand gehabt. In dieser kurzen Zeit verbrauchte die Republik 20 Regierungen mit einer Durchschnittsdauer von acht Monaten. Vier Regierungen überstanden nicht einmal die ersten hundert Tage. Zwölf Reichskanzler versuchten in insgesamt acht Koalitionsvarianten, die Geschicke der Republik zu lenken. Allein diese Zahlen lassen erahnen, wie instabil das politische Leben in den Weimarer Jahren war.

Welche Gründe gab es noch für das Scheitern, welche Fehler wurden gemacht? Das fragten sich Zeitgenossen und Historiker immer wieder und boten dabei unterschiedliche Erklärungsversuche. Einige davon findest du auf dieser Doppelseite.

Q1 „Stützen der Gesellschaft"? Breite Teile der Bevölkerung lehnten die Republik ab. Für viele Historiker ist das die Hauptursache für das Scheitern der Weimarer Republik. Sie prägten deshalb das Schlagwort von der „Republik ohne Republikaner". Der Künstler George Grosz porträtierte in seinem Gemälde „Stützen der Gesellschaft" aus dem Jahr 1926 die Kräfte, die in der Weimarer Republik großen Einfluss hatten.

1918 bis 1933 | Die Weimarer Republik

D1 Der Historiker Eberhard Kolb zum Untergang der Weimarer Republik (2002):

Die parlamentarische Demokratie (wurde) nur von einer Minderheit der Bevölkerung wirklich akzeptiert und mit kämpferischem Elan verteidigt, breite Bevölkerungsschichten
5 verharrten in Distanz, Skepsis und offener Ablehnung, bereits im Verlauf der Gründungsphase organisierten sich auf der politischen Rechten und der äußersten politischen Linken die antidemokratischen Kräfte zum Kampf
10 gegen die Republik. Unter diesen Umständen muss es als ein kleines Wunder – und als eine beachtliche Leistung – gelten, dass es den republikanischen Politikern gelang, die Weimarer Demokratie durch die (…) Anfangs-
15 jahre hindurchzuretten und schließlich einen bemerkenswerten Grad von politischer und wirtschaftlicher „Normalisierung" zu erreichen.

(…) Mit dem Übergang zum Präsidialsystem wurde eine Abwendung von der parlamenta-
20 rischen Regierungsweise vollzogen und die Position gerade der republiktreuen und staatsbejahenden Kräfte empfindlich geschwächt, (…) sodass die extrem nationalistische und demokratiefeindliche NSDAP jenen Auftrieb
25 erhielt, der sie zur Massenbewegung machte. Aber trotz aller Erfolge bei der Massenmobilisierung und an den Wahlurnen war die NSDAP nur deshalb schließlich siegreich, weil die alten Eliten in Großlandwirtschaft und
30 Industrie, Militäraristokratie und Großbürgertum zur autoritären Abkehr von Weimar entschlossen waren und glaubten, die nationalsozialistische Massenbewegung für sich benutzen zu können.

Q2 „The source" (Die Quelle). Karikatur von D. Fitzpatrick, 1930

Q3 „Der Reichstag wird eingesargt." Collage von John Heartfield, 1932

Aufgaben

1 Fasse die in D1 genannten Gründe für den Untergang von Weimar zusammen.

2 Ordne die Figuren den Bereichen Kirche, Presse, Parlament, Justiz und Militär zu (Q1).

3 Erläutere die Grundhaltung der auf dem Bild dargestellten Gruppen zur Republik (Q1).

4 Erkläre, was John Heartfield mit seiner Collage über die Wirkung des Notverordnungsartikels 48 aussagen will (Q3).

5 Analysiere, worauf D. Fitzpatrick den Aufstieg der NSDAP in der Weimarer Republik zurückführt (Q2).

6 Nimm Stellung zu der Sichtweise des Karikaturisten (Q2). Berücksichtige dabei auch D1 von S. 167.

7 Legt in der Klasse eine Mindmap mit den Punkten an, die zum Scheitern der ersten deutschen Demokratie beigetragen haben könnten.

Training

12 | Die Weimarer Republik

1 Diese Begriffe kann ich erklären!

a) Räte (S. 162)

b) Spartakusbund (S. 162)

c) USPD (S. 162)

d) Räterepublik (S. 164)

e) Weimarer Nationalversammlung (S. 164)

f) Inflation (S. 168)

g) Zinsen (S. 168)

h) Weltwirtschaftskrise (S. 172)

i) Notverordnungen (S. 176)

2 Diese Methode kann ich anwenden!

Politische Plakate analysieren:

a) Ich kann das Plakat genau beschreiben.

b) Ich kann die Wort- und Bildsprache des Plakates analysieren.

c) Ich kann die Gestaltungsmittel untersuchen.

d) Ich kann Botschaft und Absicht des Plakates deuten.

3 Die Daten auf dem Zeitstrahl kann ich erklären!

4 Diese Fragen kann ich beantworten!

a) Wie kam es dazu, dass in Deutschland mit dem Kriegsende eine Revolution ausbrach?

b) Was unterscheidet eine parlamentarische Demokratie von einer Räterepublik?

c) Warum bezeichneten die Feinde der Republik die Weimarer Politiker als „Novemberverbrecher" und „Spartakusmörder"?

d) Weshalb drohte die Weimarer Republik bereits 1923 zu scheitern?

e) Was waren die „Goldenen Zwanziger"?

f) Warum konnten demokratiefeindliche Parteien wie die NSDAP und die KPD in der Endphase der Weimarer Republik so viele Stimmen auf sich vereinigen?

5 Zu diesen Fragen habe ich eine Meinung und kann sie begründen!

a) War der Versailler Vertrag eine Belastung für die Demokratie von Weimar?

b) War Weimar eine „Republik ohne Republikaner"?

c) War der Niedergang der ersten deutschen Demokratie „vorprogrammiert"?

Oktober 1917

November 1918

1929

1918–1933

1918 bis 1933 | Die Weimarer Republik

Faschistischer Zukunftsentwurf

Q1 „Wir bauen auf!" Wahlplakat der NSDAP, 1930 (oder 1932)

Sozialistischer Zukunftsentwurf

Q3 „Der Sozialismus vertreibt den Vampir Kapitalismus." Holzstich, 1899

Demokratisch-parlamentarischer Zukunftsentwurf

Q2 Aufruf zur Teilnahme an der Wahl zur Nationalversammlung. Plakat zum 19. Januar 1919

Aufgaben

1 Arbeite aus der Karte auf S. 271 heraus, welche Staatsformen es in Europa zwischen 1917 und 1933 gab.

2 Untersucht nun drei dieser Staatsformen anhand der Plakate Q1–Q3 genauer. Teilt dazu die Klasse in drei Gruppen. Jede Gruppe analysiert ein Plakat mithilfe der methodischen Arbeitsschritte (siehe S. 179).

3 Vergleicht anschließend in der Klasse eure Ergebnisse.

Portfolio und Üben
454053-0185

8
Was ist Politik?

Menschen leben in Gemeinschaften zusammen und sie wollen diese Gemeinschaften nach ihren Wünschen und Vorstellungen gestalten. Das betrifft nicht nur den öffentlichen Bereich, z. B. die Schule, sondern auch den privaten Bereich, z. B. die Familie. Dabei sind sich aber nicht immer alle einig – es können Konflikte entstehen. Damit die Konflikte friedlich gelöst werden können, kommt es auf einen fairen Umgang miteinander an. In der demokratischen Gesellschaft gibt es dafür verschiedene Regeln.

M1 Freud und Leid beim Fußballspiel. Was hat das mit Politik zu tun?

„In der Politik geht es um die Art und Weise, wie Menschen im Zusammenleben ihre unterschiedlichen Interessen wahrnehmen, ihre Konflikte regeln und ihre gemeinsamen Probleme lösen."
Bernhard Sutor (*1930), deutscher Politikwissenschaftler

Wie organisieren wir unser Zusammenleben?

Material im Internet
454053-8000

„Unter Demokratie verstehe ich, dass sie dem Schwächsten die gleichen Chancen einräumt wie dem Starken."
Mahatma Gandhi (1869–1948), indischer Politiker und Philosoph

„Die Ermöglichung des ‚guten Lebens' bleibt oft die Aufgabe der Politik."
Kurt Sontheimer (1928–2005), deutscher Politikwissenschaftler

Was bedeutet Chancengleichheit?

Was verstehst du unter „Politik"?

extra 1 | Welche Rolle spiele ich?

Jeder von uns gehört Gruppen an – zum Beispiel der Familie, der Klasse und der Sportmannschaft. Dabei nehmen wir verschiedene Rollen ein – zum Beispiel als Tochter, Schülerin und Torwart. In welchen Rollen siehst du dich? Wie sehen dich die anderen?

Bindungen
Gemeint sind die Beziehungen zu unseren Eltern oder anderen Bezugspersonen.

Regel
von lat. regula = Maßstab, Richtschnur. Richtlinie für das Handeln

soziale Rolle
Das Verhalten, das von Menschen entsprechend ihrer Stellung erwartet wird, nennt man soziale Rolle.

Wer bin ich?
Jeder kann sagen, wie er heißt und woher er kommt. Aber wissen wir auch, wer wir wirklich sind? Wir fragen uns: Was macht mich aus? Welche besonderen Fähigkeiten und Stärken habe ich, was kann ich nicht so gut? Welchen unterschiedlichen Gruppen möchte ich angehören? Wie sehen mich die anderen Gruppenmitglieder? Auch durch verschiedene Bindungen in Gruppen entsteht nach und nach ein Bild von uns selbst. Als Erstes helfen uns unsere Eltern dabei, Fähigkeiten zu entwickeln und Selbstvertrauen aufzubauen. Sie geben uns Lob und Anerkennung.

In der Gemeinschaft gibt es Regeln
Jeder Mensch lernt auch von klein auf, dass es Regeln gibt. Wir erfahren z. B., welche Verhaltensweisen richtig und welche falsch sind. Andere Regeln können wir miteinander aushandeln. Mithilfe von Regeln fällt es uns leichter, uns in einer Gemeinschaft zurechtzufinden.

Erwartungen an uns selbst
Indem wir vielen Gruppen angehören, nehmen wir auch verschiedene soziale Rollen ein. Damit sind jeweils unterschiedliche Erwartungen verbunden. Ein Mädchen kann z. B. gleichzeitig Tochter und Freundin sein. Die Familie stellt an das Mädchen andere Erwartungen als die beste Freundin. Manchmal ist es schwer, allen Erwartungen gerecht zu werden. Wie soll sich das Mädchen entscheiden, wenn die Eltern von ihrer Tochter erwarten, dass sie nachmittags für die Schule lernt, aber die beste Freundin sich mit ihr treffen möchte? Beide Erwartungen können nicht gleichzeitig erfüllt werden. Außerdem hinterfragen wir manche Rollen und Erwartungen, denn wir möchten auch eigene Wünsche und Ziele erreichen.

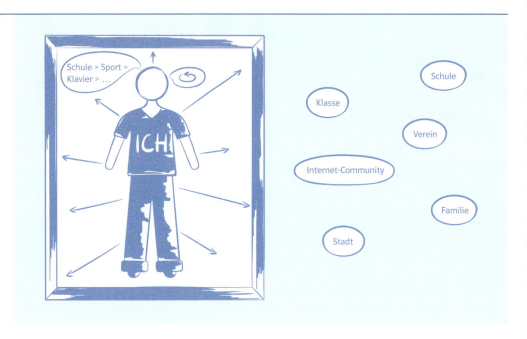

M1 Jeder gehört verschiedenen Gruppen an.

Was ist Politik?

M2 Lena wird von ihren Klassenkameraden ausgegrenzt.

M3 Der griechische Dichter Pindar (518–445 v. Chr.) sagte über den Menschen:

Erkenne, wer du im Kern deines Wesens bist, und dann werde es.

M4 In einem Lexikon der Politik heißt es über soziale Rollen:

Unter einer sozialen Rolle versteht man ein Verhalten, das von Menschen erwartet wird, wenn sie eine bestimmte Stellung, einen Status einnehmen, eine Funktion ausüben oder sich in einer bestimmten Situation befinden. (...) Rollen sind nicht angeboren, sondern werden gelernt. Angeboren ist z. B. (...) das Geschlecht; welches Verhalten aber von einem Mädchen oder Jungen erwartet wird, ist das Ergebnis der Sozialisation. Sozialisation wird von manchen Wissenschaftlern als das Lernen der (...) Rollen bezeichnet. (...) Die Rollentheorie ist eine Folgerung daraus, dass der Mensch ein soziales Wesen ist, dessen Verhalten weitgehend durch Erwartungen der Gesellschaft bestimmt wird. Jeder weiß von sich selbst, dass er sich – auf dem Sportplatz, in der Schule, bei der Arbeit – jeweils „anders" verhält und dass er von seinen Mitmenschen je ein entsprechendes Verhalten erwartet: Er „spielt" je nach der Situation, in der er sich befindet, die erwartete Rolle. Menschliches Zusammenleben wäre wahrscheinlich gar nicht möglich, ohne dass die Menschen sich in der Regel entsprechend den Rollenerwartungen verhalten.

Aufgaben

1 Beschreibe, wie du dich selbst siehst. Nutze dazu die Fragen aus VT1*.

2 Begründe, warum Regeln in der Gemeinschaft notwendig sind (VT2).

3 Erkläre, was soziale Rollen sind (VT3, M4, Lexikon).

4 Erläutere den Begriff „Sozialisation" (M4).

5 Übertrage M1 in dein Heft und trage alle Gruppen ein, denen du angehörst. Beachte: Je enger du dich mit einer Gruppe verbunden fühlst, desto näher rückt diese an dich heran.

6 Liste Erwartungen auf, die du an die jeweilige Gruppe hast, und Erwartungen, die die Gruppen an dich haben.

7 Lena hat eine Erwartung ihrer Klassenkameraden nicht erfüllt und wird deshalb von ihnen ausgegrenzt (M2).
a) Überlege dir ein konkretes Beispiel.
b) Gib Lena einen Rat, was sie tun kann, um das Vertrauen ihrer Klassenkameraden zurückzugewinnen.

8 Diskutiert, was der griechische Dichter Pindar mit seinem Zitat aussagen wollte (M3, VT1).

Surftipps
Mobbing
454053-0189

* VT1 bedeutet: Die Aufgabe bezieht sich auf den ersten Abschnitt des Verfassertextes (VT). Die Abschnitte ergeben sich durch die blauen Zwischenüberschriften.

○ 1, 6 ◐ 2–5 ● 7, 8

extra 2 | Familie – was ist das?

Leben bei euch mehrere Personen unter einem Dach? Seid ihr füreinander da? Sorgt ihr füreinander? Ja? – Dann könnte das „Familie" heißen.

Generation
Menschen, die ähnlich alt sind und deshalb gemeinsame Erfahrungen usw. teilen, gehören zu einer Generation.

Familie
Eine Lebensgemeinschaft, die zumeist aus Eltern und Kindern besteht. Familien können ganz unterschiedliche Formen haben.

Erziehung
Eltern, Lehrer usw. versuchen, die Heranwachsenden positiv zu beeinflussen, damit sie eigenständige und verantwortungsbewusste Persönlichkeiten werden.

In welcher Familie lebe ich?
Eine Familie ist die erste Gruppe, in der wir leben. Wir sind entweder Tochter oder Sohn. Wir haben Erwartungen an unsere Eltern und Geschwister und unsere Eltern und Geschwister haben Erwartungen an uns. Aber nicht alle Familien sind gleich. Bis etwa 1950 lebten die meisten Menschen in Großfamilien zusammen. Verschiedene Generationen einer Familie wohnten in einem Haushalt. Heute wachsen die meisten Kinder in einer Kleinfamilie auf – mit Mutter, Vater und wenigen Geschwistern. Die Kleinfamilie ist die am stärksten verbreitete Familienform in Deutschland.

Neue Formen von Familie
Neben traditionellen Großfamilien und den Kleinfamilien gibt es weitere Formen von Familie: Viele Kinder leben nur mit einem Elternteil zusammen. Die Eltern haben sich getrennt. Manchmal finden sie neue Partner, die vielleicht auch schon Kinder haben. Wenn daraus wieder neue Lebensgemeinschaften entstehen, nennt man diese Patchwork-Familien.

Was Familien ausmacht
Welche Eigenschaften haben alle Familienformen gemeinsam? Was macht sie aus? Drei Aufgaben gegenüber der nachfolgenden Generation gelten als besonders wichtig: Eine Familie sollte Schutz und Geborgenheit geben, sich um die Versorgung der Familienmitglieder kümmern und sie sollte eine Erziehungsfunktion erfüllen.

M1 Alleinerziehender Vater mit seinem Sohn

M2 Mama hilft bei den Hausaufgaben.

Was ist Politik?

M3 In der Wissenschaft gibt es zwei Grundverständnisse von Erziehung:
- Erziehung als ein „herstellendes Machen (…)", der Erzieher gleicht dem Handwerker, der „einen (…) Zweck mithilfe bestimmter Mittel und Methoden (…) anstrebt".
5 - Das Kind entfaltet sich (…) selbst (…) wie eine Pflanze, „Erziehen heißt hier begleitendes Wachsenlassen". Der Erzieher gleicht dem Gärtner (…), „der pflegend und schützend bei einem Entwicklungsprozess hilft
10 (…)".

Kinder und Jugendliche unter 18 Jahren leben …

- bei alleinerziehenden Müttern 18%
- bei alleinerziehenden Vätern 2%
- in Lebensgemeinschaften (gemischt- oder gleichgeschlechtlich) 9%
- in traditionellen Familien (Eltern leben in einer Ehe) 71%

M4 Familienformen. In Deutschland gibt es 8,1 Millionen Familien (Stand: 2011).

M5 Eine Kleinfamilie mit den Großeltern

M6 Sophie ist krank.

Aufgaben

1 Beschreibe, welche Familienformen es gibt (VT1, VT2, M1, M5).

2 Analysiere, wie verschiedene Familienformen in Deutschland prozentual verteilt sind (M4).

3 a) Gib die Aufgaben einer Familie wieder (VT3).
b) Finde heraus, welche Aufgaben einer Familie in M2 und M6 erfüllt werden.

4 a) Erläutere die beiden Erziehungsstile (M3).
b) Diskutiert die Vor- und Nachteile. Wie möchtest du gern erzogen werden?

5 Schreibe einen Tagebucheintrag. Beginne mit dem Satz: „Wenn ich einmal eine eigene Familie habe, möchte ich …"

○ 1, 3a ◐ 2, 3b, 4a ● 4b, 5

extra 3 | Arbeiten in Familie und Haushalt

Die Arbeiten, die in einer Familie anfallen, sind kaum alle aufzuzählen. Doch wer ist eigentlich dafür zuständig? Sollen auch Kinder im Haushalt mithelfen?

Gleichberechtigung
gleiche Rechte und Chancen für Männer und Frauen, z. B. im Beruf, bei Wahlen oder vor Gericht (siehe auch S. 90/91)

→ **Arbeit früher**
S. 90 und S. 154

→ **Arbeit heute**
S. 248–251

Berufstätigkeit von Männern und Frauen
Dass Frauen berufstätig sind, ist nicht neu. In bäuerlichen Familien und Arbeiterhaushalten des 19. und 20. Jahrhunderts mussten auch Frauen arbeiten und zum Einkommen der Familie beitragen. Nur in wohlhabenden Familien konnte die Frau im Haus bei ihren Kindern bleiben. Der Mann versorgte durch sein Einkommen die Familie. Heute wollen die meisten Frauen berufstätig sein. Sie sind ebenso gut ausgebildet wie Männer und fordern deshalb Gleichberechtigung. Außerdem können viele Familien ihre Ausgaben nur mit zwei Einkommen bewältigen. Neben dem Beruf gibt es allerdings auch Arbeiten im Haushalt zu erledigen.

Aufgaben im Haushalt
Die Arbeiten in einer Familie sind vielfältig: Einkauf erledigen, Mahlzeiten zubereiten, Wäsche waschen und aufhängen, das Haus oder die Wohnung sauber halten, den Rasen mähen, Reparaturen erledigen und vieles mehr. Bei Krankheit oder im Alter werden zudem einzelne Familienmitglieder gepflegt und betreut. Auch für die Planung gemeinsamer Freizeitaktivitäten braucht die Familie Zeit und Geduld.

Wer soll die Arbeiten übernehmen?
Bei der Frage, wer all die Arbeiten im Haushalt erledigen soll, gehen die Meinungen auseinander. Sollen Kinder im Haushalt mithelfen? Können Frauen und Männer die gleichen Arbeiten übernehmen? Wie kann Arbeitsverteilung in der Familie gelingen? Damit alle Familienmitglieder auch Freizeit haben, ist es wichtig, dass es klare Regeln und Absprachen über die Verteilung der Aufgaben gibt. So können Streitigkeiten vermieden werden.

M1 Typische Männerarbeit?

M2 Typische Frauenarbeit?

"Kinder und Jugendliche sollten zu Hause nicht mithelfen müssen. Schließlich haben sie doch für die Schule genug zu tun."

"Mama geht auch arbeiten. Es ist doch klar, dass Kinder und Jugendliche im Haushalt mithelfen."

"Eltern übertreiben es mit der Hausarbeit. Es genügt, wenn wir nur einmal im Monat staubsaugen und putzen. Dann hätten wir alle mehr Freizeit."

"Den Rasen würde ich mähen – jedoch nur für ein Extra-Taschengeld."

M3 Verschiedene Meinungen: Sollen Jugendliche im Haushalt mithelfen?

M4 Im Bürgerlichen Gesetzbuch (BGB) heißt es über die Mithilfe von Kindern:
§ 1619 Dienstleistungen in Haus und Geschäft
Das Kind ist, solange es dem elterlichen Hausstand angehört und von den Eltern erzogen oder unterhalten wird, verpflichtet, in einer seinen Kräften und seiner Lebensstellung entsprechenden Weise den Eltern in ihrem Hauswesen und Geschäft Dienste zu leisten.

Aufgaben

1 Gib die Informationen zur Berufstätigkeit von Frauen wieder (VT1).

2 Liste Tätigkeiten auf, die in einer Familie anfallen (VT2).

3 Erkläre, wie die Mithilfe der Kinder im Haushalt nach dem Bürgerlichen Gesetzbuch geregelt ist (M4).

4 Diskutiert die Meinungen der Jugendlichen zur Mithilfe im Haushalt (M3).

5 Ordne die Arbeiten in deiner Familie ein: Welche Tätigkeiten werden von welchem Familienmitglied übernommen?

6 Gibt es typische Männerarbeiten und Frauenarbeiten (M1, M2)? Nimm Stellung.

7 Führt eine Umfrage in der Klasse/Schule zum Thema „Arbeit in der Familie" durch. Mögliche Fragen: Welche Aufgaben erledigen die Kinder und Jugendlichen häufig? Wie lange helfen sie pro Tag im Haushalt mit? …

4 | Verschiedene Interessen in der Schule

Wenn in einer Klasse unterschiedliche Meinungen aufeinanderprallen, kommt es häufig zum Streit. Das ist nicht ungewöhnlich. Aber alle sollen mithelfen, den Streit friedlich und demokratisch zu lösen.

Konflikt
von lat. conflictum = Zusammenstoß. Ein Konflikt ist eine Situation, in der Interessen, Ziele und Werte von Personen aufeinandertreffen und unvereinbar erscheinen.

Wenn nicht alle dasselbe wollen
Montag, zweite Stunde: Die Klasse 7b ist sehr aufgeregt. 24 Schülerinnen und Schüler reden durcheinander. Sie streiten darüber, wohin die nächste Klassenfahrt gehen soll – in den Freizeitpark oder auf den Ponyhof. Eine Einigung scheint nicht in Sicht. Damit der Konflikt gelöst werden kann, schlägt die Klassenlehrerin vor, den Klassenrat einzuberufen. Der Klassenrat ist eine Versammlung der ganzen Klasse. Verschiedene Themen und Probleme können hier besprochen werden. Alle Schülerinnen und Schüler dürfen gleichberechtigt Themen festsetzen, Meinungen äußern, Fragen stellen und Lösungen vorschlagen.

Einen Klassenrat einberufen
Bevor der Klassenrat tagt, können alle ihre Wunschthemen auf Zettel schreiben und diese in den Briefkasten der Klasse werfen oder an die Pinnwand hängen. Dabei sollten die Schüler nicht vergessen, ihre Namen auf die Zettel zu schreiben. Auch Lob, Kritik und konkrete Vorschläge können vermerkt werden.

Der Klassenrat tagt
Alle setzen sich im Stuhlkreis zusammen. Dann werden die Rollen verteilt: Ein bis zwei Schüler leiten den Klassenrat. Sie achten darauf, dass während des Gesprächs jeder angemessen zu Wort kommt. Ein dritter Schüler notiert die Reihenfolge der Wortmeldungen und kontrolliert die Einhaltung der Rednerliste. Ein Beobachter gibt acht, dass die Gesprächsregeln eingehalten werden. Schließlich führt ein vierter Schüler Protokoll über die Beschlüsse der Klasse.

Am Ende des Klassenrates wurden viele Meinungen und Ansichten zusammengetragen. Nun können die Schüler gemeinsam nach einem Kompromiss suchen. Oder die Leitung führt eine Abstimmung durch.

Demokratisch abstimmen
Um eine Einigung herbeizuführen, kann die Gruppe abstimmen. Das bedeutet, dass die Mehrheit entscheidet. Es gibt verschiedene Mehrheiten:
- die einfache Mehrheit (das ist die Mehrzahl der Stimmen),
- die absolute Mehrheit (das ist mehr als die Hälfte der Stimmen),
- die qualifizierte Mehrheit (das sind zwei Drittel der Stimmen).

Vor einer Abstimmung muss festgelegt werden, welche Mehrheit entscheidet. Einige Schülerinnen und Schüler der Klasse 7b werden nach der Abstimmung im Klassenrat zur Minderheit gehören. Sie müssen die Entscheidung der Mehrheit akzeptieren.

 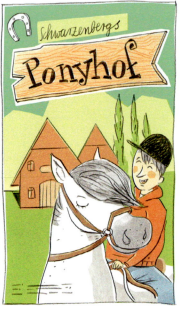

M1 Wohin soll die Reise gehen?

Was ist Politik?

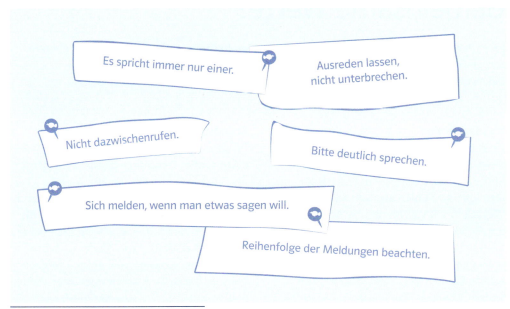

M2 Gesprächsregeln für den Klassenrat

M3 Das Internetportal HanisauLand.de beschreibt, was ein Kompromiss ist:

Das Wort kommt aus dem Lateinischen. Es bedeutet so viel wie „Übereinkunft". Es gibt einen Kompromiss, wenn sich Menschen gegenseitig Zugeständnisse machen. Das wäre zum Beispiel der Fall, wenn zwei Freunde sich nicht über ein Reiseziel einigen können. Der eine will ans Meer, der andere in die Berge. Sie fahren dann vielleicht nach einigem Suchen und weiteren Gesprächen an eine Küste oder einen See, wo auch Berge in der Nähe sind. In der politischen Arbeit müssen ständig Kompromisse eingegangen werden, wenn Ziele erreicht werden sollen. (…) Jede Partei muss ein Stück ihrer eigenen Interessen und Vorstellungen aufgeben, damit eine Einigung mit den anderen zustande kommt.

Aufgaben

1 Stelle Argumente für und gegen eine Fahrt in den Freizeitpark oder auf den Ponyhof gegenüber (M1).

2 Erläutere die Aufgaben und die Durchführung eines Klassenrates (VT1–VT3).

3 Charakterisiere die Gesprächsregeln des Klassenrates (M2).

4 Erkläre, was der Klassenrat mit „Demokratie in der Schule" zu tun hat (VT1–VT4, M2).

5 Nutze VT4. Finde heraus, wie viele Stimmen der Klasse 7b (VT1) notwendig sind für
a) eine einfache Mehrheit,
b) eine absolute Mehrheit,
c) eine qualifizierte Mehrheit.
d) Ordne zu, wie viele Schülerinnen und Schüler (je nach Mehrheit) in der Minderheit sind.

6 Diskutiert einen Kompromiss für das Problem der Klasse 7b (M3). Nutzt die Argumente aus Aufgabe 1.

7 Schreibe der Klasse 7b einen Brief. Berate sie, wie eine demokratische Entscheidung über das Ziel der Klassenfahrt getroffen werden kann.

5 | Gemeinsame Werte?

Jeden Tag treffen wir Entscheidungen. Manche sind besonders wichtig, weil sie für längere Zeit gelten. Andere sind ganz spontan, z. B. darüber, welche Musik wir gerade hören möchten. Bei all den Entscheidungen werden wir aber von unsichtbaren Maßstäben gelenkt.

Toleranz
von lat. tolerare = erdulden. Andere Meinungen, Haltungen und Handlungen (z. B. auch Religionen) werden geduldet bzw. als gleichwertig anerkannt.

diskriminieren
von lat. discriminare = unterscheiden, abgrenzen. Jemanden benachteiligen oder herabwürdigen

→ **Grundgesetz**
S. 214

Was Werte sind

Jeder von uns hat bestimmte Werte verinnerlicht. Das sind Einstellungen oder Maßstäbe, nach denen wir unser Handeln, Denken und Fühlen ausrichten. Diese Werte können von Mensch zu Mensch unterschiedlich sein: Jemand liebt z. B. Pünktlichkeit, für den anderen ist dieser Wert nicht so wichtig. Im Laufe unseres Lebens können sich Wertvorstellungen ändern. Doch die Erziehung unserer Eltern prägt unser Wertesystem ein Leben lang. Sie beeinflusst auch unsere Einstellung zu materiellen Werten: Für manche sind beispielsweise Handys und Computer unersetzlich, andere achten eher auf ein sauberes Fahrrad. Wiederum andere machen sich gar nicht viel aus materiellen Werten.

Grundwerte der Gesellschaft

Je mehr Menschen einem Wert zustimmen, desto größer ist seine Bedeutung für den Einzelnen und für die Gesellschaft. Bestimmte Werte sind Orientierungspunkte für alle Bürgerinnen und Bürger – z. B. die Werte der Verfassung, der Menschenrechte oder der Religion. Diese Werte werden Grundwerte genannt, weil große Einigkeit darüber herrscht, dass wir alle unser Verhalten und unsere Überzeugungen nach ihnen richten sollten.

Normen

Aus den Grundwerten einer Gesellschaft ergeben sich bestimmte Regeln oder Verhaltensvorschriften. Das sind Erwartungen, die die Gesellschaft an ihre Mitglieder richtet. Sie heißen Normen und sind für alle in der Gesellschaft verbindlich. Normen setzen Werte in Regeln um. So wird etwa aus dem Wert „Toleranz" die Norm „Du sollst keinen Menschen diskriminieren bzw. ausgrenzen".

M1 Grundwerte in Deutschland

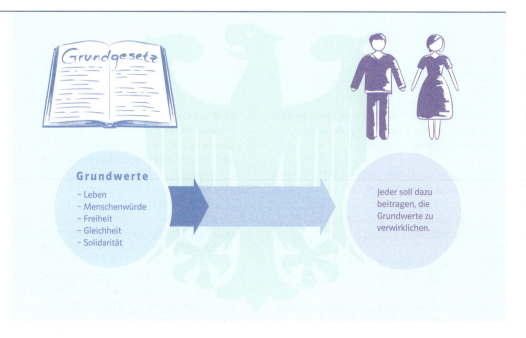

M2 Über Werte in der demokratischen Gesellschaft sagt der Wirtschaftswissenschaftler Hans-Jürgen Schlösser:

In freiheitlichen und demokratischen Gesellschaften schreibt der Staat den einzelnen Bürgerinnen und Bürgern keine individuellen (persönlichen) Werte vor. Wie ein „richtiges"
5 und „gutes" Leben zu gestalten ist, dürfen sie jeweils für sich selbst entscheiden. Stattdessen beschränkt sich die Politik auf Regeln und Grundwerte, zu denen in der Gesellschaft allgemeine Zustimmung herrscht. Jede Gesell-
10 schaft braucht eine derartige Übereinstimmung über Grundwerte, sonst verliert sie ihre Stabilität, und ohne einen solchen „Konsens" kann Politik das gesellschaftliche Zusammenleben nicht gestalten.

M3 Das Bundesverfassungsgericht beschrieb 1953 die freiheitliche demokratische Grundordnung als eine Ordnung,
- die unter Ausschluss jeglicher Gewalt- und Willkürherrschaft …
- eine rechtsstaatliche Herrschaftsordnung …
5 - auf der Grundlage der Selbstbestimmung des Volkes …
- nach dem Willen der jeweiligen Mehrheit …
- und der Freiheit und Gleichheit darstellt.

M4 Ein Verstoß gegen Werte und Normen

Konsens
von lat. consensus = Übereinstimmung, Zustimmung. Menschen stimmen in ihrer Meinung oder Haltung überein.

Aufgaben

1 Persönliche Werte:
a) Liste Werte auf, die dir persönlich besonders wichtig erscheinen – z. B. Freundschaft, Gesundheit oder ein bestimmter Lebensstandard.
b) Ordne deine persönlichen Werte den Begriffen „materiell" und „immateriell" zu.
c) Erstelle für dich eine Rangliste der zehn wichtigsten Werte und vergleiche sie mit denen deines Tischnachbarns.

2 Erkläre deinem Nachbarn, was Werte und Normen sind (VT1, VT3).

3 Erläutere, welche Bedeutung Grundwerte für die Gesellschaft haben (VT2).

4 Benenne wichtige Grundwerte unserer demokratischen Gesellschaft (M1, M2).

5 Erläutere Normen, die sich aus den Grundwerten Leben und Freiheit ergeben (M1).

6 Begründe, warum der Staat keine persönlichen Werte vorgibt (M2).

7 Finde heraus, gegen welche Normen und Werte der Steinewerfer in M4 verstößt.

8 Analysiere M3: Welche demokratischen Grundwerte werden genannt und welche Voraussetzungen legt das Bundesverfassungsgericht fest?

6 | Demokratie heißt mitbestimmen

Mitbestimmen heißt Politik betreiben. Doch wo beginnt Politik? – Wenn sich zwei Freunde über den Film des Abends einigen? Oder beginnt Politik erst bei den Entscheidungsträgern im Parlament?

→ **Konflikt**
S. 194

→ **Kompromiss**
S. 195

Demokratie
von griech. demos = Volk und kratia = Herrschaft. Demokratie heißt wörtlich übersetzt Volksherrschaft. In jeder Gesellschaft gibt es Grundsätze darüber, wer Entscheidungen trifft, an die sich alle halten sollen. In der Demokratie übernimmt diese Aufgabe das Volk, das entweder direkt abstimmt oder sich Vertreter und Vertreterinnen wählt.

Was ist Politik?

Politik regelt das Zusammenleben der Menschen. Dabei geht es in erster Linie darum, Aufgaben und Probleme zu lösen, die alle in der Gemeinschaft etwas angehen. Schließlich wollen die Menschen gut zusammenleben. Jeder soll zu seinem Recht kommen und dabei keinem anderen Schaden zufügen. Politik machen heißt Aufgaben gemeinsam lösen – mit dem Ziel, Interessen durchzusetzen und umzusetzen. Politik ist damit alles, was mit Einflussnahme und Gestaltung zu tun hat, sowohl im privaten als auch im öffentlichen Bereich.

Politik machen

Jeder kann etwas dazu beitragen, dass das Zusammenleben in der Gemeinschaft gut funktioniert. Wer politisch mitwirken möchte, sollte sich ausführlich informieren. Denn Informationen sind die Grundlage dafür, sich zu einem Thema eine eigene Meinung zu bilden und anschließend Interessen, Forderungen und Ziele verwirklichen zu können. Im Alltag begegnen wir der Politik immer und überall. Dabei regeln z. B. Gesetze unser Miteinander.

Konflikte

Wo viele verschiedene Interessen aufeinandertreffen, entstehen auch Konflikte. Deshalb brauchen wir Regeln, mit denen wir Konflikte friedlich lösen können – z. B. durch einen Kompromiss. Diese Regeln gelten nicht nur auf der Ebene des Staates, der Gemeinde oder in der Schule, sondern auch in der Familie oder im Freundeskreis. Oder wie würde es zu Hause aussehen, wenn wir nicht verabreden würden, wer den Müll rausbringt, den Einkauf erledigt oder das Geschirr spült? – Jeder würde vielleicht nur das tun, was ihm Spaß macht. Mit anderen Worten solltest auch du Verantwortung für die Gemeinschaft übernehmen. So wirst du ein Teil der demokratischen Gesellschaft.

M1 An einem Parkeingang

M2 Der Deutsche Bundestag. Foto, Berlin 2010

Was ist Politik?

M3 Eine demokratische Entscheidung – Beispiel aus dem Buch „Nachgefragt: Politik":

Tumult in der 7A. Die 20 Jungs und Mädchen haben bei der Rätsel-Rallye (…) gewonnen. 100 Euro wandern in die Klassenkasse. (…) „Damit gehen wir Pizza essen", sagt Florian.
5 „So ein Quatsch!", fällt ihm Annette ins Wort. „Wir brauchen neue Pflanzen für das Schul-Biotop. (…)" „Kinder, so wird das nichts", greift Frau Kaiser, die Klassenlehrerin, ein. „Geht doch demokratisch vor: Lasst uns alle Vor-
10 schläge sammeln und darüber in der Runde diskutieren". Gesagt, getan. Getrommel und Gejohle gibt es für Manuels Vorschlag, einen Grillabend zu machen. „Und anschließend übernachten wir in Zelten." Nasrin, die eben
15 noch so fröhlich war, sieht auf einmal ganz unglücklich aus. „Was ist mit dir?", fragt Frau Kaiser. „Das erlaubt mein Vater nie!" (…) Einige Jungs lachen spöttisch. „Ist doch ihr Problem!" Julia fährt ihnen über den Mund:
20 „Ihr seid total unfair! Die ganze Klasse hat das Geld bekommen. Also müssen wir auch was finden, von dem jeder etwas hat." „Gehen wir doch in den neuen Harry Potter-Film!", versucht Manuel zu schlichten. „Nachmittags ist
25 der Eintritt nicht so teuer." Die Klasse diskutiert. Schließlich wird abgestimmt. 15 sind für Harry Potter, zwei dagegen, drei enthalten sich. Die 7A hat eine demokratische Entscheidung gefällt. Alle haben gemeinsam nach der
30 besten Lösung gesucht. Auch Nasrin kann mit. Denn die Schüler haben ein wichtiges Element der Demokratie berücksichtigt: den Minderheitenschutz.

M4 Klassenrat

M5 In einer Studie wurden 30 000 Jugendliche zur Sprache der Politiker befragt. Spiegel Online vom 29. Juni 2011:

Arbeitnehmerpauschbetrag, Wachstumsbauch und Deckungslücken: Die Sprache der Politiker ist Schülern zu kompliziert oder inhaltsleer. (…) Die Untersuchung („Sprichst
5 du Politik") kommt zu dem Schluss, unter Teenagern sei die „Grundbereitschaft zum Mitdenken und Mitmachen" weit verbreitet. (…) Allerdings scheuen viele vor der Praxis zurück: Mehr als zwei Drittel (…) fanden, es
10 koste „Zeit und Mühe, um sich in den politischen Themen zurechtzufinden". Zudem (…) sind (viele Schüler) genervt vom (…) Politikersprech. Fast 60 Prozent (…) sind der Überzeugung, dass Politiker absichtlich eine gehobene
15 Sprache sprechen. „Was labert der denn?", fasst einer seinen Unmut zusammen.

Aufgaben

1 a) Arbeite heraus, was man unter Politik versteht (VT1).
b) Schreibe einen kurzen Lexikoneintrag.

2 Die Fotos M1, M2 und M4 haben alle mit Politik zu tun. Erläutere diesen Zusammenhang.

3 Eine demokratische Entscheidung (M3):
a) Beschreibe den Konflikt der 7A. Nutze VT3.
b) Begründe, warum die Klasse eine Lösung nach demokratischen Regeln gefunden hat.

4 Begründe, warum man informiert sein muss, um mitbestimmen zu können (VT2).

5 Nimm Stellung zu den Einstellungen der Jugendlichen zur Politik und Sprache der Politiker (M5).

6 Diskutiert das Prinzip des Minderheitenschutzes (M3). Widerspricht es dem Prinzip der Mehrheitsentscheidung?

7 | Mitbestimmen vor Ort

In Deutschland gibt es über 11 000 Gemeinden. Mehr als 1000 davon liegen in Niedersachsen. In Gemeinden leben wir, gehen zur Schule, treffen Freunde, besuchen Kinos oder Schwimmbäder. Doch all das will organisiert sein.

Kommunalwahl
von lat. communis = gemeinschaftlich. Die Gemeinde wird auch Kommune genannt. Die Kommunalwahl ist eine politische Wahl in einer Gemeinde, einem Landkreis oder einer Region.

Grundsteuer
Steuer auf das Eigentum an Grundstücken

Gewerbesteuer
Steuer auf den Ertrag von Unternehmen

In der Gemeinde
Jeder von uns wohnt in einer Gemeinde. Diese kann ein kleines Dorf oder eine Stadt sein. Als kleinste Verwaltungseinheit des Staates regelt die Gemeinde vieles, was uns täglich betrifft – z. B. die Wasserversorgung, die Stromversorgung oder die Kanalisation.

Die Aufgaben der Gemeinde
Jede Gemeinde führt ihre Aufgaben selbstständig durch, denn sie hat ein Recht auf Selbstverwaltung. Dabei gibt es freiwillige Aufgaben und Pflichtaufgaben: Zu den freiwilligen Aufgaben ist die Gemeinde nicht verpflichtet. Sie kann selbst entscheiden, ob sie z. B. Museen, Theater und Bibliotheken unterhält. Andere Aufgaben muss die Gemeinde erfüllen, z. B. den Brandschutz, die Abwasserbeseitigung und die Organisation von Schulen. Manchmal schließen sich kleinere Gemeinden zusammen, um größere Aufgaben bewältigen zu können, z. B. den Straßenbau oder die Errichtung eines Krankenhauses.

Wie finanziert sich die Gemeinde?
Damit die Gemeinde ihre Aufgaben erfüllen kann, braucht sie Geld. Einerseits hat sie Einnahmen aus den Gebühren der Einwohner, beispielsweise für die Müllabfuhr oder für das Ausstellen von Pässen. Andererseits erhält die Gemeinde Einnahmen aus den Steuern ihrer Bürger und aus staatlichen Zuschüssen. Die Einnahmen und Ausgaben sollten ausgeglichen sein. Dies wird in einem Haushaltsplan erfasst. Doch viele Gemeinden sind verschuldet, weil die Einnahmen die hohen Ausgaben nicht decken. Deshalb sparen die Gemeinden, indem sie z. B. freiwillige Aufgaben begrenzen oder Gebühren erhöhen.

Wer bestimmt in der Gemeinde?
In einer Gemeinde werden politische Entscheidungen demokratisch getroffen. Dazu wählen die Bürgerinnen und Bürger den Gemeinderat. In Niedersachsen und in anderen Bundesländern geschieht dies alle fünf Jahre. Der Gemeinderat vertritt die Interessen der Bürger und entscheidet über alle wichtigen Angelegenheiten. Er kontrolliert und begleitet auch die Arbeit des Bürgermeisters und der Verwaltung.

Der Bürgermeister ist der Chef der Gemeinde. Er wird von den Bürgerinnen und Bürgern für acht Jahre gewählt. Der Bürgermeister vertritt die Gemeinde nach außen, leitet die Verwaltung und beruft die Sitzungen des Gemeinderates ein.

Jeder, der 16 Jahre und älter ist, darf an einer Kommunalwahl teilnehmen und über die Aufgaben der Gemeinde mitbestimmen. Mit 18 Jahren darf man auch für den Gemeinderat kandidieren. Bürgermeister kann hingegen nur werden, wer mindestens 23 Jahre alt ist.

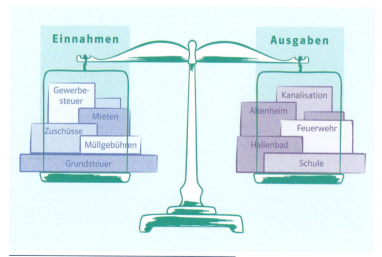

M1 Einnahmen und Ausgaben einer Gemeinde

Was ist Politik?

M2 Schwimmbad

M4 Feuerwehr

M3 Radweg

M5 Schule

Aufgaben

1 Beschreibe die Aufgaben der Gemeinde (VT1, VT2).

2 Freiwillige Aufgaben und Pflichtaufgaben der Gemeinde:
a) Ordne die Fotos M2–M5 entsprechend zu. Lege eine Tabelle an.
b) Liste weitere Beispiele auf.

3 Gib wieder, welche Aufgaben der Gemeinderat und der Bürgermeister haben (VT4).

4 Erkläre, was ein Haushaltsplan ist (VT3).

5 Viele Gemeinden haben Schulden. Erläutere, woran das unter anderem liegt (VT3, M1).

6 Gruppenarbeit: Erarbeitet einen Steckbrief eurer Gemeinde. Gestaltet eine Wandzeitung, einen Prospekt oder eine Computerpräsentation. Sammelt Materialien zu folgenden Themen: Einwohnerzahl, Fläche, Sehenswürdigkeiten, Sport- und Freizeitmöglichkeiten, kulturelles Angebot, Gemeinderat, Bürgermeister, Vereine, Feste, …

7 Sammelt Vorschläge, was in eurer Gemeinde verbessert werden könnte. Schreibt einen Brief an den Bürgermeister oder die Bürgermeisterin.

Projekt

extra 8 | Wir erkunden unser Rathaus

Vielleicht habt ihr schon mal vor einem Rathaus gestanden und euch gefragt, was drinnen passiert und welche Menschen hier arbeiten. Indem ihr euer Rathaus erkundet, könnt ihr viel über die Gemeinde erfahren.

Informationen beschaffen – am Beispiel Osnabrück

Erkundigt euch über das Rathaus, das ihr besuchen wollt. Holt Informationen ein, wie das Rathaus aufgebaut ist und welche Ämter hier sitzen.
Über „Rathaus Online" der Stadt Osnabrück kann man z. B. erfahren, wo der Oberbürgermeister und seine Stellvertreter sitzen oder wann und wo der „Rat der Stadt" tagt.
Im Osnabrücker Rathaus gibt es eine Reihe von Fachbereichen und Ämtern, z. B.:
- Bürgeramt (Änderung des Wohnsitzes, Ausweise, Reisepass, Beglaubigungen, …)
- Standesamt (Heiraten, Geburten, Sterbefälle, …)
- Finanzen und Controlling (Steuern, Gebühren, …)
- Kfz-Zulassungsbehörde
- Bauamt (Stadtplanung, Verkehrsmittel, …)
- Sicherheit und Ordnung (Feuerwehr, Gefahrenabwehr, Datenschutz, …)
- Ausländerbehörde (Aufenthalt, Einbürgerung, …)
- Fundbüro
- Freiwilligen-Agentur
- Bürgerberatung

Die Erkundungstour vorbereiten

Egal, welches Rathaus ihr erkunden wollt, das Projekt muss gut organisiert werden. Dazu einige Tipps:
- Sprecht ab, ob ihr das Rathaus als geschlossene Gruppe oder in geteilten Gruppen besuchen wollt.
- Klärt, welche Ämter und Fachbereiche ihr erkunden wollt. Jede Gruppe kann sich einen anderen Bereich vornehmen.
- Welche Positionen und Arbeiten im Rathaus findet ihr besonders spannend? Mit welchen Personen möchtet ihr sprechen? Vereinbart etwa zwei Wochen vor dem geplanten Besuch einen Termin mit den gewünschten Gesprächspartnern.
- Erarbeitet einen Fragebogen. Formuliert konkrete Fragen, z. B.: Wie viele Menschen arbeiten im Rathaus? Was wird speziell für Kinder und Jugendliche getan? Welche Aufgaben hat das jeweilige Amt? …
- Vereinbart eine Arbeitsteilung im Team: Wer stellt welche Fragen und wer hält die Antworten fest? Ihr könnt die Ergebnisse schriftlich, als Fotos oder in einem Film dokumentieren.

M1 Das Rathaus von Osnabrück. Wo genau arbeitet eigentlich der Oberbürgermeister und wie sieht sein Dienstzimmer aus?

Was ist Politik?

Den Besuch durchführen

- Trefft euch rechtzeitig vor dem Besuch.
- Erinnert euch an die vorbereiteten Fragen.
- Denkt an angemessenes Verhalten: freundlich, ruhig, klar und deutlich sprechen, Fragen in Ruhe wiederholen, bei Verständnisfragen höflich und genau nachfragen.
- Haltet die Arbeitsteilung im Team ein (Interviewer/Fotografen/Beobachter/Protokollführer/…).
- Trefft euch am Ende des Besuches in der großen Gruppe und tauscht erste Ergebnisse aus. Sind noch Fragen offen geblieben? Nutzt die verbliebene Zeit, um kurz nachzufragen.

Ergebnisse präsentieren

- Besprecht eure Ergebnisse in der großen Gruppe oder in den kleinen Gruppen und haltet sie fest.
- Diskutiert den organisatorischen Ablauf: War der Besuch gut vorbereitet? Wie ist der Besuch verlaufen? Hat die Zeit ausgereicht? Konnten alle Fragen gestellt werden? Waren die Antworten interessant?
- Bereitet die Ergebnisse für eine Präsentation auf. Dies kann mithilfe einer Ausstellung, Wandzeitung oder Erkundungsmappe geschehen.

M2 Türgriff am Rathaus von Osnabrück. Im Jahr 1648 wurden hier die Friedensverträge unterzeichnet, die den Dreißigjährigen Krieg beendeten. Osnabrück nennt sich daher bis heute „Friedensstadt".

M3 Hier tagt der Stadtrat von Osnabrück mit 51 Ratsmitgliedern und dem Oberbürgermeister.

Aufgaben

1 Findet heraus, wo sich in eurer Gemeinde das Rathaus befindet und wann es geöffnet hat.

2 Geht nun selbst auf Erkundungstour in ein Rathaus. Die Arbeitsschritte und Tipps helfen euch dabei.

Erkundungsbogen Rathaus 454053-0203

9 | Politik braucht Medien

Zeitungen, Fernsehen, Radio und Internet sind unsere ständigen Begleiter. Doch sie bieten nicht nur Unterhaltung. Welche Rolle spielen die Medien in der Politik – und wer beeinflusst hier wen?

Medien
lat. medium = Mitte, Mittelpunkt. Medien übermitteln und verbreiten Informationen vom Informationsgeber (z. B. Journalist) zu den Empfängern (z. B. Leser, Zuschauer, Zuhörer). Medien können auch der Kommunikation untereinander dienen.

→ **Information und Meinungsbildung**
S. 234

→ **Politik und Medien**
S. 239 und S. 240

Medien informieren
Medien sind unser Fenster zur Welt. Was alles in der Welt geschieht, erfahren wir aus den Medien. Nur in den seltensten Fällen sind wir live dabei. Medien berichten von Ereignissen und Hintergründen. Sie informieren uns auch über politische Vorhaben und erklären, was sie für uns Bürgerinnen und Bürger bedeuten. Damit erfüllen Medien wichtige Funktionen für die Demokratie. Sie geben die Möglichkeit, sich eine eigene Meinung zu bilden. Gleichzeitig stellen Medien eine Verbindung zwischen Bürgern und Politikern her, denn auch über die Medien erfahren Politiker von den Meinungen und Wünschen der Bürger.

Medien kontrollieren
Medien betrachten die Politik kritisch und üben Kontrolle aus. Sie sind verpflichtet, auf Missstände hinzuweisen und politische Affären aufzudecken. Manchmal entwickeln sich daraus Skandale, die etwa einzelne Politiker zum Rücktritt zwingen können. Die Medien werden deshalb auch „vierte Gewalt" genannt – sie bilden sozusagen ein weiteres Element der Gewaltenteilung im Staat.

Wer nutzt wen?
Medien haben großen Einfluss auf die Gesellschaft, weil sie bestimmen, was und wie etwas veröffentlicht wird. Politiker wissen um die Macht der Medien. Deshalb versuchen sie, die Berichterstattung zu beeinflussen. Sie nutzen die Medien, um eigene Positionen zu verbreiten. Journalisten wiederum brauchen die Informationen der Politiker, um berichten zu können. Darüber hinaus können Medien „mitregieren". Sie setzen Schwerpunkte und rücken einzelne Politiker oder bestimmte Entscheidungen in den Mittelpunkt.

Das Verhältnis zwischen Politik und Medien ist also wechselseitig. Keine Regierung kann es sich leisten, die Medien zu ignorieren, und keine Opposition kann Pluspunkte für die nächste Wahl sammeln, wenn sie in der Presse schlecht dasteht.

M1 Die Rolle der Medien

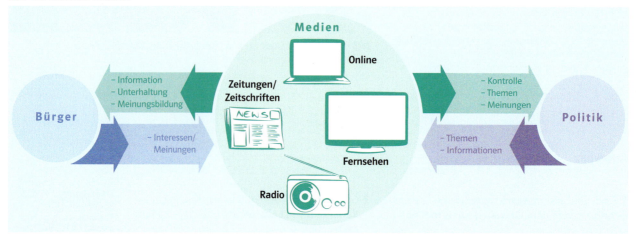

Was ist Politik?

M2 Aufgabe der Medien. Karikatur von Ulrich Kieser

M3 Politiker als Prominente? Aus einer politischen Fachzeitschrift vom 13. Februar 2006:

Politiker möchten möglichst viele Menschen erreichen und von ihren politischen Ansichten überzeugen. Sie müssen bekannt sein, wenn sie gewählt werden wollen. Dazu benötigen sie Medienpräsenz. Um möglichst oft und vorteilhaft präsentiert zu werden, professionalisieren sie ihre Politikvermittlung. Eine mögliche Strategie (…) ist die Anpassung an Anforderungen massenmedialer Unterhaltungsangebote. (…) (Ein Experte für politische Kommunikation) spricht in diesem Zusammenhang von „politischer Talkshowisierung" und beschreibt damit zwei zu beobachtende Trends, die sich wechselseitig beeinflussen: erstens das wachsende Angebot an Unterhaltungssendungen, zweitens die steigende Bereitschaft (…) politischer Akteure, sich in diesen Formaten zu präsentieren.

Aufgaben

1 Nenne aus dem Schaubild M1
   a) die beteiligten Gruppen,
   b) die verschiedenen Medienarten.

2 Erläutere wichtige Aufgaben der Medien (VT1, VT2) und ordne sie in das Schaubild M1 ein.

3 Erkläre, worin das Missverständnis in M2 liegt.

4 Das Verhältnis von Politik und Medien ist wechselseitig. Begründe (VT3, M3).

5 Ein Politiker diskutiert mit seinem Berater, ob er in eine Fernseh-Talk-Show gehen soll. Welche Chancen und Risiken bestehen für ihn? Entwickle einen Dialog.

10 | Wie sage ich meine Meinung?

Demokratie lebt vom Mitmachen. Jeder soll sich einmischen können und seine Meinung sagen. Doch wie können Kinder und Jugendliche selber Politik machen?

M1 Schüler demonstrieren. Foto, Kassel, 2008

demonstrieren
von lat. demonstrare = zeigen, hinweisen. Menschen versammeln sich in den Straßen oder auf einem öffentlichen Platz. Mit Plakaten, Spruchbändern und Sprechchören möchten sie auf ihre Meinungen und Forderungen aufmerksam machen. Das Recht zu demonstrieren ist im Grundgesetz verankert (Artikel 8: Versammlungsfreiheit).

Die eigenen Interessen vertreten

Wollen Kinder ihre Interessen selbst vertreten? – Diese Frage kannst du bestimmt schnell beantworten. Vielleicht wolltest du dich auch schon mal für eine gute Sache einsetzen oder andere Menschen auf eine Ungerechtigkeit aufmerksam machen. Aber du wusstest nicht richtig, wie? Können Kinder ihre Interessen überhaupt selbst vertreten? Oder brauchen sie die Unterstützung von Erwachsenen? Die Antwort ist: sowohl als auch. Politiker haben verstanden, dass es Sinn macht, Kinder an wichtigen Entscheidungen zu beteiligen – insbesondere dann, wenn diese die Kinder auch betreffen.

Gerade heraus, andere mitreißen

Selbst wenn es für dein Anliegen noch keinen einflussreichen Fürsprecher, passenden Verein oder keine Organisation gibt – du kannst trotzdem etwas tun. Zum Beispiel könntest du mit deiner Familie oder deinen Freunden darüber sprechen und sie um Rat oder Hilfe bitten. Der Erfolg deines Vorhabens steigt, je mehr Menschen du über deine Sache informierst oder sie für deine Ziele begeisterst. Doch wie schaffst du es, möglichst viele Menschen zu erreichen und ihnen dein Anliegen verständlich zu machen? Dafür hast du verschiedene Möglichkeiten: z. B. Unterschriften sammeln, einen Leserbrief schreiben, demonstrieren gehen, …

M2 Jugendforum in Loxstedt, Nordsee-Zeitung vom 21. Juni 2012:

„Deine Meinung ist gefragt". So lautete das Motto des Jugendforums. Mehr als 80 Schüler der Haupt- und Realschule und des Gymnasiums Loxstedt (…) nahmen an der Veranstaltung im Bürgersaal des Rathauses teil. (…) Der (Bürgermeister) zählte (…) auf, was sich die Jugendlichen beim letzten Forum gewünscht haben und was davon umgesetzt wurde. Wie in den Vorjahren waren für das neue Jugendforum wieder Themen vorgegeben, die von den Jugendlichen in Zusammenarbeit mit der Hochschule Emden erarbeitet wurden. Dazu hatte man im Bürgersaal sechs Themeninseln geschaffen, sodass die Teilnehmer ihre Meinungen zu Vereinen, Verkehr, Schule, Umwelt, Freizeit und Einkaufen sagen konnten. (…) Während der Bürgermeister eine eigene Ecke hatte, in der er mit den Jugendlichen sprach, gingen andere Mitglieder des Gemeinderates immer wieder durch den Saal und versuchten, an den Themeninseln mit ihnen in Kontakt zu kommen.

M4 Jugendliche der Gemeinde Loxstedt beim Jugendforum

M3 Sieben Beteiligungsformen nach Waldemar Stange (Bildungsforscher), aus einem Online-Familienhandbuch:

1. *Einmalige Aktionen:* Das sind z. B. Mal- und Zeichenaktionen, Wunsch- und Meckerkästen oder Sprechstunden bei politisch Verantwortlichen.

2. *Formen demokratischer Vertretung:* Darunter fallen z. B. Kinder- und Jugendparlamente, (…) (die) von Gleichaltrigen gewählt (werden).

3. *Versammlungen:* Dazu gehören Kinder- und Jugendforen (…) (und) runde Tische (…). Jedes Kind kann daran teilnehmen, wenn es ein Anliegen hat oder dabei sein möchte.

4. *Beteiligungsprojekte:* Das sind Projekte, die (…) vom persönlichen Bezug (…) abhängen, z. B. Zukunftswerkstätten, (…) Verkehrsplanungs- und Bebauungsplan-Checks (…).

5. *Im Alltag einmischen:* (…) Gemeint sind damit alltägliche Formen der Beteiligung wie (…) spontane Kreisgespräche, (…) eine Mecker- und Kritikwand und vieles andere mehr.

6. *Medien aktiv gestalten:* Hier wirken Kinder an der Gestaltung des Radioprogramms und Internetseiten mit und haben so die Möglichkeit, sich eine eigene Meinung zu bilden und diese öffentlich zu machen.

7. *Wahlrecht:* In einigen Bundesländern gibt es ein Kommunales Wahlrecht ab 16 Jahren, um Jugendliche (…) mitbestimmen zu lassen.

Leserbrief
schriftliche Form der Meinungsäußerung. Der Leserbrief richtet sich an Zeitungen oder Zeitschriften und bezieht sich häufig auf ein behandeltes Thema. Die Zeitungen und Zeitschriften können den Leserbrief veröffentlichen.

→ **Auf dem Weg zur Mediendemokratie?**
S. 238

Aufgaben

1 Es gibt viele Möglichkeiten, sich zu beteiligen (M3):
a) Ordne die Fotos M1 und M4 den Beteiligungsformen zu.
b) Welche der Beteiligungsformen hast du schon genutzt oder würdest du am ehesten nutzen? Begründe deine Entscheidung.

2 Recherchiert im Internet und in Tageszeitungen nach aktuellen Anlässen, sich zu beteiligen. Stellt diese in der Klasse vor.

3 Der Erfolg eines Vorhabens steigt, je mehr Menschen beteiligt sind. Erläutere diesen Zusammenhang (VT2, M1, M3).

4 Kinder können ihre Interessen selbst vertreten. Nimm Stellung zu dieser Aussage (VT1, VT2, M2, M4).

5 Schreibe einen Leserbrief zum Thema „Mehr Demokratie in der Schule wagen!".

Methode

11 | Mit dem Politikzyklus arbeiten

Wenn wir Politik verstehen oder selbst politisch handeln wollen, müssen wir ihre Spielregeln kennen. Dabei hilft uns ein Modell: der Politikzyklus.

Politik gestalten

Menschen machen Politik, um Probleme oder Konflikte in ihrer gesellschaftlichen Umwelt zu lösen. Dabei stoßen sie auf die – oft gegensätzlichen – Interessen anderer sozialer Gruppen oder Parteien. Auch staatliche Institutionen und Medien beeinflussen die Politik. Wer politisch handeln will, muss sich an vorgegebenen Werten der Gesellschaft orientieren, rechtliche Regeln beachten und seine Beteiligung mit demokratischen Mitteln organisieren. Der Politikzyklus hilft, diese Spielregeln der Politik zu erkennen und den Erfolg des politischen Handelns einzuschätzen. Denn am Ende des Zyklus steht selten eine endgültige Lösung des Problems; stattdessen gibt es einen Ausgleich und vielleicht sogar ein neues Problem.

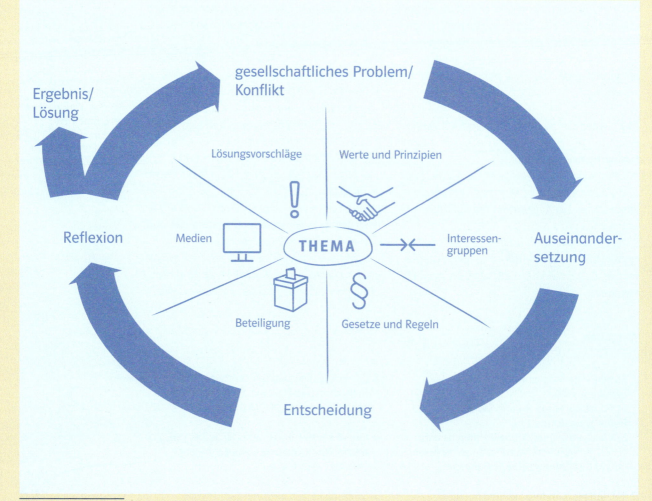

M1 Der Politikzyklus

Was ist Politik?

Mögliche Problemstellungen (Arbeitsschritt 1):
- Was ist Politik?
- Garantiert der Staat Gerechtigkeit für alle?
- Informieren uns die Medien genügend?
- Können die Menschen von ihrer Arbeit leben?

Mögliche Interessengruppen (Arbeitsschritt 2):
- Unternehmer, Arbeitgeberverbände
- Gewerkschaften
- Umweltverbände
- Kirchen

Mögliche Werte und Prinzipien (Arbeitsschritt 3):
s. Grundgesetz
- Menschenwürde
- Freiheit
- Gleichheit
- Solidarität

Mögliche Beteiligungsformen (Arbeitsschritt 5):
- Wahlen
- Parteien
- Bürgerinitiativen
- Volksbegehren
- Demonstrationen

M2 Tipps und Beispiele zu einzelnen Stationen des Politikzyklus

Arbeitsschritte: Mit dem Politikzyklus arbeiten

Beschreiben

1 Benenne, welches gesellschaftliche Problem bzw. welcher Konflikt gelöst werden soll.

Untersuchen

2 Welche Interessengruppen sind an dem Problem/dem Konflikt beteiligt? Welche Positionen nehmen sie dazu ein?

3 Welche gesellschaftlichen Werte und Prinzipien (z. B. Menschenwürde, Freiheit, Gerechtigkeit) werden von dem Problem berührt?

4 Welche rechtlichen Regelungen gelten in diesem Politikbereich? Welche staatlichen Institutionen sind beteiligt?

5 Welche Beteiligungsmöglichkeiten haben die Bürgerinnen und Bürger? Welche Beteiligungsformen nutzen sie?

6 Wie wird das Problem in den Medien dargestellt? Welchen Einfluss nehmen die Medien auf seine Lösung?

7 Welche Vorschläge zur Lösung des Problems werden diskutiert?

Deuten

8 Erläutere, wie die Lösungen umgesetzt werden.

9 Überprüfe, ob die Interessen der beteiligten Gruppen bei der Lösung berücksichtigt werden.

10 Erkläre, welche neuen Probleme aus den Entscheidungen entstehen.

11 Beurteile, inwiefern die Entscheidungen und Maßnahmen zur Lösung des Problems beitragen.

Aufgaben

Analysiert die Themeneinheit „Was ist Politik?" anhand des Politikzyklus. Arbeitet in Gruppen:

1 Notiert in einer Tabelle, welche Aspekte des Politikzyklus in den Kapiteln behandelt werden und wer welchen Aspekt bearbeitet.

2 Bearbeitet einzeln oder zu zweit den Aspekt anhand der Arbeitsschritte 2 bis 7 (s. auch M2).

3 Stellt eure Ergebnisse in einem Politikzyklus dar (vgl. M1) und gestaltet daraus ein Plakat.

4 Diskutiert anschließend die Arbeitsschritte 8 bis 11 und ergänzt euer Plakat.

5 Präsentiert und vergleicht die Plakate.

6 Diskutiert: Hilft der Politikzyklus, politische Probleme/Entscheidungen zu verstehen?

Arbeitsblatt
454053-0209

○ 1　◐ 2, 3, 5　● 4, 6

Training

12 | Was ist Politik?

1 Diese Begriffe kann ich erklären!

a) soziale Rolle (S. 188/189)
b) Familie (S. 190)
c) Gleichberechtigung (S. 192)
d) Konflikt (S. 194)
e) Kompromiss (S. 195)
f) Werte und Grundwerte (S. 196)
g) Normen (S. 196)
h) Toleranz (S. 196)
i) Konsens (S. 197)
j) Demokratie (S. 198)
k) Medien (S. 204)
l) demonstrieren (S. 206)
m) Politikzyklus (S. 208)

3 Diese Fragen kann ich beantworten!

a) Welche sozialen Rollen nehme ich ein?
b) Welche Aufgaben hat eine Familie?
c) Welche Familienformen gibt es?
d) Welche demokratischen Mehrheiten kenne ich?
e) Wozu brauchen wir Werte und Normen?
f) Welche wichtigen Grundwerte legt das Grundgesetz fest?
g) Welche Aufgaben erfüllt die Gemeinde?
h) Welche Rolle spielen die Medien für Politik und Demokratie?
i) Wie kann ich mich in der Demokratie beteiligen und meine Meinung äußern?
j) Was ist der Politikzyklus?

2 Diese Methode kann ich anwenden!

Mit dem Politikzyklus arbeiten:
a) Ich kann die Problemstellung/den Konflikt benennen.
b) Ich kenne die einzelnen Stationen des Politikzyklus und kann sie erläutern.
c) Ich kann das Ergebnis des politischen Prozesses einordnen.
d) Ich kann mit dem Modell des Politikzyklus gesellschaftliche und politische Themen analysieren.

4 Zu diesen Fragen habe ich eine Meinung und kann sie begründen!

a) Sollten Kinder und Jugendliche im Haushalt mithelfen?
b) Sind Konflikte schlimm?
c) Schränken Werte und Normen unser Leben ein?
d) Informieren, kontrollieren, „mitregieren" – welche Rolle haben die Medien?
e) Gibt es ein Leben ohne Politik?

Was ist Politik?

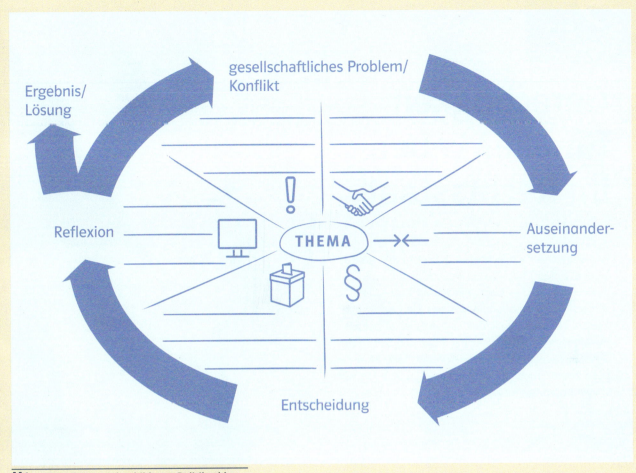

M1 Vorlage für ein Schaubild zum Politikzyklus

Aufgaben

1 Entscheide dich für ein aktuelles Thema/eine Streitfrage aus den Nachrichten oder aus deinem Wohn- oder Schulort.

2 Analysiere das Thema anhand des Politikzyklus. Gehe dazu nach den Arbeitsschritten von S. 209 vor. Du kannst die Vorlage M1 in dein Heft übertragen und mit deinen Ergebnissen füllen (s. auch das Arbeitsblatt im Online-Link).

3 Gestalte aus deinem Politikzyklus ein Plakat, und klebe passende Bilder zu den einzelnen Aspekten deines Themas.

Portfolio und Üben
454053-0211

9

Gerechtigkeit für alle? Leben im Rechtsstaat

Das Bedürfnis nach Sicherheit gehört zu den grundlegenden Bedürfnissen des Menschen. Viele verlassen ihre Heimat, weil sie dort politisch verfolgt, willkürlich verhaftet oder misshandelt werden. Ein Rechtsstaat wie die Bundesrepublik Deutschland gibt all seinen Bewohnern Sicherheit. Alle genießen den Schutz der Gesetze. Niemand darf willkürlich, das heißt ohne gesetzliche Grundlage, bestraft werden. Alle Menschen sind vor dem Gesetz gleich.

M1 Deutschland ist ein Rechtsstaat. Gerichte sorgen dafür, dass die Gesetze eingehalten werden.

„Staat, in dem alles, was der Staat tut, nach den Regeln der Verfassung und den geltenden Gesetzen erfolgen muss. In Deutschland gibt das Grundgesetz diese Regeln vor."
Das junge Politik-Lexikon (2013), Bundeszentrale für politische Bildung

Was ist eigentlich ein Rechtsstaat?

Material im Internet
454053-9000

„Gerechtigkeit und Recht sind nicht immer dasselbe. Es gibt auch ungerechtes Recht, selbst in unserem Rechtsstaat."
Uwe Wesel (*1933), deutscher Jurist

„Wer über die Medien von der vierten Gewalt im Staat spricht, irrt. Die Medien sind heute Kläger, Richter und Henker in einem."
Heinz Kerp (*1963), deutscher Journalist

Wie hängen Gerechtigkeit und Rechtsstaat zusammen?

Welche Rolle spielen die Medien im Rechtsstaat?

1 Rechtsstaat und Menschenrechte

Jeder Mensch hat Rechte, die ihm von Geburt an zustehen – die Menschenrechte. Sie wurden im 18. Jahrhundert formuliert, als auch die Idee der Demokratie entstand. Beide gehören also zusammen – und bleiben eine Herausforderung für die aktuelle Politik.

M1 Die Grundrechte im Grundgesetz der Bundesrepublik Deutschland

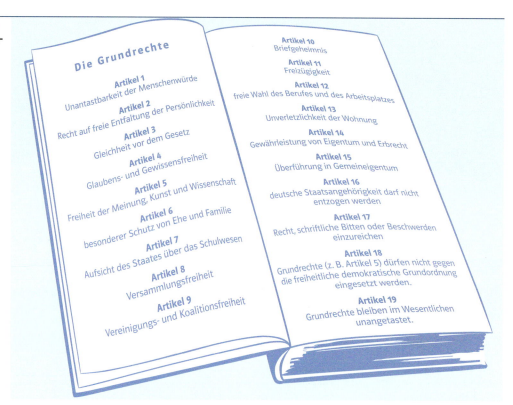

Die Grundrechte

Artikel 1 Unantastbarkeit der Menschenwürde
Artikel 2 Recht auf freie Entfaltung der Persönlichkeit
Artikel 3 Gleichheit vor dem Gesetz
Artikel 4 Glaubens- und Gewissensfreiheit
Artikel 5 Freiheit der Meinung, Kunst und Wissenschaft
Artikel 6 besonderer Schutz von Ehe und Familie
Artikel 7 Aufsicht des Staates über das Schulwesen
Artikel 8 Versammlungsfreiheit
Artikel 9 Vereinigungs- und Koalitionsfreiheit
Artikel 10 Briefgeheimnis
Artikel 11 Freizügigkeit
Artikel 12 freie Wahl des Berufes und des Arbeitsplatzes
Artikel 13 Unverletzlichkeit der Wohnung
Artikel 14 Gewährleistung von Eigentum und Erbrecht
Artikel 15 Überführung in Gemeineigentum
Artikel 16 deutsche Staatsangehörigkeit darf nicht entzogen werden
Artikel 17 Recht, schriftliche Bitten oder Beschwerden einzureichen
Artikel 18 Grundrechte (z. B. Artikel 5) dürfen nicht gegen die freiheitliche demokratische Grundordnung eingesetzt werden.
Artikel 19 Grundrechte bleiben im Wesentlichen unangetastet.

Vereinte Nationen
engl.: United Nations Organisation (UNO). Zusammenschluss von 193 Mitgliedstaaten. Ziel ist es, den Weltfrieden zu erhalten, Konflikte friedlich zu lösen und die Menschenrechte zu achten.

Grundgesetz
Verfassung für die Bundesrepublik Deutschland. Das Grundgesetz bestimmt, wie der Staat aufgebaut ist und wie Gesetze entstehen. Es enthält zudem Rechte, die für unser Zusammenleben grundlegend sind. Das sind die Grundrechte.

Ohne Menschenrechte keine Demokratie
Zu den Menschenrechten gehören z. B. die Rechte auf Leben, Freiheit, Gleichheit und Meinungsfreiheit. Die Menschenrechte bilden die Grundlage für die Demokratie – oder anders ausgedrückt: Ohne Menschenrechte ist Demokratie nicht denkbar. Zum Beispiel könnten Bürger ihr Recht auf Mitbestimmung nicht wahrnehmen, wenn sie befürchten müssten, für bestimmte Entscheidungen und Meinungsäußerungen bestraft zu werden.

Eine lange Geschichte
Aufgeschrieben wurden die Menschenrechte erstmals im 18. Jahrhundert – im Zeitalter der Aufklärung (siehe S. 48–51). Während der Französischen Revolution (siehe S. 52–69) forderten die Menschen ihr Recht auf Freiheit und Gleichheit aktiv ein. Zwar traten diese Rechte nicht sofort für alle Menschen in Kraft, aber die Idee der Menschenrechte ließ sich seitdem nicht mehr unterdrücken.

Menschenrechte bei uns
In Deutschland sind die Menschenrechte weitgehend verwirklicht. Als sogenannte Grundrechte stehen sie an oberster Stelle des Grundgesetzes (Artikel 1 bis 19). Niemand, auch nicht die Regierung, darf die Grundrechte außer Kraft setzen oder verändern. Gerichte kontrollieren, dass die Grundrechte eingehalten werden. Dennoch gibt es auch bei uns Fälle, die zeigen, dass die Menschenrechte ständig verteidigt werden müssen. Zum Beispiel wird immer wieder darüber diskutiert, wie Flüchtlinge in Deutschland menschenwürdig untergebracht werden und wie lange sie bleiben dürfen.

M2 „Richtig wichtig: Kinder haben Rechte" ist eine Website des Münchner Kinder- und Jugendforums. Dort heißt es über die 1989 beschlossene UN-Kinderrechtskonvention:

Weil Kinder besonderen Schutz und Förderung brauchen, gelten für sie eigene Kinderrechte. (…) Die UN-Kinderrechtskonvention soll dafür sorgen, dass die Rechte aller Kinder
5 auf Versorgung, Schutz und Beteiligung in der ganzen Welt anerkannt und verwirklicht werden. (…) Jede Regierung, die der Abmachung über die Rechte der Kinder zugestimmt hat, verspricht, sie einzuhalten. Bis heute haben
10 192 Länder die UN-Konvention ratifiziert (= unterschrieben), also fast alle Länder der Erde. Darunter auch Deutschland. (…) Mit ihrer Unterschrift unter der UN-Kinderrechtskonvention haben die Politiker versprochen,
15 alle in ihrem Land geltenden Gesetze an die UN-Kinderrechtskonvention anzupassen. Der Haken an der Sache: Niemand kann die Kinderrechte, die in der Konvention stehen, vor Gericht einklagen. In Deutschland kann
20 man nur solche Rechte einklagen, zu denen es auch ein Gesetz gibt. Wenn Politiker die Ziele der UN-Kinderrechtskonvention nicht in Gesetzen verankern (und dazu können sie nicht gezwungen werden), können Kinder diese
25 auch nicht persönlich einklagen. (…) Ein Weg, auf Verstöße gegen die Kinderrechte aufmerksam zu machen, führt über die Öffentlichkeit und die Medien (Zeitungen, Radio, Fernsehen, Internet). Wenn immer wieder auf Missstände
30 aufmerksam gemacht wird, die gegen die UN-Kinderrechtskonvention sprechen, kann Druck auf die Länder ausgeübt werden, die die Kinderrechte missachten.

Peter wird verdächtigt, einer Bande der organisierten Kriminalität anzugehören. Aufgrund eines Gesetzes ist es der Polizei erlaubt, ihn in seiner Wohnung abzuhören.

Über das Feld des Landwirts Möller soll eine Autobahn geführt werden. Als er sich weigert, sein Grundstück zur Verfügung zu stellen, wird er durch den Staat enteignet und erhält eine Entschädigung.

Der Neuntklässler Paul beschließt gegen den Willen seiner Eltern, den Religionsunterricht in einer Kirchengemeinde zu besuchen.

Ein Kind wurde entführt. Die Polizei wendet während des Verhörs gegenüber dem Beschuldigten Gewalt an, um den Aufenthaltsort des Kindes zu erfahren.

Eda und Fatma sind gläubige Muslime. Sie fordern von der Schule die Einrichtung eines Gebetsraumes für das Mittagsgebet. Die Schule lehnt dies ab.

M3 Grenzen des Rechtsstaates. Wie weit reichen die Grundrechte?

Aufgaben

1 Beschreibe, was Menschenrechte sind (VT1*).

2 Erkläre den Zusammenhang zwischen Demokratie und Menschenrechten (VT1).

3 Wähle aus dem Grundgesetz ein Grundrecht aus und erkläre, warum du dieses für besonders wichtig hältst (M1).

4 Das Grundgesetz ist ein besonderes Gesetz. Begründe, warum das so ist (VT3, Lexikon).

5 a) Prüfe, auf welches Grundrecht (M1) sich die einzelnen Fälle (M3) beziehen.
b) Ordne die Fälle nach zulässig oder unzulässig ein (M3).

6 Kinderrechte sind notwendig, weil Kinder besonderen Schutz und Förderung brauchen. Beurteile diese Aussage (M2).

7 Menschenrechte müssen ständig verteidigt werden. Nimm Stellung zu dieser Aussage (VT2, VT3, M2, M3).

Surftipps
Schutz der Menschenrechte
454053-0215

* VT1 bedeutet: Die Aufgabe bezieht sich auf den ersten Abschnitt des Verfassertextes (VT). Die Abschnitte ergeben sich durch die blauen Zwischenüberschriften.

2 | Elemente des Rechtsstaates

In einem Rechtsstaat stehen alle Menschen unter dem Schutz der Gesetze. Die Gesetze werden von den demokratisch gewählten Parlamenten beschlossen.

Gesetze geben Sicherheit

Das Gewaltmonopol liegt allein beim Staat. Das bedeutet, dass ausschließlich staatliche Organe wie Gerichte, Polizei, Verwaltung für die Durchsetzung der Gesetze zuständig sind. So darf nur die Polizei Straftäter verfolgen und nur Richter dürfen gültige Urteile sprechen. Selbstjustiz – z.B. sich auf eigene Faust an einem Täter zu rächen – ist damit verboten.

Gewaltmonopol des Staates
Allein staatliche Organe (Gerichte, Polizei, Verwaltung) dürfen Gesetze ausführen und durchsetzen. Selbstjustiz ist verboten.

Justitia – Göttin der Gerechtigkeit

Auf vielen Gerichtsgebäuden entdeckst du die Figur der Justitia. Meistens wird sie als Frau dargestellt. Ihre besondere Bedeutung erhält sie durch die mit ihr verbundenen Symbole: Oft trägt Justitia in der einen Hand eine Waage und in der anderen ein Richtschwert oder ein Gesetzbuch. Ihre Augen sind geschlossen oder verbunden. Diese Symbole verdeutlichen, wie festgeschriebenes Recht durchgesetzt wird:
- erst nach genauer Prüfung der Sachlage und nach Abwägen des Für und Wider,
- mit nötiger Härte,
- ohne Ansehen der Person.

Das Gerichtswesen

Der Rechtsstaat garantiert jedem Bürger, im Streitfall ein Gericht anzurufen. Wenn man nach einer Gerichtsverhandlung das Urteil anzweifelt, hat man das Recht auf Berufung. Das bedeutet, dass man sich an das nächst höhere Gericht wenden kann. Dort wird der Fall neu verhandelt, wenn es zum Beispiel neue Beweise gibt, neue Zeugen aussagen oder im ersten Verfahren Rechtsgrundlagen verletzt wurden.

M1 Justitia

M2 Gerichtsbarkeit in Deutschland

Bundesverfassungsgericht (Karlsruhe)	Verfassungsgerichte der Länder

Bundesgerichtshof (Karlsruhe)	Bundesarbeitsgericht (Erfurt) Bundessozialgericht (Kassel) Bundesverwaltungsgericht (Leipzig) Bundesfinanzhof (München)
Oberlandesgerichte	Landesarbeitsgerichte, Landessozialgerichte, Oberverwaltungsgerichte, Finanzgerichte
Landgerichte	Arbeitsgerichte, Sozialgerichte, Verwaltungsgerichte
Amtsgerichte	

Ordentliche Gerichtsbarkeit (Zivil-/Strafsachen)	Arbeits-gerichts-barkeit	Sozial-gerichts-barkeit	Verwaltungs-gerichts-barkeit	Finanz-gerichts-barkeit

M 3 Die Elemente des Rechtsstaates

Rechtssicherheit:
Die Vorschriften des Rechts müssen berechenbar sein. Niemand darf für eine Tat bestraft werden, die zum Zeitpunkt der Tat nicht gesetzlich verboten war.

Rechtsweg-Garantie:
Jeder, der sich in seinen Rechten verletzt fühlt, hat das Recht, bei Gericht Klage einzureichen, auch gegen den Staat.

Rechtsgleichheit:
Niemand darf aufgrund seiner Person bevorzugt oder benachteiligt werden.

Gewaltenteilung:
Rechtsprechung, Gesetzgebung und ausführende Gewalt sind voneinander getrennt und kontrollieren sich gegenseitig.

Unabhängigkeit der Gerichte:
Richter dürfen bei ihrer Urteilsfindung nicht unter Druck gesetzt oder beeinflusst werden.

Grundrechtsgarantie:
Die Grundrechte haben Gültigkeit. Sie können weder aufgehoben noch in ihrem Wesen geändert werden.

Gesetzmäßigkeit der Verwaltung:
Die Exekutive (Regierung und Verwaltung) darf nicht gegen geltendes Recht verstoßen.

M 5 Gerechtigkeit hat ihren Preis. Karikatur von Justinas, 2010

M 4 Wird Sabrina bestraft? Ein Fallbeispiel:

Sabrina (15) hatte gar nicht vor, das Fahrrad zu klauen. Aber die Gelegenheit war überwältigend: Ein Rennrad, wie sie es sich schon immer gewünscht hatte, stand unabgeschlossen vor dem Blumenladen. Sabrina musste nur aufsteigen und losfahren. Zu Hause erzählte sie ihrer Mutter, einer Rechtsanwältin, dass es das Rad ihrer Freundin Laura sei. Laura habe ihr das Fahrrad überlassen, weil sie ein neueres Modell bekommen hätte. Das klang überzeugend.

Als die Besitzerin aus dem Laden kam und entsetzt feststellte, dass ihr Fahrrad verschwunden war, sah sie am Ende der Straße ein paar ausländische Kinder um die Ecke sausen. Sie rannte ihnen nach, erwischte ein etwa 14-jähriges Mädchen und rief die Polizei. Tamara, so hieß das Mädchen, wurde unterstellt, zu einer Clique von Fahrraddieben zu gehören. Wie sollte sie nur das Gegenteil beweisen?

Über den Fall wurde in der Lokalpresse berichtet. Sabrina hörte davon, regte sich aber nicht auf. „Meine Mutter ist Anwältin und kennt alle Jugendrichter in der Stadt", sagte sie sich. „Da kann mir doch nichts passieren."

Aufgaben

1 Gib wieder, was mit „Gewaltmonopol des Staates" gemeint ist (VT1, Lexikon).

2 Finde zu den Elementen des Rechtsstaates (M3) je ein Beispiel aus der Praxis und erläutere es.

3 Erkläre, welche Elemente des Rechtsstaates in M4 und M5 jeweils in Frage gestellt oder verletzt werden.

4 Ordne den Symbolen der Justitia (Augenbinde, Waage, Gesetzbuch) eine Bedeutung zu (VT2, M1).

5 Finde heraus, wo sich die Gerichte (M2) in deinem Bundesland befinden.

6 Diskutiert den Zusammenhang von Recht und Gerechtigkeit.

3 Rechte und Pflichten

Jeder hat Rechte, aber auch Pflichten. Dabei solltest du dich gut auskennen – noch bevor du 18 wirst.

Schulpflicht
Die Pflicht (und das Recht), zur Schule zu gehen, beginnt in Deutschland für alle Kinder meist ab sechs Jahren. Es ist auch die Aufgabe der Eltern, dafür zu sorgen, dass ihr Kind in die Schule geht.

Geschäftsfähigkeit
Das Bürgerliche Gesetzbuch (§ 104 BGB) regelt das Recht, Geschäfte zu machen. 7- bis 17-Jährige sind nur beschränkt geschäftsfähig. Sie dürfen ohne Zustimmung der Eltern kleinere Kaufgeschäfte und Verträge abschließen, sofern für sie kein Nachteil oder keine Verpflichtungen entstehen (wie z. B. bei einem Handyvertrag).

Delikt
unerlaubte, rechtswidrige Handlung, die zum Schadenersatz verpflichtet. Kinder und Jugendliche von sieben bis 17 Jahren sind nur bedingt deliktfähig. Die Verantwortung für ihr Tun hängt von ihrer Einsicht und Reife ab.

Alter	Rechte	Pflichten
6		• Schulpflicht
7	• bedingte Geschäftsfähigkeit	• bedingte Deliktfähigkeit
12	• Kinofilme ab 12 Jahren • Wechsel der Religion nicht gegen deinen Willen	
14	• mit Erlaubnis der Eltern ein Bankkonto eröffnen • Religion frei wählen	• Strafmündigkeit nach dem Jugendstrafrecht
15	• einen Ferienjob für vier Wochen annehmen • Fahrerlaubnis für Mofa • eine Lehrstelle annehmen	
16	• drei bis vier Tage in der Woche arbeiten (z. B. in einem Ausbildungsbetrieb) • Fahrerlaubnis für Kleinkrafträder • Disko bis 24 Uhr • kommunales Wahlrecht (in einigen Bundesländern) • mit Erlaubnis der Eltern heiraten	• Ausweispflicht
18	• volles Wahlrecht • Führerschein (Auto) • volle Geschäftsfähigkeit	• Ende der Schulpflicht • volle Deliktfähigkeit • Bestrafung nach Erwachsenenstrafrecht möglich
21		• volle Strafmündigkeit

M1 Bedeutende Rechtsstufen

Jeder Mensch hat Rechte

Menschenrechte sind die wohl wichtigsten Rechte überhaupt. Dazu zählt z. B. das Recht jedes Menschen auf Freiheit und Sicherheit. Doch wo es Rechte gibt, da gibt es auch Pflichten. So hast du ein Recht darauf, dass andere deine Freiheit und Sicherheit respektieren und dich nicht bedrohen. Aber gleichzeitig hast du die Pflicht, dieses Recht auch jedem anderen zuzugestehen. Diese Wechselwirkung zwischen Rechten und Pflichten wird durch Gesetze geregelt. Mit zunehmendem Alter erlangt man in Deutschland immer mehr Rechte. Dabei werden aber auch die Pflichten größer.

Auch Pflichten sind wichtig

Bestimmt kannst du spontan einige deiner Pflichten aufzählen, z. B. die Schulpflicht oder die Pflicht, im Haushalt mitzuhelfen. Manche Pflichten erscheinen auf den ersten Blick etwas nervig. Aber Pflichten sind notwendig, damit unser Zusammenleben gut funktioniert. Denn wenn jeder in der Gesellschaft nur auf seine Rechte bestünde, würde niemand auf andere Rücksicht nehmen. Wenn deine Eltern z. B. immer nur ihr Recht auf Freizeit wahrnehmen wollten, würden sie dir nie bei den Hausaufgaben helfen.

Gerechtigkeit für alle?
Leben im Rechtsstaat

M2 „Endlich unabhängig!"

M3 Alltägliche Gewalt? Stern.de vom 20. Januar 2008:

Die 15-jährige G. ist erschienen, um von einer Auseinandersetzung zu berichten, deren Auslöser L. gewesen sei, weil die „so blöd geguckt hat". Sie habe deshalb mit L. schimpfen müssen, sagt G., zunächst von Angesicht zu Angesicht, später dann im Internet (…), wo man miteinander chatten kann. Ein Streit wie jeder andere sei es gewesen und sie verstehe nicht, warum nun so ein Wind gemacht werde, nur wegen ein paar Zeilen im Chat. „Ich werde Dir beweisen, was es heißt, totgeschlagen zu werden. Ich liebe jeden, aber ich habe Mädchen abgestochen und zwei Mädchen Koma geschlagen … Du bist so hässlich (…). Ich geb Dir nen Brett, du liegst, und zwei Bretter und du bist tot … Wenn ich ausraste (…)" Sie (…) redet schnell (…). „Ey, das ist ganz normal, dass wir so streiten", sagt G., „ehrlich." (…) Die Polizistin erzählt ihr die Geschichte des Opfers, sie berichtet von L. und ihrer großen Angst. Dass sie sich tagelang nicht aus dem Haus gewagt hat nach dem Chat. Dass sie sich von ihrem Freund getrennt hat, nicht, weil sie ihn nicht mehr liebte, sondern weil G. auch ihm Prügel angedroht hatte und L. diese verhindern wollte. „Das ist kein normaler Streit", sagt die Polizistin, „das ist eine Straftat, und darum bist du jetzt bei der Polizei." Sie fragt, (…) ob G. wisse, was sie da geschrieben habe (…). G. sagt: „Ist alles geklärt, ehrlich." Die Vernehmung dauert 20 Minuten. Am Ende bleiben ein ratloses Mädchen zurück, eine ratlose Mutter, eine ratlose Polizistin: „Ich glaube, du hast nicht verstanden, was ich meine."

Strafmündigkeit
Jugendliche ab 14 Jahren können für rechtswidrige Handlungen von einem Gericht mit Strafen belegt werden. Bei Straftätern zwischen 18 und 21 Jahren kann – je nach Reife und Einsicht – das Erwachsenenstrafrecht oder Jugendstrafrecht angewendet werden.

Aufgaben

1 Erläutere den Zusammenhang zwischen Rechten und Pflichten anhand eines eigenen Beispiels (VT1).

2 Fasse zusammen, warum es Pflichten geben muss (VT2).

3 Bedeutende Rechtsstufen (M1):
a) Zähle die Rechte und Pflichten auf, die Jugendliche in deinem Alter haben.
b) Finde heraus, in welchem Alter man in Deutschland welchen Führerschein machen darf (M2).
c) Mit zwölf Jahren sind Kinder eingeschränkt religionsmündig. Jugendliche ab 14 Jahren sind voll religionsmündig. Überprüfe diese Aussagen.
d) Diskutiert darüber, dass Jugendliche unter 18 Jahren noch nicht voll arbeiten dürfen.

4 Begründe, warum es sich im Fall M3 um eine Straftat handelt (VT1, M1).

○ 2, 3a ◐ 1, 3b, 4 ● 3c, 3d

4 | Streich oder Straftat?

Wer die Regeln des Rechtsstaates missachtet und sich nicht an Recht und Gesetz hält, muss mit Strafen rechnen. Das gilt auch für Jugendliche. Doch wo verläuft eigentlich die Grenze zwischen einem Streich und einer Straftat?

M1 Patricia (15) ist frisch verliebt. Ihr neuer Freund ist 18 und will am Wochenende mit ihr in die Disco gehen. Damit sie mit ihm tanzen gehen kann, behauptet Patricia im Schulsekretariat, dass sie ihren Schülerausweis verloren hat. Die Sekretärin stellt ihr einen neuen Ausweis aus. Patricia fälscht darin ihr Geburtsdatum.

M2 Nadine (15) findet die vielen grauen Häuser in ihrem Stadtteil so frustrierend. Es wäre doch viel schöner, wenn die Häuser nicht grau, sondern bunt wären, meint sie. Sie kauft sich Graffitispray und besprüht heimlich eine hässliche Häuserwand in ihrer Nachbarschaft mit einem großen, bunten Graffiti.

M3 Steve (15) ärgert sich über die Fünf in der Mathearbeit. Er dachte, er sei gut vorbereitet gewesen. Aber es war Pech, dass ganz andere Aufgaben drankamen, als er geübt hatte. Das findet er ungerecht. Um seinem Ärger Luft zu machen, beschließt er, sich bei dem Lehrer zu revanchieren. Er schmiert seinen Stuhl mit einem farblosen Kleber ein und freut sich auf die Mathestunde.

Strafgesetzbuch
Im Strafgesetzbuch (StGB) ist festgelegt, welche Handlungen strafbar sind. Es besteht seit 1871, wurde aber seitdem mehrfach überarbeitet. So wurde vor einigen Jahren Computerbetrug als Straftat bestimmt und neu ins StGB aufgenommen.

Straftaten sind klar bestimmt
Die Grenze zwischen Streich und Straftat steht fest: Eine Straftat ist eine Handlung, die gegen geltende Strafgesetze verstößt. Nach dem Grundsatz der Rechtssicherheit bestimmt das Strafgesetzbuch, was eine Straftat ist und welche Folgen sie hat.

Eine Straftat wird vor einem Gericht verhandelt. Fälle, bei denen das voraussichtliche Strafmaß unter fünf Jahren liegt, sind Sache des Amtsgerichts. Fälle, bei denen eine Freiheitsstrafe von mehr als fünf Jahren wahrscheinlich ist, werden vor dem Landgericht verhandelt.

Verbrechen oder Vergehen?
Juristen unterscheiden zwischen Verbrechen und Vergehen:

Ein Verbrechen ist eine gesetzeswidrige Handlung, bei der eine Freiheitsstrafe von mindestens einem Jahr zu erwarten ist. Dazu gehören Raub, schwere Körperverletzung sowie Totschlag und Mord. Ein Verbrechen ist eine kriminelle Handlung.

Ein Vergehen liegt vor, wenn für die Tat im Gesetz eine geringe Freiheitsstrafe oder eine Geldstrafe vorgesehen ist. Beispiele dafür können sein: Diebstahl, Betrug, Schwarzfahren oder Graffiti an öffentlichen Gebäuden.

Gerechtigkeit für alle?
Leben im Rechtsstaat

§ 223 Körperverletzung
(1) Wer eine andere Person körperlich misshandelt oder andere Gesundheit schädigt, wird mit Freiheitsstrafe bis zu fünf Jahren oder mit Geldstrafe bestraft.
(2) Der Versuch ist strafbar.

§ 224 Gefährliche Körperverletzung
(1) Wer die Körperverletzung
1. durch Beibringung von Gift oder anderen gesundheitsschädlichen Stoffen,
2. mittels einer Waffe oder eines anderen gefährlichen Werkzeugs,
3. mittels eines hinterlistigen Überfalls,
4. mit einem anderen Beteiligten gemeinschaftlich oder
5. mittels einer das Leben gefährdenden Behandlung
begeht, wird mit Freiheitsstrafe von sechs Monaten bis zu zehn Jahren, in minder schweren Fällen mit Freiheitsstrafe von drei Monaten bis zu fünf Jahren bestraft.
(2) Der Versuch ist strafbar.

§ 240 Nötigung
(1) Wer einen Menschen rechtswidrig mit Gewalt oder durch Drohung mit einem empfindlichen Übel zu einer Handlung, Duldung oder Unterlassung nötigt, wird mit Freiheitsstrafe bis zu drei Jahren oder mit Geldstrafe bestraft.

§ 267 Urkundenfälschung
(1) Wer zur Täuschung im Rechtsverkehr eine unechte Urkunde herstellt, eine echte Urkunde verfälscht oder eine unechte oder verfälschte Urkunde gebraucht, wird mit Freiheitsstrafe bis zu fünf Jahren oder mit Geldstrafe bestraft.

§ 303 Sachbeschädigung
(1) Wer rechtswidrig eine fremde Sache beschädigt oder zerstört, wird mit Freiheitsstrafe bis zu zwei Jahren oder mit Geldstrafe bestraft. (…)
(3) Der Versuch ist strafbar.

M 4 Kai (14) ist der Anführer seiner Clique. Er ist an der Schule für sein brutales Verhalten bekannt. Viele haben Angst vor ihm. Kai droht seinem Klassenkameraden Tim Prügel an, wenn er nicht den Kontakt zur gemeinsamen Freundin Laura abbricht. Auf dem Weg nach Hause lauert Kai Tim auf und verprügelt ihn so, dass er mit einer gefährlichen Kopfverletzung ins Krankenhaus muss.

M 5 Auszüge aus dem Strafgesetzbuch

Aufgaben

1 Arbeite den Unterschied zwischen einem Streich und einer Straftat heraus (VT1).

2 Nenne die Straftatbestände aus M5 und gib kurz wieder, was damit gemeint ist.

3 Analysiere die Fälle M1 bis M4:
a) Prüfe, ob es sich um einen Streich oder eine Straftat handelt.
b) Erläutere, um welche Straftaten es sich handelt (M5).

4 Erkläre den Unterschied zwischen einem Verbrechen und einem Vergehen (VT1).

5 Partnerarbeit: Entwickelt ähnliche Fälle wie in M1 bis M4. Stellt sie in der Klasse vor und entscheidet gemeinsam, ob es sich um einen Streich oder eine Straftat handelt.

Projekt

extra 5 | Ein Strafverfahren kommt in Gang

Ein Strafverfahren verläuft nach festen Regeln. Bei jugendlichen Tatverdächtigen gelten die Bestimmungen des Jugendgerichtsgesetzes. Untersuche, wie es im Fall von Kai (S. 221, M4) weiterging. Der Fall ist fiktiv, könnte aber so ähnlich passiert sein.

M1 Polizeidirektion Hannover
– Kriminalpolizei –

Hannover, 31.03.2015

In der Ermittlungssache wegen Nötigung und Körperverletzung wird als Beschuldigter vernommen Kai Rohrer.

Mein Name ist Kai Rohrer. Ich wurde am 01.06.2000 in Peine geboren.

Am 26.03.2015 habe ich in der ersten Pause beobachtet, wie Tim Rombach mit meiner Freundin Laura geflirtet hat. Da bin ich total sauer geworden und habe ihm gesagt, dass er was erleben kann, wenn er nicht die Hände von ihr lässt. In der zweiten Pause haben die beiden sich wieder unterhalten. Da war Tim fällig. Nach der Schule habe ich ihm aufgelauert und ihn so richtig verprügelt. Dieser Schwächling hat sich kaum gewehrt. Er hat es doch verdient, wenn er mir meine Freundin ausspannen will. Dann gibt's eben was auf die Fresse.

M2 Staatsanwaltschaft Hannover
Volgersweg 67
30175 Hannover

15.06.2015

An das Jugendgericht Hannover

Unter Vorlage der Akten erhebe ich Anklage gegen Kai Rohrer, geboren am 01.06.2000 in Peine, wohnhaft in Hannover.

Ich beantrage, die Anklage vor dem Jugendrichter zuzulassen.

Kai Rohrer wird angeklagt,

1. am 26.03.2015 in der ersten Pause auf dem Schulhof der Uferschule in Hannover dem Mitschüler Tim Rombach mit den Worten „Wenn du nicht die Hände von Laura lässt, schlage ich dich in Stücke" gedroht zu haben,

2. am 26.03.2015 nach der Schule Tim Rombach aufgelauert und ihn so verprügelt zu haben, dass dieser mit einer schweren Kopfverletzung ins Krankenhaus eingeliefert werden musste.

Zeugen: Tim Rombach, Laura König, Julian Saum

Ermittlungsergebnisse: Kai Rohrer ist wiederholt wegen Körperverletzung in Erscheinung getreten. Rohrer streitet die Tat nicht ab, gibt aber an, zu der Tat provoziert worden zu sein.

M7 Der Gang eines Jugendstrafverfahrens

M 3
Zeuge Tim Rombach:

In der ersten Pause habe ich mit Laura gesprochen. Sie ist mit Kai zusammen. Der kam plötzlich von hinten und hat mich in den Schwitzkasten genommen. Total durchgedreht war der. Er hat mir Prügel angedroht, wenn ich nicht die Hände von Laura lasse. Jeder weiß, dass der keinen Spaß mit so was macht. In der zweiten Pause bin ich kurz zu Laura und hab ihr gesagt, dass wir uns besser nur außerhalb der Schule treffen sollten. Auf dem Weg nach Hause hat Kai mir dann aufgelauert und mich zusammengeschlagen. Ich kann mich erst wieder an etwas erinnern, als die Polizei da war.

M 4
Zeugin Laura König:

In der Pause am 26.03.2015 hat Kai gesehen, wie ich mich mit Tim unterhalten habe. Kai ist total eifersüchtig. Der flippt immer gleich aus, wenn ich mit anderen Jungs rede. Kai ist voll auf uns zugestürmt und hat Tim gedroht, er würde ihn verprügeln, wenn er noch mal mit mir reden würde. Die Prügelei habe ich nicht gesehen.

M 5
Zeuge Julian Saum:

Am 26.03.2015 bin ich nach der Schule nach Hause gegangen. So 20 Meter vor mir lief Tim. Plötzlich springt Kai hinter einer Mauer hervor und prügelt wie ein Wilder auf Tim ein. Tim konnte sich gar nicht wehren. Als er schon am Boden lag, hat Kai immer noch weiter auf ihn eingetreten. Kai war total im Wahn. Da habe ich die 110 gewählt.

M 6 Kommunaler Sozialdienst der Landeshauptstadt – Jugendgerichtshilfe – Herrenstraße 11
30159 Hannover   24.07.2015

In der Strafsache gegen Kai Rohrer:

Kai Rohrer lebt mit seiner Mutter Claudia Ketterer, ihrem zweiten Mann Josef Ketterer und deren gemeinsamer Tochter Jennifer (2) in einer Vier-Zimmer-Wohnung. Kai stammt aus erster Ehe. Die neue Beziehung der Mutter besteht seit fünf Jahren. Ein Kontakt zu Kais leiblichem Vater besteht kaum noch. Das Verhältnis zum zweiten Mann seiner Mutter ist schlecht. Kai hat das Gefühl, dass er in der neuen Familie überflüssig ist. Kais Mutter beschreibt die Beziehung zu ihrem Sohn als schwierig: Kai höre nicht auf sie und komme nur zum Schlafen nach Hause. Diese Situation habe sich verschärft, seitdem Jennifer auf der Welt ist. Kai hat die Grundschule erfolgreich absolviert. Derzeit besucht er die 8. Klasse der Uferschule. Seine Versetzung ist gefährdet. Die Freizeit verbringt Kai mit seiner Clique. Wie er selbst stolz sagt, ist er hier der Boss. Die meiste Zeit verbringen die Jugendlichen in der Stadt oder „hängen am Bahnhof ab".

Armin Schlegel, Jugendgerichtshilfe Hannover

Aufgaben

1 Lies M1 bis M6. Gib wieder, wie der Fall von Kai weiterging.

2 Schließe aus M1, M2 und M6 auf die Aufgaben von a) Polizei, b) Staatsanwaltschaft und c) Jugendgerichtshilfe.

3 Erkläre deinem Sitznachbarn anhand von M7, a) wie ein Strafverfahren abläuft, b) welche Personen/Institutionen daran beteiligt sind.

4 Ordne die Dokumente und Aussagen im Fall Kai Rohrer (M1 bis M6) in den Ablauf eines Jugendstrafverfahrens ein (M7).

5 a) Inszeniert die Gerichtsverhandlung im Fall Kai Rohrer als Rollenspiel.
b) Überprüft, ob es sich um ein Vergehen oder um ein Verbrechen handelt (S. 220, VT2).

○ 1   ◐ 2, 3, 4, 5a   ● 5b

6 Justiz und Medien – ein schwieriges Verhältnis

Man bezeichnet die Justiz als dritte Gewalt. In einem Rechtsstaat soll sie unabhängig funktionieren. Doch ist das unter dem Druck und Einfluss, den Medien ausüben, immer möglich?

M1 Journalisten interviewen Rolf F., Angeklagter im sogenannten Autobahnraser-Prozess, zum Prozessauftakt am 9. Februar 2004 im Karlsruher Amtsgericht. Er wird am 18. Februar wegen fahrlässiger Tötung einer Mutter und ihres Kindes zu eineinhalb Jahren Haft ohne Bewährung verurteilt. Das Gericht sieht es als erwiesen an, dass er durch seine rücksichtslose Fahrweise am 14. Juli 2003 die Fahrerin eines Kleinwagens abgedrängt und damit ihren und den Tod ihrer zweijährigen Tochter verursacht hat.

→ Sensations-Journalismus S. 240

Vorverurteilung durch Medien

Immer wieder gibt es Rechtsstreitigkeiten und Gerichtsprozesse, die ein großes Interesse auf sich ziehen. Mord und Totschlag, Korruption in Politik und Wirtschaft, „typische" Täter, die Beteiligung von Prominenten, Opfer, mit denen sich viele identifizieren können – das sind die Stoffe, über die Medien gerne berichten. Hier können sie schnell einen Schuldigen präsentieren, einen Skandal aufdecken oder Mitleid erzeugen. Um als Erste an Nachrichten zu gelangen, befragen manche Journalisten die Zeugen schon vor der Polizei und suchen nach „Lecks" in den Behörden. Ihr Urteil steht dann schon fest, bevor der Prozess begonnen hat.

Im Zweifel für den Angeklagten?

Die Aufgabe der Justiz ist es dagegen, auf der Grundlage von Gesetzen die individuelle Schuld nachzuweisen und einen Ausgleich oder ein angemessenes Strafmaß zu finden. Deshalb soll die Justiz in unserem Rechtsstaat unabhängig sein. Sie darf sich weder von der Politik noch von den Medien beeinflussen lassen. Doch das ist nicht immer leicht. Auch Richter verfolgen die Berichterstattung über ihren Prozess und spüren den öffentlichen Druck. Staatsanwälte werden kritisiert, weil sie manchmal zu rasch mit Vorverurteilungen an die Medien herantreten. Und Anwaltskanzleien lassen sich inzwischen gerne von Werbeagenturen unterstützen, um die Medien im Prozess steuern zu können.

Miteinander von Justiz und Medien

Bei allen Schwierigkeiten: Eine unabhängige Justiz braucht die Medien. Sie können problematische Einflüsse und Entwicklungen in der Rechtsprechung aufdecken. Außerdem tragen die Medien wesentlich zum Verständnis der Arbeit der Justiz bei, gelegentlich auch zu den Ermittlungen selbst. Deshalb sind viele Richter und Staatsanwälte daran interessiert, die Medien frühzeitig mit objektiven Informationen zu versorgen. Für sie hat dabei aber immer eines Vorrang: die Unschuldsvermutung gegenüber dem Angeklagten.

M3 Ein Experte für Verkehrsrecht über das Urteil gegen Rolf F. im Interview mit der Süddeutschen Zeitung (SZ), 10. Mai 2010:

SZ: 18 Monate ohne Bewährung – bei Verkehrsstrafsachen eine ungewöhnliche Entscheidung.

Gebhardt: Ja, die Höhe ist erstaunlich – und leider ist bei allem Wissen um den schrecklichen Ausgang dieses Unfalls nicht auszuschließen, dass auch öffentlicher Druck eine gewichtige Rolle gespielt hat. Denn hier hat alles für einen Aufreger zusammengepasst: 500 PS, Testfahrer, DaimlerChrysler. Und da sind die Stammtische mit von der Partie.

SZ: Aber es sind zwei Menschen zu Tode gekommen. Und das offenbar in der Folge unverantwortlicher Drängelei. (…)

Gebhardt: Vor Gericht geht es nicht um öffentliche Meinung und nachvollziehbares Entsetzen. Es muss immer um die individuelle Vorwerfbarkeit und um die Vorhersehbarkeit unmittelbarer Folgen gehen. Klar – der Angeklagte war offenbar zu schnell, ist offensichtlich zu dicht aufgefahren. Ein zu recht strafbewehrtes Fehlverhalten, das aber wohl den meisten von uns nicht fremd ist. Nur: Meistens passiert nichts. Also stellt sich die Frage nach der Vorhersehbarkeit.

M4 Über den Einfluss der Medien im Fall Rolf F. schrieb der Kommunikationswissenschaftler Hans Mathias Kepplinger im Journalistik-Journal, 7. Oktober 2012:

Die Berufungsverhandlung fand wenige Monate später vor dem Landgericht Karlsruhe statt. Inzwischen hatten die verbalen Angriffe auf Rolf Fischer nachgelassen (…). Das Landgericht sprach den Angeklagten auch in der zweiten Instanz schuldig, verurteilte ihn jedoch nur zu 12 Monaten Haft mit Bewährung und der Zahlung von 12.000 Euro an eine soziale Institution. Das legt die Vermutung nahe, dass die herrschende Meinung einen Einfluss auf die Urteile besaß.

Polizei sicher:
Er hat eine Mutter und ihr Kind auf dem Gewissen
Der Todes-Drängler
Bild-Zeitung, 29. August 2003

Die Kollegen nennen ihn „Turbo-Rolf"
Kölner Stadt-Anzeiger (Online), 10. Februar 2004

Staatsanwalt fordert im Autobahn-Raser-Prozess:
Keine Gnade für Turbo-Rolf!
BZ Berlin (Online), 17. Februar 2004

M2 Schlagzeilen zum Fall Rolf F.

Aufgaben

1 Liste auf, was einen Gerichtsprozess für die Medien interessant macht (VT1, M1–M3).

2 Ordne die Informationen zum Fall Rolf F. und seinem Prozess nach ihrer zeitlichen Reihenfolge. Beginne mit dem 14. Juli 2003 (M1, M2, M4).

3 Erkläre am Beispiel des Falles Rolf F., worauf die Justiz in einem Strafverfahren achten muss (VT2, M3). Verwende dabei die Begriffe Gesetz, individuelle Vorwerfbarkeit (Schuld), Vorhersehbarkeit der unmittelbaren Folgen, Unschuldsvermutung.

4 Erläutere am Beispiel des Falles Rolf F., wie die Medien einen Gerichtsprozess beeinflussen können (VT2, M3, M4).

5 Nimm Stellung: Sollten Gerichtsverfahren generell unter Ausschluss der Öffentlichkeit stattfinden?

6 Sammelt Medienberichte zu einem aktuellen Prozess und untersucht sie genauer: Wie wird der Beschuldigte dargestellt, wie das Opfer? Wird die Unschuldsvermutung eingehalten? Wie ist der Prozess ausgegangen?

Methode

extra 7 | Experten befragen

M1 Schülerinnen und Schüler befragen einen Experten.

Informationen aus erster Hand

Experten kennen sich gut aus. Sie haben sich lange mit einem Themengebiet beschäftigt und konnten Erfahrungen und Wissen ansammeln, über die andere nicht verfügen.

Das Sachwissen eines Experten und seine persönliche Meinung interessieren uns möglicherweise,
- weil wir uns einmal aus erster Hand und nicht über die Medien informieren möchten,
- weil ein Mensch uns Daten und Fakten live anschaulicher vermitteln kann, als Texte es tun,
- weil es aufschlussreich sein kann, zu hören, welche persönlichen Meinungen ein Experte für ein bestimmtes Fachgebiet vertritt.

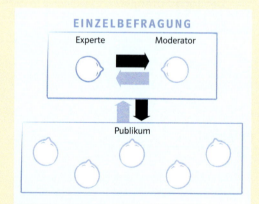

M2 Die Einzelbefragung
(blaue Pfeile = Fragen, schwarze Pfeile = Antworten)

Gerechtigkeit für alle?
Leben im Rechtsstaat

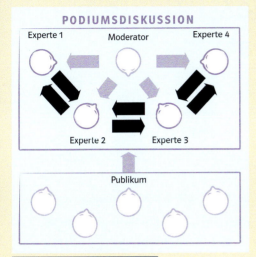

M3 Die Podiumsdiskussion
(violette Pfeile = Fragen,
schwarze Pfeile = Antworten)

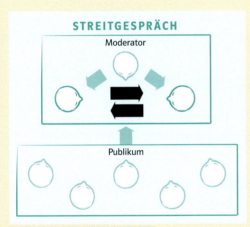

M4 Das Streitgespräch
(grüne Pfeile = Fragen,
schwarze Pfeile = Antworten)

Arbeitsschritte: Experten befragen

Vorbereiten

1 Überlegt euch ein Thema für die Expertenbefragung.

2 Erkundigt euch, welche Experten es zum Thema gibt. Wer kann zu eurem Thema die aussagekräftigsten Antworten geben?

3 Nehmt Kontakt mit dem/den Experten auf. Klärt gemeinsam Ort, Datum und Dauer der Befragung.

4 Was wollt ihr von dem/den Experten erfahren? Stellt einen Fragebogen zusammen.

5 Arbeitet euch gut in das Thema ein, damit ihr auch kritische Fragen stellen könnt.

6 Legt eine Arbeitsteilung fest: Beauftragt einen Moderator, der die Befragung leitet. Bestimmt einen Protokollführer und die Beobachter.

Durchführen

7 Begrüßt den/die Experten. Der Moderator stellt offiziell vor.

8 Die Befragung beginnt: Der Moderator fasst das Hauptanliegen zusammen und stellt die Fragen. Er achtet darauf, dass die Zeit und das Thema eingehalten werden.

9 Die Beobachter folgen dem Gespräch, machen sich Notizen und fragen nach, wenn etwas unklar geblieben ist.

10 Der Protokollführer notiert die Ergebnisse.

11 Der Moderator dankt dem/den Experten für das Gespräch und verabschiedet ihn/sie.

Auswerten

12 Besprecht, wie das Gespräch verlaufen ist. Habt ihr interessante Antworten erhalten?

13 Fasst die Ergebnisse zusammen, z. B. als Präsentation, auf einem Plakat oder in einem Zeitungsartikel.

Aufgaben

1 Fasse zusammen, weshalb es sich lohnen kann, Experten zu befragen (VT).

2 a) Vergleiche die Formen der Befragung (M2 bis M4): Wie viele Experten sind beteiligt? Wie verläuft die Gesprächsführung?

b) Überlege, in welchen Fällen die verschiedenen Gesprächsformen sinnvoll sind.

3 Führt selbst eine Expertenbefragung zu einem Aspekt des Rechtsstaates durch. Die Arbeitsschritte helfen euch dabei.

Arbeitsblatt
454053-0227

227

Training

8 Gerechtigkeit für alle? Leben im Rechtsstaat

1 Diese Begriffe kann ich erklären!

a) Grundgesetz (S. 214)

b) Gewaltmonopol (S. 216)

c) Rechte und Pflichten (S. 218)

d) Schulpflicht (S. 218)

e) Geschäftsfähigkeit (S. 218)

f) Delikt (S. 218)

g) Strafmündigkeit (S. 219)

h) Strafgesetzbuch (S. 220)

2 Diese Methode kann ich anwenden!

Experten befragen:

a) Ich kann ein Thema für die Befragung auswählen und (einen) Experten einladen.

b) Ich kann Fragen zum Thema formulieren.

c) Mit anderen zusammen kann ich die Befragung durchführen und die Ergebnisse festhalten.

d) Mit anderen zusammen kann ich die Ergebnisse auswerten und zusammenfassen.

3 Diese Fragen kann ich beantworten!

a) Welche Grundrechte sind im Grundgesetz festgeschrieben?

b) Wofür stehen die Vereinten Nationen?

c) Durch welche Elemente zeichnet sich ein Rechtsstaat aus?

d) Welche Rechte und Pflichten habe ich als Jugendlicher?

e) Wo verläuft die Grenze zwischen einem Streich und einer Straftat?

f) Welche Rolle spielen die Medien bei der Berichterstattung über Straftaten und Gerichtsverfahren?

4 Zu diesen Fragen habe ich eine Meinung und kann sie begründen!

a) Sind Konflikte schlimm?

b) Müssen für alle Menschen die gleichen Rechte gelten?

c) Sollen die Medien über Gerichtsprozesse berichten?

Gerechtigkeit für alle?
Leben im Rechtsstaat

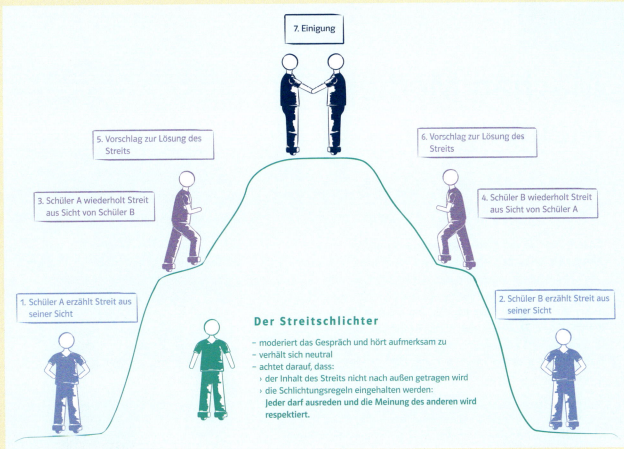

M1 Modell zur Streitschlichtung

Konflikte friedlich lösen
Manchmal ist ein Streit so kompliziert und verfahren, dass er eskalieren kann – bis zur gerichtlichen Auseinandersetzung. Hier kann eine Person helfen, die sich damit auskennt, Streit zu schlichten (Mediation). Ein Streitschlichter (Mediator) unterstützt die Streitenden dabei, eine gemeinsame Lösung für das Problem zu finden. Auch manche Gerichte setzen die Mediation ein.

Ausbildung zum Streitschlichter
Schülerinnen und Schüler können sich zu Streitschlichtern ausbilden lassen. In der Ausbildung lernt man, wie man sich bei Konflikten richtig verhält. Dazu gehört, dass man auf Mitschüler zugehen und sich in sie hineinfühlen kann. Als Streitschlichter übernimmt man Verantwortung und arbeitet mit einem Lehrer seines Vertrauens zusammen.

Aufgaben

1 Beschreibe die Aufgabe von Streitschlichtern (VT1, VT2).

2 Erkläre den Ablauf einer Schlichtung (M1).

3 Begründe, warum die Schüler A und B den Streit aus der jeweils anderen Sicht wiederholen sollen (M1).

4 Diskutiert, ob eine Streitschlichtung Kais Überfall auf Tim (S. 221–223) hätte verhindern können.

5 Informiere dich über die Ausbildung zum Streitschlichter (Online-Link).

Portfolio
und Üben
Surftipps
Aufgabe 5
454053-0229

10 Machen Medien Meinungen?

Unsere Welt ist von Medien geprägt; aus unserem Alltag sind sie nicht mehr wegzudenken. Internet, Fernsehen, Radio und Zeitungen sorgen nicht nur für Unterhaltung, sondern informieren uns über das, was in der Welt geschieht. Sie decken Skandale auf und klären über Entscheidungen in der Politik auf. Wir nutzen die Medien und scheinen sie zu beherrschen. Haben sie aber auch Einfluss auf uns? Und ist alles wahr, was uns durch die Medien vermittelt wird?

M1 Information, Unterhaltung, Meinungsbildung? Welche Rolle spielen die Medien?

„Staatliche Presse und Fernsehen unterstehen dem Staat, private deren Besitzern. Beide sind also abhängig. Kann man von abhängigen Journalisten unabhängige Meinungen erwarten?"
Werner Braun (1951–2006), deutscher Aphoristiker

Wie unabhängig sind die Medien?

Material im Internet
454053-1010

„Natürlich kann eine freie Presse gut oder schlecht sein, aber ohne Freiheit wird sie ohne jeden Zweifel immer schlecht sein."
Albert Camus (1913–1960), französischer Schriftsteller und Philosoph

Welche Bedeutung hat die Pressefreiheit?

„Die Manipulationsmöglichkeiten haben sich natürlich im Zeitalter der Massenmedien erheblich erhöht."
Arthur Miller (1915–2005), amerikanischer Schriftsteller

Machen Medien Meinungen?

1 | Medien und wie wir sie nutzen

Wenn wir uns informieren wollen oder unterhalten werden möchten, nutzen wir die Medien. Die Auswahl ist groß ...

Printmedien/Presse
engl. print = drucken. Printmedien sind auf Papier gedruckte Medien wie Zeitungen, Zeitschriften, Bücher, früher auch Flugblätter und Plakate. Regelmäßig erscheinende Druckerzeugnisse bezeichnet man als Presse (nach Joh. Gutenbergs Druckerpresse).

Rundfunk
Der Begriff umfasst den Hörfunk (Radio) und das Fernsehen. In Deutschland gibt es öffentlich-rechtliche und private Rundfunksender.

Digitale/Neue Medien
Dazu zählen Internet, Digitalradio und digitales Fernsehen, aber auch E-Books oder Computerspiele.

M1 Lokale, überregionale und internationale Presse

Deutschland – ein Zeitungsland?
Eines der ältesten Medien ist mit rund 500 Jahren die Presse. Zahlreiche Ausgaben von Tageszeitungen sowie Wochen- und Sonntagszeitungen erscheinen in Deutschland. Auch im digitalen Zeitalter vertrauen viele Menschen dem gedruckten Wort. Was schwarz auf weiß geschrieben steht, wird als besonders glaubwürdig eingeschätzt.

Trotzdem sind die Printmedien längst nicht mehr die einzige Informationsquelle. Vor allem junge Leser fehlen. Viele Zeitungsverlage haben mit sinkenden Auflagen (Anzahl der täglich verkauften Exemplare) zu kämpfen.

Der Rundfunk
Zu den beliebtesten Medien gehören Fernsehen und Radio. In Deutschland gibt es ein duales Rundfunksystem aus öffentlich-rechtlichen und privaten Sendern.

Die öffentlich-rechtlichen Rundfunkanstalten (ARD, ZDF, Deutschlandradio) werden hauptsächlich durch Gebühren finanziert. Ihr Programm soll dafür Information, Bildung, Beratung und Unterhaltung bieten. Der Anteil an Werbung ist beschränkt.
Die Privatsender dagegen finanzieren sich wesentlich über Werbeeinnahmen. Das hat Auswirkungen auf das Programm: Privatsender setzen vorwiegend auf Unterhaltung, denn je mehr Menschen zuschauen oder zuhören, desto höhere Preise können die Sender für Werbespots verlangen.

Digitale Medien
Das Internet ist zum bedeutenden Massenmedium herangewachsen. Es vernetzt Menschen auf der ganzen Welt. Der Zugang zu Informations- und Unterhaltungsangeboten ist einfach wie nie: In „Echtzeit" können Informationen, Nachrichten, Bilder und Videos abgerufen werden. Jede und jeder kann außerdem selbst Beiträge erstellen und anderen zugänglich machen.

Darauf haben auch die anderen Medien reagiert und sind im Netz aktiv: Zeitungen, Fernseh- oder Radiosendungen erscheinen zusätzlich als Onlineausgaben mit Hintergrundinformationen. Außerdem bieten sie den Nutzern die Möglichkeit, sich an Umfragen oder Diskussionen zu beteiligen.

	Werbung	Nachrichten	Magazin/ Ratgeber	Reportage/ Dokumentation	Doku-Inszenierung/ Doku-Soap	Spielfilm/ Fernsehfilm/ Reihe	Fernsehserie	Rest
ARD	1	9	23	9	3	22	15	18
ZDF	2	8	30	7	0	16	20	17
RTL	14	4	17	2	27	6	17	13
Sat. 1	15	2	11	2	20	13	18	19
Pro 7	15	1	10	1	0	20	36	17

M 2 Sendeformate im deutschen Fernsehen 2012 (Sendezeitanteile in Prozent)

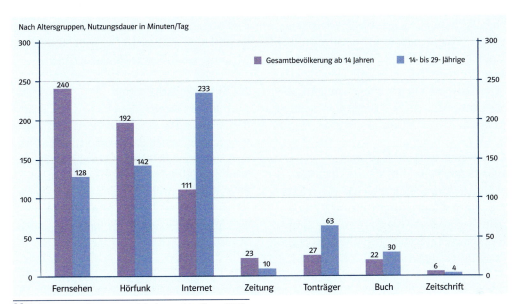

M 3 Nutzungsdauer verschiedener Medien, 2014 (in Minuten pro Tag)

Aufgaben

1 Lege eine Tabelle mit drei Spalten an: Printmedien, Rundfunk, Digitale Medien. Ordne die Begriffe der richtigen Spalte zu: Internet, Radio, Illustrierte, Fernsehen, Tageszeitung, E-Book, Zeitschrift, Digitalradio, Wochenzeitung (Lexikon).

2 Finde heraus, welche Lokal- und Regionalzeitungen es in deinem Wohn- oder Schulort gibt (M1).

3 Erkläre den Zusammenhang zwischen der Finanzierung von öffentlich-rechtlichem und privatem Rundfunk und den jeweiligen Sendeformaten (VT2*, M2).

4 Analysiere das Diagramm M3.
a) Finde heraus, welche die am meisten und am wenigsten genutzten Medien sind. Unterscheide zwischen den Altersgruppen.
b) Rechne aus, wie viele Stunden täglich die 14- bis 29-Jährigen mit Printmedien, Rundfunk und digitalen Medien zubrachten.

5 a) Liste auf, welche der Medien aus M3 du an einem Tag wie lange genutzt hast.
b) Vergleicht euer Medienverhalten untereinander in der Klasse und mit M3.

6 „Das Internet wird alle anderen Medien ablösen." Nimm Stellung zu dieser Aussage.

Surftipp
Fernsehen
454053-0233

* VT2 bedeutet: Die Aufgabe bezieht sich auf den zweiten Abschnitt des Verfassertextes (VT). Die Abschnitte ergeben sich durch die blauen Zwischenüberschriften.

○ 1, 5a ◐ 2–4, 5b ● 6

2 Information und Meinungsbildung

Könnten wir auf die Medien nicht auch verzichten – eine Woche ohne Smartphone, Radio, Fernsehen, Zeitung und Internet? Was würde uns fehlen? Das Problem wäre wohl nicht allein die Langeweile ...

→ Politik braucht Medien
S. 204/205

Medien informieren

Viele Informationen, die wir im Alltag brauchen, entnehmen wir den Medien, zum Beispiel: Welche Apotheke oder welcher Arzt hat Notdienst? Wann haben Schwimmbad oder Bibliothek geöffnet? Wo ist heute was los? Wer heiratet wen, wer ist verstorben? Wie stehen die Aktien? Aber auch über aktuelle Ereignisse in Politik, Gesellschaft, Wirtschaft oder Sport informieren uns die Medien – nicht nur in Deutschland, sondern weltweit.

Ein Ereignis wird zur Nachricht

Woher aber haben die Medien die Informationen, die sie uns anbieten? Sie kaufen die Informationen oft per Abo von Nachrichten- und Presse-Agenturen. Das sind Firmen, die Informationen über aktuelle Ereignisse sammeln und als Text-, Bild-, Hör- oder Videomeldung den Massenmedien zur Verfügung stellen. Neues läuft dann im Minutentakt über die Ticker in die Zeitungs-, Rundfunk- und Online-Redaktionen. Dort werden die Meldungen und Materialien gesichtet, sortiert, ausgewählt und aufbereitet. Aber nicht jede Meldung schafft es in die Nachrichten.

Die journalistische Arbeit

Journalisten wählen die Themen aus, über die sie berichten, recherchieren die Hintergründe und stellen das Thema verständlich dar. So leisten die Medien einen Beitrag zur Meinungsbildung. Gleichzeitig tragen sie eine gesellschaftliche Verantwortung, denn durch Themenauswahl und Art der Darstellung können sie öffentliche Diskussionen beeinflussen.

M1 „Ein Journalist wählt sich die passende Brille aus." Karikatur von Peter Kaczmarek

Machen Medien Meinungen?

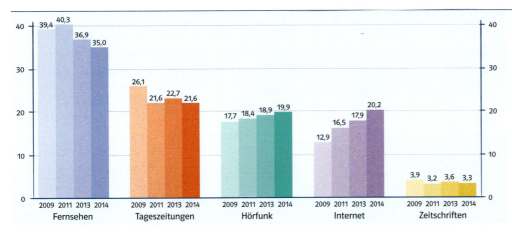

M2 Einfluss der Medien auf die Meinungsbildung (Angaben in Prozent, Stand: 19. März 2015). Für dieses Meinungsbildungsgewicht wird untersucht, welche Medien die Menschen zur Information nutzen und wie wichtig die einzelnen Medien für die Meinungsbildung sind.

M3 „Wie Journalismus heute funktioniert". Aus einem Manifest von Internetaktivisten, 7. September 2009:

5. Das Internet ist der Sieg der Information. Bisher ordneten, erzwungen durch die unzulängliche Technologie, Institutionen wie Medienhäuser, Forschungsstellen oder öffentliche Einrichtungen die Informationen der Welt. Nun richtet sich jeder Bürger seine individuellen Nachrichtenfilter ein, während Suchmaschinen Informationsmengen in nie gekanntem Umfang erschließen. Der einzelne Mensch kann sich so gut informieren wie nie zuvor.

6. Das Internet verbessert den Journalismus. Durch das Internet kann der Journalismus seine gesellschaftsbildenden Aufgaben auf neue Weise wahrnehmen. Dazu gehört die Darstellung der Information als sich ständig verändernder fortlaufender Prozess; der Verlust der Unveränderlichkeit des Gedruckten ist ein Gewinn. (…)

9. Das Internet ist der neue Ort für den politischen Diskurs. (…) Die Überführung der politischen Diskussion von den traditionellen Medien ins Internet und die Erweiterung dieser Diskussion um die aktive Beteiligung der Öffentlichkeit ist eine neue Aufgabe des Journalismus. (…)

17. Alle für alle. (…) Das Internet macht es möglich, direkt mit den Menschen zu kommunizieren, die man einst Leser, Zuhörer oder Zuschauer nannte – und ihr Wissen zu nutzen. Nicht der besserwissende, sondern der kommunizierende und hinterfragende Journalist ist gefragt.

Aufgaben

1 a) Ordne die Begriffe in der richtigen Reihenfolge: Redaktion, Nachricht in den Medien, Auswahl und Aufbereitung, Presse-Agentur, Ereignis, Meldung (VT2).
b) Erstelle aus den Begriffen ein einfaches Schaubild: „Vom Ereignis zur Nachricht".

2 Arbeite Unterschiede zwischen der Arbeitsweise von Journalisten in herkömmlichen Medien und im Internet heraus (VT2, VT3, M3).

3 Arbeite mit dem Säulendiagramm M2:
a) Nenne die Medien mit dem größten und geringsten Einfluss auf die Meinungsbildung.
b) Beschreibe, ob und wie sich der Einfluss einzelner Medien auf die Meinungsbildung seit dem Jahr 2009 verändert hat.

4 Erläutere die gesellschaftliche Verantwortung der Medien anhand der Überschrift „Information und Meinungsbildung" (VT3).

5 Interpretiere die Karikatur M1.

6 Diskutiert, ob Internetjournalismus (M3) den herkömmlichen Journalismus ersetzen kann.

7 „Eine Woche ohne Medien" (Vorspann): Begründe, welche Auswirkungen das auf Information und Meinungsbildung hätte.

3 Pressefreiheit – ein hohes Gut

Politiker und Bürger interviewen, Fotos machen, über Unrecht berichten – längst nicht in allen Ländern der Erde können Journalisten frei und ungehindert arbeiten. In Deutschland ist die Arbeit von Journalisten im Grundgesetz geregelt.

Zensur
Kontrolle der Medien, meist durch den Staat. Die Inhalte werden vor ihrer Veröffentlichung überprüft. Es können Änderungen verlangt oder der Inhalt ganz verboten werden.

Medien brauchen Pressefreiheit

Durch ihre Informations- und Kontrollfunktion (siehe S. 204 und S. 234) haben die Medien großen Wert für die Demokratie. Deshalb werden sie durch das Grundgesetz besonders geschützt. Journalisten sollen ungehindert an Informationen kommen und dürfen für ihre Berichterstattung nicht bestraft werden. Außerdem müssen sie von staatlicher Kontrolle unabhängig sein. Das gewährleisten die Grundrechte der Meinungs-, Informations-, und Pressefreiheit.

Medien und Wahrheit

Zwar ist die Berichterstattung der Medien durch die Presse- und Informationsfreiheit garantiert, doch Journalisten dürfen nicht den Blick für die Wahrheit verlieren. Sie sollen objektiv berichten und verschiedene Standpunkte ausgewogen darstellen. Daneben sollen sie klar zwischen Nachricht und Kommentar unterscheiden. Auch die Medien unterliegen einer Kontrolle: Der Deutsche Presserat hat im Jahr 1973 einen Pressekodex verabschiedet, indem Grundsätze journalistischer Arbeit festgelegt sind. Wenn Medienunternehmen z.B. Persönlichkeitsrechte verletzen oder Falsches berichten, kann der Presserat eine Rüge aussprechen. Mittlerweile gilt der Pressekodex auch für Online-Medien.

M1 Stifte als Symbol für die Pressefreiheit nach dem islamistischen Terroranschlag auf die Redaktion der französischen Satirezeitschrift „Charlie Hebdo" am 7. Januar 2015. Die Zeitschrift hatte u.a. islamkritische Karikaturen mit Bildern des Propheten Mohammad veröffentlicht; manche strenggläubigen Muslime lehnen eine bildliche Darstellung Mohammads ab.

M2 Das Grundgesetz garantiert die Meinungs-, Informations- und Pressefreiheit:

Artikel 5

(1) Jeder hat das Recht, seine Meinung in Wort, Schrift und Bild frei zu äußern und zu verbreiten und sich aus allgemein zugänglichen Quellen ungehindert zu unterrichten. Die Pressefreiheit und die Freiheit der Berichterstattung durch Rundfunk und Film werden gewährleistet. Eine Zensur findet nicht statt.

(2) Diese Rechte finden ihre Schranken in den Vorschriften der allgemeinen Gesetze, den gesetzlichen Bestimmungen zum Schutze der Jugend und in dem Recht der persönlichen Ehre.

M4 Aus dem Pressekodex des Deutschen Presserates in der Fassung vom 11. März 2015:

Ziffer 2 (…) Zur Veröffentlichung bestimmte Informationen in Wort, Bild und Grafik sind mit der nach den Umständen gebotenen Sorgfalt auf ihren Wahrheitsgehalt zu prüfen und wahrheitsgetreu wiederzugeben. Ihr Sinn darf durch Bearbeitung, Überschrift oder Bildbeschriftung weder entstellt noch verfälscht werden. Unbestätigte Meldungen, Gerüchte und Vermutungen sind als solche erkennbar zu machen.

Ziffer 4 Bei der Beschaffung von personenbezogenen Daten, Nachrichten, Informationsmaterial und Bildern dürfen keine unlauteren Methoden angewandt werden. (…)

M3 Folgen der Pressefreiheit. Karikatur von Til Mette

Ziffer 6 Journalisten und Verleger üben keine Tätigkeiten aus, die die Glaubwürdigkeit der Presse in Frage stellen könnten. (…)

Ziffer 7 (…) Verleger und Redakteure (…) achten auf eine klare Trennung zwischen redaktionellem Text und Veröffentlichungen zu werblichen Zwecken. (…)

Ziffer 10 Die Presse verzichtet darauf, religiöse, weltanschauliche oder sittliche Überzeugungen zu schmähen.

Ziffer 11 Die Presse verzichtet auf eine unangemessen sensationelle Darstellung von Gewalt, Brutalität und Leid.

Aufgaben

1 Schreibe den Grundgesetzartikel (M2) ab oder mache eine Kopie. Unterstreiche mit verschiedenen Farben: Textpassagen zur Meinungsfreiheit rot, zur Informationsfreiheit gelb, zur Pressefreiheit grün.

2 Im Grundgesetz heißt es: „Eine Zensur findet nicht statt." Erkläre, was damit gemeint ist (M1, Lexikon).

3 a) Analysiere anhand der Karikatur, welche Folgen Pressefreiheit haben kann.

b) Finde weitere Beispiele, in denen die Pressefreiheit mit dem Schutz von Persönlichkeitsrechten kollidiert.

4 Erläutere, inwiefern die Medien zur Sorgfalt verpflichtet sind (VT2, M4).

5 Nach dem Terroranschlag in Paris (M1) entwickelte sich eine Diskussion, „ob die Medien alles dürfen". Diskutiert in der Klasse.

6 Nimm Stellung: Kann es eine Demokratie ohne Presse- und Meinungsfreiheit geben?

4 | Auf dem Weg zur Mediendemokratie?

Schon immer haben die Medien nicht nur unterhalten und informiert, sondern die Menschen auch zum Nachdenken und Mitdenken angeregt. Und die Möglichkeiten, sich selbst über die Medien zu beteiligen, werden immer größer.

M 1 Digitale Demokratie?
Möglichkeiten politischer Beteiligung im Internet (Schaubild 2015)

- Online-Petitionen unterschreiben oder selbst initiieren
- E-Mail-Aktionen (z.B. an Politiker) unterstützen oder organisieren
- Beschwerden oder Vorschläge an Abgeordnete schicken
- an Umfragen und Abstimmungen teilnehmen
- Beiträge für Online-Debatten schreiben
- politische Kommentare schreiben (in Blogs, sozialen Netzwerken, Webseiten von Parteien/Zeitungen/Rundfunksendern)
- den Online-Wahlkampf einer Partei unterstützen
- an Smart-Mobs teilnehmen oder dazu aufrufen (Smart-Mob = übers Internet organisierter Menschenauflauf mit politischer/weltanschaulicher Botschaft)
- an Online-Demonstrationen mitwirken (Webseiten durch Massenmails blockieren)

→ **Leserbrief** S. 207

Meinungen äußern
Zeitungsleser können ihre Meinung zu Themen oder einzelnen Artikeln in Leserbriefen formulieren. Auch Radio und Fernsehen bieten den Zuhörern und Zuschauern in ausgewählten Sendungen die Möglichkeit, sich durch Anrufe oder in Internetforen an Diskussionen zu beteiligen. Ob aber ein Anrufer in die Sendung durchgestellt, ein Internetbeitrag vorgelesen oder ein Leserbrief in der Zeitung abgedruckt wird, entscheidet die Redaktion.

Partizipation
(Teilhabe) In der Politik ist damit die Beteiligung und Mitwirkung der Bürgerinnen und Bürgern an politischen Entscheidungen gemeint.

Partizipation im Internet
Das Internet bietet weitergehende Möglichkeiten und hat sich im Lauf der Zeit an die Bedürfnisse der Nutzer angepasst. Konnte man zunächst nur Informationen abrufen, so hat es sich mittlerweile zu einem „Mitmachnetz" entwickelt. Jeder Nutzer kann Wort-, Bild- oder Videobeiträge erstellen, kommentieren oder miteinander verlinken. Eine vorherige Prüfung oder Auswahl findet meist nicht statt.

Foren und soziale Netzwerke ermöglichen es, sich mitzuteilen und auszutauschen. Die eigene Meinung kundtun, zu Diskussionen aufrufen, sich zu Protestaktionen verabreden, ist schneller und einfacher geworden.

Mehr Demokratie?
Ämter, Vereine und Parteien haben sich auf die zunehmende Vernetzung eingestellt und Möglichkeiten der Mitwirkung geschaffen:
- Manche Gemeinden stellen Finanz- oder Bauplanungen online. Die Bürger können Stellung nehmen und Vorschläge machen.
- Diskussionsveranstaltungen werden live ins Internet übertragen mit der Möglichkeit, sich mit eigenen Beiträgen unmittelbar an der Diskussion zu beteiligen.
- Politiker und Parteien kommunizieren direkter und intensiver mit den Bürgerinnen und Bürgern und bieten ihnen die Gelegenheit, eigene Anliegen einzubringen oder strittige Themen zu diskutieren.
- Im Wahlkampf versuchen Politiker und Parteien auch über das Internet, Wählerinnen und Wähler zu gewinnen.

Ob eine stärkere Beteiligung der Menschen über die Medien auch zu mehr Demokratie führt, ist umstritten.

Machen Medien Meinungen?

M 2 direktzurkanzlerin.de. Über diese unabhängige Internetplattform können sich Bürgerinnen und Bürger mit ihren Anliegen und Fragen direkt an die Bundeskanzlerin wenden. Die Nutzer entscheiden jede Woche darüber, welche drei Beiträge an die Bundeskanzlerin geschickt werden. Die Fragen werden vom Bundespresseamt beantwortet. (Screenshot, 20. Mai 2015)

M 3 Das Internetportal „abgeordnetenwatch.de" gibt es seit dem Jahr 2006. Die Ziele und Arbeitsweise werden auf der Homepage beschrieben, 2015:

abgeordnetenwatch.de ist der direkte Draht von Bürgerinnen und Bürgern zu den Abgeordneten und Kandidierenden. „Bürger fragen – Politiker antworten" ist der Kern
5 des Portals. Der öffentliche Dialog schafft Transparenz und sorgt für eine Verbindlichkeit in den Aussagen der Politiker. Denn alles ist auch Jahre später noch nachlesbar. Daneben werden auf abgeordnetenwatch.de das Ab-
10 stimmungsverhalten der Abgeordneten und ihre Nebentätigkeiten veröffentlicht.

M 4 Wie das Internet die Arbeit von Politikern verändert hat, beschreibt Peter Altmaier (CDU), 2011:

Schon jetzt hat das Internet auch die Arbeitsbedingungen der Politik erheblich verändert. Die Verfügbarkeit fast aller relevanten Informationen (…) macht politische Debatten
5 anspruchsvoller, weil der Gegner falsche Zahlen oder Zitate umgehend widerlegen und entkräften kann. (…) Innerhalb von Minuten und Stunden verbreiten sich Tatsachen und Gerüchte, werden Meinungen gebildet und
10 verworfen. (…) Die Rückkopplung zwischen Wählern und Gewählten erfolgt in Echtzeit.

→ Politik braucht Medien
S. 204/205

Aufgaben

1 Liste Möglichkeiten auf, sich über die Medien an der Meinungsbildung zu beteiligen (VT1, VT2, M1).

2 Fasse zusammen, wie Ämter, Vereine, Parteien und Politiker auf den Wunsch nach stärkerer Beteiligung reagieren (VT3, M2).

3 Erläutere, wie die neuen Medien die Arbeit von Politikern verändern (M4).

4 Bewerte das Konzept von „abgeordnetenwatch.de" (M3)
a) aus Sicht der Bürgerinnen und Bürger,
b) aus Sicht der Abgeordneten.

5 Diskutiert: Führen die neuen Medien zu mehr Demokratie?

5 Risiken in den Medien

Die Medien sollen als vierte Gewalt informieren, erklären und die Mächtigen kontrollieren. Doch werden alle Medien dieser Aufgabe gerecht?

investigativ
von lat. investigare = aufspüren. Investigativer Journalismus deckt Skandale in Politik oder Wirtschaft auf. Im Gegensatz zu schnellen Meldungen steht eine langfristige, gründliche und umfassende Recherche im Vordergrund.

Gemeinnützigkeit
Gemeinnützige Organisationen sollen selbstlos, zum Wohl der Allgemeinheit arbeiten. Dazu sind sie teilweise von Steuern befreit. Viele Organisationen in Forschung, Bildung, Erziehung, Kunst und Kultur oder Sport sind als gemeinnützig anerkannt.

Medien in der Verantwortung
Kritische Journalisten stellen den Sensations-Journalismus in Frage, der bei der Berichterstattung über Skandale und Katastrophen kaum Grenzen kennt. Sie kritisieren auch, dass sich einzelne Medien für „Homestorys" (Beitrag über das Privatleben einer prominenten Person), Interessen von Politikern oder Werbung der Wirtschaft benutzen lassen. Die eigene Recherche würde stattdessen vernachlässigt.

Private Medien, die ihre Produkte verkaufen müssen, nehmen eine Vermischung von Werbung und Berichterstattung oder die Verletzung von Persönlichkeitsrechten am ehesten in Kauf.

Masse statt Klasse?
Gerade die neuen Medien sind nicht frei von solchen Risiken. In letzter Zeit hat sich das Nachrichtenwesen enorm beschleunigt. In „Echtzeit" werden neueste Ereignisse gemeldet, eine gründliche Recherche oder Überprüfung der Nachricht ist da unmöglich. Online-Anbieter nutzen Nachrichten oft nur, um Aufmerksamkeit zu erregen. Die Nutzer sollen auf der Homepage bleiben, denn mit der dort platzierten Werbung verdienen viele Online-Anbieter ihr Geld. Zudem schafft die Offenheit des Internets eine Flut an Informationen: Wichtiges neben Unwichtigem, sorgfältig recherchierte Beiträge, spontane Meinungsäußerungen, Werbung. Zunehmend werden Online-Inhalte individuell auf die Nutzer abgestimmt: Aus den Spuren, die wir im Internet hinterlassen, erstellen Werbeagenturen und Datenhändler Benutzerprofile und verkaufen sie an Unternehmen. So wird uns nicht nur individuelle Werbung angezeigt, sondern auch „vorsortierte" Nachrichten.

Nutzer in der Verantwortung
Auch die Nutzer können durch ihre Erwartungen und ihr Verhalten die Berichterstattung in den Medien beeinflussen:
– Müssen wir über alles zu jedem Zeitpunkt informiert sein?
– Wie ordnen wir Meldungen und Nachrichten ein: Was ist wirklich wichtig? Handelt es sich wirklich um einen „Skandal"?
– Wo und wie informieren wir uns – verlassen wir uns auf eine Quelle oder vergleichen wir verschiedene Medien?
– Sind wir bereit, für gründlich recherchierte Berichterstattung Geld zu bezahlen?
– Wie gehen wir mit eigenen Daten im Internet um? Was geben wir über unseren Alltag, die Schule/Arbeit, Hobbies und Gefühle, über Schulkameraden, Freunde, Verwandte im Internet preis? Wollen wir, dass fremde Menschen das alles speichern, kopieren und weiterverbreiten, jetzt oder später?

M1 Sensations-Journalismus. Karikatur von Thomas Balzen

M 3 Private Daten im Internet.
Karikatur von Kostas Koufogiorgos

M 2 Gemeinnütziger Journalismus? Das fordert die Journalistenvereinigung „Netzwerk Recherche", 2014:

In den USA sind in den vergangenen Jahren dutzende Recherchebüros gegründet worden. (…) Sie arbeiten an spannenden, oft investigativen Themen, publizieren im
5 Netz und werden vor allem durch Spenden finanziert. Denn die Nonprofit-Büros haben einen großen Vorteil: In den Vereinigten Staaten wird journalistische Recherche von den Finanzbehörden als gemeinnützig aner-
10 kannt. (…) Ihre Unabhängigkeit ermöglicht Nonprofit-Redaktionen, Themen anzupacken, die sonst im Mainstream untergehen würden. Für gemeinnützig arbeitende Journalisten reicht es nicht, Agenturmeldungen umzu-
15 schreiben und Klickmonster zu produzieren. Ihre Geschichten müssen so gut sein, dass die Leser dafür gerne Geld geben. Gemeinnützigkeit kann den Journalismus verändern. Warum sind in Deutschland der Verbraucherschutz
20 oder die Sportförderung gemeinnützig – guter Recherche-Journalismus aber nicht?

M 4 Cyber Mobbing.

In der JIM-Studie (2014) wird der Umgang von Jugendlichen mit Medien untersucht. Auf die Frage „Gibt es jemanden in deinem Bekanntenkreis, der schon mal im Internet oder übers
5 Handy fertiggemacht wurde?", antworteten so viele Mädchen und Jungen mit „Ja":

	Mädchen (12–19 Jahre)	Jungen (12–19 Jahre)
2013	37 Prozent	27 Prozent
2014	44 Prozent	31 Prozent

Aufgaben

1 Beschreibe die Gefahren, in denen die Medien stehen. Gehe in deiner Antwort auf folgende Themen ein: Sensations-Journalismus, Beschleunigung, Werbung, Persönlichkeitsrechte, Informationsflut (Vorspann, VT1, VT2).

2 Erläutere die Verantwortung der Medien (VT1, VT2, M1).

3 Erläutere die Verantwortung der Nutzer (VT3, M3).

4 Überlege, was ein fremder Nutzer anhand der Spuren, die du im Internet hinterlässt, über dich herausfinden kann: besuchte Internetseiten, gegoogelte Begriffe, hochgeladene Bilder/Filme, Einträge in sozialen Netzwerken, eingegebene persönliche Daten, …

5 a) Erkläre, welche Folgen ein allzu sorgloser Umgang mit den neuen Medien haben kann (M4).
b) Diskutiert Möglichkeiten, Cyber Mobbing zu verhindern.

6 Begründe, was es für die Meinungsbildung bedeutet, wenn Online-Nachrichten individuell auf die Nutzer abgestimmt und ausgewählt werden (VT2).

7 Soll der Journalismus als gemeinnützig anerkannt werden? Diskutiert den Vorschlag des Netzwerkes Recherche (M2, Lexikon), z. B. in einer Strukturierten Kontroverse (s. S. 277).

nah dran

extra 6 | Die Macht der Bilder

Ob in Zeitschriften, Fernsehen oder Internet – Bilder sind in den Medien unverzichtbar. Ihrer Wirkung kann man sich nur schwer entziehen. Doch zeigen sie wirklich die ganze Wahrheit?

M1 Iranischer Raketentest. Dieses Foto wurde vom iranischen Regime veröffentlicht. 2008

→ Methode:
Fotos analysieren
S. 150/151

Bilder in den Medien

Bilder können in den Medien zu unterschiedlichen Zwecken eingesetzt werden: Mal sollen sie Interesse am Thema wecken, mal Mitleid erregen oder für einen „Aufreger" sorgen. Dann wieder dienen sie der Illustration eines Themas oder sollen einen Sachverhalt erklären. Die Wirkung von Bildern ist groß: Welche Bilder in welchem Zusammenhang gezeigt werden, kann die öffentliche Meinung zu einem Thema entscheidend beeinflussen. Das wissen nicht nur die Medienmacher, sondern auch Politiker und Machthaber. Und so ist auch die Geschichte der Bildmanipulation schon alt. Im digitalen Zeitalter ist die künstliche Veränderung von Bildern heute leichter als je zuvor. Es gibt verschiedene Methoden:

Fotomontage

Bei einer Fotomontage werden mehrere verschiedene Fotografien oder mehrere Teile desselben Bildes neu zusammengestellt, ähnlich einer Collage, um die Aussageabsicht zu verändern. Diese Technik dient sehr oft satirischen Zwecken. Aber auch Regierungen verwenden diese Methode, um Bilder zu propagandistischen Zwecken zu verfremden.

Machen Medien Meinungen?

M2 Iranischer Raketentest. Originalaufnahme, 2008

Retusche

Unter Retusche (von frz. retouche = Nachbesserung) versteht man die Nachbearbeitung eines Fotos oder einer Computergrafik. Retusche hat speziell bei Fotos einen manipulativen Charakter, da mit ihr die Aussage eines Bildes verfälscht wird. Die in der Werbefotografie übliche „Beautyretusche", mit der körperliche Mängel beseitigt werden, wird auch bei Politikerfotografien eingesetzt.

Wahl des Bildausschnitts

Eine weitere beliebte Methode, um die Aussage eines Bildes zu verfälschen, ohne dabei das Originalbild zu verändern, ist die Wahl eines bestimmten Bildausschnitts. Ein Foto lässt sich in verschiedene Bereiche aufteilen. Je nachdem, welcher Bildausschnitt gezeigt wird, kann die Aussage eines Bildes variieren.

Aufgaben

1 Nenne die Ziele, die mit der Manipulation von Bildern verfolgt werden.

2 Erläutere die häufigsten Arten der Bildmanipulation.

3 Erkläre die Methode und das Ziel der Bildfälschung in M1 und M2.

4 Nimm Stellung zur Bedeutung von Bildern in den Medien (Vorspann, VT1).

5 Informiere dich mithilfe des Online-Links über verschiedene Bildfälschungen. Suche dir ein Motiv aus und stelle Original und Fälschung mit dem dazugehörigen Hintergrund in der Klasse vor.

Surftipp
Bildmanipulation
454053-0243

7 | Machen Medien Meinungen?

1 Diese Begriffe kann ich erklären!

a) Printmedien/Presse (S. 232)

b) Rundfunk (S. 232)

c) Digitale/Neue Medien (S. 232)

d) Meinungsbildung (S. 234)

e) Pressefreiheit (S. 236)

f) Zensur (S. 236)

g) Partizipation (S. 238)

h) investigativ (S. 240)

i) Gemeinnützigkeit (S. 240)

j) Manipulation (S. 242)

2 Zu diesen Fragen habe ich eine Meinung und kann sie begründen!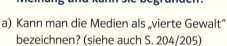

a) Kann man die Medien als „vierte Gewalt" bezeichnen? (siehe auch S. 204/205)

b) Hat eine Mediendemokratie mehr Vorteile oder mehr Nachteile?

c) Sind Datenschutz und Persönlichkeitsrechte in den Medien nicht verzichtbar?

d) Machen Medien Meinungen?

3 Diese Fragen kann ich beantworten!

a) In welche Gruppen lassen sich die Medien einteilen?

b) Welche Medien nutzt du selbst am meisten?

c) Was ist der Unterschied zwischen einer Meldung und einer Nachricht?

d) Inwiefern tragen Medien zur öffentlichen Meinungsbildung bei?

e) Was ist der Unterschied zwischen Meinungs-, Informations- und Pressefreiheit?

f) Was ist mit der „Sorgfaltspflicht der Medien" gemeint?

g) Welche Möglichkeiten zur eigenen Beteiligung/Mitwirkung bieten die Medien?

h) Medien sollen informieren, erklären und kontrollieren. Was ist jeweils damit gemeint?

i) Was versteht man unter „Sensationsjournalismus"?

j) Wie wirkt sich die Beschleunigung im Nachrichtenwesen auf die Berichterstattung aus?

k) Wie können die Nutzer durch ihr eigenes Verhalten Risiken in den Medien verringern?

l) Welche Rolle spielen Bilder für die Wahrnehmung eines Themas?

m) Wie können Bilder manipuliert werden?

Machen Medien Meinungen?

M1 Schlagzeilen aus Zeitungen und Rundfunk

Flüchtlinge in Polizeizelle gequält?
NDR (Online), 17. Mai 2015

Polizeiskandal in Hannover
„Hab den weggeschlagen. Nen Afghanen"
Stern (Online), 18. Mai 2015

Wache am Hauptbahnhof
Weitere Vorwürfe gegen Polizisten
Hannoversche Allgemeine Zeitung (Online), 19. Mai 2015

Polizeigewalt gegen Flüchtlinge
Prahlereien per WhatsApp hatten Methode
Zeit Online, 19. Mai 2015

Flüchtlinge auf Bahnhofswache in Hannover gequält
Wie viele Polizisten sind in Folter-Skandal verwickelt?
Bild-Zeitung (Online), 19. Mai 2015

M2 Das Internetradio „detektor.fm" bietet Hörbeiträge und Interviews unter der Überschrift „Bundespolizei Hannover: Vorwürfe entfachen Debatte um Polizeigewalt. Verfehlungen von Polizeibeamten: Warum es eine andere Kontrolle braucht". 20. Mai 2015

Aufgaben

1 Analysiert die Berichterstattung in verschiedenen Medien anhand der Materialien oben oder eines aktuellen Nachrichtenthemas.

2 Bildet Partnergruppen. Jede Gruppe wählt ein Medium aus. Tipp: Bezieht möglichst viele Medien ein (Zeitungen und Zeitschriften, Fernseh- und Radiosender, Internetportale).

3 Jede Gruppe verfolgt die Berichterstattung zum festgelegten Thema in „ihrem" Medium. Wichtig ist, dass alle Gruppen die Aufgabe am selben Tag erledigen.

4 Präsentiert eure Beobachtungen in der Klasse.

5 a) Vergleicht, wie die unterschiedlichen Medien über das Thema berichtet haben.
b) Erläutert, worin die Unterschiede in der Berichterstattung bestehen.

6 Begründet eure Erfahrungen: Welche Gruppen haben sich gut informiert gefühlt, welche weniger?

7 Diskutiert über die Bedeutung von Medienvielfalt.

Portfolio und Üben
454053-0245

11

Leben, um zu arbeiten? Arbeiten, um zu leben?

Ein Sechser im Lotto, ein reiches Erbe – wer hat nicht schon einmal davon geträumt? Dann könnte man ewig faul unter Palmen am Strand liegen und andere für sich arbeiten lassen. Doch ist Arbeit nicht auch Erfüllung? Ist ein Leben ohne Arbeit überhaupt vorstellbar? Arbeit sichert die Existenz und schafft neue Güter und Bedürfnisse. Arbeit bringt aber auch Talente in uns hervor und macht uns stolz auf erbrachte Leistungen. Der Traum vom Nichtstun ist verlockend, die Vorstellung von einem „Traumberuf" vielleicht besser. Denn Arbeit bindet uns in die Gesellschaft ein und bestimmt mit über unsere soziale Stellung. Neue Formen der Arbeit verändern sogar die Gesellschaft.

M1 Wie wollen wir leben? Und welche Rolle spielt die Arbeit dabei?

„Den wirklichen Wert eines Menschen misst man an der Arbeit, der er nachgeht."
Marc Aurel (121–180), römischer Kaiser und Philosoph

Definiert sich der Mensch über die Arbeit?

Material im Internet
454053-1100

„Jeder hat das Recht auf Arbeit, auf freie Berufswahl, auf gerechte und befriedigende Arbeitsbedingungen sowie auf Schutz vor Arbeitslosigkeit."
Allgemeine Erklärung der Menschenrechte, Artikel 23 (1)

Welchen Beruf würdest du gerne erlernen?

„Nicht, was er mit seiner Arbeit erwirbt, ist der eigentliche Lohn des Menschen, sondern was er durch sie wird."
John Ruskin (1819–1900), englischer Sozialreformer

Ist Arbeit nur eine Last oder braucht der Mensch die Arbeit?

1 Warum arbeiten Menschen?

Hast du dir schon mal ein paar Euro dazuverdient? Sicher musstest du dich anstrengen, konntest dir dann aber von dem Geld vielleicht einen Wunsch erfüllen. Wie ist das bei den Erwachsenen? Ist Arbeit eine Last – oder der Schlüssel zum Glück?

→ Partizipation
S. 238

Alle Menschen haben Bedürfnisse

Bedürfnisse entstehen, wenn wir etwas vermissen, das wir zum Leben brauchen. Dann spüren wir einen Mangel. Manche Bedürfnisse können durch Konsum befriedigt werden, z. B. Hunger oder Durst. Es gibt aber auch Bedürfnisse, die nicht mit Geld erfüllt werden können, z. B. Freundschaft, Liebe und Anerkennung.

Von Mensch zu Mensch können die Bedürfnisse sehr verschieden sein. Was Menschen brauchen, ändert sich mit dem Alter, aber auch mit der Entwicklung unserer Gesellschaft. Fährt man in andere Regionen der Erde, so stellt man fest, dass auch Menschen in unterschiedlichen Kulturen verschiedene Bedürfnisse haben.

Grundbedürfnisse

Bestimmte körperliche Bedürfnisse sind so wichtig, dass alle Menschen ein Recht darauf haben, sie zu befriedigen. Denn um überleben zu können, brauchen wir Nahrung, Wasser, die Luft zum Atmen sowie Schlaf. Das sind die Grundbedürfnisse.

Alle Menschen haben Wünsche

Auch Wünsche haben die meisten Menschen. Wenn ein Wunsch in Erfüllung geht, ist das toll. Aber im Unterschied zu den Bedürfnissen ist die Erfüllung von Wünschen nicht unbedingt notwendig. Häufig werden Wünsche durch Trends oder Werbung beeinflusst. Ein gutes Beispiel dafür ist Markenkleidung oder die Musik der „coolsten" Band.

Arbeit – eine Last und eine Chance

Um sich Wünsche und Bedürfnisse erfüllen zu können, braucht man Geld. Doch das kommt nicht einfach so aus dem Geldautomaten. Die Menschen müssen es sich verdienen – und gehen darum zur Arbeit. Oft empfinden die Menschen Arbeit als eine Last, die mit Stress und Ärger verbunden ist.

Doch welchen positiven Wert Arbeit haben kann, merken viele Menschen erst, wenn sie arbeitslos werden. Wer Arbeit hat, kann nämlich nicht nur seine Wünsche und Bedürfnisse erfüllen. Arbeit stärkt das Selbstwertgefühl – und bestimmt auch wesentlich mit, wer anerkannt ist und wer nicht. Wer mit der Arbeit zufrieden ist und auch mit seinem Lohn, wer sich selbstverwirklichen kann, der wird vielleicht auch der Gesellschaft etwas zurückgeben: als ehrenamtlicher Helfer, im Verein, in der Nachbarschaft. Kurz: Arbeit ist eine wichtige Voraussetzung zur Partizipation in der Gesellschaft.

M1 **Die Bedürfnispyramide** nach der Theorie des US-amerikanischen Psychologen Abraham Maslow

Leben, um zu arbeiten?
Arbeiten, um zu leben?

M2 „Ich arbeite, weil ich zusammen mit den Kollegen viel erreichen kann."

M3 „Wir arbeiten, damit wir ein eigenes Haus für die ganze Familie finanzieren können."

M4 „Ich arbeite, um mir mein Lieblingshobby leisten zu können."

M5 „Ich arbeite, damit ich meinen Lebensunterhalt bestreiten kann."

Aufgaben

1 Gib wieder, was Grundbedürfnisse sind (VT2*).

2 Erkläre den Unterschied zwischen Wünschen und Bedürfnissen (VT1, VT3).

3 Ordne M2–M5 in die Bedürfnispyramide M1 ein.

4 Erkläre die Frage in der Überschrift: Warum arbeiten Menschen? (VT4, M2–M5).

5 Arbeit – eine Last oder eine Chance? Nimm Stellung.

* VT2 bedeutet: Die Aufgabe bezieht sich auf den zweiten Abschnitt des Verfassertextes (VT). Die Abschnitte ergeben sich durch die blauen Zwischenüberschriften.

2 | In einem Beruf für Geld arbeiten

Wer Geld haben möchte, muss arbeiten gehen. Das klingt einfach. Doch ganz so einfach es ist nicht.

Arbeit
Durch Arbeit werden z. B. Güter hergestellt oder Dienstleistungen erbracht. Es handelt sich um eine körperliche oder geistige Tätigkeit. Man unterscheidet zwischen der Arbeit der Berufstätigen (gegen Lohn), der Arbeit in Haushalt und Familie sowie ehrenamtlicher Arbeit.

→ **Diagramme auswerten**
S. 82/83

Erwerbstätig sein

In Deutschland leben ca. 82 Millionen Menschen. Nur etwa die Hälfte geht einer bezahlten Tätigkeit nach. Kinder dürfen nicht arbeiten, weil sie zur Schule gehen sollen. Auch alte Menschen arbeiten nicht mehr – sie sind im Ruhestand. Diese Menschen machen die andere Hälfte der Bevölkerung aus. Daneben gibt es Menschen, die keiner der beiden Gruppen angehören und trotzdem nicht arbeiten gehen. Ihre Zahl steigt dann besonders an, wenn die Arbeit nicht für alle reicht.

Des Weiteren ist Arbeit nicht gleich Arbeit. Stattdessen gibt es viele verschiedene Formen der Erwerbsarbeit.

Angestellte, Arbeiter und Beamte

Klassische Arbeitnehmer sind unbefristet beschäftigt und erhalten einen festgelegten monatlichen Lohn.
Die klassischen Arbeitsverhältnisse werden jedoch seltener: Viele Menschen haben einen befristeten Arbeitsvertrag. Ihre Beschäftigung im Unternehmen endet nach einer bestimmten Zeit. Andere sind geringfügig beschäftigt. Sie verdienen nicht mehr als 400 Euro im Monat. Wieder andere sind Leiharbeiter. Sie werden von ihrem Arbeitgeber an ein anderes Unternehmen weitervermittelt. Den Lohn erhalten sie von ihrem Arbeitgeber, aber häufig fällt dieser geringer aus als bei der Stammbelegschaft des Unternehmens.

Dagegen haben Beamte einen sicheren Job. Ihr Arbeitgeber ist der Staat. Sie dienen dem Staat und sind zu Treue verpflichtet.

Selbstständige

Eine weitere Gruppe bilden die Selbstständigen. Sie sind ihr eigener Chef und führen ein Unternehmen allein oder mit einem Partner. Für ihre Selbstständigkeit tragen sie aber auch das alleinige Risiko.

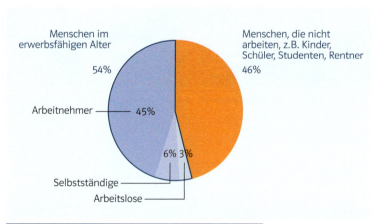

M1 Beteiligung an der Erwerbsarbeit in Deutschland (Stand: 2012)

M2 In der Werkstatt

1. **Jens W., 34 Jahre,** hat sich einen Traum erfüllt: Nach seiner Ausbildung zum Koch eröffnete er sein eigenes Restaurant. Heute bestimmt er, was auf der Speisekarte steht. Für ihn arbeiten drei Kellnerinnen im Gastraum.

2. **Walter M., 59 Jahre,** ist bei einer Kfz-Werkstatt in Osnabrück beschäftigt. Er arbeitet 38 Stunden pro Woche. Ein Teil des Geldes, das er verdient, wird als Steuer einbehalten. Von seinem Lohn werden auch verschiedene Versicherungen bezahlt – für den Fall, dass er z. B. krank oder arbeitslos wird.

3. **Katharina R., 32 Jahre,** arbeitet seit zwölf Jahren im Städtischen Klinikum Lüneburg als Krankenschwester. Seit der Geburt ihrer Kinder wollte sie mehr Zeit für die Familie haben. Jetzt arbeitet sie nur noch 20 Stunden pro Woche und verzichtet dafür auf einen vollen Lohn.

4. **Robert M., 43 Jahre,** war lange Zeit arbeitslos. Vor kurzem hat er bei einer Zeitarbeitsfirma angefangen. Es ist kein Traumjob für ihn, denn er arbeitet immer dann, wenn in einem Betrieb zusätzliche Arbeitskräfte kurzfristig benötigt werden. Dadurch wechselt er die Betriebe häufig. Gleichzeitig versucht er, einen guten Eindruck zu hinterlassen, um bald wieder eine Festanstellung zu bekommen.

5. **Christina S., 36 Jahre,** ist Lehrerin in Braunschweig. Ihr Arbeitgeber ist das Land Niedersachsen. Dadurch hat sie einen sicheren Arbeitsplatz. Sie zahlt Steuern, muss sich aber selbst versichern. Ihrem Dienstherrn gegenüber ist sie zu Treue verpflichtet – sie darf z. B. nicht streiken.

M3 Formen der Erwerbsarbeit – Beispiele

M4 In der Küche

M5 Im Krankenhaus

Aufgaben

1 Gib wieder, was es heißt, erwerbstätig zu sein (VT1).

2 Erwerbsarbeit in Deutschland:
a) Beschreibe M1.
b) Analysiere das Diagramm mithilfe von VT1. Wende die Arbeitsschritte von Seite 82/83 an.

3 Finde heraus, welche Personen aus M3 in M2, M4 und M5 abgebildet sind.

4 Lege eine Tabelle an. Ordne den Beispielen aus M3 folgende Formen der Erwerbsarbeit zu: selbstständig, verbeamtet, angestellt, Arbeit in Teilzeit, Leiharbeit.

5 Erläutere die Unterschiede der verschiedenen Erwerbsformen (M3, VT2, VT3).

6 Klassische Arbeitsverhältnisse werden seltener. Beurteile diese Aussage (VT2, M3).

Surftipps
Berufe
454053-0251

Methode

3 Einen Tages- oder Wochenbericht erstellen

Politik findet täglich statt
Jeden Tag gibt es spannende Themen und aktuelle Ereignisse. Darüber informieren uns die Medien, z. B. Internet, Fernsehen, Radio und Tageszeitungen. Diese Medien helfen uns dabei, dass wir die Themen der Politik verstehen und uns eine eigene Meinung bilden können. Denn nur so können wir mit anderen darüber diskutieren, was uns alle angeht.

Über Politik berichten
Um über einen Sachverhalt berichten und diskutieren zu können, muss man die wichtigen bzw. die unwichtigen Informationen voneinander unterscheiden können. Die Informationen müssen sinnvoll zusammengefasst und strukturiert werden. Dafür eignet es sich, einen Tages- oder Wochenbericht zu erstellen.

M1 Informationen aus dem Internet auswerten am Beispiel „Die beliebtesten Lehrberufe"

Prozess/Auseinandersetzung
Wer ist beteiligt?

Welche Interessen verfolgen die Akteure?

Handlungsrahmen/Institutionen
Welche Institutionen/Behörden/Ämter/Organisationen sind beteiligt?

Welche Gesetze oder rechtliche Vorgaben werden berührt?*

(*hier: Grundgesetz Artikel 12: Recht auf freie Berufswahl)

Problem/Aufgabe
Worum geht es?

Welche Ursachen lassen sich erkennen?

abgeschlossene Ausbildungsverträge 2011	
junge Frauen	
Kauffrau im Einzelhandel	18 588
Verkäuferin	16 644
Bürokauffrau	14 988
Medizinische Fachangestellte	14 334
Industriekauffrau	12 090
Insgesamt	**229 488**
junge Männer	
Kraftfahrzeugmechatroniker	19 662
Kaufmann im Einzelhandel	14 604
Industriemechaniker	13 425
Elektroniker	11 181
Verkäufer	10 899
Insgesamt	**336 333**

M2 Statistik zur Unterstützung des Vortrags. Beispiel „Die beliebtesten Lehrberufe" (Statistisches Bundesamt, Stand: 2012)

Arbeitsschritte: Einen Tages- oder Wochenbericht erstellen

Informationen sammeln

1 Informiere dich zu aktuellen Themen. Nutze dazu z. B. das Internet, Fernsehen, Radio und Tageszeitungen.

2 Wähle ein Thema aus, das dich interessiert. Verfolge es einen Tag oder eine Woche lang.

3 Führe eine ausführliche Recherche durch. Sammle nur Quellen, die sich möglichst genau auf dein Thema beziehen (der Bericht soll eine Länge von ca. fünf Minuten haben).

Informationen auswerten

4 Lies die Quellen und markiere wichtige Informationen. Dabei helfen die Fragen: Wer? Was? Wann? Wo? Warum? Wie? Wozu?

5 Beachte, dass du deine Entscheidung für das Thema im Vortrag begründen sollst. Überlege deshalb, welche Interessen du und andere an der ausgewählten Nachricht haben können.

6 Fasse die wichtigsten Informationen aus den unterschiedlichen Quellen zusammen und strukturiere sie sinnvoll für deinen Vortrag. Verwende dazu die Dimensionen Problem/Aufgabe, Prozess/Auseinandersetzung, Handlungsrahmen/Institutionen.

Informationen vortragen

7 Die Ergebnisse sollst du nun deiner Klasse präsentieren. Trage sie möglichst frei vor. Achte auf eine laute und deutliche Sprache sowie auf Nachvollziehbarkeit. Erläutere unbekannte Begriffe.

8 Nutze zur Unterstützung deines Vortrags z. B. Bilder, Grafiken oder Statistiken.

9 Nenne auch die Quellen, aus denen du die Informationen entnommen hast. Beachte, dass zu einem Thema immer aus unterschiedlichen Perspektiven berichtet wird. Es kann interessant sein, verschiedene Standpunkte zu präsentieren.

Aufgaben

1 Das Beispiel „Die beliebtesten Lehrberufe 2011":
a) Arbeite aus M1 und M2 die wichtigsten Informationen heraus.
b) Trage die Informationen deiner Klasse vor. Dafür hast du ca. fünf Minuten Zeit.

2 Recherchiere, welche Lehrberufe aktuell am beliebtesten sind. Erstelle dazu einen Tages- oder Wochenbericht. Orientiere dich an den Arbeitsschritten auf dieser Seite.

3 Finde ein aktuelles Thema, das dich interessiert. Erstelle einen Tages- oder Wochenbericht.

Arbeitsblatt
454053-0253

4 Sich für andere einsetzen

Arbeiten, um mit dem verdienten Geld unseren Lebensunterhalt zu sichern oder uns Wünsche zu erfüllen; das ist nur eine Seite von Arbeit. Viele Menschen leisten neben ihrem Beruf unbezahlte Arbeit – ganz freiwillig.

Ehrenamt
Eine Tätigkeit, die aus persönlichem Engagement oder wegen der Ehre ausgeübt wird. Ehreamtliche werden in der Regel nicht bezahlt.

Freiwillige im Einsatz

Wenn „Tatü-Tata" zu hören ist und blaue Lichter durch die Straßen blitzen, eilen meist Menschen anderen Menschen zu Hilfe. Oft sind es aber nicht nur berufliche Feuerwehrleute oder Polizisten, sondern auch freiwillige Helfer. Ehrenamtliche Retter nehmen persönliche Risiken in Kauf, um Menschen bei Unglücken zu bergen oder vor Bränden zu schützen. Andere Freiwillige helfen älteren Menschen im Alltag, z. B. beim Einkauf oder im Haushalt. Wieder andere organisieren sich in Vereinen, sozialen Diensten oder in der Kirche. Sie alle engagieren sich für etwas, das ihnen am Herzen liegt, wofür sie aber nur wenig oder gar kein Geld erhalten.

Sich einsetzen – warum?

Die Ergebnisse einer großen Umfrage* zeigen: Mehr als jeder Dritte in Deutschland übernimmt eine oder mehrere freiwillige Tätigkeiten. Das sind über 23 Millionen Menschen, die sich regelmäßig für andere einsetzen. Durchschnittlich beträgt der freiwillige Einsatz 16 Stunden im Monat, zusätzlich zum Beruf, der Familie oder anderen Verpflichtungen. Warum tun das so viele Menschen? – Zum einen können sie sich für eine gute Sache einsetzen und die Gemeinschaft mitgestalten, z. B. als Trainer im Fußballverein, als Naturschützer oder als Streitschlichter in der Schule. Daneben können Ehrenamtliche regelmäßig Gleichgesinnte treffen und so aktiv ihre Freizeit gestalten. Besonders junge Freiwillige nutzen ihr Ehrenamt auch, um berufliche Erfahrungen zu sammeln.

Engagement ist gefragt

Private Spendenaktionen, aktive Nachbarschaftshilfe und ehrenamtliche Einsätze im Altersheim oder für Tiere gewinnen immer mehr an Bedeutung. Auch Politiker ermutigen die Bürgerinnen und Bürger, sich für andere einzusetzen. Das ist nicht verwunderlich, denn freiwillige Tätigkeiten tragen dazu bei, dass die Gesellschaft funktioniert. Viele Kommunen haben wenig Geld und sind auf die ehrenamtlichen Helfer angewiesen.

* Freiwilligensurvey: Befragung von etwa 20 000 Bürgerinnen und Bürgern zum freiwilligen Engagement (2009)

M1 Notfallübung freiwilliger Retter

M2 Helfer im Tierheim

M3 Großer Einsatz für die freiwillige Feuerwehr. Nordsee-Zeitung vom 7. August 2008:

Zu einem schweren Verkehrsunfall musste die freiwillige Feuerwehr Hagen gestern Morgen ausrücken. Auf der L 134 war ein Beverstedter mit seinem Kleintransporter
5 zwischen Bramstedt und Bokel gegen einen Baum geprallt. Der eingeklemmte, schwer verletzte Fahrer wurde von der Wehr befreit und ins Krankenhaus gebracht. (…) Die Feuerwehr Hagen rückte mit vier Fahrzeugen und
10 25 Einsatzkräften zum Unfallort aus. Außerdem waren ein Notarzt und ein Rettungswagen an der Einsatzstelle, um dem Verletzten zu helfen. Mit Rettungsschere und anderen Geräten befreiten die Feuerwehr-
15 leute den eingeklemmten 38-Jährigen aus dem Wagen. Dies dauerte 45 Minuten.

M4 Ehrenamt bei der Aktion Kinderparadies. Hamburger Abendblatt vom 1. September 2012:

„Spielen ist eine Tätigkeit, die man gar nicht ernst genug nehmen kann." Dieses Motto (…) haben sich die Ehrenamtlichen des Vereins Aktion Kinderparadies auf die Fahnen
5 geschrieben. Seit 1952 bieten sie Hamburger Kindern die Möglichkeit, bei Wind und Wetter draußen zu spielen (…). Die Idee zur Spielplatzbetreuung (…) hat sich zu einem erfolgreichen Konzept entwickelt: Täglich wird das
10 Angebot von 300 bis 350 Kindern genutzt. (…) „Wir sind eine Bereicherung für alle Eltern, die ihre Kinder in den ersten Lebensjahren selber betreuen möchten und eine Ergänzung zu ihrer Erziehung suchen", sagt (die) Kinder-
15 paradies-Geschäftsführerin (…).

M5 Was wäre die Stadt ohne freiwillige Helfer?

M6 Bereiche des ehrenamtlichen Engagements
(Freiwillige in Prozent der Bevölkerung, Stand: 2009)

Aufgaben

1 Beschreibe die ehrenamtliche Arbeit anhand von Beispielen (VT1, VT2, M1, M2).

2 Fasse zusammen, wie viele Freiwillige es in Deutschland gibt und in welchen Bereichen sie tätig sind (VT2, M6).

3 Erläutere, warum sich Freiwillige für andere einsetzen (VT2).

4 In welchem Bereich würdest du dich engagieren wollen? Begründe.

5 a) Ordne M3 und M4 den Bereichen in M6 zu.
b) Recherchiere nach weiteren Berichten über den Einsatz von Freiwilligen.

6 Interpretiere M5 mithilfe von VT3. Beziehe Beispiele mit ein.

Surftipps
freiwilliges Engagement
454053-0255

extra 5 | Das Prinzip Solidarität

Ein Unfall, eine schwere Krankheit, Arbeitslosigkeit – solche Notlagen können jeden treffen. Nicht immer kann der Einzelne die Folgen allein bewältigen. Dann sind wir auf Hilfe und Unterstützung der Gemeinschaft angewiesen.

sozial
von lat. socius = gemeinsam, verbunden. Sozial meint, auf eine Gruppe gerichtet zu sein.

→ Soziale Frage
S. 86

→ Sozialversicherungen
S. 92/93

Die Sozialversicherungen

Noch bis ins 20. Jahrhundert mussten die Menschen viele Notlagen alleine bewältigen. In solchen Fällen bedeutete es für viele den wirtschaftlichen Ruin. Sie rutschten in die Armut ab. Erst die Arbeiterbewegung am Ende des 19. Jahrhunderts brachte die Wende in der Sozialen Frage: Neue Sozialversicherungen sollten die großen und typischen Lebensrisiken der Menschen abfedern.

1883 und 1884 wurden in Deutschland eine Krankenversicherung und die Unfallversicherung eingeführt. 1889 konnten sich die Menschen erstmals gegen Arbeitsunfähigkeit und die Folgen des Alters absichern. Menschen ab 70 Jahren bekamen nun die Möglichkeit, eine Rente zu beziehen. In den folgenden Jahren wurde das soziale System weiter ausgebaut. 1927 folgte z. B. die Arbeitslosenversicherung. Zuletzt wurde 1995 die Pflegeversicherung eingeführt. Dadurch werden pflegebedürftige Menschen heute dauerhaft unterstützt.

Deutschland – ein Sozialstaat

Die Absicherung der Lebensrisiken entspricht dem Grundgesetz, denn in Artikel 20 (1) heißt es: „Die Bundesrepublik Deutschland ist ein demokratischer und sozialer Bundesstaat." Demnach soll jedem Bürger durch gesetzliche Regelungen soziale Sicherheit garantiert werden. Ob arm oder reich, jung oder alt – der Sozialstaat soll jedem Menschen ein würdiges Leben ermöglichen. Die Maßnahmen beginnen schon vor der Geburt mit Untersuchungen in der Schwangerschaft und enden mit der Betreuung von Alten und Kranken.

Die Beiträge

Fast alle Menschen in Deutschland sind sozialversichert und dadurch vor wichtigen Lebensrisiken geschützt. Doch nicht alle zahlen in die Sozialversicherungen ein. Stattdessen gilt das Prinzip der Solidarität: Die Starken in der Gesellschaft tragen die Lasten der Schwachen mit. Den größten Beitrag zu den Sozialversicherungen leisten die Arbeitnehmer und Arbeitgeber. Weitere Leistungen werden vom Staat über Steuern finanziert.

M1 Beinbruch. In vielen Situationen sind Menschen auf Hilfe und Pflege angewiesen.

M2 Einer für alle, alle für einen – Das Prinzip Solidarität in der gesetzlichen Krankenversicherung. Bundeszentrale für politische Bildung vom 1. März 2012:

Die gesetzliche Krankenversicherung (GKV) ist eine Solidargemeinschaft, in der die Starken die Lasten der Schwachen mit übernehmen. Dieses Prinzip unterscheidet die gesetzliche Krankenversicherung grundlegend von privatwirtschaftlichen Versicherungen. (…) Man bezahlt nach seiner Leistungsfähigkeit, aber man erhält nach seiner Bedürftigkeit. (…) Was das Solidarprinzip in der GKV bedeutet, zeigt ein Vergleich (…).

Paul Schmidt ist verheiratet, hat aber keine Kinder. Seine Frau ist ebenfalls berufstätig und daher selbst Mitglied einer Krankenkasse. Von Paul Schmidts Einkommen von jährlich 36 400 Euro werden 15,5 Prozent, also 5642 Euro an seine Krankenkasse abgeführt (…). Paul Schmidt ist kerngesund. Im Jahr 2011 (…) hat er seiner Krankenkasse Kosten in Höhe von ca. 50 Euro verursacht.

Jürgen Müller hat bei vergleichbaren Einkommen im Jahr 2011 einen ähnlichen Kassenbeitrag (…) gezahlt. Jürgen Müller hat Familie: Seine Frau Susanne ist zurzeit nicht berufstätig, sondern betreut die beiden Kinder Harry und Sarah. Alle drei sind im Rahmen der Familienversicherung ohne zusätzliche Beitragszahlung mitversichert. Das bedeutet: Familie Müller zahlt nur einen Beitrag, aber es können vier Personen Leistungen in Anspruch nehmen. Eines der beiden Kinder der Familie Müller leidet seit Geburt unter einer chronischen Krankheit und musste bereits mehrfach operiert werden. Auch Susanne Müller war 2011 mehrfach krank. (…) In der Summe kamen 6000 Euro für die medizinische Versorgung der Familie Müller zusammen.

M3 Arbeitsunfälle passieren täglich.

Aufgaben

1 Gib wieder, warum Sozialversicherungen eingeführt wurden (VT1).

2 Nenne die fünf wichtigsten Lebensrisiken (Vorspann, VT1, M1). Mit welchen bist du schon einmal in Kontakt gekommen?

3 Begründe, inwiefern die Absicherung der Lebensrisiken dem Grundgesetz entspricht (VT2).

4 Erkläre mithilfe von VT3 und M2, was Solidarität bedeutet.

5 Gefahrenstelle Arbeitsplatz:
a) Analysiere M3.
b) Diskutiert anhand von Beispielen, was es für die Betroffenen bedeuten würde, wenn es keine Sozialversicherungen gäbe.

6 Begründe, warum hohe Arbeitslosigkeit und eine steigende Anzahl von Rentnern das Prinzip der Solidarität gefährden (VT3, Folgeseiten).

6 | Auf der Suche nach Arbeit

Arbeitslosigkeit kann jeden treffen. Doch wovon leben die Menschen ohne einen Arbeitsplatz? Sie sind auf Hilfe angewiesen und werden deshalb unterstützt – auch bei der Jobsuche.

M1 Jobvermittlung bei der Bundesagentur für Arbeit

Jobcenter
Jobcenter betreuen die Empfänger der Grundsicherung für Arbeitsuchende (ALG II). Sie werden von der Kommune und der Bundesagentur für Arbeit gemeinsam getragen.

Arbeitslos – was dann?
Die Gründe für Arbeitslosigkeit sind vielfältig: Vielleicht hat das Unternehmen Arbeitsplätze abgebaut oder eine Krankheit stand der Arbeit im Weg oder man findet keinen passenden Job. Dies sind nur einige Gründe. Doch was passiert, wenn Menschen im erwerbsfähigen Alter ihren Lebensunterhalt nicht ohne einen Arbeitslohn bestreiten können? Für diesen Fall gibt es die Arbeitslosenversicherung. Hier zahlen alle Arbeitnehmer ein, mit Ausnahme der geringfügig Beschäftigten. Selbstständige können freiwillig einzahlen.

So funktioniert die Versicherung
Vom monatlichen Lohn der Arbeitnehmer geht ein Pflichtbeitrag in die Arbeitslosenversicherung. Dieser richtet sich nach der Höhe des Lohns und wird anteilig vom Arbeitnehmer und vom Arbeitgeber geleistet. Wird jemand arbeitslos, zahlt die Versicherung monatlich einen Lohnersatz. Zusätzlich erhalten Arbeitslose eine Berufsberatung, Möglichkeiten zur Weiterbildung und Umschulung sowie Jobangebote. Jeder ist verpflichtet, diese Angebote anzunehmen, weil sich so die Chancen auf eine neue Anstellung erhöhen. Falls sich jemand für die Selbstständigkeit entscheidet, kann er einen Gründungszuschuss für die neue Firma erhalten.

Arbeitslosengeld I
Arbeitslos ist nicht gleich arbeitslos: Wer in den letzten zwei Jahren einen Job hatte und mindestens zwölf Monate lang in die Versicherung eingezahlt hat, bekommt das Arbeitslosengeld I (ALG I). Dieses entspricht etwa 60 Prozent des bisherigen Lohns. Doch das ALG I wird nicht unendlich gewährt. Die Dauer ist davon abhängig, wie lange der Arbeitnehmer in die Versicherung eingezahlt hat. Zwölf bis 24 Monate sind möglich. Findet der Arbeitslose in dieser Zeit keinen neuen Job, bekommt er danach das Arbeitslosengeld II (ALG II).

Arbeitslosengeld II
Das ALG II entspricht einer Grundsicherung: Der Arbeitsuchende bekommt nur so viel Geld, wie er für seinen Lebensunterhalt gerade benötigt. Die Grundsicherung wird nach ihrem Begründer Peter Hartz auch „Hartz IV" genannt. Hartz IV finanziert sich aus Steuergeldern und wird gezahlt, solange die Arbeitslosigkeit dauert. Jobcenter betreuen die Arbeitsuchenden.

Leben, um zu arbeiten?
Arbeiten, um zu leben?

M3 „10 Jahre Hartz IV". Karikatur von Klaus Stuttmann, 28. Dezember 2014

M2 Der Verein „Für soziales Leben" beschreibt das Arbeitslosengeld II:

Das Arbeitslosengeld II, kurz ALG II genannt, ist die Grundsicherung für Arbeitsuchende (…). Wichtigstes Ziel (…) ist es, Langzeitarbeitslosigkeit – und damit Hilfebedürftigkeit – (…) zu überwinden. Wer Hilfe braucht, soll seinen Lebensunterhalt möglichst bald wieder ganz oder zumindest zum Teil selbst verdienen können (…). Beim Arbeitslosengeld II (…) wird die Aufnahme von Arbeit nicht nur gefordert, sondern auch gefördert. (…) Im Vordergrund steht (…) eine Eingliederung in den Arbeitsmarkt (…) oder eine Beschäftigungsmaßnahme (…).

Erwerbsfähige Hilfebedürftige erhalten das Arbeitslosengeld II (…). Das Arbeitslosengeld II (ALG II) beträgt (…) 374 Euro (ab 2013: 382 Euro) (…). Hinzu kommen Kosten für Unterkunft (Kaltmiete und Nebenkosten) und Heizung, soweit sie angemessen sind.

→ Diagramme auswerten
S. 82/83

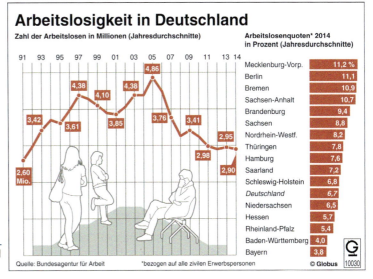

M4 Arbeitslosigkeit in Deutschland (Stand: 2014)

Aufgaben

1. Nenne Gründe für Arbeitslosigkeit (VT1). Finde weitere Beispiele.

2. Gib die Entwicklung der Arbeitslosigkeit und die Lage in deinem Bundesland wieder (M4).

3. Fasse zusammen, wie die Arbeitslosenversicherung funktioniert (VT1, VT2, M1).

4. Vergleiche die beiden Formen des Arbeitslosengeldes (VT3, VT4).

5. Erläutere, warum das Arbeitslosengeld II eine Grundsicherung ist (VT4, M2).

6. a) Vergleiche die Einschätzung des Karikaturisten (M3) mit den Zielen von „Hartz IV" (M2).
   b) Nimm Stellung zur Aussage der Karikatur.

7. Beurteile die Bedeutung der Arbeitslosenversicherung (siehe auch S. 256 VT1, VT2).

Surftipps
Aufgabe 7
454053-0259

7 Die Rente – eine Sicherheit im Alter?

Unsere Gesellschaft altert, denn es gibt immer weniger junge Menschen. Dies hat Auswirkungen auf die Renten. Droht uns deshalb Armut im Alter?

M1 Ein Dilemma. Karikatur, 2003

gesetzliche Rentenversicherung
Teil der Sozialversicherungen (S. 256). Vom Lohn der Arbeitnehmer geht ein monatlicher Pflichtbeitrag in die Rentenversicherung. Davon wird die Rente der älteren Menschen finanziert.

demografischer Wandel
von demos = Volk und graphe = Schrift. Demografie ist die Lehre von der Bevölkerungsentwicklung. Untersucht werden z. B. die Altersstruktur, das Verhältnis von Geburten und Sterbefällen, der Anteil von Männern und Frauen. Veränderungen bezeichnet man als demografischen Wandel.

Im Lauf der Generationen
Die Bevölkerung eines Landes wird in Altersgruppen eingeteilt – sogenannte Generationen. Du selbst gehörst zur jüngsten Generation in Deutschland. Zurzeit besuchst du die Schule. Deine Eltern haben die Schule bereits beendet, haben eine Lehre oder ein Studium abgeschlossen und stehen im Arbeitsleben. Für ihre Arbeit in einem Unternehmen bekommen sie einen Lohn. Von diesem Lohn zahlen sie monatlich einen bestimmten Beitrag in die gesetzliche Rentenversicherung ein. Denn irgendwann werden deine Eltern ihr Arbeitsleben beenden und in den Ruhestand gehen. Dann gehören sie zur älteren Generation und möchten anstelle ihres Lohns eine Rente aus der Rentenversicherung bekommen.

„Vertrag" zwischen den Generationen
Ältere Menschen bestreiten ihren Lebensunterhalt aus der Rente. Die Höhe der monatlichen Rente richtet sich danach, wie viel man im Laufe seines Arbeitslebens in die Rentenversicherung eingezahlt hat. Sie hängt aber auch davon ab, wie viele Menschen gerade arbeiten. Die Rente wird nämlich aus dem Geld der Menschen finanziert, die zurzeit in die Rentenversicherung einzahlen. Anders ausgedrückt: Die junge arbeitende Generation bezahlt den Lebensunterhalt der älteren Generation. Dies nennt man Generationenvertrag.

Generationenvertrag in „Schieflage"
Der Generationenvertrag hat jahrzehntelang gut funktioniert. Doch seit einiger Zeit deutet sich eine Schieflage an: In Deutschland werden jedes Jahr weniger Kinder geboren. Dadurch schrumpft die Bevölkerung insgesamt. Außerdem steigt der Anteil älterer Menschen an der Bevölkerung. Gleichzeitig sinkt jedoch der Anteil jüngerer Menschen. Dieser Effekt verstärkt sich durch die längere Lebenserwartung der Menschen. Alle Tendenzen zur Entwicklung der Bevölkerung werden als „demografischer Wandel" bezeichnet.

Das Problem
Weil die Gesellschaft in Deutschland immer älter wird, funktioniert der Generationenvertrag nicht mehr wie früher. Die Beiträge der Versicherten werden künftig nicht mehr ausreichen, um die Renten der Älteren zu finanzieren. Deshalb empfehlen Politiker, bereits während des Arbeitslebens zusätzlich privat vorzusorgen. Dies soll die Menschen vor Armut im Alter schützen. Viele Bürgerinnen und Bürger haben aber seit der jüngsten Finanz- und Bankenkrisen das Vertrauen in die private Vorsorge verloren. Daneben wurde die „Rente mit 67" eingeführt. Dabei wird die Altersgrenze für den Renteneintritt stufenweise auf 67 Jahre erhöht. Heute gehen die Menschen noch mit 65 Jahren in den Ruhestand.

Leben, um zu arbeiten?
Arbeiten, um zu leben?

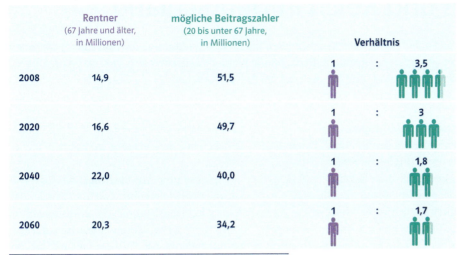

M2 Das Verhältnis zwischen Rentnern und Beitragszahlern in Deutschland – eine Prognose (Stand: 2009)

M3 Wenn nichts zum Leben bleibt. Süddeutsche Zeitung vom 16. Oktober 2012:

Anna Riss ist eine starke Frau. Fleißig und mutig, mit viel Humor. (…) Anna Riss entstammt der Kriegsgeneration. Sie hat zwei Kinder, ihr Mann ist erst vor wenigen Wochen gestorben. 32 Jahre lang hat sie ihn gepflegt, zum Schluss rund um die Uhr. „Ich war 47, als mein Mann 44-jährig an einem Gehirntumor erkrankte", erinnert sie sich. Damals hatte man ihr gerade eine Vollzeitstelle im Stadtarchiv angeboten. Hätte sie zugesagt, bekäme sie jetzt 400 Euro Rente mehr pro Monat. Aber sie schlug aus, nahm stattdessen drei Minijobs an – als Reinigungshilfe. So konnte sie sich parallel um ihren hilfsbedürftigen Gatten und die Kinder kümmern. Geld zum Zurücklegen für später blieb keines übrig. Heute lebt Anna Riss von der Grundsicherung. (…) So wie Anna Riss geht es vielen älteren Menschen, vor allem Frauen. Es ist die klassische Konstellation: Raus aus dem Beruf, Kinder erziehen, neben dem Teilzeitjob ehrenamtliche Tätigkeiten ausüben und Angehörige pflegen. (…) (D)ie Tendenz zur Altersarmut steigt (…).

Grundsicherung
Der Lebensunterhalt wird aus staatlichen Leistungen gezahlt. Dies entspricht dem Arbeitslosengeld II (S. 258/259).

Aufgaben

1 Gib wieder, a) was die Rente ist (VT1, VT2), b) was der Generationenvertrag ist (VT2).

2 a) Erläutere, warum der Generationenvertrag gefährdet ist (VT3, VT4).
b) Überprüfe deine Kenntnisse anhand von M2.

3 Finde heraus, warum Anna Riss heute auf die Grundsicherung angewiesen ist (M3, VT2).

4 Analysiere M1. Erkläre,
a) was Arbeitslosigkeit und Rente miteinander zu tun haben.
b) worin das „Dilemma" besteht.

5 Droht Armut im Alter? Nimm Stellung (M1, M3, VT4).

6 Inszeniert eine Diskussion über die Maßnahmen der Politik gegen Altersarmut (VT4).

8 | Arm und Reich in Deutschland

Deutschland gehört zu den reichsten Ländern der Erde. Trotzdem sind hier mehr als 15 Millionen Menschen arm oder von Armut bedroht. Häufig werden Menschen arm, weil sie keine Arbeit haben. Was bedeutet es, arm zu sein – für die Betroffenen und für die Gesellschaft?

relative Armut
Wer weniger als 50 Prozent des durchschnittlichen Einkommens in Deutschland zur Verfügung hat, gilt als relativ (vergleichsweise) arm.

absolute Armut
Wer weniger als 1,25 Dollar pro Tag für seinen Lebensunterhalt aufbringen kann, gilt als absolut arm.

Ungleichheit der Vermögen
Deutschland ist ein reiches Land. Doch die Vermögen sind ungleich verteilt – Deutschland ist in Europa sogar das Land mit der größten Ungleichheit (Stand: 2014). Die Ungleichheit verfestigt sich seit Jahren: Auf der einen Seite werden z.B. große Vermögen vererbt, sodass reiche Familien reich bleiben. Auf der anderen Seite ist etwa das Vermögen von Arbeitslosen in den vergangenen Jahren geschrumpft. Sie sind zudem im Alter von Armut bedroht, weil sie nicht für die Rente vorsorgen können (siehe S. 260).

Arm sein in einem reichen Land
Arm sind also vor allem ältere Menschen mit geringer Rente, Arbeitslose und Kranke. Man spricht in Deutschland von „relativer Armut". Dabei steht den Betroffenen im Vergleich zu den meisten Menschen in der Gesellschaft nur ein geringes Einkommen zur Verfügung. Im Gegensatz dazu bedroht absolute Armut (z.B. in Entwicklungsländern) die Existenz von Menschen unmittelbar. Lebenswichtige Bedürfnisse wie Essen oder Trinken können nur sehr mühsam erfüllt werden.

Von absoluter Armut ist in Deutschland kaum jemand betroffen. Vielmehr bedeutet Armut bei uns, dass sich die Betroffenen vieles nicht leisten können, was für andere als normal gilt, z.B. Ausflüge, neue Kleidung, bestimmte Untersuchungen beim Arzt oder gesunde Lebensmittel.

Armut und Partizipation
Die Armut hat also Folgen – denn wer kein Geld für Bücher, Kultur oder das Hobby im Verein hat, hat keine Chance zur Partizipation: Er kann nicht am gesellschaftlichen Leben teilnehmen, kann sich nicht einbringen (siehe S. 248). Dies führt oft zu einem Gefühl der Ohnmacht: „Ich kann ja doch nichts ändern." Deshalb gehen Arme auch seltener zur Wahl – oder wählen häufiger extreme Parteien. Ungleichheit ist also nicht nur ein Problem der Betroffenen – sondern auch ein Problem für die Demokratie.

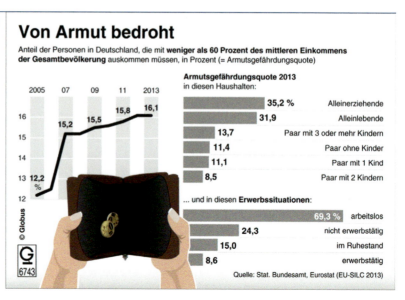

M1 Was hat Armut mit Familie und Arbeit und zu tun?

Leben, um zu arbeiten?
Arbeiten, um zu leben?

M2 Was haben Armut und Reichtum mit Stadtplanung zu tun? Karikatur von Freimut Wössner

M3 Was bedeutet Armut? Der folgende Fall ist ausgedacht, beschreibt aber die Situation vieler Kinder in armen Familien:

Nina ist genervt. Schon wieder streiten ihre Eltern. Es geht wieder einmal um Geld. Um das Geld, das Familie Fischer nicht hat, weil Herr Fischer wenig verdient und Frau Fischer ihre
5 Berufsausbildung abbrechen musste. Ninas Geburt kam damals dazwischen. Durch die kleine Wohnung, in der Familie Fischer lebt, kann sich Nina nicht zurückziehen, sie teilt sich ein Zimmer mit ihrem kleinen Bruder.
10 Die 13-Jährige will ihre Eltern nicht mit zusätzlichen Problemen belasten und verschweigt, dass sie dringend neue Schulhefte und Stifte braucht. Den Ausflug mit ihrer Klasse in die nahegelegene Großstadt schwänzt Nina. Sie hat
15 Angst, ohne Geld mit ihren Freundinnen auf Shoppingtour gehen zu müssen. Sie meldet sich in letzter Zeit oft krank, ihre Noten werden schlechter. Ihr großer Traum, Klavierunterricht zu nehmen, ist weit weg. Zu teuer! Zwei Wörter,
20 die Nina sehr oft hört.
Ninas kleiner Bruder versteht die Zusammenhänge des Elternstreits zwar nicht, spürt aber den Stress und reagiert aggressiv. Bei den Vorsorgeuntersuchungen stellt der Arzt fest,
25 dass der kleine Junge verhaltensauffällig ist.

Aufgaben

1 Nenne Gründe, warum die Vermögen in Deutschland ungleich verteilt sind (VT1).

2 a) Stelle zusammen, was du unter Armut verstehst.
b) Vergleicht eure Ergebnisse in der Klasse.

3 Erkläre die Begriffe relative und absolute Armut (VT2, Lexikon).

4 Finde heraus, wer in Deutschland von Armut betroffen ist (VT2, M1).

5 „Ungleichheit ist Gift für die Demokratie!" Nimm Stellung zu diesem Satz.

6 Erläutere anhand von M2 und M3 den Zusammenhang von Armut und Ausgrenzung.

7 Diskutiert die Partizipationsmöglichkeiten von Arbeitslosen im Vergleich zu Unternehmern und Arbeitnehmern (VT3).

extra 9 Die Tafeln – Teilhabe für Arme?

Regelmäßig nutzen ca. 1,5 Millionen Menschen die Lebensmittelausgabe der Tafeln, darunter Kinder und Jugendliche, Alleinerziehende, Rentner und Arbeitslose. Vielen Menschen wird auf diese Weise im Alltag geholfen. Doch nicht alle finden die Arbeit der Tafeln gut.

M1 Mitarbeiter der Tafeln sammeln gespendete Lebensmittel. Die meisten Helfer arbeiten ehrenamtlich. Manche Tafeln beschäftigen aber auch Arbeitslose.

Die Tafeln – Hilfe für Bedürftige

Die Tafeln versuchen den Mangel bedürftiger Menschen durch die Ausgabe von Lebensmitteln auszugleichen. Denn Lebensmittel gibt es in Deutschland im Überfluss: Täglich landen große Mengen im Müll, weil sie in Supermärkten, Hotels und Restaurants oder auf Wochenmärkten nicht mehr verkauft werden können. Dabei ist häufig nur das Datum für die Mindesthaltbarkeit überschritten oder die Lebensmittel haben einen „Schönheitsfehler" (z. B. eine falsche Verpackung). Die Tafeln sammeln solche Lebensmittel ein und geben sie an Bedürftige weiter. Das hat einen dreifachen Effekt: Die noch genießbaren Lebensmittel landen nicht im Müll. Dadurch sparen die Händler Kosten für die Entsorgung. Darüber hinaus erhalten bedürftige Menschen gesunde und hochwertige Lebensmittel kostenlos oder zu einem geringen Preis.

Die erste Tafel wurde 1993 in Berlin gegründet. Heute gibt es mehr als 900 Tafeln in ganz Deutschland, die von etwa 60 000 ehrenamtlichen Helfern unterstützt werden.

Zustimmung und Kritik

Die Arbeit der Tafeln trifft auf viel Zustimmung, aber auch auf Kritik. Armutsforscher werfen den Tafeln vor, ungerechte Zustände zu verfestigen. Die Menschen würden durch die regelmäßige Versorgung „ruhig gestellt", das ungerechte Gesellschaftssystem indirekt gestützt. Die Kritiker sehen den Staat in der Pflicht, für eine menschenwürdige Existenz von Bedürftigen zu sorgen. Stattdessen könne er sich bei der Armutsbekämpfung zurücklehnen – nach dem Motto: „Wir haben ja die Tafeln." Kritiker bezeichnen das mittlerweile breit organisierte System der Tafeln als „Sozialstaat im Sozialstaat".

Leben, um zu arbeiten?
Arbeiten, um zu leben?

M2 Ehrenamtliche sortieren die Lebensmittel, um sie anschließend an Bedürftige auszugeben.

M3 Eine langzeitarbeitslose Frau berichtet über ihre Arbeit im Tafelladen:

Die Arbeit hat mir von Anfang an gut gefallen. Es gab mir ein Gefühl gebraucht zu werden und die Rückmeldungen waren durchweg positiv. (…) Ich fühle mich so befreit, nichts mehr mit der Arbeitsagentur zu tun zu haben. Ich verdiene mein Geld selbst, brauche mich nicht mehr für alles zu rechtfertigen. Beide Arbeitsgebiete bereichern mein Leben und ich kann selbst auch etwas zurückgeben. Mein jetziges Leben und mein Lebensgefühl erfüllen mich und meinen Sohn immer wieder aufs Neue. Gerade bin ich mit meinem Sohn aus unserem ersten Urlaub seit vielen Jahren zurückgekommen. Diese Reise hätten wir uns vorher nie leisten können. Auch mein Sohn ist sehr stolz, dass seine Mama arbeitet. Das Gefühl der Teilhabe am gesellschaftlichen Leben tut einfach gut.

M4 Das Logo der Tafeln in Deutschland

Aufgaben

1 Fasse zusammen, wie die Arbeit der Tafeln funktioniert (VT1, M1, M2).

2 Stelle Pro- und Kontra-Argumente zu den Tafeln in einer Tabelle gegenüber (VT1, VT2).

3 Beurteile die folgenden Sätze:
   a) „Die Tafeln ermöglichen eine Teilhabe am gesellschaftlichen Leben." (M1, M3)
   b) „Die Tafeln stabilisieren ungerechte Zustände bloß, statt sie zu bekämpfen." (VT2)

4 „Die Tafeln – Teilhabe für Arme?" Inszeniert eine Pro- und Kontra-Diskussion zwischen Betreibern und Mitarbeitern der Tafeln und Kritikern dieser Arbeit.

Surftipps
Die Tafeln
454053-0265

10 Leben, um zu arbeiten? Arbeiten, um zu leben?

1 Diese Begriffe kann ich erklären!

a) Bedürfnisse (S. 248)
b) Wünsche (S. 248)
c) Erwerbsarbeit (S. 250)
d) Ehrenamt (S. 254)
e) sozial (S. 256)
f) Sozialstaat (S. 256)
g) Arbeitslosenversicherung (S. 256)
h) Jobcenter (S. 258)
i) gesetzliche Rentenversicherung (S. 260)
j) demografischer Wandel (S. 260)
k) Grundsicherung (S. 261)
l) relative/absolute Armut (S. 262)

2 Diese Methode kann ich anwenden!

Einen Tages- oder Wochenbericht erstellen:
a) Ich kann die Berichterstattung zu einem Thema einen Tag oder eine Woche lang verfolgen.
b) Ich kann Informationen zu einem Thema sammeln und auswerten.
c) Ich kann einen fünfminütigen Bericht zu dem Thema erstellen.
d) Ich kann den Bericht meiner Klasse präsentieren.

3 Diese Fragen kann ich beantworten!

a) Warum arbeiten Menschen?
b) Welche Rolle spielt die Erwerbsarbeit?
c) Welche Bedeutung hat ehrenamtliche Arbeit?
d) Was ist mit dem „Prinzip Solidarität" gemeint?
e) Welche Arten von Sozialversicherungen gibt es?
f) Wer bekommt Arbeitslosengeld II (Hartz IV) und was steht hinter den Leistungen?
g) Was sind die Ursachen für Armut?
h) Warum gibt es in Deutschland relative, aber kaum absolute Armut?
i) Wie versuchen die „Tafeln" die Folgen von Armut zu lindern?

4 Zu diesen Fragen habe ich eine Meinung und kann sie begründen!

a) Ist ein Leben ohne Arbeit vorstellbar?
b) Bildet Arbeit die Grundlage für Partizipation?
c) Wie kann die Zukunft der Arbeit aussehen?
d) Kann die staatliche Rente Altersarmut vermeiden?
e) Ist der deutsche Sozialstaat gerecht?

Leben, um zu arbeiten?
Arbeiten, um zu leben?

um 1200
Neue Geräte erleichtern die landwirtschaftliche Arbeit.

um 1900
Arbeitsteilige Massenproduktion erhöht die Produktivität der Arbeit.

um 1970
Die automatisierte Produktion wird ausgebaut.

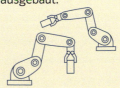

in Zukunft?
Ersetzen „intelligente Fabriken" die Arbeit von Menschen?

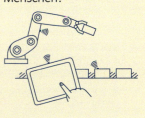

M1 Wandel von Arbeit und Produktion

M2 Der „Wandel der Arbeitswelt" und seine Auswirkungen auf die Gesellschaft war Thema auf einem Kongress der Bundeszentrale für politische Bildung, Dezember 2014:

Neue Technologien haben im 20. Jahrhundert nach und nach die Möglichkeiten des menschlichen Zusammenlebens verändert. Flugzeuge, das Telefon, Fernsehen und schließ-
5 lich das Internet haben den Handlungsradius jedes Einzelnen vergrößert. Und die neueste Entwicklung ist in vollem Gange: Die voranschreitende Digitalisierung vernetzt immer mehr Inhalte und macht sie von überall nutz-
10 bar. Durch die Anbindung an Cloudnetze und Rechenzentren können immer kompliziertere Suchanfragen, Aufgaben und Probleme über das Netz bearbeitet und gelöst werden. Die „digitale Revolution" ist in vollem Gange.
15 Allerdings werden auch ihre Schattenseiten kritisiert. Durch neue Technologien verschwinden nach und nach immer mehr Arbeitsplätze, insbesondere im Bereich der geringqualifizierten. Während bereits ganze
20 Lagerhäuser von Maschinen verwaltet werden, entwickelt Google selbstfahrende Autos und Amazon kleine Drohnen, mit denen Pakete zugestellt werden sollen. Manche sehen diese Entwicklungen als durchaus positiv an: Sie
25 schaffen neue Freiräume für den Menschen, sie führen zu einer „Erweiterung des Geistes" und sie steigern die Produktivität. Andererseits sind die gesellschaftlichen Folgen noch schwer zu fassen: Welchen Wert hat Arbeit? Wie geht
30 man damit um, dass immer mehr Arbeitsplätze durch neue Technologien ersetzt werden? Wird hier eine Zweiklassengesellschaft von Menschen mit und ohne Arbeitsplatz entstehen oder zwischen Menschen, die im Be-
35 reich der Digitalisierung arbeiten und denen, die in klassischen Arbeitsfeldern beschäftigt sind? Hat jeder Mensch ein Recht auf Arbeit oder besteht eine Pflicht zur Arbeit?

Aufgaben

1 Beschreibe, wie sich Arbeit und Produktion bis heute verändert haben (M1, M2).

2 Stelle positive und negative Folgen einer digitalisierten Arbeitswelt gegenüber (M1, M2).

3 a) Bearbeitet in vier Gruppen je eine der Fragen aus M2, Zeile 29 ff. Nehmt die vorangegangenen Buchkapitel zu Hilfe.
b) Formuliert eure Ergebnisse in einem Redebeitrag und tragt ihn in der Klasse vor.
c) Diskutiert: Wie könnte Arbeit in Zukunft aussehen?

4 Wie möchtest du selbst einmal arbeiten? Nimm Stellung (s. auch Auftaktseite 246/247).

Portfolio und Üben
454053-0267

○ 1, 2   ◐ 3a, 3b   ● 3c, 4

Geschichtskartenteil

Europa im Glauben gespalten

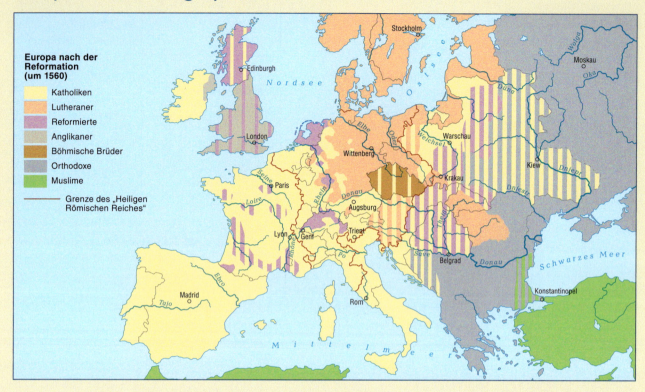

Absolutismus und Französische Revolution

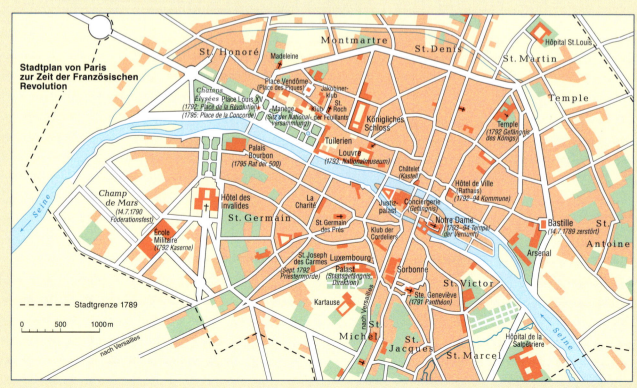

Industrielle Revolution

Deutsche streben nach Einheit und Freiheit

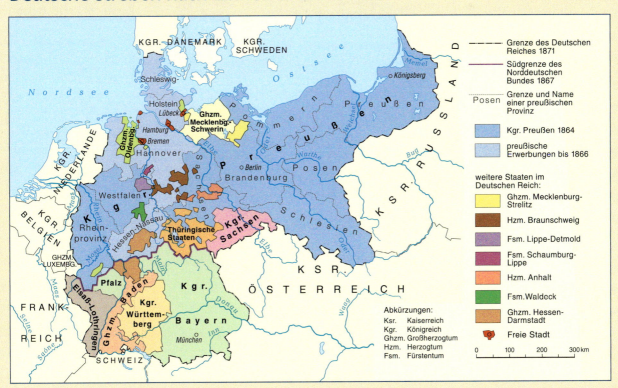

Geschichtskartenteil

Imperialismus und Erster Weltkrieg

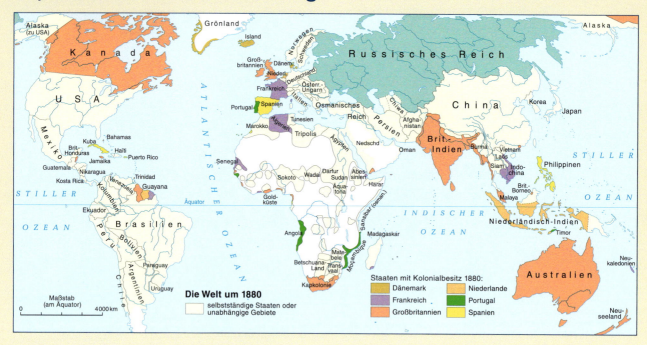

Die Weimarer Republik

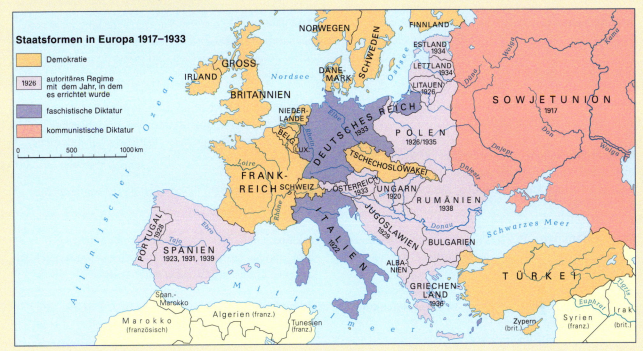

Hinweise für das Lösen der Aufgaben

Anforderungsbereich I ○

Arbeite heraus: Du liest einen Text oder schaust anderes Material unter einem bestimmten Gesichtspunkt an und gibst die wichtigsten Gedanken dazu mit deinen Worten wieder.

Benenne: Du bezeichnest Sachverhalte, Strukturen und Prozesse begrifflich genau.

Beschreibe: Du gibst wieder, was du auf einem Bild, in einem Text oder einem anderen Material zu einem Thema erkennen kannst. Benutze wenn möglich auch Fachbegriffe.

Fasse zusammen: Du liest einen oder mehrere längere Texte und gibst den Inhalt in verkürzter Form wieder.

Gib wieder: Du suchst aus einem oder mehreren Texten nach wichtigen Aussagen/Informationen und wiederholst diese.

Liste auf/Stelle zusammen: Du schreibst Informationen in Kurzform auf: z. B. in kurzen Sätzen, nach Oberbegriffen geordnet, in Stichworten oder in einer Tabelle.

Nenne: Du entnimmst einzelne Begriffe und Informationen aus vorgegebenen Texten und Materialien.

Ordne zu: Du sortierst Informationen unter bestimmte Überschriften oder Oberbegriffe.

Stelle gegenüber: Du beschreibst verschiedenartige Informationen, Aussagen oder Sachverhalte, ohne sie zu kommentieren oder zu bewerten.

Zähle auf: Du entnimmst einem Text oder einem anderen Material einzelne Aussagen und ordnest sie sinnvoll.

Anforderungsbereich II

Analysieren: Du untersuchst ein Material oder einen Sachverhalt umfassend nach allen vorgegebenen oder selbst gewählten Aspekten und stellst deine Ergebnisse begründet dar.

Begründe: Du suchst in Texten und Materialien nach Gründen oder Argumenten für einen Sachverhalt. Anschließend gibst du diese ausführlich mit deinen Worten wieder.

Charakterisiere: Du beschreibst das Besondere einer Sache oder Position.

Erkläre: Du äußerst dich ausführlich zu Abläufen, Ereignissen, Zuständen oder Handlungen und machst dabei Gründe und Zusammenhänge deutlich.

Erläutere: Du stellst Sachverhalte oder Handlungen ausführlich dar. Dabei entscheidest du selbst, was du für besonders wichtig hältst und du demzufolge sehr genau darlegst, was du nur kurz erwähnst oder was du weglassen willst.

Finde heraus: Du suchst aus verschiedenen Texten und Materialien nach Antworten auf Fragen bzw. nach Lösungen bestimmter Probleme und formulierst diese mit deinen Worten.

Ordne ein: Du stellst Sachverhalte oder Positionen in einen Zusammenhang. Dabei kann es hilfreich sein, die Informationen unter bestimmten Überschriften oder Oberbegriffen zu sortieren.

Prüfe: Du vergleichst Informationen aus den Materialien mit vorhandenen Kenntnissen und stellst fest, ob beides übereinstimmt oder sich widerspricht.

Vergleiche: Du stellst unterschiedliche Aussagen/Informationen gegenüber und findest heraus, worin sie sich gleichen, ähnlich sind oder sich völlig unterscheiden.

Anforderungsbereich III

Beurteile: Du vergleichst eine Aussage oder eine Behauptung zu einem Sachverhalt mit dem, was du darüber weißt, und entscheidest, ob die Aussage oder die Behauptung zutrifft oder nicht. Du gelangst zu einem begründeten Urteil.

Bewerte: Du vergleichst eine Aussage oder eine Behauptung zu einem Sachverhalt mit dem, was du darüber weißt, und entscheidest, ob die Aussage oder die Behauptung zutrifft oder nicht. Zusätzlich äußerst du dich dazu, wie du zu diesem Sachverhalt bzw. zum Handeln von Menschen in einer bestimmten Situation stehst. (Beispiel: etwas ist richtig oder falsch, gerecht oder ungerecht, gut oder schlecht, grausam oder gerechtfertigt usw.) Du begründest dein eigenes Urteil.

Diskutiert: Du tauschst mit Gesprächspartnern Meinungen zu einer Frage- oder Problemstellung aus. Dabei wägt ihr ab, was für einen bestimmten Standpunkt spricht und was dagegen (Pro- und Kontra-Argumente). So gelangt ihr zu einer begründeten Einschätzung.

Interpretiere: Du erklärst und deutest einen bestimmten Sachverhalt.

Nimm Stellung: Du prüfst eine Aussage oder eine Position auf der Grundlage fachlicher Kenntnisse und formulierst eine eigene begründete Einschätzung.

Überprüfe: Du kontrollierst, ob eine Aussage, eine These, eine Argumentation oder ein Sachverhalt stimmig und angemessen ist. Dazu vergleichst du Informationen aus den Materialien mit vorhandenen Kenntnissen und stellst fest, ob beides übereinstimmt oder sich widerspricht.

Handlungsorientierte Arbeitsaufträge

In Geschichte musst du dich bei den folgenden Aufgabenstellungen immer in die angegebene Zeit und in eine bestimmte Person hineinversetzen. Du musst also bedenken: Das Denken und Handeln der Menschen und ihre Möglichkeiten waren ganz andere als heute.

Schreibe einen Tagebucheintrag: Du vertraust dich nur dem Tagebuch an, kannst also deine ganz persönliche Sicht und deine Gefühle zum Ausdruck bringen, ohne auf andere Rücksicht zu nehmen.

Schreibe einen Brief: Du musst dir genau überlegen, wer der Adressat deines Briefes ist und wie du zu ihm stehst. Der Empfänger des Briefes erwartet, dass du dich klar und verständlich ausdrückst. Er möchte genau wissen, worüber du ihm schreibst. Und er möchte deine Meinung, deine Gedanken und vielleicht auch deine Gefühle erkennen.

Schreibe einen Zeitungsartikel: Du schreibst für ein großes Publikum. Du weißt nicht, welche Kenntnisse die Leser haben. Also musst du kurz erklären, worum es geht. Du möchtest auch deine Meinung zu dem Ereignis oder Sachverhalt darlegen. Um die Leser zu überzeugen, brauchst du gute Argumente. Denke auch daran, dass ein Zeitungsartikel immer auch eine bestimmte Form hat: Überschrift, vielleicht eine Unterüberschrift oder eine kurze Einführung.

Verfasse eine Rede: Mit einer Rede möchtest du viele Leute von deiner Meinung überzeugen. Du musst alles kurz auf den Punkt bringen und wirkungsvoll begründen. Wenn du deine Rede vorträgst, achte darauf, dass du gut ankommst. Versuche, nicht nur auf dein Redeblatt zu schauen. Blicke deine Zuhörer an und sprich laut, deutlich und nicht zu schnell. So wirst du alle überzeugen.

Gestalte ein Flugblatt/ein Plakat: Du musst deine Botschaften mit wenigen Schlagwörtern zusammenfassen. Bilder oder Symbole müssen auf den ersten Blick verstanden werden können. Plakate müssen auch groß genug sein, um von weitem erkannt zu werden.

Führt ein Interview: Fragen und Antworten müsst ihr vorbereiten. Bedenkt dabei sehr genau, was ihr herausbekommen möchtet und was die Menschen, die ihr fragt, überhaupt wissen können.

Methodenglossar

Rekonstruktionen untersuchen (Band 1)

Beschreiben

1. Was ist das Thema der Rekonstruktion? Die Bildunterschrift gibt dazu Informationen.
2. Ordne das Thema in Zeit und Raum ein.
3. Stelle fest, um welche Art von Rekonstruktion es sich handelt (Zeichnung, Computerrekonstruktion, Modell oder Nachbau).

Untersuchen

4. Welche Personen sind zu sehen? Welche Tätigkeiten üben sie aus?
5. Welche Gegenstände sind zu sehen? Wozu dienen sie?
6. Wie ist der Stil der Rekonstruktion: sachlich oder emotional?

Deuten

7. Was sagt die Rekonstruktion über das Thema aus?
8. Was konnte der Archäologe tatsächlich wissen? Wo musste er Vermutungen anstellen? An welchen Stellen hat er Dinge nach seiner Fantasie ergänzt?

Ein Schaubild verstehen (Band 1)

Thema erfassen

1. Welches Thema behandelt das Schaubild? Die Bildunterschrift hilft dir weiter.
2. Werden Angaben zu Ort und Zeit gemacht?

Untersuchen

3. Welche Bestandteile enthält das Schaubild (z. B. Kästchen, Pfeile, Farben, Begriffe) und was bedeuten sie?
4. Gibt es einen Zusammenhang zwischen dem Thema und der Form des Schaubildes?

Deuten

5. Welche Zusammenhänge stellt das Schaubild her? Werden z. B. die Ursachen und Folgen einer Entwicklung dargestellt? Oder wird das Verhältnis von Menschengruppen zueinander erklärt?
6. Was ist die Aussage des Schaubildes?

Bilder zum Sprechen bringen (Band 1)

Beschreiben

1. Welche Personen, Tiere und Gegenstände sind zu sehen?
2. Wie sind die Figuren gekleidet, was halten sie in den Händen?
3. Nenne Einzelheiten, die du auf dem Bild siehst.

Untersuchen

4. Erkläre das Thema des Bildes.
5. Finde heraus, wann das Bild gemalt wurde und von wem.
6. Was tun die einzelnen Figuren? Wie sind sie dargestellt (Körperhaltung, Mimik, Gestik)?
7. Welche Figuren gehören zusammen und welche Verbindungen gibt es zwischen ihnen?
8. Was bedeuten die dargestellten Symbole?
9. Gibt es besonders wichtige Szenen, was steht im Mittelpunkt des Bildes?
10. Erkennst du einen Ablauf oder eine Aktion in der Darstellung?

Deuten

11. Für wen ist das Bild gemalt worden?
12. Wann und zu welcher Gelegenheit ist es entstanden?
13. Beurteile, was mit dem Bild erreicht werden sollte.

Geschichtskarten auswerten (Band 1)

Beschreiben

1. Lies dir die Überschrift und die Legende genau durch.
2. Beschreibe das Thema der Karte.
3. Nenne den Zeitpunkt oder den Zeitraum, über den die Karte etwas aussagt.

Untersuchen

4. Untersuche, welchen Raum die Karte zeigt. Ordne den Kartenausschnitt in einer größeren Übersichtskarte ein. Nimm dazu deinen Erdkundeatlas zuhilfe.
5. Kläre die Bedeutung von Farben, Pfeilen oder anderer Symbole. Schreibe dir stichwortartig Informationen der Karte auf.

Deuten

6. Fasse die Aussagen der Karte in wenigen Sätzen zusammen.

Methodenglossar

Schriftliche Quellen auswerten (Band 1)

Beschreiben

1. Lies den Text mindestens zweimal durch und mach dir klar, um welches Thema es geht.
2. Überprüfe, ob Personen- und Ortsnamen genannt oder Zeitangaben gemacht werden.
3. Kläre unbekannte Begriffe mithilfe eines Lexikons.

Untersuchen

4. Gliedere den Inhalt in Sinnabschnitte.
5. Formuliere für jeden neuen Gedanken eine Überschrift.
6. Stell fest, wer den Text geschrieben hat. Schreibt der Verfasser über Dinge, die er selbst erlebt hat? Wenn nicht, woher kann er seine Kenntnisse haben?

Deuten

7. Ordne den Text in den geschichtlichen Zusammenhang ein. Was ist dir bekannt, was ist neu für dich?
8. Mit welcher Absicht könnte der Verfasser den Text geschrieben haben?
9. Beurteile, ob der Verfasser dir glaubwürdig erscheint.

Stadtpläne auswerten (Band 1)

Beschreiben

1. Notiere, um welche Stadt es sich handelt. Von wann ist der Stadtplan?
2. Bestimme anhand der Lage von Hauptkirche, Rathaus und Markt (Märkten) das (vermutliche) Zentrum der mittelalterlichen Stadt.

Untersuchen

3. Stelle fest, ob sich in der Umgebung des Zentrums Straßen befinden, deren Namen Rückschlüsse auf ihre einstigen Anwohner erlauben.
4. Prüfe, ob du Hinweise auf die frühere Befestigung der Stadt findest, indem du a) die Namen von Straßen untersuchst, die um den Stadtkern herum auffällig geschlossene Formen (Ringe, Vierecke) bilden, und b) nach Hinweisen auf noch vorhandene Überreste suchst.
5. Vergleiche die Größe des Altstadtbereichs mit der heutigen Ausdehnung der Stadt.
6. Liste anhand der Angaben des Stadtplans auf, wie die hinzugekommenen Stadtteile genutzt werden.

Deuten

7. Was „erzählt" der Stadtplan über die Stadtgeschichte? Fasse deine Ergebnisse zusammen.

Geschichte lernen mit einem Portfolio (Band 1)

Fragestellung wählen

1 Verschaffe dir einen Überblick über das Schulbuch-Kapitel. Schreibe auf, was dich interessiert. Vielleicht hast du aber auch ein Thema im Kopf, das in der „Zeitreise" nicht dargestellt ist. Notiere dir deine Ideen auf der Seite „Erste Notizen".

2 In einem Portfolio gibt es verpflichtende und freiwillige Teile. Klärt in der Klasse, welche Teile Pflicht sind. Es sollten nicht mehr als drei sein. Wähle dann zwei weitere Themen aus.

3 Schreibe einen Brief an deine Leser, z. B. so: „Liebe Leserin, ich arbeite in den nächsten Wochen an folgenden Themen … Ich habe diese Themen ausgewählt, weil … Ich möchte gerne herausfinden, … Dabei werde ich so vorgehen, dass ich …"
Einen Vordruck für den Brief findest du im Online-Link.

Portfolio erarbeiten

4 Suche dir Lernpartner aus, mit denen du die Entstehung deiner Arbeit besprechen und Aufgaben gemeinsam lösen kannst.

5 Wenn du ein Thema näher untersuchen willst, suche mehr Informationen. Schreibe daraus einen eigenen Text oder zeichne eine Abbildung. Wenn du Bilder aus Büchern kopierst, begründe deine Auswahl: Was kann man auf dem Bild erkennen? Was wird durch das Bild für den Leser deutlich?

Reflexion

6 Schreibe anschließend deine Gedanken zur Portfolioarbeit auf: Was war interessant? Was ist besonders gut gelungen? Was zeigt das Portfolio über dich und deinen Arbeitsstil?

Eine strukturierte Kontroverse führen (Band 1)

Vorbereitung

1 Bildet Vierergruppen. Ihr arbeitet zuerst unabhängig von eurer persönlichen Meinung. Teilt euch in zwei Paare auf: A1 und A2 sowie B1 und B2.

Durchführung

2 Notiert in Einzelarbeit möglichst viele Argumente: A1 und A2 sammeln möglichst viele Pro-Argumente. B1 und B2 sammeln möglichst viele Kontra-Argumente.

3 Tauscht eure Argumente in Partnerarbeit aus. Erarbeitet eine gemeinsame Position.

4 Stellt euch in Gruppenarbeit gegenseitig die Positionen vor. Dabei beginnt A1 bzw. B1 und A2 oder B2 ergänzt. Wenn ein Paar fertig ist, können Nachfragen gestellt und beantwortet werden.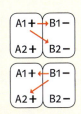

5 Diskutiert das Problem. Vertretet aber nur eure Position.

6 Tauscht eure Positionen. Arbeitet wieder mit Schritt 2 und 3.

7 Wechselt jetzt die Tischgruppe. Alle Pro-Paare in der Klasse bleiben sitzen. Die Kontra-Paare gehen weiter.

8 Arbeitet mit Schritt 4.

9 Setzt euch zurück an euren Tisch und diskutiert in eurer Gruppe A1, A2, B1, B2 frei. Stellt euch abschließend der Reihe nach eure Positionen vor. Unterbrecht euch dabei nicht.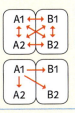

Reflexion

10 Reflektiert eure Erfahrungen in der Klasse. Das Arbeitsblatt im Online-Link kann euch dabei helfen.

Methodenglossar

Ein Herrscherbild entschlüsseln (Band 2)

Beschreiben

1. Betrachte das Bild und notiere dir Stichworte zu deinem ersten Eindruck.
2. Finde aus der Bildlegende oder dem Text wichtige Angaben heraus: zur abgebildeten Person, zum Auftraggeber des Bildes, zum Maler, zur Zeit.
3. Beschreibe Haltung, Blickrichtung, Haartracht und Kleidung.
4. Beschreibe den Raum um die Person herum.

Untersuchen

5. Liste Symbole auf, die der Person zugeordnet werden.
6. Finde heraus, mit welchen Mitteln der Maler arbeitet, z. B. durch den Einsatz von Licht und Schatten, die Richtung des Lichteinfalls, die Anordnung von Personen und Dingen.

Deuten

7. Überlege, zu welchem Zweck das Bild gemalt wurde und welche Wirkung der Auftraggeber damit erzielen wollte.
8. Ordne das Bild in die Zeit ein und beurteile, wie das Bild wohl auf den Betrachter damals gewirkt hat.

Karikaturen deuten (Band 2)

Beschreiben

1. Welche Szene zeigt die Karikatur? Gib den spontanen Eindruck wieder.

Untersuchen

2. Welche Gegenstände, Personen, Sachverhalte oder Tiere werden abgebildet?
3. Erkennst du Symbole? Erkläre ihre Bedeutung.

Deuten

4. Gegen wen richtet sich die Kritik? Wird zum Beispiel eine Person verspottet oder werden gesellschaftliche Verhältnisse kritisiert?
5. Was bringt die Verzerrung zum Ausdruck?
6. Welches Publikum will der Zeichner ansprechen? Welche Wirkung beabsichtigt er?

Ein Verfassungsschema interpretieren (Band 2)

Thema erfassen

1. Um welche Zeit und um welchen Staat geht es?
2. In welcher geschichtlichen Situation ist die Verfassung entstanden?

Untersuchen

3. Enthält das Schaubild verschiedene Blöcke, die z. B. durch Farben gekennzeichnet sind? Kann man erkennen, um welchen Teil der Staatsgewalt es jeweils geht?
4. Welche Bedeutung haben Linien und Pfeile?
5. Gehe einzelnen Fragen zur Verteilung der Macht im Staat nach, z. B.: Wer darf wählen? Wer macht die Gesetze? Wer sorgt dafür, dass sich alle an die Gesetze halten? Wer regiert?

Deuten

6. Welche Macht haben Personen oder staatliche Organe?
7. Wen begünstigt oder benachteiligt das staatliche System?
8. Wie heißt die Staatsform?

Statistiken und Diagramme auswerten (Band 2)

Thema erkennen und beschreiben

1 Worum geht es in der Statistik? (Meistens steht es in der Überschrift oder in der Legende.)
2 Welchen Zeitraum umfassen die Zahlenangaben?

Statistik untersuchen

3 Wie wird das statistische Material dargestellt: als Tabelle oder als Diagramm?
4 Enthält die Statistik absolute Zahlen oder Prozentangaben?

Statistik auswerten und deuten

5 Was sagen die angegebenen Daten genau aus?
6 Lassen sich Entwicklungen ablesen?

Politische Lieder Interpretieren (Band 2)

Beschreiben

1 Singt das Lied in der Klasse oder hört euch eine Aufnahme an. Beschreibe die Gefühle bzw. Stimmung, die die Melodie erzeugt.
2 Fasse die zentrale(n) Aussage(n) jeder Textstrophe in eigenen Worten zusammen.

Untersuchen

3 Stelle fest, von wem der Text, von wem die Melodie stammt und wann das Lied entstanden ist.

Deuten

4 Bestimme den politischen Standpunkt des Textautors und die Botschaft, die er vermitteln will.
5 Fasse deinen Gesamteindruck zusammen.

Fotografien analysieren (Band 2)

Beschreiben

1 Stelle fest, wer oder was auf der Fotografie abgebildet ist.
2 Beschreibe, welche Einzelheiten zu erkennen sind.
3 Gib wieder, welche Informationen Bild oder Legende darüber geben, wo und wann das Foto aufgenommen wurde.

Untersuchen

4 Untersuche, welche Hinweise das Foto auf das Leben oder Geschehen zur damaligen Zeit gibt.
5 Finde heraus, um welche Art Foto es sich handelt. Ist es ein Privatfoto, ein Pressefoto, ein Propagandafoto?
6 Prüfe, ob es sich um einen „Schnappschuss" oder ein gestelltes Foto handelt.
7 Erläutere, welche Perspektive und welchen Ausschnitt der Fotograf gewählt hat.
8 Gibt es Hinweise darauf, wer das Foto gemacht hat?

Deuten

9 Formuliere eine Gesamtaussage: Welche Absicht könnte der Fotograf mit der Aufnahme verfolgt haben?

Methodenglossar

Politische Plakate analysieren (Band 2)

Beschreiben

1 Von wem stammt das Plakat, an wen richtet es sich?
2 Wann und aus welchem Anlass ist es entstanden?
3 Welche Personen, Gegenstände, Situationen sind abgebildet?
4 Wie lautet der Text des Plakates?

Untersuchen

5 Wie sind die Personen dargestellt (Aussehen, Gesichtszüge, Körpersprache)?
6 Welche Symbole werden eingesetzt? Wofür stehen sie?
7 Welche Farben und Schriften werden verwendet? Welche Wirkung erzielen sie?
8 Mit welchen Argumenten, Gefühlen, Feindbildern arbeitet das Plakat?

Deuten

9 In welcher Beziehung steht das Plakat zur damaligen politischen Situation?
10 Was will die Partei mit dem Plakat erreichen?
11 Was erfährt man durch das Plakat über die Partei und ihre Politik?

Mit dem Politikzyklus arbeiten (Band 2)

Beschreiben

1 Benenne, welches gesellschaftliche Problem bzw. welcher Konflikt gelöst werden soll.

Untersuchen

2 Welche Interessengruppen sind an dem Problem/dem Konflikt beteiligt? Welche Positionen nehmen sie dazu ein?
3 Welche gesellschaftlichen Werte und Prinzipien (z. B. Menschenwürde, Freiheit, Gerechtigkeit) werden von dem Problem berührt?
4 Welche rechtlichen Regelungen gelten in diesem Politikbereich? Welche staatlichen Institutionen sind beteiligt?
5 Welche Beteiligungsmöglichkeiten haben die Bürgerinnen und Bürger? Welche Beteiligungsformen nutzen sie?
6 Wie wird das Problem in den Medien dargestellt? Welchen Einfluss nehmen die Medien auf seine Lösung?
7 Welche Vorschläge zur Lösung des Problems werden diskutiert?

Deuten

8 Erläutere, wie die Lösungen umgesetzt werden.
9 Überprüfe, ob die Interessen der beteiligten Gruppen bei der Lösung berücksichtigt werden.
10 Erkläre, welche neuen Probleme aus den Entscheidungen entstehen.
11 Beurteile, inwiefern die Entscheidungen und Maßnahmen zur Lösung des Problems beitragen.

Experten befragen (Band 2)

Vorbereiten

1 Überlegt euch ein Thema für die Expertenbefragung.

2 Erkundigt euch, welche Experten es zum Thema gibt. Wer kann zu eurem Thema die aussagekräftigsten Antworten geben?

3 Nehmt Kontakt mit dem/den Experten auf. Klärt gemeinsam Ort, Datum und Dauer der Befragung.

4 Was wollt ihr von dem/den Experten erfahren? Stellt einen Fragebogen zusammen.

5 Arbeitet euch gut in das Thema ein, damit ihr auch kritische Fragen stellen könnt.

6 Legt eine Arbeitsteilung fest: Beauftragt einen Moderator, der die Befragung leitet. Bestimmt einen Protokollführer und die Beobachter.

Durchführen

7 Begrüßt den/die Experten. Der Moderator stellt offiziell vor.

8 Die Befragung beginnt: Der Moderator fasst das Hauptanliegen zusammen und stellt die Fragen. Er achtet darauf, dass die Zeit und das Thema eingehalten werden.

9 Die Beobachter folgen dem Gespräch, machen sich Notizen und fragen nach, wenn etwas unklar geblieben ist.

10 Der Protokollführer notiert die Ergebnisse.

11 Der Moderator dankt dem/den Experten für das Gespräch und verabschiedet ihn/sie.

Auswerten

12 Besprecht, wie das Gespräch verlaufen ist. Habt ihr interessante Antworten erhalten?

13 Fasst die Ergebnisse zusammen, z. B. als Präsentation, auf einem Plakat oder in einem Zeitungsartikel.

Einen Tages- oder Wochenbericht erstellen (Band 2)

Informationen sammeln

1 Informiere dich zu aktuellen Themen. Nutze dazu z. B. das Internet, Fernsehen, Radio und Tageszeitungen.

2 Wähle ein Thema aus, das dich interessiert. Verfolge es einen Tag oder eine Woche lang.

3 Führe eine ausführliche Recherche durch. Sammle nur Quellen, die sich möglichst genau auf dein Thema beziehen (der Bericht soll eine Länge von ca. fünf Minuten haben).

Informationen auswerten

4 Lies die Quellen und markiere wichtige Informationen. Dabei helfen die Fragen: Wer? Was? Wann? Wo? Warum? Wie? Wozu?

5 Beachte, dass du deine Entscheidung für das Thema im Vortrag begründen sollst. Überlege deshalb, welche Interessen du und andere an der ausgewählten Nachricht haben können.

6 Fasse die wichtigsten Informationen aus den unterschiedlichen Quellen zusammen und strukturiere sie sinnvoll für deinen Vortrag. Verwende dazu die Dimensionen Problem/Aufgabe, Prozess/Auseinandersetzung, Handlungsrahmen/Institutionen.

Informationen vortragen

7 Die Ergebnisse sollst du nun deiner Klasse präsentieren. Trage sie möglichst frei vor. Achte auf eine laute und deutliche Sprache sowie auf Nachvollziehbarkeit. Erläutere unbekannte Begriffe.

8 Nutze zur Unterstützung deines Vortrags z. B. Bilder, Grafiken oder Statistiken.

9 Nenne auch die Quellen, aus denen du die Informationen entnommen hast. Beachte, dass zu einem Thema immer aus unterschiedlichen Perspektiven berichtet wird. Es kann interessant sein, verschiedene Standpunkte zu präsentieren.

Begriffsglossar

Ablass
Ab dem 12. Jahrhundert bot die Kirche Schriftstücke an, in denen stand, welche Sündenstrafen man durch eine bestimmte gute Tat erlassen bekommen konnte. Diese Schriftstücke wurden Ablassbriefe genannt.

absolute Armut
Wer weniger als 1,25 Dollar pro Tag für seinen Lebensunterhalt aufbringen kann, gilt als absolut arm.

absoluter Herrscher
Im 17. und 18. Jahrhundert beanspruchten die Fürsten fast überall in Europa die uneingeschränkte Macht im Staat. Ihr Vorbild war Ludwig XIV., der König von Frankreich.

Annexion, annektieren
von lat annectere = aneignen. Bezeichnung für die oft gewaltsame Aneignung von fremden Gebieten durch Staaten

Antisemitismus
(Judenfeindschaft) Ende des 19. Jahrhunderts entstandene Bewegung, nach deren wissenschaftlich nicht haltbaren „Rassenlehre" die „semitische (= jüdische) Rasse" eine minderwertige Menschenrasse darstellte, die andere Rassen durch Ausbeutung beherrschen wolle

Arbeit
Durch Arbeit werden z. B. Güter hergestellt oder Dienstleistungen erbracht. Es handelt sich um eine körperliche oder geistige Tätigkeit. Man unterscheidet zwischen der Arbeit der Berufstätigen (gegen Lohn), der Arbeit in Haushalt und Familie sowie ehrenamtlicher Arbeit.

Aufklärung
Der Begriff bezeichnet eine neue Denkweise im 18. Jahrhundert, die darauf abzielte, alle Gebiete des Lebens durch die Vernunft zu erklären und Erkenntnisse kritisch zu überprüfen. Die Aufklärer forderten von Staat und Kirche die Freiheit der Meinung.

Bindungen
Gemeint sind die Beziehungen zu unseren Eltern oder anderen Bezugspersonen.

Code Civil
Eine Sammlung von Gesetzen, welche die Rechte der Personen, der Güter und des Eigentums festlegten. Der Code Civil war lange Zeit das fortschrittlichste Gesetzbuch überhaupt.

Delikt
unerlaubte, rechtswidrige Handlung, die zum Schadenersatz verpflichtet. Kinder und Jugendliche von sieben bis 17 Jahren sind nur bedingt deliktfähig. Die Verantwortung für ihr Tun hängt von ihrer Einsicht und Reife ab.

demografischer Wandel
von „demos" = Volk und „graphe" = Schrift. Demografie ist die Lehre von der Entwicklung der Bevölkerung. Untersucht werden z. B. die Altersstruktur, das Verhältnis von Geburten und Sterbefällen sowie der Anteil von Männern und Frauen. Die Veränderungen werden als demografischer Wandel bezeichnet.

Demokratie
von griech. demos = Volk und kratia = Herrschaft. Demokratie heißt wörtlich übersetzt Volksherrschaft. In jeder Gesellschaft gibt es Grundsätze darüber, wer Entscheidungen trifft, an die sich alle halten sollen. In der Demokratie übernimmt diese Aufgabe das Volk, das entweder direkt abstimmt oder sich Vertreter und Vertreterinnen wählt.

demonstrieren
von lat. demonstrare = zeigen, hinweisen. Menschen versammeln sich in den Straßen oder auf einem öffentlichen Platz. Mit Plakaten, Spruchbändern und Sprechchören möchten sie auf ihre Meinungen und Forderungen aufmerksam machen. Das Recht zu demonstrieren ist im Grundgesetz verankert (Artikel 8: Versammlungsfreiheit).

Deutscher Bund
1815 als loser Zusammenschluss der 35 deutschen Fürstenstaaten und vier freien Städte gegründet. Bundeshauptstadt war Frankfurt, wo der aus den Vertretern der Bundesstaaten bestehende Bundestag tagte. Der Deutsche Bund galt als Nachfolgeeinrichtung des 1806 aufgelösten alten deutschen Reiches.

Digitale/Neue Medien
Dazu zählen Internet, Digitalradio und digitales Fernsehen, aber auch E-Books oder Computerspiele.

Direktorium
Regierung Frankreichs 1795–1799. Sie begünstigte das Besitzbürgertum und bekämpfte sowohl die Anhänger der alten Monarchie als auch die Jakobiner.

diskriminieren
von lat. discriminare = unterscheiden, abgrenzen. Jemanden benachteiligen oder herabwürdigen

Ehrenamt
Eine Tätigkeit, die aus persönlichem Engagement oder wegen der Ehre ausgeübt wird. Ehrenamtliche werden in der Regel nicht bezahlt.

Erziehung
Eltern, Lehrer usw. versuchen, die Heranwachsenden positiv zu beeinflussen, damit sie eigenständige und verantwortungsbewusste Persönlichkeiten werden.

Etat
Das Wort bedeutet im Französischen Staat, aber auch Staatshaushalt. Im Haushaltsbuch des Staates werden die Einnahmen (z. B. Steuern und Zölle) den Ausgaben gegenübergestellt. Zu den Ausgaben gehören auch die Zinsen und Tilgungen für die Schulden des Staates.

Etikette
So nannte man die komplizierten Regeln, die genau festlegten, wie man sich bei Hofe verhalten musste. Wer sich nicht „höflich" benahm, machte sich lächerlich.

evangelisch
Von Luther vorgeschlagene Bezeichnung für seine Lehre, die sich hauptsächlich auf die Evangelien in der Bibel stützte. Später bezeichnete man alle Kirchen, die aus der Reformation hervorgegangen sind, als evangelisch.

Export/Import
Export ist die Ausfuhr von Waren in ein anderes Land. Das Gegenteil ist der Import, also die Einfuhr von Waren.

Familie
Eine Lebensgemeinschaft, die zumeist aus Eltern und Kindern besteht. Familien können ganz unterschiedliche Formen haben.

Freiheitsbaum
Als am 14. Juli 1790 der erste Jahrestag des Sturms auf die Bastille gefeiert wurde, pflanzte man in allen Dörfern und Städten Frankreichs Freiheitsbäume.

Gemeinnützigkeit
Gemeinnützige Organisationen sollen selbstlos, zum Wohl der Allgemeinheit arbeiten. Dazu sind sie teilweise von Steuern befreit. Viele Organisationen in Forschung, Bildung, Erziehung, Kunst und Kultur oder Sport sind als gemeinnützig anerkannt.

Generalstände
Das war in Frankreich die Versammlung der drei Stände. Sie hatte das Recht, Steuern zu beschließen.

Generation
Menschen, die ähnlich alt sind und deshalb gemeinsame Erfahrungen usw. teilen, gehören zu einer Generation.

Geschäftsfähigkeit
Das Bürgerliche Gesetzbuch (§ 104 BGB) regelt das Recht, Geschäfte zu machen. 7- bis 17-Jährige sind nur beschränkt geschäftsfähig. Sie dürfen ohne Zustimmung der Eltern kleinere Kaufgeschäfte und Verträge abschließen, sofern für sie kein Nachteil oder keine Verpflichtungen entstehen (wie z. B. bei einem Handyvertrag).

gesetzliche Rentenversicherung
Die gesetzliche Rentenversicherung gehört zu den Sozialversicherungen. Vom Lohn der Arbeitnehmer geht ein monatlicher Pflichtbeitrag in die Rentenversicherung. Davon wird die Rente der älteren Menschen finanziert.

Gewaltenteilung
Trennung der Staatsgewalt in gesetzgebende Gewalt (Legislative), vollziehende Gewalt (Exekutive) und Rechtsprechung (Judikative).

Gewaltmonopol des Staates
Allein staatliche Organe (Gerichte, Polizei, Verwaltung) dürfen Gesetze ausführen und durchsetzen. Selbstjustiz ist verboten.

Gewerbesteuer
Steuer auf den Ertrag von Unternehmen.

Gewerkschaften
sind freiwillige Zusammenschlüsse der Arbeitnehmer. Sie vertreten gegenüber den Arbeitgebern die Interessen ihrer Mitglieder.

Gleichberechtigung
gleiche Rechte und Chancen für Männer und Frauen, z. B. im Beruf, bei Wahlen oder vor Gericht.

Gleichheit
Die Aufklärer hatten vor allem die politische und rechtliche Gleichheit aller Menschen im Sinn. Während der Französischen Revolution wandelte sich der Inhalt des Begriffs. Unter „Gleichheit" verstanden jetzt die ärmeren Schichten vor allem wirtschaftliche Gleichheit. Besitz und Einkommen der Menschen sollten ähnlich sein.

Gottesgnadentum
Wie Ludwig XIV. glaubten viele Könige von sich, sie seien Herrscher „von Gottes Gnaden". Auch die Kirche lehrte, alle Gewalt auf Erden komme nur von Gott.

Grundgesetz
Verfassung der Bundesrepublik Deutschland. Sie legt die wichtigsten politischen Regeln fest – dazu gehören die Grundrechte, der Aufbau des Staates und die Gewaltenteilung.

Grundsicherung
Der Lebensunterhalt wird aus staatlichen Leistungen gezahlt. Dies entspricht dem Arbeitslosengeld II.

Grundsteuer
Steuer auf das Eigentum an Grundstücken.

Guillotine
So heißt das Fallbeil, das der Arzt Guillotin erfunden hat, um Hinrichtungen „humaner" zu machen.

Imperialismus
von lat. imperium = Herrschaft, Reich. Allgemein bezeichnet der Begriff die Herrschaft eines Landes über die Bevölkerung anderer Länder. Im Zeitalter des Imperialismus von 1880 bis 1914 beherrschten die Industriestaaten Kolonialreiche in Afrika, Asien und im Pazifik.

Industrielle Revolution
Dieser Begriff beschreibt den Anfang des Industriezeitalters. Die Industrielle Revolution begann im 18. Jahrhundert in England. Sie veränderte die Arbeitswelt der Menschen grundlegend. Fabriken entstanden und mit Maschinen wurden Waren in viel größeren Mengen hergestellt.

Inflation
Wertverlust des Geldes. Der Staat lässt Geld drucken, die Warenmenge wird aber nicht vermehrt. Dies führt zu steigenden Preisen. Sachwerte wie Grundstücke oder Schmuck behalten ihren Wert.

investigativ
von lat. investigare = aufspüren. Investigativer Journalismus deckt Skandale in Politik oder Wirtschaft auf. Im Gegensatz zu schnellen Meldungen steht eine langfristige, gründliche und umfassende Recherche im Vordergrund.

Jakobiner
So nannte sich eine radikale politische Gruppe, die zu ihren Sitzungen in einem ehemaligen Sankt-Jakobs-Kloster zusammenkam.

Jobcenter
Jobcenter betreuen die Empfänger der Grundsicherung für Arbeitsuchende (ALG II). Sie werden von der Kommune und der Bundesagentur für Arbeit gemeinsam getragen.

Kaiserreich
Frankreich: So nennt man die Herrschaft Napoleons zwischen 1804 und 1815. Deutsches Reich: Bezeichnug für den deutschen Nationalstaat zwischen 1871 und 1918.

Kakaobaum
(Theobroma cacao) Der Name setzt sich aus den griechischen Wörtern „theos" (Gott), „broma" (Speise) und dem aztekischen Begriff „cacao" zusammen.

Klerus
Bezeichnung für den geistlichen Stand. Dazu gehören Bischöfe, Priester, Äbte, Mönche und Nonnen.

Kokarde
Wer seine revolutionäre Gesinnung zeigen wollte, trug ab 1789 ein Abzeichen in den Farben Blau-Weiß-Rot.

Kommunalwahl
von lat. communis = gemeinschaftlich. Die Gemeinde wird auch Kommune genannt. Die Kommunalwahl ist eine politische Wahl in einer Gemeinde, einem Landkreis oder einer Region.

Begriffsglossar

Konfession
bedeutet Bekenntnis. Unter den Christen gibt es unterschiedliche Bekenntnisse (z. B. römisch-katholisch, evangelisch-lutherisch oder evangelisch-reformiert).

Konflikt
von lat. conflictum = Zusammenstoß. Ein Konflikt ist eine Situation, in der Interessen, Ziele und Werte von Personen aufeinandertreffen und unvereinbar erscheinen.

Konsens
von lat. consensus = Übereinstimmung, Zustimmung. Menschen stimmen in ihrer Meinung oder Haltung überein.

konstitutionelle Monarchie
Der König ist als Staatsoberhaupt an eine Verfassung (Konstitution) gebunden. Seine Macht wird durch eine Volksvertretung (Parlament) eingeschränkt.

Konsulat
So bezeichnet man die Regierung des Generals Bonaparte zwischen 1799 und 1804.

Legitimität
„Rechtmäßigkeit". Auf dem Wiener Kongress wurde die Herrschaft von Fürsten, deren Vorfahren schon regiert hatten, als legitim angesehen.

Leserbrief
schriftliche Form der Meinungsäußerung. Der Leserbrief richtet sich an Zeitungen oder Zeitschriften und bezieht sich häufig auf ein behandeltes Thema. Die Zeitungen und Zeitschriften können den Leserbrief veröffentlichen.

liberal
von lat. liber = frei. Die Liberalen wollten einen freiheitlichen Verfassungsstaat, in dem Menschen- und Bürgerrechte garantiert waren.

Manufaktur
von lat. manu facere = mit der Hand herstellen. In den Manufakturen wurden Waren erstmals arbeitsteilig und von spezialisierten Handwerkern hergestellt. Die Manufakturen waren ein wesentlicher Schritt zu den späteren Fabriken.

Medien
lat. medium = Mitte, Mittelpunkt. Medien übermitteln und verbreiten Informationen vom Informationsgeber (z. B. Journalist) zu den Empfängern (z. B. Leser, Zuschauer, Zuhörer). Medien können auch der Kommunikation untereinander dienen.

Menschenrechte
Darunter versteht man Rechte, die allen Menschen ohne Ausnahme zustehen.

Merkantilismus
So heißt die Wirtschaftsform des Absolutismus. Nach französischem Vorbild förderten die Herrscher vor allem die Produktion von Luxusgütern und die Ausfuhr von Fertigwaren, um möglichst viel Geld in die Staatskasse zu bekommen.

Militarismus
Einstellung, die militärischen Lebensformen und Verhaltensweisen auch im gesellschaftlichen Alltag hohen Wert beimisst

Mission
von lat. missio = Sendung. Mission ist die Verbreitung des christlichen Glaubens. Immer wieder sind Missionare dabei auch gewaltsam vorgegangen.

Mobilmachung
Alle Streitkräfte eines Staates machen sich bereit für einen bevorstehenden Kriegseinsatz.

Monokulturen
sind Flächen, auf denen nur eine einzige Pflanze angebaut wird.

Nation
von lat. natio = Stamm, Volk. Heute fasst man darunter Menschen gleicher Sprache oder Staatsangehörigkeit zusammen.

Nationalismus
übertriebener Stolz auf die Leistungen und Werte des eigenen Volkes, manchmal verbunden mit einem übertriebenen Machtanspruch und mit der Herabsetzung anderer Völker

Nationalversammlung
Das ist eine Versammlung von gewählten Vertretern des Volkes, die eine Verfassung oder Gesetze erarbeiten sollen.

Neue Sachlichkeit
eine in den 1920er-Jahren in Deutschland aufgekommene Kunstrichtung, die die Wirklichkeit realistisch abbilden wollte und sich kritisch mit der Gesellschaft auseinandersetzte

Notverordnungen
konnte der Reichspräsident nach Artikel 48 der Weimarer Verfassung im Krisenfall erlassen. Sie hatten Gesetzeskraft. Damit wurde das Parlament aus dem Gesetzgebungsprozess ausgeschaltet.

Partizipation
(Teilhabe) In der Politik ist damit die Beteiligung und Mitwirkung der Bürgerinnen und Bürgern an politischen Entscheidungen gemeint.

Pazifismus
von lat. pax = Frieden. Einstellung von Personen, die Krieg zur Lösung von Konflikten grundsätzlich ablehnen.

Printmedien/Presse
engl. print = drucken. Printmedien sind auf Papier gedruckte Medien wie Zeitungen, Zeitschriften, Bücher, früher auch Flugblätter und Plakate. Regelmäßig erscheinende Druckerzeugnisse bezeichnet man als Presse (nach Joh. Gutenbergs Druckerpresse).

Privilegien
Sonderrechte für einzelne Personen oder Personengruppen im Staat

Proletarier
In der Zeit der Industrialisierung bezeichnete man die Masse der verelendeten Arbeiter als Proletariat (= Arbeiterklasse).

Protestanten
Auf dem Reichstag in Speyer 1529 protestierte die evangelische Minderheit gegen den Beschluss, Luthers Lehre zu verbieten. Seitdem werden die Anhänger der Reformation auch Protestanten genannt.

Rassismus
Anschauung, wonach Menschen aufgrund angeborener (äußerlicher) Eigenschaften in Rassen von unterschiedlichem Wert eingeordnet werden. Rassisten bewerten einen Menschen danach, ob er einer wertvollen oder minderwertigen Rasse angehört. Wissenschaftlich ist diese Lehre nicht haltbar.

Räte
von Arbeitern und Soldaten gewählte Vertreter. Ihr Vorbild waren die erstmals in Russland von Arbeitern, Soldaten und Bauern gewählten „Sowjets".

Räterepublik
Die Herrschaft wird über Räte ausgeübt. Arbeiter oder Betriebe entsenden direkt Vertreter in die Räte. Bei Abstimmungen entscheiden die Vertreter nicht nach ihrem eigenen Gewissen, sondern müssen im Sinne der Basis abstimmen. Im Rätesystem gibt es keine Gewaltenteilung – die Räte agieren als Gesetzgeber, Regierung und Gericht zugleich.

Reformation
Bewegung zur Erneuerung der Kirche. Sie wurde von Martin Luther ausgelöst und führte schließlich zur Spaltung der Kirche.

Regel
von lat. regula = Maßstab, Richtschnur. Richtlinie für das Handeln

relative Armut
Wer weniger als 50 Prozent des durchschnittlichen Einkommens in Deutschland zur Verfügung hat, gilt als relativ (vergleichsweise) arm.

Reparationen
von lat. reparare = wiederherstellen. Wiedergutmachung für die Schäden eines Krieges, welche die Besiegten in Form von Sachgütern und/oder Geldzahlungen leisten müssen

Republik
Bei dieser Staatsform wird das Volk als höchste Gewalt angesehen. Regierung und Parlament werden nur auf Zeit gewählt.

Restauration
lat. restaurare = wiederherstellen. Die Fürsten versuchten nach 1815, die Zustände wiederherzustellen, wie sie vor der Französischen Revolution gewesen waren.

Revolution
Darunter versteht man einen zumeist gewaltsamen Umsturz der staatlichen und gesellschaftlichen Ordnung.

Rundfunk
Der Begriff umfasst den Hörfunk (Radio) und das Fernsehen. In Deutschland gibt es öffentlich-rechtliche und private Rundfunksender.

Schulpflicht
Die Pflicht (und das Recht), zur Schule zu gehen, beginnt in Deutschland für alle Kinder meist ab sechs Jahren. Es ist auch die Aufgabe der Eltern, dafür zu sorgen, dass ihr Kind in die Schule geht.

Schutzgebiete
von privaten Gesellschaften erworbene und verwaltete Gebiete in Übersee, die unter dem Schutz des deutschen Kaisers standen. Der Begriff wurde von Bismarck geprägt aufgrund seiner Abneigung gegen den staatlichen Erwerb von Kolonien. Er sollte verdeutlichen, dass es sich nicht um Kolonien des Deutschen Reiches handelte.

Schwarzmarkt
von den Behörden nicht erlaubter Handel mit Waren. Auf dem Schwarzmarkt werden meist willkürlich festgesetzte Höchstpreise verlangt.

Slawen
sprachverwandte Völker im Osten und Südosten Europas, u.a. Tschechen, Serben, Polen, Russen

sozial
von lat. socius = gemeinsam, verbunden. Sozial meint, auf eine Gruppe gerichtet zu sein.

Soziale Frage
Sammelbegriff für die sozialen Probleme, die mit der Industrialisierung entstanden: Kinderarbeit, lange Arbeitszeiten, schlechte Wohnverhältnisse sowie Verelendung der Arbeiterschicht.

soziale Rolle
Das Verhalten, das von Menschen entsprechend ihrer Stellung erwartet wird, nennt man soziale Rolle.

Soziale Schichten
dienen zur Einteilung der Mitglieder einer Gesellschaft nach Merkmalen wie Herkunft, Beruf, Bildung, Einkommen, Besitz usw. Häufig ist die Einteilung in Ober-, Mittel-, Unterschicht.

Sozialversicherung
Arbeitnehmer und Arbeitgeber sind verpflichtet, Beiträge an die gesetzliche Sozialversicherung zu zahlen. Die Höhe hängt vom Bruttolohn des Arbeitnehmers ab. Es gibt heute fünf Säulen der Sozialversicherung: Krankenversicherung (seit 1883), Unfallversicherung (seit 1884), Rentenversicherung (seit 1889), Arbeitslosenversicherung (seit 1927) und Pflegeversicherung (seit 1995).

Spartakusbund
Im Spartakusbund vereinten sich während des Ersten Weltkrieges in Deutschland Menschen, deren Ziel eine internationale Revolution der Arbeiterklasse war.

Staatshaushalt
Ausgaben und Einnahmen des Staates

Ständegesellschaft
Darunter versteht man die Einteilung der Gesellschaft in Adel, Klerus und Bürgertum. Die Zugehörigkeit zu einem Stand war in der Regel durch die Geburt vorgegeben.

Stellungskrieg
Kampfhandlungen, bei denen sich der Frontverlauf zwischen den kämpfenden Parteien über längere Zeit nicht ändert. Sie werden meist von Schützengräben und Bunkern aus geführt.

Strafgesetzbuch
Im Strafgesetzbuch (StGB) ist festgelegt, welche Handlungen strafbar sind. Es besteht seit 1871, wurde aber seitdem mehrfach überarbeitet. So wurde vor einigen Jahren Computerbetrug als Straftat bestimmt und neu ins StGB aufgenommen.

Strafmündigkeit
Jugendliche ab 14 Jahren können für rechtswidrige Handlungen von einem Gericht mit Strafen belegt werden. Bei Straftätern zwischen 18 und 21 Jahren kann – je nach Reife und Einsicht – das Erwachsenenstrafrecht oder Jugendstrafrecht angewendet werden.

Sünden
Handlungen eines Menschen, mit denen er gegen göttliche Gebote verstößt

Toleranz
von lat. tolerare = erdulden. Andere Meinungen, Haltungen und Handlungen (z.B. auch Religionen) werden geduldet bzw. als gleichwertig anerkannt.

Ultimatum
letzte Mahnung, bis zu einem bestimmten Zeitpunkt Forderungen zu erfüllen, um Krieg zu vermeiden

USPD
Aus Protest gegen die Unterstützung des Ersten Weltkrieges durch die SPD hatte eine Gruppe von SPD-Reichstagsabgeordneten 1917 eine eigene Partei gegründet – die Unabhängige Sozialdemokratische Partei Deutschlands (USPD).

Begriffsglossar und Register

Vereinte Nationen
engl.: United Nations Organisation (UNO). Zusammenschluss von 193 Mitgliedstaaten. Ziel ist es, den Weltfrieden zu erhalten, Konflikte friedlich zu lösen und die Menschenrechte zu achten.

Waffenstillstand
vorläufige Einstellung von kriegerischen Handlungen zwischen Kriegsparteien, meist gefolgt von Friedensverhandlungen

Wahlrecht
(nach der Verfassung von 1871: allgemein, gleich, geheim) Alle Männer ab 25 Jahren durften in geheimer Stimmabgabe, wobei jede Stimme gleich viel zählte, den Reichstag wählen. Mit der Weimarer Verfassung von 1918/1919 erhielten auch Frauen das Wahlrecht.

Weltwirtschaftskrise
große Wirtschaftskrise, die ab 1929 alle Industrieländer erfasste. Sie begann am Donnerstag, 24. Oktober 1929, in New York. An der dortigen Börse brachen die Kurse ein, weil Aktien zuvor weit über Wert gehandelt worden waren. Banken wurden zahlungsunfähig, Betriebe mussten ihre Produktion einstellen. In Amerika ging der Tag als „Schwarzer Donnerstag" in die Geschichte ein, in Europa wegen der Zeitverschiebung als „Schwarzer Freitag".

Westfälischer Friede
Die 1648 abgeschlossenen Friedensverträge des Kaisers mit Frankreich und Schweden beendeten den Dreißigjährigen Krieg. Die Bezeichnung „Westfälischer Friede" hängt mit den Verhandlungsorten Münster und Osnabrück zusammen, die beide dem Westfälischen Reichskreis angehörten.

Zehnt/Kirchenzehnt
Der Zehnt war eine Steuer an die Kirche, die den zehnten Teil der Getreideernte betrug. Oft wurde der Zehnt auch in Geld bezahlt.

Zensur
Kontrolle der Medien, z. B. durch den Staat. Das heißt, die Inhalte werden vor ihrer Veröffentlichung überprüft und können verboten werden.

Zinsen
Vergütung für geliehenes Geld. Sowohl für das Leihen als auch für das Verleihen von Geld werden Zinsen fällig.

Verwendete Abkürzungen:
Abb. = Abbildung;
amerik. = amerikanisch;
bosn.-serb. = bosnisch-serbisch;
brit. = britisch;
bürgerl. = bürgerlich;
dt. = deutsch;
elektr. = elektrisch;
elsäss. = elsässisch;
engl. = englisch;
evang. = evangelisch;
fläm. = flämisch;
frz. = französisch;
griech. = griechisch;
ital. = italienisch;
kathol. = katholisch;
kirchl. = kirchlich;
niedersächs. = niedersächsisch;
österr. = österreichisch;
polit. = politisch;
preuß. = preußisch;
röm. = römisch;
russ. = russisch;
schott. = schottisch;
schwäb. = schwäbisch;
span. = spanisch

Hinweise:
→ Verweis auf ein Stichwort
~ ersetzt das Stichwort bei Wiederholung

Halbfett gesetzt sind Begriffe, die im Mini-Lexikon des Buches erläutert werden und im Begriffsglossar stehen. Bei Herrschern und kirchlichen Amtsträgern werden die Regierungs-/Amtsdaten, bei allen anderen Personen die Lebensdaten angegeben.

14-Punkte-Plan (→ Wilson) 152

Ablass 22, 23; ~ brief 22 ff.; ~handel 22, 24
absolute Armut 262
absoluter Herrscher 38
Absolutismus 36 ff., 119, 268 (Abb.)
Achtstundentag (Arbeiter) 84, 88
Adel/Adlige 8, 10, 28, 30, 38, 52, 60, 120; ~, frz. 52
Adenauer, Konrad (1876–1967), dt. Staatsmann u. erster Bundeskanzler (1949–1963) 141 (Abb.)
Afrika 12, 14 f., 128
Aktien 172
Alleinerziehende 190 (Abb.), 191, 264
Allgemeine Erklärung der Menschenrechte der UNO (1948) 247
Allgemeiner Deutscher Arbeiterverein (ADAV) 86 f.
Amerika → USA
Angestellte 122, 169, 180 f., 250, 253

Annexion/annektieren 142
Antike 44
Antisemitismus 124, **125**
Arbeit 192, 246 ff., 249 (Abb.), **250**, 262
Arbeiter(klasse) 84 f., 92 f., 162, 164
Arbeiterparteien, dt. (Gründung) 75
Arbeitervereine 86 f.
Arbeitgeber 86, 88, 92 f., 250, 256, 258
Arbeitnehmer 86, 92 f., 250, 256, 258, 260
Arbeitslose/Arbeitslosigkeit 174 (Abb.), 175, 180, 258, 259 (Abb.), 264 f.
Arbeitslosengeld (I und II) 258 f., 261
Arbeitslosenversicherung 92, 156, 174, 258
Arbeitsteilung (Produktion) 12, 267
Arbeitswelt 76, 154, 162, 267
Arkwright, Richard (1732–1792), engl. Erfinder 76
Armut 17, 260, 262 ff.
Asien 12, 128
Attentat von Sarajevo (1914) 129, 146, 147 (Abb.)
Aufklärer 36, 48, 68
Aufklärung 48, 49 ff., 214
Augsburger Religionsfrieden (1555) 21, 30
Ausbildung 92, 218, 229, 251, 253, 263
Außenpolitik, dt. 138 f.
Automatisierung (Produktion) 267
Azteken 8, 10 (Abb.)

Balkan(staaten) 142, 143 (Abb.)
Ballhausschwur (1789) 54, 56 (Abb.), 57 (Abb.)
Banken 172
Barrikadenkämpfe (Berlin 1848) 108, 109 (Abb.)
Bauern 26 ff., 58, 60; ~heere 28
Bauernkrieg (1524/25) 20, 28 (Abb.), 29
Baumwollfabrik 76, 77 (Abb.)
Beamte 17, 30 (Abb.), 44, 65, 94, 110, 122, 162, 168, 180 f., 250
Bebel, August (1840–1913), dt. Politiker u. Sozialdemokrat 86, 90
Bedürfnispyramide (→ Maslow) 248 (Abb.)
Bedürfnisse 109, 212, 238, 246, 248, 262
Befreiungskriege (1813 → Napoleon) 100, 101 (Abb.)
Behring, Emil von (1854–1917), dt. Mediziner 120
Belgien 133, 148 ff.
Bergarbeiter/Bergleute 84 f.
Bergbau/Bergwerke 80, 81 (Abb.), 84 (Abb.)
Berichterstattung (Medien) 245
Berlin 121, 153 (Abb.), 155 (Abb.), 164 (Abb.), 170 f., 172 (Abb.), 173 (Abb.)
Berliner Blutwoche (1919) 164
Beruf/Berufstätigkeit 91, 122, 124, 154 f., 181, 192, 247, 250, 252 ff., 261
Berufsausbildung → Ausbildung
Berufsverbot 104
Beteiligungsformen 206 f.
Bibel 24, 48; ~übersetzung (→ Luther) 24 f.
Bild(manipulation) 242 (Abb.), 243 (Abb.)
Bildung 48, 90, 122, 232, 240

Bindungen 188
Bismarck, Otto von (1815–1898), dt. Staatsmann u. erster Reichskanzler (1871–1890) 86, 92, 114, 115 (Abb.), 116, 118, 136 f., 138 f., 140 (Abb.)
Böhmen 108
Börse 172
Brüning, Heinrich (1885–1970), dt. Politiker u. Reichskanzler (1930–1932) 176
Bundesagentur für Arbeit 258 (Abb.)
Bündnispolitik, dt. 138, 139 (Abb.)
Bürgerliches Gesetzbuch 193, 218
Bürgermeister 200, 202, 203 (Abb.), 207
Bürgertum 52, 110, 118, 120 ff.
Burschenschaften (Studentenvereinigung), dt. 104

Caritas (kathol. Hilfswerk) 92
Chamberlain, Sir Joseph Austen (1863–1937), brit. Staatsmann u. Außenminister 131
Chaplin, Charlie (1889–1977), brit. Schauspieler u. Regisseur 74, 75 (Abb.)
Clemenceau, Georges (1841–1929), frz. Ministerpräsident 157
Code Civil 70, **71**
Colbert, Jean-Baptiste (1619–1683), frz. Staatsmann u. Wirtschaftspolitiker 46 f.
Computer 150, 196, 220, 232, 243; ~betrug 220
Cortéz, Hernando (1485–1547), span. Eroberer 10
Cyber Mobbing 241 (Abb.)

Dampfmaschine 74, 76 (Abb.), 77 ff.
Dänemark 30, 133
Danton, Georges Jacques (1759–1794), frz. Rechtsanwalt u. Revolutionär 68
David, Jacques-Louis (1748–1825), frz. Maler 56, 71
DDP (Deutsche Demokratische Partei) 164
Delikt 218, 219
demografischer **Wandel** 260
Demokratie 198, 214
demonstrieren 206
Deutsche Einheit → Wiedervereinigung
Deutscher Bund 102
Deutscher Bundestag 113 (Abb.), 198 (Abb.)
Deutscher Gewerkschaftsbund 91
Deutscher Presserat 236 f.
Deutscher Zollverein (1834) 74, 78, 79 (Abb.)
Deutsch-Französischer Krieg (1870/71) 114, 116
Diderot, Denis (1713–1784), frz. Philosoph u. Schriftsteller 51 (Abb.)
Digitale/Neue Medien 232
Direktorium 69, 70
diskriminieren 196
Dix, Otto (1891–1969), dt. Maler u. Grafiker 170
Döblin, Alfred (1878–1957), dt. Schriftsteller 170
Dolchstoßlegende 166

287

Register

Dreieckshandel 9, 12, 13 (Abb.)
Drei-Klassen-Wahlrecht (Preußen) 119
Dreißigjähriger Krieg (1618–1648) 21, 30 ff., 203
Dritter Stand 52, 54, 56, 58 f.
Dunant, Henri (1828–1910), Schweizer Begründer des → Roten Kreuzes 145

Ebert, Friedrich (1871–1925), dt. Staatsmann u. Reichspräsident (1919–1925) 162, 164
Ehrenamt 254, 255, 264, 265 (Abb.)
Einkommen 17, 52, 68, 84, 93, 122, 192, 257, 262
Eisenach 24, 86
Eisenbahn(bau) 78 f.
Eisenbahnnetz (Deutschland) 79 (Abb.)
Eisenbahnstrecke, erste dt. (Nürnberg-Fürth) 75, 78 (Abb.)
Eisenerzförderung (Ruhrgebiet 1854–1869) 83 (Abb.)
Elsass-Lothringen 138
Eltern 71, 124, 149, 174 f., 188, 190 f., 193, 196, 215, 228, 255, 260, 263 f.
Emanzipation 90 f.
England (Großbritannien) 76 ff., 86, 100, 128, 133, 138 f., 152, 156
Entente cordiale (Bündnis Frankreich/England 1904) 138
Erklärung der Menschen- und Bürgerrechte (1789) 60 (Abb.), 61
Erklärung der Rechte der Frau und Bürgerin (1791) 61
Erster Weltkrieg 128 f., 145 ff., 149 (Abb.), 150 ff., 159 f., 162, 166, 177, 182, 270 (Abb.)
Erwachsenenstrafrecht 218 f.
Erwerbsarbeit 250 (Abb.), 251
Erwerbsformen 250, 251 (Abb.)
Erzberger, Matthias (1875–1921 ermordet), dt. Politiker u. Wegbereiter d. dt. Demokratie 166
Erziehung 190, 191
Etat 44
Etikette 39
Europa 8 ff., 16 f., 21 ff., 30, 98, 101 (Abb.), 116, 128 ff., 160
Europäisierung 12 f.
evangelisch 24
Evangelium 24 f., 29
Exekutive (vollziehende Gewalt) 50, 64, 73, 217; → Gewaltenteilung
Expertenbefragung 226 f.
Export 46

Fabrik(besitzer) 76, 80, 84 f., 94 (Abb.)
Fabrikmuseum „Nordwolle" 94 (Abb.), 95 (Abb.)
Familie 91, **190** (Abb.), 191 (Abb.), 192 f., 262
Familienformen 190, 191 (Abb.)
Fernsehen 233; Sendeformate im ~ 233 (Abb.)
Flandern 148, 149 (Abb.), 150 (Abb.)

Flottenpolitik, dt. 128, 138 f.
Flüchtlinge 214, 245
Flugblatt 22 (Abb.), 54, 86 (Abb.), 232
Frankfurter Paulskirche 54, 110 (Abb.), 111 ff.
Frankreich 30 f., 36 ff., 100 f., 133, 138 f., 148 ff., 156, 168
Franz Ferdinand (1863–1914 ermordet), österr. Thronfolger 142, 146 f.
Franz Joseph I. (1848–1916), österr. Kaiser 117
Französische Revolution (1789) 36 f., 54 ff., 104, 214, 268 (Abb.)
Frauen(bewegung) 61 (Abb.), 90 f., 122 f., 144, 154; ~ patriot. 61 (Abb.); ~wahlrecht 90
Freiheit, Gleichheit, Brüderlichkeit (→ Französische Revolution) 36, 60
Freiheitsbaum 66, 67 (Abb.)
Freikorps 164
Frieden von Nimwegen (1678) 38
Friedensgesellschaften (Gründung) 144
Friedenskonferenzen (Den Haag) 144
Friedrich II. der Große (1712–1786), preuß. König (1740–1786) 50
Friedrich III. der Weise (1463–1525), Kurfürst von Sachsen 24
Fürsten 38, 98, 102; ~, dt. 24, 27 ff., 99 f., 115 (Abb.); ~heere 28

Galilei, Galileo (1564–1642), ital. Naturforscher 48
Gandhi, Mahatma (1869–1948), ind. Politiker u. Philosoph 187
Gemeinde 200 ff.; ~rat 200
Gemeinnützigkeit 240
Generalstände 53, 54 (Abb.)
Generation 190
Generationenvertrag 260
Gerichte (Justiz) 38, 50, 64, 68 f., 124, 164, 193, 197, 212 ff., 216, 220, 222 ff., 229
Gerichtsbarkeit 53, 216 (Abb.), 217
Geschäftsfähigkeit 218
Gesellenvereine, kathol. 92
gesetzliche Rentenversicherung 260
Gewaltenteilung 50, 164, 204
Gewaltmonopol des Staates 216
Gewerbesteuer 200
Gewerkschaften 86, 92
Glaubensfreiheit 30
Gleichberechtigung 192
Gleichheit 68
Goldene Zwanziger Jahre 160, 170 f.
Gottesgnadentum 38
Gouges, Olympes de (eigtl. Marie Aubry, 1748–1793 hingerichtet), frz. Frauenrechtlerin 61
Großbritannien → England
Grosz, Georg (1893–1959), dt. Maler 175, 182
Grundbedürfnisse 248

Grundgesetz 196, 206, 212, **214**, 236 f., 252, 256
Grundherr 26, 28
Grundrechte 111, 214 f.
Grundsicherung 258, **261**
Grundsteuer 200
Grundwerte (Gesellschaft) 196 (Abb.), 197
Gruppe (soziale) 188 (Abb.), 189
Guillotine 69

Hambacher Fest (1832) 99, 104 (Abb.)
Hannover 41 (Abb.), 174, 222 f., 245
Hargreaves, James (um 1720–1778), engl. Erfinder 76
Hartz IV → Arbeitslosengeld II
Haushalt (Familie) 192 f.
Haushaltsplan (Gemeinde) 200
Heer, frz. 44 f.
Hegemonialstreit 31
Heilige Allianz (Bündnis Russland/Österreich/Preußen) 102
Heimarbeit 77 (Abb.)
Herrenhausen (Schloss) 41 (Abb.)
Herrscherporträt 42 f.
Hindenburg, Paul von (1847–1934), dt. Generalfeldmarschall u. Reichspräsident (1924–1933) 152, 166, 176
Hinrichtungen 28, 29 (Abb.), 37, 62, 63 (Abb.), 66, 68 f.
Hitler, Adolf (1889–1945), dt. Diktator u. Reichskanzler (1933–1945) 106, 168, 176, 180 f.
Hitler-Putsch (1923) 168, 180
Hoffmann von Fallersleben, Heinrich (1798–1874), dt. Dichter 106 (Abb.), 107
Hörfunk → Radio

Imperialismus 130, 270 (Abb.)
Import 46
indigene Völker 134
Industrialisierung → Industrielle Revolution
Industriearbeiterinnen, dt. 154 (Abb.)
Industrielle Revolution 74, **76**, 77 ff., 269 (Abb.)
Inflation 168 (Abb.), 169 (Abb.)
Information(sbeschaffung) 198, 204, 224, 226, 230 ff., 252 f.
Innere Mission (evang. Hilfswerk) 92
Internationaler Frauentag 90 f.
Internet 74, 204 f., 215, 219, 230, 232 f., 234 f., 238 ff., 242, 245, 252 f., 267
investigativ 240, 241
Italien 30, 108, 133, 138, 161

Jakobiner 68, **69**
Japan 130, 133, 138
Jobcenter 258
Journalismus/Journalisten 112, 234 f.
Juchacz, Marie (1879–1956), dt. Politikerin 90
Juden 124 f.

288

Judikative (Rechtsprechung) 30, 44, 50, 64 f., 217, 224; → Gewaltenteilung
Jugendgerichtsgesetz 222
Jugendstrafrecht 218 f.
Justitia, altröm. Göttin der Gerechtigkeit 216 (Abb.)
Justiz 44, 224

Kaiserproklamation (→ Versailles 1871) 114, 115 (Abb.)
Kaiserreich 70
Kakao 8 (Abb.), 9 (Abb.), 10 f.; ~ernte 11 (Abb.); ~handel 16 f.
Kakaobaum 10, 11 (Abb.), 13, 19 (Abb.)
Kamerun 14
Kant, Immanuel (1724-1804), dt. Philosoph 49
Karikatur, polit. 58 f., 105, 140 f.
Karl V. (1519-1556), röm.-dt. Kaiser 24 (Abb.), 30, 35 (Abb.)
Karlsbader Beschlüsse (1819) 104 f.
Kepler, Johannes (1571-1630), dt. Astronom u. Mathematiker 48
Kinderarbeit 17, 86, 92
Kinderrechte 215
Kirche, evang./kathol. 20 ff., 92, 268
Kirchenspaltung 24
Kirchenzehnt/Zehnt 26
Klassenrat 194, 195 (Abb.), 199
Kleinstaaten (Zersplitterung) 30
Klerus 52, 54, 60
Koch, Robert (1843-1910), dt. Bakteriologe 120
Kohle(bergbau) 80 f., 84
Kokarde 66
Kolonialmächte → Kolonien
Kolonialsystem, dt. 15 (Abb.), 136 f.
Kolonien/Kolonialisierung 8 f., 12, 13 (Abb.), 14 ff., 128 ff., 132 (Abb.), 133 (Abb.), 134 ff.
Kolping, Adolf (1813-1865), Priester u. Vereinsgründer 92 (Abb.)
Kolumbus, Christoph (1451-1506), ital. Seefahrer 10, 12
Kommunalwahl 200
Kompromiss 194 f., 198
Konfession 31
Konflikt 194, 198, 229
Konsens 197
konstitutionelle Monarchie 62
Konsulat 70
Kontinentalsperre (1806) 100
Kopernikus, Nikolas (1473-1543), dt. Arzt u. Astronom 48
KPD (Kommunistische Partei Deutschlands) 164, 173, 176, 178, 180
Krankenversicherung 92 f., 256 f.
Kriegsflotte, dt. 116 f.
Kriegsfotografie 150 (Abb.), 151 (Abb.)
Krupp, Alfred (1812-1887), dt. Industrieller 80, 92
Krupp, Friedrich (1787-1826), dt. Industrieller 80

Landwirtschaft, 53, 76, 122, 183, 267
Lassalle, Ferdinand (1825-1864), dt. Politiker 86
Legislative (gesetzgebende Gewalt) 50, 64, 73, → Gewaltenteilung
Legitimität 102
Lenin (Uljanow), Wladimir I. (1870-1924), russ. Revolutionär u. Begründer der UdSSR 152
Leserbrief 207, 238
liberal 104
Liebknecht, Karl (1871-1919), dt. Politiker 162 ff.
Liebknecht, Wilhelm (1826-1900), dt. Politiker 86, 87 (Abb.)
Lied, polit. 106 f.
Livingstone, David (1813-1873), schott. Missionar u. Afrikaforscher 14
Lloyd George, David (1863-1945), brit. Politiker 157
Lokomotive, elektr. 75, 78 (Abb.), 79
Ludendorff, Erich (1865-1937), preuß. General 152, 166
Ludwig XIV. (1638-1715), frz. König (1643-1715) 36, 38 (Abb.), 39, 42 (Abb.), 44, 46
Ludwig XVI. (1754-1793 hingerichtet), frz. König (1774-1792) 37, 52, 54 (Abb.), 56, 62 (Abb.), 63 (Abb.), 66
Luther, Martin (1483-1546), dt. Kirchenreformator 20, 22 f., 24 (Abb.), 25 (Abb.), 27, 29 f., 35 (Abb.)
Luxemburg, Rosa (1870-1919), dt. Politikerin 164

Manipulation 231, 240
Manufaktur 8, **12**, 47 (Abb.), 52
Maria Theresia (1717-1780), österr. Kaiserin 49
Marie Antoinette (1755-1793), frz. Königin 54 (Abb.), 62
Materialschlachten (→ Erster Weltkrieg) 148, 154
Maya 8, 10, 11 (Abb.)
Mediation/Mediator 229
Medien 204, 205 (Abb.), 224 f., 230 ff.; Rolle d. ~ 204 (Abb.)
Mediendemokratie 238 f.
Meinungsbildung 230 f., 234, 235 (Abb.), 245
Menschenrechte 50, 60 f., 104, 196, 214, 218
Merkantilismus 46, 47
Metternich, Klemens Fürst von (1773-1859), österr. Staatsmann 102, 104 f.
Militarismus 120, 121
Minderheiten 124 f., 194
Mission 134
Mitbestimmung 198, 200 f.
Mobilmachung 146
Moctezuma/Montezuma (um 1460-1520), letzter Herrscher d. → Azteken 10
Mohammad (um 570-632), Begründer/ Stifter d. Islam 236

Monarchie (Alleinherrschaft) 69; ~, absolute 65; ~ konstitutionelle 65
Monokulturen 12
Montesquieu, Charles Louis de Secondat (1689-1755), frz. Schriftsteller u. Philosoph 51 (Abb.)
Mussolini, Benito (1883-1945), ital. Diktator 161

Nachrichten 224, 232 ff., 240, 245 (Abb.); ~agenturen 234
Napoléon Bonaparte (1769-1821), frz. Staatsmann u. Kaiser (1804-1814) 37, 70 (Abb.), 71 (Abb.), 98, 100 (Abb.), 101, 108, 116
Napoléon III. (1808-1873), frz. Kaiser (1852-1870) 114
Nation 54
Nationalgefühl 100
Nationalhymne, dt. 106, 107 (Abb.)
Nationalismus 116, 117
Nationalversammlung 54, 61, 110; ~, dt. 54, 110 f., 112 (Abb.), 113, 164, 185; ~, frz. 54, 56
Neue Sachlichkeit 170
Neues Testament 24 f.
New York 88, 121, 161, 172
Newton, Isaac (1642-1727), engl. Physiker 48
Niedersachsen 31, 200
Nobelpreise 120
Normen 196
Noske, Gustav (1868-1946), SPD-Politiker 164
Notverordnungen 164, **176**, 177 (Abb.)
Novemberrevolution Deutschland (1918) 160, 162, 166
NSDAP (Nationalsozialistische Arbeiterpartei) 168, 173, 176, 178, 180, 181 (Abb.), 185

Oktoberrevolution (Russland 1917) 129, 152, 160
Olmeken 8, 10
Osnabrück 30 f., 202 (Abb.), 203 (Abb.)
Österreich/Österreich-Ungarn 62, 66, 70, 100, 102, 124, 138 f., 142 f., 146 f., 156
Otto-Peters, Louise (1819-1895), Begründerin der dt. bürgerl. → Frauenbewegung 90 (Abb.)

Paris 36, 47, 60, 62, 63, 70, 268 (Abb.)
Pariser Friedensverträge → Versailler Vertrag
Parlament (Volksvertretung) 50, 62, 73, 90, 110 f., 118, 164 f., 176 f., 180, 198, 216; Jugend~ 207; Vor~ (1848) 110
Partizipation 238, 248, 262
Pazifismus 144
Peters, Carl (1856-1918), dt. Afrikaforscher u. Kolonialpolitiker 137 (Abb.)
Pflegeversicherung 92, 156
Pflichtbeiträge (Versicherung) 258, 260

Register

Pflichten 218 f.
Plakate, polit. 166 (Abb.), 167 (Abb.), 178 (Abb.), 179, 185 (Abb.), 210, 232
Plantagen(wirtschaft) 12 ff.
Podiumsdiskussion 227 (Abb.)
Polen 124, 156
Politik 198 f.
Politikzyklus 208 (Abb.), 209 (Abb.), 211 (Abb.)
Portugal 12, 133
Prager Fenstersturz (1618) 30 (Abb.)
Präsidialregierungen (1930-1933) 176, 177 (Abb.), 182
Pressefreiheit 104, 108, 231, 236 f.
Pressekodex 236 f.
Preußen 100, 102, 119, 124
Priester 52, 66
Princip, Gavrilo (1894-1918), bosn.-serb. Nationalist u. polit. Attentäter 146
Printmedien/Presse 232
Privilegien 52, 60
Proletarier 86
Protestanten 30

Radio 170 f., 204, 207, 215, 230, 232, 234, 238, 245, 252; ~ Rundfunk
Rassen(lehre) 125, 134
Rassismus 134
Rat der Volksbeauftragten 162 (Abb.)
Räte 162
Räterepublik 164
Rathenau, Walther (1867-1922 ermordet), Außenminister d. → Weimarer Republik 166
Raues Haus (evang. Kindereinrichtung) 92
Rechte 218 f.
Rechtssicherheit → Sicherheit, persönl.
Rechtsstaat 212 f.
Rechtsstufen 218 (Abb.)
Reformation 20, 22, **24**, 30, 268 (Abb.)
Regel 188, 196
Reichsacht (Kirchenbann) 24
Reichsgründung (1871) 99, 114 ff.
Reichspräsident 176
Reichstag 118 f., 164 f.
Reichstag in Speyer (1526) 30
Reichstag in Worms (1521) 24
Reichstagswahlen 176 ff., 180 (Abb.), 181 (Abb.), 185
Reichsverfassung (1849) 110 f.
relative Armut 262
Rente 256, 260 f.
Rentner 181, 250, 261, 264
Reparationen 156, 168
Republik 62
Restauration 104
Revolution 1848 (Märzrevolution) 99, 108 f.
Revolution 54
Rheinbund 100
Rigaud, Hyacinthe (1659-1743), frz. Maler 42 f.

Robespierre, Maximilien (1758-1794), frz. Revolutionär 64, 68, 69 (Abb.), 70
Rohrbach, Jacob (hingerichtet 1525), dt. Bauernführer 29, 35 (Abb.)
Röntgen, Conrad (1845-1923), dt. Physiker 120
Roon, Albrecht von (1803-1879), preuß. Generalfeldmarschall 115 (Abb.)
Rotes Kreuz (Gründung) 145
Rousseau, Jean-Jacques (1712-1778), Genfer Philosoph u. Schriftsteller (frz. Sprache) 51 (Abb.)
Ruhrbesetzung (1923) 168
Ruhrgebiet 80, 81 (Abb.)
Ruhrkampf (1923-1925) 168 f.
Rundfunk 170, **232**, 234, 237 f.
Ruskin, John (1819-1900), englischer Sozialreformer 247
Russische Revolution → Oktoberrevolution
Russland 100 ff., 124, 129, 133, 138 f., 152, 156, 160
Russlandfeldzug (1812) 100
Rüstungsbetriebe, dt. 154 (Abb.)

Sansculotten 66 (Abb.), 67, 69
Scheidemann, Philipp (1865-1939), dt. Politiker 162 ff.
Schlesischer Krieg 114
Schokolade 8 ff., 12, 16 (Abb.), 17, 19 (Abb.)
Schulpflicht 218
Schutzbriefe 136 f.
Schutzgebiete 136
Schwarzmarkt 154
Seeblockade, brit. 154
Selbstjustiz 216
Selbstständige 181, 250, 258
Sensations-Journalismus 224 f., 240
Serbien 142 f., 146 f.
Sicherheit, persönl. 60, 122, 156, 163, 165, 202, 212 f., 216 ff., 248, 256, 260
Siemens, Werner von (1816-1892), dt. Erfinder 75
Sklaven/Sklaverei 8 ff.; ~schiff 12 (Abb.)
Slawen 142
Söldner 32, 66
Solidaritätsprinzip 256 f.
Sowjets 162
sozial 256
Sozialdemokratie/SPD 86 f., 90, 162 ff.
Soziale Frage 86, 256
soziale Rolle 188, 189
soziale Schichten 122 (Abb.), 123 (Abb.)
Sozialgesetze 92
Sozialisation 189
Sozialismus 160
Sozialistengesetz 86
Sozialstaat 256, 264
Sozialversicherung 75, **92**, 93 (Abb.), 256 f., 260
Spanien 31, 100, 133
Spartakusaufstand 164 (Abb.)

Spartakusbund 162, 164
Spinnerei/Spinnen, maschinelles 76
Staat, absolutistischer 45 (Abb.)
Staatsformen (Modelle) 73 (Abb.)
Staatsgewalt 50, 64 f., 165
Staatshaushalt 168; ~, frz. 53 (Abb.)
Ständegesellschaft 52
Ständeversammlung → Generalstände
Steinkohleförderung (Ruhrgebiet/Deutschland 1840-1910) 83 (Abb.)
Stellungskrieg 148
Stephenson, Robert (1781-1848), brit. Eisenbahningenieur 78
Steuern 26, 44, 52 f., 60, 73, 200, 256
Strafgesetzbuch 220, 221 (Abb.)
Strafmündigkeit 219
Straftat 220 f.
Strafverfahren 222 (Abb.), 223
Streich 220
Streik/Streikverbot 86, 88 (Abb.), 89 (Abb.)
Streitgespräch 227 (Abb.)
Streitschlichter 229 (Abb.)
Studenten(bewegung) 104
Sturm auf die Bastille (1789) 37, 55 (Abb.), 66
Sünden 22
Suttner, Bertha von (1843-1914), dt. Pazifistin 144 (Abb.)

Tafeln (gemeinnützige Vereine) 264 (Abb.), 265 (Abb.)
Telefonvermittlung (Berlin) 121 (Abb.)
Terrorherrschaft (1793/94) 37, 68 f.
Tetzel, Johannes (um 1465-1519), kirchl. → Ablasshändler 23
Textilindustrie 94
Thesen/~anschlag (→ Luther) 20, 22 ff.
Toleranz 196

U-Boot-Krieg (1917) 152
Ultimatum 146
Unfallversicherung 92 f., 256
UN-Kinderrechtskonvention 215
Unschuldsvermutung 224
USA 9 f., 88, 129 f., 133 f., 152, 156, 172
USPD (Unabhängige Sozialdemokratische Partei Deutschlands) **162**, 164

Venezuela 12
Verbrechen 220
Verdun (Schlacht 1916) 148
Vereinte Nationen 214
Verelendung 86
Verfassung (Deutsches Reich) 118 (Abb.), 119
Verfassung, dt. → Grundgesetz
Verfassung, frz. 54, 62, 64 (Abb.), 66
Vergehen 220
Vermögen 28, 52, 77, 262
Versailler Vertrag (1919) 129, 156, 157 (Abb.), 166 f.
Versailles 40 (Abb.), 41 (Abb.), 60, 115

Versammlungsfreiheit 206
Völkerbund (1919) 156
Völkerschlacht bei Leipzig (1813) 100
Volksherrschaft → Demokratie
Voltaire (1694-1778, eigtl. François Marie Arouet), frz. Schriftsteller u. Philosoph 50 (Abb.), 51 (Abb.)
Vorverurteilung 224

Waffenstillstand 152, 166
Wahlkampfplakate 178, 185
Wahlrecht 118, 119; ~ preuß. 118f.
Währungsreform 168
Wallenstein (1583-1634), dt. Feldherr 32
Wallfahrt 22
Wandervogelbewegung 122
Wartburgfest (1817) 106 (Abb.)
Watt, James (1736-1819), engl. Ingenieur u. Erfinder 74, 76

Weimarer Republik 160f., 164ff., 271 (Abb.)
Weimarer Verfassung 90, 164, 165 (Abb.), 176f.
Weltwirtschaftskrise (1929) 161, **172**, 173 (Abb.), 176
Werte 196f.
Westfälischer Friede (1648) 21, **30**
Wichern, Johann Hinrich (1808-1881), dt. Pfarrer 92 (Abb.)
Wiener Kongress 98, 102 (Abb.), 103 (Abb.)
Wilhelm I. (1797-1888), erster dt. Kaiser (1871-1888) 114, 115 (Abb.), 116
Wilhelm II. (1859-1941), dt. Kaiser (1888-1918) 116, 117 (Abb.), 138ff., 152
Wilson, Thomas Woodrow (1856-1924), US-amerik. Präsident (1913-1921) 152

Witbooi, Hendrik (um 1830-1905), Häuptling der Nama (Südwestafrika) 15
Wohlfahrtsausschuss (→ Französische Revolution) 64
Wohnungen/Wohnungsnot 84, 86, 95 (Abb.)
Wünsche 186, 188, 204, 248, 254

Zehnt/Kirchenzehnt 26
Zeitungen/Zeitschriften (→ Printmedien) 48, 67, 70, 86, 104, 106, 117, 170, 173, 204, 207, 215, 230, 232ff., 238, 252
Zensur 104, 150, **236**, 237
Zentrum (Partei) 166
Zetkin, Clara (1857-1933), dt. Politikerin u. Frauenrechtlerin 90 (Abb.)
Zinsen 168
Zweiter Weltkrieg 160

Textquellenverzeichnis

Kolonialhandel und Welthandel – das Beispiel Kakao

S. 13, Q2: Jorge Amado, Das Land der goldenen Früchte, Verlag Volk und Welt, Berlin 1953, S. 176 f. (Übers.: Herbert Bräuning)

S. 15, Q2: Marie Pauline Thorbecke, Auf der Savanne. Tagebuch einer Kamerunreise, Mittler Verlag, Berlin 1914, S. 126 f.

S. 15, Q3: Hendrik Witbooi, Afrika den Afrikanern! Aufzeichnungen eines Nama-Häuptlings aus der Zeit der deutschen Eroberung Südwestafrikas 1884 bis 1894, hg. von Wolfgang Reinhard, Dietz Verlag, Berlin/Bonn 1982, S. 132 f.

S. 17, Q1: http://greenpeace-magazin.de/index.php?id=5752 (Zugriff: 30.10.2012), Autor: Michael Obert

S. 13, D1: Daten: Europäische Föderation der Agrar-, Lebensmittel- und Tourismusbeschäftigten (EFFAT) 2009/3

Europa im Glauben gespalten

S. 23: Q2 Helmar Junghans (Hg.), Die Reformation in Augenzeugenberichten, (Rauch) Düsseldorf 1967, S. 43 (bearb. v. Verf.)

S. 23: Q3 Helmar Junghans (Hg.), Die Reformation in Augenzeugenberichten, (Rauch) Düsseldorf 1967, S. 58

S. 25: Q2 Johannes Cochläus, Historia Martini Lutheri, Ingolstadt 1582 (bearb. v. Verf.)

S. 27: Q2 Günther Franz, Deutsche Agrargeschichte von den Anfängen bis zur Gegenwart, (Klett) Stuttgart 1966, S. 9 f.

S. 27: Q3 Fritz Dickmann (Bearb.), Renaissance, Glaubenskämpfe, Absolutismus (Geschichte in Quellen, Bd. 3), (Bayerischer Schulbuch Verlag) München 1966, S. 149 f.

S. 29: Q1 Fritz Dickmann (Bearb.), Renaissance, Glaubenskämpfe, Absolutismus (Geschichte in Quellen, Bd. 3), (Bayerischer Schulbuch Verlag) München 1966, S. 154

S. 29: Q2 Wilfried Danner (Hg.), Vom Zeitalter der Entdeckungen bis zum Ende des 19. Jahrhunderts (Geschichtliche Weltkunde. Quellenlesebuch, Bd. 2, hg. v. Wolfgang Hug,), (Diesterweg) Frankfurt/Main 1980, S. 51 f.

S. 31: D1 Michael Schaper, in: Geo Epoche Nr. 29/2008, S. 3

Absolutismus und Französische Revolution

S. 39: Q2 Saint-Simon, Memoiren; zit. nach: Theodor Steudel, Der Fürstenstaat, (Teubner) Berlin 1933, S. 1 ff. (bearb. v. Verf.)

S. 39: Q3 Louis XIV, Mémoires, veröff. v. Jean Longnon, (Tallandier) Paris 1927 (übers. v. Klaus Leinen)

S. 45: Q2 Fritz Dickmann (Bearb.), Renaissance, Glaubenskämpfe, Absolutismus (Geschichte in Quellen, Bd. 3), 2. Aufl., (Bayerischer Schulbuch Verlag) München 1976, S. 451 f.

S. 47: Q2 Denkschrift Colberts für den König vom 3. August 1664, zit. nach: Fritz Dickmann (Bearb.), Renaissance, Glaubenskämpfe, Absolutismus (Geschichte in Quellen, Bd. 3), 2. Aufl., (Bayerischer Schulbuch Verlag) München 1976, S. 448

S. 47: Q3 Bericht des Botschafters der Republik Venedig in Frankreich, zit. nach: Thomas Schuler/Hans-Georg Hofacker (Hg.), Geschichtsbuch 2. Die Menschen und ihre Geschichte in Darstellungen und Dokumenten, übers. v. Hilke Günther-Arndt, Frankfurt/Main 1987, S. 159

S. 49: Q3 Wolfgang Kleinknecht/ Herbert Krieger, Die Neuzeit (Materialien für den Geschichtsunterricht in mittleren Klassen, Bd. 4), (Klinkhardt & Biermann) Braunschweig 1963, S. 187

S. 49: Q4 Immanuel Kant, Was ist Aufklärung, in: Werke, Bd. 9, (WBG) Darmstadt 1975, S. 53 f.

S. 51: Q3 Zit. nach: Heinrich Weinstock (Hg.): Jean-Jacques Rousseau, Der Gesellschaftsvertrag oder die Grundsätze des Staatsrechts, übers. v. Dieter Ferchl, Leipzig 1963, S. 30, 36

S. 53: Q2 Zit. nach: Histoire-Geographie, Bd. 4, (Hatier) Paris 2002, S. 60 f. (übers. v. Rebecca Leinen)

S. 60: Q1 Zit. nach: Déclaration des droits de l'homme et du citoyen, 26. August 1789, in: Bibliothèque Jeanne Hersch, Textes fondateurs. Sources françaises, in: http://www.aidh.org/Biblio/Text_fondat/FR_02.htm (übers. v. Rebecca Leinen) (Zugriff: 22.5.2012)

S. 61: Q2 Zit. nach: Olympe de Gouges, Déclaration des droits de la femme et de la citoyenne, 1791, in: Bibliothèque Jeanne Hersch, Textes fondateurS. Sources françaises, in: http://www.aidh.org/Biblio/Text_fondat/FR_03.htm (übers. v. Rebecca Leinen) (Zugriff: 22.5.2012)

S. 63: Q3 Zit. nach: Ulrich Friedrich Müller, Die Französische Revolution, Lesewerk zur Geschichte, (Langewiesche-Brandt) Ebenhausen 1961, S. 46

S. 65: Q1 Zit. nach: http://www.verfassungen.eu/f/fverf93-i.htm (Zugriff: 23.5.2012) Originalquelle: Günther Franz, Staatsverfassungen, (Oldenbourg) München 1950

S. 67: Q3 Le Père Duchesne, 1793, zit. nach: Histoire-Geographie, Bd. 4, (Hatier) Paris 2002, S. 78 (übers. v. Rebecca Leinen)

S. 69: Q2 Zit. nach: Martin Göhring, Geschichte der großen Revolution, Bd. 2, (Mohr) Tübingen 1951, S. 382

S. 71: Q3 Code Civil vom 21. März 1804, zit. nach: gallica. Bibliothèque Numérique, in: http://gallica.bnf.fr/ark:/12148/bpt6k1061517/f3.image.r=.langFR (übers. v. Rebecca Leinen) (Zugriff: 23.5.2012)

Industrielle Revolution

S. 77: Q2 Horst Mönnich, Aufbruch ins Revier. Aufbruch nach Europa, (Bruckmann) München 1971, S. 54

S. 79: Q2 Zit. nach: Dieter Bradtke, Die Industrielle Revolution in Deutschland, (Klett) Stuttgart 1985, S. 20

S. 79: Q3 Friedrich Harkort, in: Hermann, Nr. 26 v. 30.3.1825

S. 79: D2 Zit. nach: Jürgen Kocka/Bernd Mütter, Wirtschaft und Gesellschaft im Zeitalter der Industrialisierung, 1. Nachdruck, (Bayerischer Schulbuch Verlag) München 1984, S. 54 ff.

S. 81: Q3 Zit. nach: Bodo Harenberg (Hg.), Chronik des Ruhrgebietes, (Deutscher Bücherbund) Stuttgart/München 1987, S. 186

S. 82: D2 Bodo Harenberg (Hg.), Chronik des Ruhrgebietes, (Deutscher Bücherbund) Stuttgart/München 1987, S. 632

S. 83: D3 Zit. nach: Wilhelm Treue/Karl-Heinz Manegold/Herbert Pönicke, Quellen zur Geschichte der industriellen Revolution, (Musterschmidt) Göttingen u. a. 1966, S. 99 sowie Wolfgang Köllmann, Die industrielle Revolution, (Klett) Stuttgart 1987, S. 51

S. 83: D4 Zit. nach: Heinz Günther Steinberg, Das Ruhrgebiet im 19. und 20. Jahrhundert – ein Verdichtungsraum im Wandel, in: Siedlung und Landschaft in Westfalen – landeskundliche Karten und Hefte 16, (Selbstverlag) Münster 1985, S. 21

S. 85: Q2 Die Gartenlaube. Illustriertes Familienblatt, Nr. 31, 1875, S. 199, D1, zusammengest. v. Verf.

S. 205: Q2 Jürgen Reulecke/Burkhard Dietz (Hg.), Mit Kutsche, Dampfross, Schwebebahn, (Schmidt) Neustadt 1984, S. 140

S. 87: Q2 Georg Herwegh, Herweghs Werke in drei Teilen, hg. von Hermann Tardel, hier Teil 3, (Bong) Berlin 1909, S. 88 f.

S. 87: Q3 Zit. nach: Bodo Harenberg (Hg.), Chronik des Ruhrgebietes, (Deutscher Bücherbund) Stuttgart/München 1987, S. 172

S. 91: Q3 In: Der Textilarbeiter, Nr. 6, o.O., 1909

S. 91: D2 Zit. nach: Statistisches Bundesamt, Pressemitteilung Nr. 331 v. 8.9.2009

S. 91: Q4 In: http://www.frauenpolitik-bw.dgb.de/index_html?-C= (Zugriff: 02/2011)

S. 93: Q3 Bote vom Niederrhein v. 12.1.1866, zit. nach: Stadt Duisburg, Dezernat für Bildung und Kultur/Hartmut Pietsch (Hg.): Industrialisierung und soziale Frage in Duisburg, (Braun) Duisburg 1982, S. 63

Deutsche streben nach Einheit und Freiheit

S. 103: Q2 Hilde Spiel (Hg.), Der Wiener Kongress in Augenzeugenberichten, (dtv) München 1978, S. 74

S. 105: Q2 Wolfgang Hardtwig/Helmut Hinze (Hg.), Deutsche Geschichte in Quellen und Darstellung, Bd. 7, Vom Deutschen Bund zum Kaiserreich 1815–1871, (Reclam) Stuttgart 1997, S. 100/101

S. 107: Q3 Hoffmann von Fallersleben, Das Lied der Deutschen, zit. nach: Lebendige Vergangenheit 3, (Klett) Stuttgart 1992, S. 64

S. 109: Q2 Karl Obermann (Hg.), Flugblätter der Revolution 1848/49, (dtv) München 1972, S. 47ff.

S. 109: Q3 Walter Grab (Hg.), Die Revolution von 1848/49. Eine Dokumentation, (Reclam) Stuttgart 1998, S. 46f.

S. 111: Q2 Ernst Rudolf Huber (Hg.), Quellen zum Staatsrecht der Neuzeit, Bd. 1, (Matthiesen) Tübingen 1949, S. 257ff.

S. 117: Q2 Ernst Johann (Hg.), Reden des Kaisers Ansprachen, Predigten und Trinksprüche Wilhelms II., 2. Aufl., (dtv) München 1977, S. 89

S. 117: Q3 Stefan Zweig, Die Welt von gestern. Erinnerungen eines Europäers, (S. Fischer) Frankfurt/Main 1955, S. 196

S. 119: Q1 Heinrich von Sybel, Das neue deutsche Reich, in: ders., Vorträge und Aufsätze, 2. Aufl., Berlin 1874/1875, S. 32

S. 119: Q2 Zit. nach: Iring Fetscher (Hg.), Karl Marx/Friedrich Engels. Studienausgabe in 4 Bänden, Bd. 3, (Fischer Bücherei) Frankfurt/Main 1966, S. 232/233, 237

S. 119: Q3 August Bebel, Die Sozialdemokratie im deutschen Reichstag, Bd. 1, Berlin 1909, S. 3f.

S. 121: Q3 Gerhard A. Ritter/Jürgen Kocka (Hg.), Deutsche Sozialgeschichte. Dokumente und Skizzen, Bd. 2, 1870–1914, 2. Aufl., (C. H. Beck) München 1977, S. 17–19

S. 121: Q4 Gerhard A. Ritter/Jürgen Kocka (Hg.), Deutsche Sozialgeschichte. Dokumente und Skizzen, Bd. 2, 1870–1914, 2. Aufl., (C. H. Beck) München 1977, S. 77

S. 125: Q2 Otto Glagau, Der Börsen und Gründungsschwindel, 1876, zit. nach: Harry Pross (Hg.), Die Zerstörung der deutschen Politik. Dokumente 1871–1933, (Fischer Bücherei) Frankfurt/Main 1959, S. 253

S. 125: Q3 Walter Rathenau an die deutschen Juden, zit. nach: Rüdiger vom Bruch/Björn Hofmeister (Hg.), Deutsche Geschichte in Quellen und Darstellung, Bd. 8, Kaiserreich und Erster Weltkrieg 1871–1918 (Reclam) Stuttgart 2000, S. 153–155

S. 127: Q1 Ludwig Pfau: Badisches Wiegenlied, in: Lebendige Vergangenheit 3, (Klett) Stuttgart 1992, S. 64

Imperialismus und Erster Weltkrieg

S. 137: Q2 Zit. nach: Wolfgang J. Mommsen, Imperialismus. Seine geistigen, politischen und wirtschaftlichen Grundlagen. Ein Quellen- und Arbeitsbuch, (Hoffmann & Campe) Hamburg 1977, S. 122f.

S. 137: Q3 Carl Peters, Wie Deutsch-Ostafrika entstand, (Voigtländer) Leipzig 1912, S. 27ff.

S. 139: Q2 Zit. nach: Erwin Hölzle (Hg.), Quellen zur Entstehung des Ersten Weltkrieges. Internationale Dokumente 1901–1914, (WBG) Darmstadt 1978, S. 76, (bearb. d. Verf.)

S. 139: Q3 Zit. nach: Rolf Eckart (Hg.), Das Zeitalter des Imperialismus. Kaiserreich und Erster Weltkrieg 1871–1914, (Goldmann) München o.J., S. 118

S. 143: Q2 Conrad von Hotzendorf, Aus meiner Dienstzeit 1906–1918, Bd. 3, Wien 1922, S. 12f.

S. 143: Q3 Zit. nach: Wolfgang Kleinknecht/Herbert Krieger (Hg.), Materialien für den Geschichtsunterricht in den mittleren Klassen, Bd. 5, (Diesterweg) Frankfurt/Main 1965, S. 140

S. 145: Q2 Zit. nach: Heinrich Schulthess (Hg.), Europäischer Geschichtskalender, Nördlingen 1898, S. 326ff.

S. 145: Q3 Vertrauliche Mitteilung des französischen Ministerpräsidenten an den deutschen Botschafter in Paris über Frankreichs Haltung auf der Konferenz, zit. nach: Karl Heinrich Peter (Hg.), Proklamationen und Manifeste zur Weltgeschichte II. Von Marx bis De Gaulle, (Goldmann) München o.J., S. 92

S. 147: Q2 Ludger Grevelhörster, Der Erste Weltkrieg und das Ende des Kaiserreichs. Geschichte und Wirkung, (Aschendorff) Münster 2004, S. 34f.

S. 149: Q2 Zit. nach: Ernst Johann (Hg.), Innenansicht eines Krieges. Deutsche Dokumente 1914–1918, (dtv) München 1973, S. 58

S. 149: Q3 Zit. nach: Philipp Witkop (Hg.), Kriegsbriefe gefallener Studenten, München 1928, S. 90

S. 153: Q3 Zit. nach: Bernd Ulrich/Benjamin Ziemann (Hg.), Frontalltag im Ersten Weltkrieg. Wahn und Wirklichkeit. Quellen und Dokumente, (Fischer Taschenbuch) Frankfurt/Main 1994, S. 203f.

S. 155: Q2 Zit. nach: Ernst Johann (Hg.), Innenansicht eines Krieges. Deutsche Dokumente 1914–1918, (dtv) München 1973, S. 148

S. 155: Q3 Zit. nach: Ernst Johann (Hg.), Innenansicht eines Krieges. Deutsche Dokumente 1914–1918, (dtv) München 1973, S. 181

S. 157: Q2 Zit. nach: Werner Conze/Karl-Georg Faber/August Nitschke (Hg.), Funk-Kolleg Geschichte, Bd. 2, (Fischer Taschenbuch), Frankfurt/Main 1981, S. 233 (bearb. d. Verf.)

S. 157: Q3 Zit. nach: Walter Tormin, Die Weimarer Republik, 10. Aufl., (Fackelträger) Hannover 1973, S. 99

Die Weimarer Republik

S. 163: Q2 Gerhard A. Ritter/Susanne Miller (Hg.), Die deutsche Revolution 1918–1919. Dokumente, 2., erheblich erw. u. überarb. Aufl., (Fischer Taschenbuch) Frankfurt/Main 1983, S. 77ff.

S. 165: Q2 Stenographische Berichte des Reichstages Bd. 427, (Verlag des Buchdrucks der Norddeutschen Allgemeinen Zeitung) Berlin S. 4728

S. 167: Q2 Kurt Tucholsky, Gesammelte Werke. Bd. 2: 1919–1920, (Rowohlt) Reinbek 1975, S. 205

S. 167: D1 Eberhard Kolb, Die Weimarer Republik, 3. Aufl., (Oldenbourg) München 1993, S. 35

S. 169: Q2 Zit. nach: Rudolf Pörtner (Hg.), Alltag in der Weimarer Republik. Erinnerungen an eine unruhige Zeit, (Econ) Düsseldorf 1990, S. 34f.

S. 169: D1 Zusammengestellt vom Verf.

S. 171: Q2 Leonhard Frank, Links, wo das Herz ist, (dtv) München 1963, S. 113f.

S. 171: Q3 Zit. nach: Heinrich August Winkler/Alexander Cammann (Hg.), Weimar. Ein Lesebuch zur deutschen Geschichte 1918–1933, (C. H. Beck) München 1997, S. 146f.

S. 173: Q1 Günther Prien, Mein Weg nach Scapa Flow, in: Christian Geißler (Hg.), Das Dritte Reich mit seiner Vorgeschichte, Lesewerk zur Geschichte, Bd. 9, (Langewiesche-Brandt) Ebenhausen 1961, S. 55

Textquellenverzeichnis

S. 175: Q2 Schulchronik der Schule Lucienstraße, Altona (Hamburg), 1932, zit. nach: Zeiten und Menschen, Bd. 4, Neue Ausgabe B, (Schöningh) Paderborn 1983, S. 65, bearb. v. Günter Moltmann

S. 175: Q3 Arbeiter-Illustrierte-Zeitung 1930, Nr. 5

S. 177: Q2 Zit. nach: Thomas Berger/Karl-Heinz Müller/Hand-Gert Oomen (Hg.), Entdecken und Verstehen, Rheinland-Pfalz/Saarland, Bd. 3, (Cornelsen), Berlin S. 95

S. 177: D2 Zit. nach: Horst Möller, Weimar. Die unvollendete Demokratie, (dtv) München 1985, S. 192

S. 181: Q2 Zit. nach: Wolfgang Michalka/Gottfried Niedhart (Hg.), Deutsche Geschichte 1918–1933. Dokumente zur Innen- und Außenpolitik, (Fischer Taschenbuch) Frankfurt/M. 1992, S. 186

S. 181: D2 nach Jürgen W. Falter, Hitlers Wähler, (C.H. Beck) München 1991, S. 288

S. 181: D3 nach Jürgen W. Falter, Hitlers Wähler, (C.H. Beck) München 1991, S. 297

S. 183: D1 Eberhard Kolb, Die Weimarer Republik, (Oldenbourg) München 1993, S. 144 ff.

Was ist Politik?

S. 186: Zitat 1 Bernhard Sutor, in: Detlef Dechant/Hans-Werner Kuhn/Markus Gloe/Alexander Linden/Tonio Oeftering, Das Image der Politik und der Politiker. Wahrnehmung und Selbstwahrnehmung politischer Akteure, Bundeszentrale für politische Bildung, Bonn 2009, S. 54

S. 187: Zitat 2 http://www.politikundunterricht.de/2_3_06/demokratie.pdf, S. 62 (Zugriff: 09.11.2012), Autor: Mahatma Gandhi

S. 187: Zitat 3 Kurt Sontheimer, in: Detlef Dechant/Hans-Werner Kuhn/Markus Gloe/Alexander Linden/Tonio Oeftering, Das Image der Politik und der Politiker. Wahrnehmung und Selbstwahrnehmung politischer Akteure, Bundeszentrale für politische Bildung, Bonn 2009, S. 54

S. 189: M3 http://www.zitate-online.de/sprueche/historische-personen/18512/erkenne-wer-du-im-kern-deines-wesens-bist.html (Zugriff: 9.11.2012), Autor: Pindar

S. 189: M4 Hanno Drechsler/Wolfgang Hilligen/Franz Neumann, Gesellschaft und Staat. Lexikon der Politik, 8. Aufl., (Vahlen) München 1992, S. 626 f. (sprachl. leicht vereinfacht)

S. 191: M3 Herbert Gudjons, Pädagogisches Grundwissen, 8. Aufl. (Klinkhardt) Bad Heilbrunn 2003, S. 185

S. 191: M4 Statistisches Bundesamt, Bevölkerung und Erwerbstätigkeit. Haushalte und Familien – Ergebnisse des Mikrozensus 2011, Wiesbaden 2012, https://www.destatis.de/DE/Publikationen/Thematisch/Bevoelkerung/HaushalteMikrozensus/HaushalteFamilien2010300117004.pdf?__blob=publicationFile, https://www.destatis.de/DE/ZahlenFakten/GesellschaftStaat/Bevoelkerung/HaushalteFamilien/Tabellen/Familienformen.html (Zugriff: 27.09.2012)

S. 193: M4 Bürgerliches Gesetzbuch, § 1619 Dienstleistungen in Haus und Geschäft, http://www.gesetze-im-internet.de/bgb/__1619.html (Zugriff: 09.11.2012)

S. 195: M3 http://www.hanisauland.de/lexikon/k/kompromiss.html (Zugriff: 09.11.2012), Autoren: Gerd Schneider/Christiane Toyka-Seid

S. 197: M2 Hans-Jürgen Schlösser, Wirtschaftspolitik und gesellschaftliche Grundwerte, in: Informationen zur politischen Bildung, Nr. 294/2007, S. 4, http://www.bpb.de/izpb/8449/wirtschaftspolitik-und-gesellschaftliche-grundwerte?p=all, vom 05.07.2007 (Zugriff: 12.11.2012)

S. 197: M3 Bundesverfassungsgericht, http://www.bpb.de/nachschlagen/lexika/handwoerterbuch-politisches-system/40276/freiheitlich-demokratische-grundordnung (Zugriff 31.08.2012), zit. nach: Uwe Andersen, Woyke Wichard (Hg.), Handwörterbuch des politischen Systems der Bundesrepublik Deutschland, 5. aktual. Aufl., (Leske+Budrich) Opladen 2003

S. 199: M3 Christine Schulz-Reiss, Nachgefragt Politik, Basiswissen zum Mitreden, 3. Aufl., (Loewe) Bindlach 2005, S. 12

S. 199: M5 Spiegel Online, Jugendfrust über Politikersprech „Was labert der denn?", http://www.spiegel.de/politik/deutschland/jugendfrust-ueber-politikersprech-was-labert-der-denn-a-771267.html, vom 29.06.2011 (Zugriff: 07.11.2012), Autor: Annett Meiritz

S. 205: M3 Kathrin Kaschura, Politiker als Prominente – die Sicht der Zuschauer, in: Inszenierte Politik, APuZ 7/2006, S. 20

S. 207: M2 Nordsee-Zeitung, Der Skater Park soll kommen, http://www.nordsee-zeitung.de/index.php?artikel=-Der-Skater-Park-soll-kommen-&arid=766859&pageid=17, vom 21.06.2012 (Zugriff: 07.11.2012)

S. 207: M3 Werner Lachenmeier (Hg.), Kinderbeteiligung: Kinder vertreten ihre Interessen selbst, Online-Familienhandbuch des Staatsinstituts für Frühpädagogik, München, https://www.familienhandbuch.de/familienpolitik/regionale-und-kommunale-familienpolitik/kinderbeteiligung-kinder-vertreten-ihre-interessen-selbst, zuletzt geändert am 15.02.2010 (Zugriff: 09.11.2012) (sprachl. vereinfacht), Autorin: Jana Frädrich

Gerechtigkeit für alle?
Leben im Rechtsstaat

S. 212: Zitat 1 Das junge Politik-Lexikon (Schriftenreihe Bd. 1423), Bundeszentrale für politische Bildung, 2013, Stichwort „Rechtsstaat"

S. 213: Zitat 2 Uwe Wesel, Recht, Gerechtigkeit und Rechtsstaat im Wandel. Essay vom 19.8.2011, http://www.bpb.de/apuz/33172/recht-gerechtigkeit-und-rechtsstaat-im-wandel-essay?p=all (Zugriff: 29.6.2015)

S. 213: Zitat 3 http://www.aphorismen.de/zitat/208627 (Zugriff: 30.6.2015)

S. 219: M3 Knobbe, Martin: Steckbriefe alltäglicher Gewalt, Stern, Heft 3/2008 (gekürzt). http://www.stern.de/panorama/jugendkriminalitaet-steckbriefe-alltaeglicher-gewalt-607883.html; vom 20.01.2008 (Zugriff: 12.11.2012)

S. 221: M5 Strafgesetzbuch, http://www.gesetze-im-internet.de/stgb/ (Zugriff: 30.6.2015)

S. 225: M3 Tobias Opitz: „Nicht zur Abschreckung geeignet" Interview mit Hans-Jürgen Gebhardt, in: Süddeutsche Zeitung vom 10. Mai 2010, http://www.sueddeutsche.de/panorama/interview-mit-verkehrsexperten-nicht-zur-abschreckung-geeignet-1.663779 (Zugriff: 30.6.2015)

S. 225: M4 Hans Mathias Kepplinger, Komplexe Medienwirkungen. Zum Einfluss von Medien auf Strafverfahren, in: Journalistik Journal vom 7.10.2012, http://journalistik-journal.lookintomedia.com/?p=880 (Zugriff: 30.6.2015)

S. 225: M2 Schlagzeile 1 „Polizei sicher…", Bild-Zeitung vom 29. August 2003, zit. nach: http://www.verkehrsportal.de/cgi-bin/vp_foren.cgi?msg-41929!2003 (Zugriff: 30.6.2015)

S. 225: M2 Schlagzeile 2 „Die Kollegen…", http://www.ksta.de/panorama/die-kollegen-nennen-ihn--turbo-rolf-,15189504,14112846.html (Zugriff: 30.6.2015)

S. 225: M2 Schlagzeile 3 „Staatsanwalt fordert…", http://www.bz-berlin.de/artikel-archiv/staatsanwalt-fordert-im-autobahn-raser-prozess (Zugriff: 30.6.2015)

Machen Medien Meinungen?

S. 230: Zitat 1 Werner Braun, http://www.aphorismen.de/zitat/80450 (Zugriff: 18.5.2015)

S. 231: Zitat 2 Albert Camus, http://www.zitate.eu/de/zitat/194864/albert-camus (Zugriff: 18.5.2015)

S. 231: Zitat 3 Arthur Miller, http://www.gutzitiert.de/zitat_autor_arthur_miller_thema_medien_zitat_2444.html (Zugriff: 18.5.2015)

S. 235: M3 Fiete Stegers, Wie Journalismus heute funktioniert. 17 Behauptungen, 7.9.2009, http://www.netzjournalismus.de/2009/09/07/wie-journalismus-heute-funktioniert-17-behauptungen/ (Zugriff: 2.6.2015)

S. 237: M2 Grundgesetz, Artikel 5, http://www.bundestag.de/bundestag/aufgaben/rechtsgrundlagen/grundgesetz/gg_01.html (Zugriff: 09.11.2012)

S. 237: M4 Pressekodex des Deutschen Presserates, Fassung vom 11.3.2015, zit. nach: http://www.presserat.de/pressekodex/pressekodex/ (Zugriff: 18.5.2015)

S. 239: M3 https://www.abgeordnetenwatch.de/ueber-uns (Zugriff: 20.5.2015)

S. 241: M2 Netzwerk Recherche, https://netzwerkrecherche.org/nonprofit/warum/ (Zugriff: 21.5.2015)

S. 241: M4 Medienpädagogischer Forschungsverbund Südwest, http://www.mpfs.de/fileadmin/JIM-pdf14/JIM-Studie_2014.pdf, S. 40 (Zugriff: 30.6.2015)

S. 245: M1 Schlagzeile 1 Reimar Paul, Prahlereien per WhatsApp hatten Methode, http://www.zeit.de/gesellschaft/zeitgeschehen/2015-05/bundespolizei-misshandlung-fluechtlinge (Zugriff: 21.5.2015)

S. 245: M1 Schlagzeile 2 Jörn Kießler, Weitere Vorwürfe gegen Polizisten, http://www.haz.de/Hannover/Aus-der-Stadt/Uebersicht/Immer-neue-Vorwuerfe-gegen-Polizisten (Zugriff: 21.5.2015)

S. 245: M1 Schlagzeile 3 Angelika Henkel/Stefan Schölermann, Flüchtlinge in Polizeizelle gequält?, http://www.ndr.de/nachrichten/niedersachsen/hannover_weser-leinegebiet/Fluechtlinge-in-Polizeizelle-erniedrigt,misshandlung136.html (Zugriff: 21.5.2015)

S. 245: M1 Schlagzeile 4 dho/DPA, Hab den weggeschlagen. Nen Afghanen, http://www.stern.de/panorama/polizei-in-hannover-misshandelt-fluechtlinge-polizei-prahlt-via-whatsapp-hab-den-weggeschlagen-nen-afghanen-2194657.html (Zugriff: 21.5.2015)

S. 245: M1 Schlagzeile 5 Wie viele Polizisten sind in Folter-Skandal verwickelt?, http://www.bild.de/news/inland/fluechtling/hannover-fluechtlinge-gequaelt-wie-viele-polizisten-in-folter-skandal-verwickelt-41009368.bild.html (Zugriff: 21.5.2015)

Leben, um zu arbeiten?
Arbeiten, um zu leben?

S. 246: Zitat 1 Marc Aurel, http://www.aphorismen.de/zitat/15901 (Zugriff: 17.6.2015)

S. 247: Zitat 2 Allgemeine Erklärung der Menschenrechte (Resolution 217A (III) der Generalversammlung vom 10. Dezember 1948), Artikel 23(1), http://www.un.org/depts/german/grunddok/ar217a3.html (Zugriff: 12.11.2012)

S. 247: Zitat 3 John Ruskin, http://www.aphorismen.de/zitat/54995 (Zugriff: 17.6.2015)

S. 248: M1 Daten: Abraham Maslow, Motivation and personality, New York 1954, S. 388f.

S. 250: M1 Statistisches Bundesamt, Volkswirtschaftliche Gesamtrechnungen, https://www.destatis.de/DE/ZahlenFakten/Indikatoren/Konjunkturindikatoren/Volkswirtschaftliche-Gesamtrechnungen/vgr910.html (Zugriff: 9.10.2012)

S. 252: M1 Schulabgänger träumen vom Verkaufen, AFP/DAPD, http://www.zeit.de/wirtschaft/2012-09/ausbildungsberuf-kaufmann (Zugriff: 12.12.2012)

S. 253: M2 Häufigster Ausbildungsberuf 2011: Kaufmann/-frau im Einzelhandel, https://www.destatis.de/DE/PresseService/Presse/Pressemitteilungen/2012/09/PD12_318_212.html (Zugriff: 12.12.2012)

S. 254: Daten: TNS Infratest Sozialforschung, Hauptbericht des Freiwilligensurveys 2009 - Zivilgesellschaft, soziales Kapital und freiwilliges Engagement in Deutschland 1999 – 2004 – 2009, München 2010, http://www.bpb.de/politik/grundfragen/deutsche-verhaeltnisse-eine-sozialkunde/138718/zivilgesellschaft-in-zahlen, vom 31.05.2012 (Zugriff: 10.10.2012), Autorin: Annette Zimmer

S. 255: M3 Jan-Christian Voos, in: Nordsee-Zeitung vom 07.08.2008, S. 17

S. 255: M4 Friederike Ulrich, Seit 60 Jahren ein Paradies für Kinder in Hamburg, http://www.abendblatt.de/hamburg/article2399713/Seite-60-Jahren-ein-Paradies-fuer-Kinder-in-Hamburg.html, vom 14.9.2012 (Zugriff: 12.11.2012)

S. 255: M6 TNS Infratest Sozialforschung, Hauptbericht des Freiwilligensurveys 2009 - Zivilgesellschaft, soziales Kapital und freiwilliges Engagement in Deutschland 1999 – 2004 – 2009, München 2010, http://www.bmfsfj.de/RedaktionBMFSFJ/Broschuerenstelle/Pdf-Anlagen/3._20Freiwilligensurvey-Hauptbericht,property=pdf,bereich=bmfsfj,sprache=de,rwb=true.pdf, S. 7, (Zugriff: 12.11.2012)

S. 257: M2 Einer für alle, alle für einen – Das Solidarprinzip in der gesetzlichen Krankenversicherung, http://www.bpb.de/politik/innenpolitik/gesundheitspolitik/72358/solidarprinzip, vom 1.3.2012 (Zugriff: 12.11.2012)

S. 259: M2 Welche Leistungen gibt es beim ALG II? http://www.sozialhilfe24.de/hartz-iv-4-alg-ii-2/leistungen.html (Zugriff: 25.10.2012)

S. 261: M2 Statistisches Bundesamt (Hg.), 12. koordinierte Bevölkerungsvorausberechnung, Tabelle 1: Entwicklung der Bevölkerung Deutschlands bis 2060, Wiesbaden 2009, S. 39, https://www.destatis.de/DE/Publikationen/Thematisch/Bevoelkerung/VorausberechnungBevoelkerung/BevoelkerungDeutschland2060Presse5124204099004.pdf?__blob=publicationFile (Zugriff: 26.11.2012)

S. 261: M3 Ellen Draxel, Wenn nichts zum Leben bleibt, http://www.sueddeutsche.de/muenchen/muenchen/altersarmut-in-muenchen-wenn-nichts-zum-leben-bleibt-1.1496872, vom 16.10.2012 (Zugriff: 08.11.2012)

S. 263: M3 Daniel Schneider, Kinderarmut in Deutschland, 21.11.2014, http://www.planet-wissen.de/gesellschaft/wirtschaft/armut_in_deutschland/pwiekinderarmutindeutschland100.html (Zugriff: 19.6.2015)

S. 265: M3 anonym zit. in: „Teilhabe braucht Arbeit". Grußwort von Landesbischof Dr. h.c. Frank Otfried July zur Fachtagung der Initiative „Pro Arbeit" der Evangelischen Landeskirche in Württemberg am 9. Oktober 2014, http://www.elk-wue.de/fileadmin/mediapool/elkwue/dokumente/oberkirchenrat/landesbischof/09-10-2014_Grusswort_Teilhabe_braucht_Arbeit.pdf (Zugriff: 19.6.2015)

S. 267: M2 Bundeszentrale für politische Bildung (Redaktion Bundeskongress), 9.12.2014, Text zum 13. Bundeskongress Politische Bildung – Ungleichheiten in der Demokratie, https://www.bpb.de/veranstaltungen/format/kongress-tagung/13-bundeskongress-politische-bildung-ungleichheiten-in-der-demokratie/197543/sektion-6-wandel-der-arbeitswelt (Zugriff: 22.6.2015)

Bildquellenverzeichnis

Umschlag Arnold Faller www.projectspace.at, Wien; **8.oben** shutterstock.com (Alena Brozova), New York, NY; **8.unten links** Corbis (Paul Souders), Berlin; **9.unten rechts** laif (Stéphane Leitenberger/REA), Köln; **10** Bridgeman Images, Berlin; **11.1** laif (Miquel Gonzalez), Köln; **11.2** laif (Burgler/Hollandse Hoogte), Köln; **11.3** VISUM Foto GmbH (Bernd Euler), Hamburg; **11.4** VISUM Foto GmbH (Panos Pictures), Hamburg; **11.5** Ullstein Bild GmbH (Imagebroker.net/Guenter Fischer), Berlin; **11.6** VISUM Foto GmbH (Panos Pictures), Hamburg; **11.Q3** Info-Zentrum Schokolade, Leverkusen; **12** akg-images, Berlin; **14** Picture-Alliance (dpa), Frankfurt/M; **17.D2** transfair e.V. (Harald Gruber), Köln; **19.Q1** akg-images, Berlin; **19.Q2** akg-images, Berlin; **20** Picture-Alliance (dpa-Film/Ottfilm), Frankfurt/M; **22.Q1** akg-images, Berlin; **24.D1** Picture-Alliance (dpa), Frankfurt/M; **25.Q1** akg-images, Berlin; **25.Q3** BPK, Berlin; **27.Q1** Interfoto (Toni Schneiders), München; **29.Q3** Wikimedia Deutschland, Berlin; **30.Q1** BPK (Knud Petersen), Berlin; **31.Q2** akg-images, Berlin; **32.Q1** akg-images (Erich Lessing), Berlin; **35.oben links** BPK, Berlin; **35.oben rechts** akg-images, Berlin; **35.unten links** Wikimedia Deutschland, Berlin; **35.unten rechts** akg-images, Berlin; **36** Getty Images (Francois Guillot/AFP), München; **38.Q1** akg-images (Erich Lessing), Berlin; **39.Q4** Interfoto (National Maritime Museum), München; **40.Q1** Yann Arthus-Bertrand/Altitude; **41.Q2** akg-images, Berlin; **42.Q1** BPK (RMN/Blot), Berlin; **44.Q1** Interfoto (Photoaisa), München; **47.Q1** akg-images, Berlin; **48.Q1** akg-images (Erich Lessing), Berlin; **49.Q2** akg-images, Berlin; **50.Q1** Ullstein Bild GmbH (AISA), Berlin; **51.Q2** Corbis (The Gallery Collection), Berlin; **51.Q4** Corbis (The Gallery Collection), Berlin; **52.Q1** akg-images, Berlin; **54.Q1** Bridgeman Images (Giraudon), Berlin; **55.Q2** akg-images, Berlin; **56.Q1** akg-images, Berlin; **57.Q2-Q5** akg-images, Berlin; **58.Q1** Bibliothèque nationale de France, Paris; **59.Q2** BPK, Berlin; **60.Q1** akg-images, Berlin; **61.Q3** akg-images, Berlin; **61.Q4** akg-images, Berlin; **62.Q1** akg-images, Berlin; **63.Q2** Bridgeman Images, Berlin; **66.Q1 links** akg-images, Berlin; **66.Q1 rechts** Bridgeman Images, Berlin; **67.Q2** akg-images, Berlin; **68.Q1** Bridgeman Images, Berlin; **69.Q3** akg-images, Berlin; **69.Q4** Ullstein Bild GmbH (Imagno), Berlin; **70.Q1** akg-images (Visioars), Berlin; **71.Q2** akg-images, Berlin; **73.Q1** akg-images (Erich Lessing), Berlin; **74** Interfoto, München; **77.Q1** BPK, Berlin; **77.Q3** BPK, Berlin; **78.Q1** DB Museum, Nürnberg; **80.Q1** Ullstein Bild GmbH, Berlin; **81.Q2** akg-images, Berlin; **84.Q1** Fotoarchiv Stiftung Ruhr Museum, Essen; **85.Q3** Interfoto, München; **86.Q1** BPK, Berlin; **87.Q4** Ullstein Bild GmbH, Berlin; **88.Q1** Deutsches Historisches Museum, Berlin; **89.Q2-Q6** Deutsches Historisches Museum, Berlin; **90.Q1** Deutsches Historisches Museum, Berlin; **90.Q2** akg-images, Berlin; **91.D3** DGB (DGB-Bundesvorstand/Bereich Gleichstellungs- und Frauenpolitik), Berlin; **92.Q1** akg-images, Berlin; **92.Q2** Picture-Alliance (dpa), Frankfurt/M; **93.Q4** BPK, Berlin; **94.Q1** Nordwolle Delmenhorst. Museum für IndustrieKultur, Delmenhorst; **95.Q2** Nordwolle Delmenhorst. Museum für IndustrieKultur, Delmenhorst; **95.Q3** Kreaktor GmbH, Hannover; **95.Q4** Kreaktor GmbH, Hannover; **98** Picture-Alliance (ZB/Wolfgang Kluge), Frankfurt/M; **100.Q1** JupiterImages photos.com (RF/photos.com), Tucson, AZ; **101.Q2** BPK (Knud Petersen), Berlin; **102.Q1** akg-images, Berlin; **104.Q1** akg-images, Berlin; **105.Q3** BPK, Berlin; **106.Q1** akg-images, Berlin; **106.Q2** BPK, Berlin; **108.Q1** Bridgeman Images (Archives Charmet), Berlin; **109.Q4** BPK, Berlin; **110.Q1** BPK, Berlin; **111.Q3** BPK, Berlin; **112.Q1** BPK, Berlin; **113.Q2** Deutscher Bundestag, Anke Jacob © VG Bild Kunst, Bonn 2014 [Ludwig Gies: Bundesadler]; **114.Q1** akg-images, Berlin; **115.Q2** akg-images, Berlin; **116.Q1** Mauritius Images, Mittenwald; **117.Q4** akg-images, Berlin; **119.Q4** akg-images, Berlin; **120.Q1** BPK, Berlin; **121.Q2** akg-images, Berlin; **123.Q1 a)** Ullstein Bild GmbH (Jungmann & Schorn), Berlin; **123.Q1 b)** BPK, Berlin; **123.Q1 c)** Ullstein Bild GmbH, Berlin; **123.Q1 d)** BPK, Berlin; **124.Q1** akg-images, Berlin; **125.Q4** Stehle, Karl, München; **127.Q2** BPK, Berlin; **128** Picture-Alliance (ZB), Frankfurt/M; **130.Q1** BPK, Berlin; **134.Q1** Stehle, Karl, München; **136.Q1** Berthold Volz, Brockhaus Verlag Leipzig, 1891; **137.Q4** Koloniales Bildarchiv, Universitätsbibliothek Frankfurt/M; **137.Q5** Schwaebische Zeitung Ravensburg GmbH & Co. KG (Benjamin Wagener), Ravensburg; **138.Q1** akg-images, Berlin; **140.Q1** akg-images, Berlin; **141.Q2** Lang, Ernst-Maria, München; **141.Q3** Der Spiegel, Hamburg; **141.Q4** Stuttmann, Klaus, Berlin; **142.Q1** akg-images, Berlin. © VG Bild-Kunst, Bonn 2015 [Thomas Theodor Heine: Der Brand am Balkan, 1912]; **144.Q1 links** BPK, Berlin; **144.Q1 rechts** akg-images, Berlin; **145.Q4** Ullstein Bild GmbH, Berlin; **146.Q1** Ullstein Bild GmbH, Berlin; **147.Q3** akg-images, Berlin; **148.Q1** BPK, Berlin; **149.Q4** Hamann, Dr. Brigitte, Wien; **150.Q1** Stehle, Karl, München; **150.Q2** BPK (Ministère de la Culture, France - Médiathèque du Patrimoine, Dist. RMN | Paul Castelnau), Berlin; **151.Q3** Corbis, Berlin; **152.Q1** Ullstein Bild GmbH (United Archives), Berlin; **153.Q2** akg-images, Berlin; **154.Q1** akg-images, Berlin; **155.Q4** BPK, Berlin; **155.Q5** Ullstein Bild GmbH, Berlin; **156.Q1** BPK, Berlin; **159.Q1** akg-images, Berlin; **160** Historiale e.V., Berlin; **162.Q1** BPK, Berlin; **163.Q3** Ullstein Bild GmbH (Archiv Gerstenberg), Berlin; **164.Q1** Interfoto (Friedrich), München; **166.Q1** akg-images, Berlin; **167.Q3** akg-images, Berlin; **168.Q1** BPK (Kunstbibliothek, SMB, Photothek/Willy Römer), Berlin; **169.Q3** AKG, Berlin/Deutsches Historisches Museum; **170.Q1** Kunstmuseum, Stuttgart. © VG Bild-Kunst, Bonn 2015 [Dix, Otto: Großstadt 1927/28]; **171.Q4** BPK, Berlin; **173.Q2** Ullstein Bild GmbH (Imagno), Berlin; **174.Q1** Deutsches Historisches Museum (Walter Ballhause), Berlin; **175.Q4** Deutsches Historisches Museum, Berlin. © Estate of George Grosz, Princeton N. Y./VG Bild-Kunst, Bonn 2015 [George Grosz: Hunger-Grafik]; **176.Q1** BPK, Berlin; **178.Q1 oben links** Ullstein Bild GmbH (Archiv Gerstenberg), Berlin; **178.Q2 oben rechts** BPK, Berlin; **178.Q3 unten links** Langewiesche-Brandt Verlag, Ebenhausen; **178.Q4 unten rechts** BPK, Berlin; **180.Q1** Jacob Belsen; **182.Q1** BPK (Nationalgalerie, SMB/Jörg P. Anders), Berlin. © Estate of George Grosz, Princeton N. Y./VG Bild-Kunst, Bonn 2015 [George Grosz: Stützen der Gesellschaft]; **183.Q2** akg-images, Berlin; **183.Q3** Akademie der Künste, Berlin. © The Heartfield Community of Heirs/VG Bild-Kunst, Bonn 2015 [John Heartfield: Der Reichstag wird eingesargt]; **185.Q1** BPK, Berlin; **185.Q2** BPK (Kunstbibliothek, SMB), Berlin. © VG Bild-Kunst, Bonn 2015 [Cesar Klein: Arbeiter, Bürger, Bauern]; **185.Q3** BPK, Berlin; **186** Corbis (Nicolas Ferrando), Berlin; **189.M2** MEV Verlag GmbH, Augsburg; **190.M1** Thinkstock (Digital Vision), München; **190.M2** Fotolia.com (Ingo Bartussek), New York; **191.M5** Getty Images RF (PhotoDisc), München; **191.M6** Thinkstock (iStockphoto), München; **192.M1** shutterstock.com (Ioraks), New York, NY; **192.M2** shutterstock.com (Ford Photography), New York, NY; **197.M4** Ullstein Bild GmbH (Ex-Press), Berlin; **198.M1** Picture-Alliance (Hermann Josef Wöstmann), Frankfurt/M; **198.M2** Picture-Alliance (Rainer Jensen dpa/lbn), Frankfurt/M; **199.M4** Thinkstock (Getty Images), München; **201.M2** shutterstock.com (Yan Lev), New York, NY; **201.M3** Imago, Berlin; **201.M4** Picture-Alliance (Patrick Seeger dpa/lsw), Frankfurt/M; **201.M5** shutterstock.com (Olesya Feketa), New York, NY; **202.M1** Picture-Alliance (Dumont Bildarchiv), Frankfurt/M; **203.M2** PantherMedia GmbH (Björn Sebastian Ehlers), München; **203.M3** Presseamt Stadt Osnabrück, Osnabrück; **205.M2** Baaske Cartoons (Ulrich Kieser), Müllheim; **206.M1** Picture-Alliance (Uwe Zucchi/dpa), Frankfurt/M; **207.M4** Klett-Archiv (Thomas Specht), Stuttgart; **212** Fotolia.com (Matthias Stolt), New York; **216.M1** Fotolia.com (Jörg Hackemann), New York;

217.M5 toonpool.com (Justinas), Berlin; **219.M2** Fotolia.com (ehrenberg-bilder), New York; **220.M1** Klett-Archiv (Hiltrud Karthaus, Dortmund), Stuttgart; **220.M2** f1 online digitale Bildagentur (Pixtal), Frankfurt/M; **220.M3** Klett-Archiv (Monika Ebertowski, Berlin), Stuttgart; **221.M4** Klett-Archiv (Hiltrud Karthaus, Dortmund), Stuttgart; **224.M1** Picture-Alliance (dpa), Frankfurt/M; **226.M1** Thinkstock (Pixland), München; **232.M1** Picture-Alliance, Frankfurt/M; **230.M2** Fotolia.com, New York; **233.M3** AGF/GfK: 1. Halbjahr 2014, ma 2014/I, ARD-/ZDF-Online-Studie 2014, Massen-kommunikation 2010, in: van Eimeren, Birgit/Frees, Beate: 79 Prozent der Deutschen online, in: Media Perspektiven, 7-8/2014, S. 395; **234.M1** Baaske Cartoons (Peter Kaczmarek), Müllheim; **235.M2** TNS Infratest; **236.M1** Picture-Alliance (AP Photo/Remy de la Mauviniere), Frankfurt/M; **237.M3** Mette, Til, Hamburg; **239.M2** relevantec GmbH, Berlin; **240.M1** Picture-Alliance (dpa/Thomas Balzen), Frankfurt/M; **241.M3** Picture-Alliance (dpa/ Kostas Koufogiorgos), Frankfurt/M; **242.M1_2** Corbis (Sepah News/Handout/Document Iran), Berlin; **245.M2** BEBE Medien GmbH, Leipzig; **246** Fotolia.com (angiolina), New York; **249.M2** Fotolia.com (Monkey Business), New York; **249.M3** Picture-Alliance (Westend61), Frankfurt/M; **249.M4** Fotolia.com (germanskydive110), New York; **249.M5** Fotolia.com (michael spring), New York; **250.M2** MEV Verlag GmbH, Augsburg; **251.M4** shutterstock.com (Dmitry Kalinovsky), New York, NY; **251.M5** shutterstock.com (Monkey Business Images), New York, NY; **252.M1** Die Zeit/Text: AFP, dpa [http://pdf.zeit.de/wirtschaft/2012-09/ausbildungsberuf-kaufmann.pdf]; **254.M1** Imago, Berlin; **254.M2** Ullstein Bild GmbH (Lambert), Berlin; **255.M5** Plaßmann, Thomas, Essen; **256.M1** Fotolia.com (Gina Sanders), New York; **257.M3** Picture-Alliance, Frankfurt/M; **258.M1** Picture-Alliance, Frankfurt/M; **259.M3** Stuttmann, Klaus, Berlin; **259.M4** Picture-Alliance (dpa-Infografik), Frankfurt/M; **260.M1** Mester, Gerhard, Wiesbaden; **262.M1** Picture-Alliance (dpa-Infografik), Frankfurt/M; **263.M2** Picture-Alliance (dieKLEINERT. de), Frankfurt/M; **264.M1** Bundesverband Deutsche Tafel e.V. (Wolfgang Borrs), Berlin; **265.M2** Bundesverband Deutsche Tafel e.V. (Wolfgang Borrs), Berlin; **265.M3** Bundesverband Deutsche Tafel e.V. (Die Tafeln), Berlin

Sollte es in einem Einzelfall nicht gelungen sein, den korrekten Rechteinhaber ausfindig zu machen, so werden berechtigte Ansprüche selbstverständlich im Rahmen der üblichen Regelungen abgegolten.

Eine Reise durch die Zeit

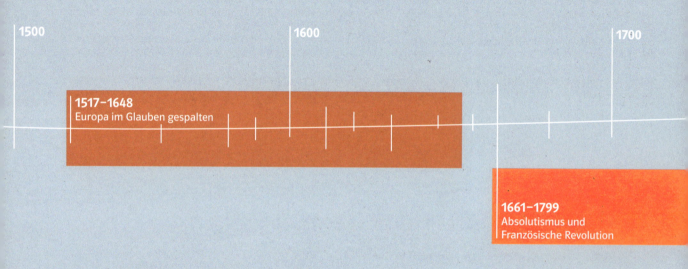

1517–1648
Europa im Glauben gespalten

1661–1799
Absolutismus und Französische Revolution